读客®文化

MADE IN AMERICA

AN INFORMAL HISTORY OF THE ENGLISH LANGUAGE IN THE UNITED STATES

美式英语简史

每个美式英语单词，都有一段让人连连惊叹的历史！

[英] 比尔·布莱森 著
闫 佳 译

BILL BRYSON

江苏凤凰文艺出版社
JIANGSU PHOENIX LITERATURE AND ART PUBLISHING

图书在版编目（CIP）数据

美式英语简史 /（英）比尔·布莱森 (Bill Bryson)
著；闫佳译．-- 南京：江苏凤凰文艺出版社，2023.1
书名原文：Made in America: An Informal History
of the English Language in the United States
ISBN 978-7-5594-7258-8

Ⅰ．①美… Ⅱ．①比… ②闫… Ⅲ．①英语－语言史
－研究－美国 Ⅳ．① H310.9

中国版本图书馆 CIP 数据核字 (2022) 第 208153 号

美式英语简史

［英］比尔·布莱森 著　　闫 佳 译

责任编辑　丁小卉
特约编辑　李悄然　刘昀琪　敖 冬
封面设计　于 欣
责任印制　刘 巍
出版发行　江苏凤凰文艺出版社
　　　　　南京市中央路 165 号，邮编：210009
网　　址　http://www.jswenyi.com
印　　刷　嘉业印刷（天津）有限公司
开　　本　889 毫米 ×1270 毫米 1/32
印　　张　22.25
字　　数　459 千字
版　　次　2023 年 1 月第 1 版
印　　次　2023 年 1 月第 1 次印刷
标准书号　ISBN 978-7-5594-7258-8
定　　价　79.90 元

本书推荐

一本令人愉快的、信息量巨大的美国简史，展示了美国生活的方方面面：从烹饪到咒骂，从战争到购物。

——《华盛顿邮报》

布莱森在这本引人入胜、信息量丰富的书的前20页就轻而易举地俘获了我的心。

——《得梅因纪事报》

这本书是一个关于美国文化过去和现在的奇闻趣事的宝库。

——《出版人周刊》

一本了不起的书，可能会让读者因为纯粹的乐趣笑出声来。如果更多的高中使用这本书作为它们的历史教材，这门课可能会成为学校里最受欢迎的课程之一。

——《丹佛邮报》

从奴隶制、移民到广告、购物中心，布莱森提供了大量迷人的、通常鲜为人知的事实和逸事，看得读者欲罢不能。

——《华尔街日报》

阅读这本书是一种享受，充满了惊喜……这本书对我们为什么使用或弄错我们的母语进行了有文采的探索。

——《今日美国》

比尔·布莱森作品

1. 《万物简史》
   A Short History of Nearly Everything

2. 《人体简史：你的身体30亿岁了》
   The Body: A Guide for Occupants

3. 《英文超正典》
   Bryson's Dictionary of Troublesome Words

4. 《大萧条前夜的繁荣与疯狂》
   One Summer: America 1927

5. 《莎士比亚简史》
   Shakespeare: The World as Stage

6. 《全民自黑的英国：其实是一本全面的英国文化观察笔记》
   Notes From a Small Island

7. 《全民蠢萌的美国：其实是一本美国人日常生活观察笔记》
   I'm a Stranger Here Myself

8. 《全民寂寞的美国：其实是一本美国平凡小镇生活观察笔记》
   The Lost Continent

9. 《全民发呆的澳洲：其实是一本全面的澳大利亚文化观察笔记》
   In a Sunburned Country

10. 《全民疯狂的欧洲》
    Neither Here nor There: Travels in Europe

引言

20世纪40年代，一位英国旅行者来到安霍尔特，这是一座小岛，位于丹麦和瑞典之间的卡特加特海峡50英里外。他发现，岛上的孩子们会唱一首他们显然不解其意的打油诗。它是这么唱的：

Jeck og Jill
Vent op de hill
Og Jell kom tombling after.*

* 这是著名的英国童谣《杰克和吉尔》的开头两句，但是因为丹麦的孩子们不懂英语，完全唱错了词。童谣原本唱的是："Jack and Jill went up the hill. And Jill came tumbling after." 意思是："杰克和吉尔爬上山。吉尔在后面栽了跟头。"——译者注（本书中注释若无特殊说明，均为原注）

原来，这首小调是拿破仑战争期间由占领该岛的英国士兵们带来的，并在孩子们嘴里代代相传了130年——尽管这些话对他们毫无意义。

在伦敦，一对夫妇，彼得·奥佩和艾奥娜·奥佩饶有兴致地听说了这个小小的发现。奥佩夫妇一辈子都致力于童谣的学术研究工作，没有人比他们投入过更多的精力来研究童谣的历史和传播了。童谣是童年生活的组成部分，代代相传，但默默无闻。有一件事情长期困扰着奥佩夫妇，那就是一种名为"Brow Bender"的韵律的神奇命运。直到18世纪末，它都像"Humpty Dumpty"*和"Hickory Dickory Dock"**一样流行，历来都收录在育儿书籍里。但随后，它无声无息地神秘消失了。自1788年以后，印刷书籍里就再也找不到它的记录。后来，一天晚上，奥佩夫妇请的保姆把他们的孩子抱到床上，两人无意间听到她唱了一首童谣哄孩子。你大概猜到了，保姆唱的正是1788年版的"Brow Bender"，还多了5行此前从未收录入册的内容。

现在，你可以提出一个合理的问题：上面的故事，和这本关于美国英语历史和发展的书有什么关系吗？我讲它是出于两个原因。首先，我想指出，很多时候，缺乏关注的小事情，往往最能揭示语言的历史和本质。童谣有着叫人啧啧称奇的"变

* 中文翻译为"矮胖子"，是《鹅妈妈童谣》中的人物。——译者注
** 同样出自《鹅妈妈童谣》，来自古英国的凯尔特语，除了押韵，没有实际含义。——译者注

化耐受性”。一如丹麦一座孤零零的岛屿上，孩子们唱着“Jack and Jill”却完全不理解它是什么意思（所以才唱成了文章开篇的“Jeck og Jill”），就算童谣完全没有任何意义，它们往往也会极为准确地代代相传，就像是一道神奇的咒语。出于这个原因，它们往往是各种语言中存续时间最长的一种。“Eenie，meenie，minie，mo”*建立在一种早于古罗马占领不列颠岛的计数系统之上，它甚至比凯尔特语出现得还要早。如果是这样的话，它就是极少数流传至今的链条之一，把我们和遥远的过去相联结。它不仅给我们提供了一幅有些支离破碎的画面——在巨石阵修建的时代，孩子们是怎么玩乐的；还告诉我们，当时的成年人怎样数数、思考、排列话语中单词的顺序。简而言之，虽是小事情，却很值得观察。

其次，歌曲、单词、短语和小曲（或者语言的任何特征），都可以延续很长时间，却没有人特别地注意到，一如奥佩夫妇发现的“Brow Bender”。没有被发现的单词或短语，只能说明它们没有被记录下来，而并非不存在。在中世纪乔叟时代，英格兰的居民常使用一种表达方式，“to be in hide and hair”，意思是失踪或找不到。但此后的400年，它在书面记录里消失了，接着到了1857年，它突然在美国重新出现，并演变成了“neither hide nor hair”，意思是“踪迹全无”。这个短语不

* 这是英语中儿童的计数押韵歌，用于选择游戏中的人，类似于“点中谁就是谁”。——译者注

可能在语言学上陷入长达400年的昏迷。那么，是谁悄悄地保存了它400年呢？它又为什么在19世纪50年代，远隔2000英里的一个国家突然重新现身了呢？

说到这一点，为什么美国人保留了skedaddle（逃散、匆匆离去）、chitterlings（猪肠）和chore（杂活，琐事）这些非常棒的英语单词，却没保留fortnight（两个星期）或者heath（荒地）呢？为什么他们在colonel（上校）和hearth（灶台）等单词上保留了不规则的英式发音，但在lieutenant*、schedule**和clerk***上却自顾自地采用美式发音？简单地说，也就是美式英语为什么变成了这样？

在我看来，这是一个值得一问且令人着迷的问题，但直到近期，还几乎没人想过要问。20世纪过去一大半了，对美国讲演的严肃研究，还几乎完全是由业余人士完成的。比如出生于英国的律师理查德·哈伍德·桑顿把几乎所有的闲暇时间都投入到了筛选殖民地时期的书籍、期刊和手稿上，希望找出最早出现的数百个美式词汇。1912年，他完成了两卷本的《美语词汇表》。这是一项宝贵的学术工作，但他在美国找不到任何一家愿意出版此书的出版商。最终，这本书在伦敦出版了——真

* lieutenant，中尉，按英式发音，读作/lef'tenənt/；按美式发音，读作/lu'tɛnənt/。——译者注

** schedule，日程安排，按英式发音，读作/'ʃedju:l/；按美式发音，读作/'skedʒu:l/。——译者注

*** clerk，职员，按英式发音，读作/klɑ:k/；按美式发音，读作/klɜ:rk/。——译者注

是美国学术界的耻辱呀！

直到20世纪20年代和30年代接连出版了H.L. 孟肯经典的《美国语言》、乔治·菲利普·克拉普的《美国英语》、威廉·克雷吉爵士和詹姆斯·赫伯特的《基于历史原则编撰的美式英语辞典》，美国才终于有了严肃对待其语言问题的书籍。但到了这个时候，数百种美式英语表达方式背后的灵感来源，已经遁入了不可知领域，所以如今没人说得出为什么美国人会把“寻欢作乐、花天酒地”说成是“把小镇油漆成红色”（paint the town red），为什么“说起火鸡”（talk turkey）其实是要跟你郑重地讨论某件事，为什么“拿点粉”（take a powder）的意思是“突然消失”，以及他们为什么要“用教练球棍练习打苍蝇”（hit practice flies with a fungo bat）。

本书是一次粗浅的尝试，想要考察美式语言是怎样形成的，以及为什么会这样形成。我希望，这不是一本传统的美国语言史。它的大部分内容都有点东拉西扯，漫无边际。上流社会名媛斯泰弗森特·费什夫人连续3次开车从自己的仆人身上碾过，跟美式英语的历史和发展有些什么关系；又或者，报业大亨詹姆斯·戈登·贝内特一辈子都喜欢进了餐馆就扯掉每一张桌子上的桌布，跟美式英语发展怎么扯上了关系——你对这些事情感到好奇，是可以理解的。我认为，除非理解语言形成的社会背景——除非我们明白，对第一次看到汽车的人来说，这玩意儿是多么叫人困惑；上个世纪之交（这里指19世纪到20世纪）的商人能有多么穷奢极欲，脱离劳苦大众——否则我们就无法着手认识美国语言的词汇是多么丰富、多么活力四射。

哦，我收录这些童谣还有第三个原因：我觉得它们很有趣，希望你会喜欢。为这样一本书做研究，有一桩小小的苦恼：你会遇到各种各样与主题没有直接关系、简直像是胡说八道的故事。我把它们叫作“雷·布德克式故事”。我是在翻阅1941年的一本《时代》杂志时，偶然看到了雷·布德克，当时我只是想找点其他的资料。事情发生在1941年的某一天，布德克决定像往常一样，开着自己的轻型飞机，在星期天的清晨早早到天上去兜一圈。一切没有什么大不了——只不过，布德克住在檀香山，这一天早晨恰好是1941年12月7日。飞机刚开出珍珠港，布德克就惊讶地发现，西边的天空密密麻麻地布满了日本的零式战斗机。至少可以这么说，他被吓了一大跳。日本人对着布德克的飞机疯狂开火，而布德克大概是念叨着“哎呀，我的老摩西”（Golly Moses）一类的话，使劲倾斜机身，好不容易才摆脱了困境。他神奇地在历史上最大的空袭当中安全着陆，见证了历史，还活着把这个故事讲了出来，同时成了第一个跟日本人开战的美国佬（虽然一切事出偶然）！

当然，这个故事与美国语言毫无关系，但是接下来几乎每一个故事都有。我说真的。

目　录

第1章

“五月花”号和之前

I

很奇怪，美国精神立国的画面（即“五月花”号登陆的画面，数代美国人都是在它的陪伴下长大的），是一位生活在此事发生200年之后、住在离美国3000英里之外、才华有限（这绝对是最客气的说法了）的诗人创作的。这位诗人的名字叫费利西亚·多萝西娅·赫曼斯，她不是美国人，而是威尔士人。实际上，她从来没有去过美国，似乎还对这个国家一无所知。1826年的某一天，在威尔士北部一家本地杂货店里，店主用一张两年前的马萨诸塞州旧报纸包裹她买的东西，一篇有关普利茅斯庆祝美国独立日的小短文吸引了她的视线。这很可能是她第一次听说“五月花”号或者朝圣先辈*，但受此启发，这位平庸的诗人吟咏出了一首诗：《朝圣先辈（在新英格兰）的登陆》。诗的开头几句是这样的：

乘船破浪，浪花飞溅，
拍打坚硬的岩石海岸，
阴沉的天空下，
森林里巨大的树枝在暴风雨中飘摇。
沉重的夜幕，
垂在山崖和水面上；
一队被放逐者，
将三桅帆船停靠在新英格兰荒凉的海岸。

接下来的8小节，也继续采用这种大力夸张又含混模糊的押韵。虽然诗里处处都是错（“五月花”号不是三桅帆船，他们停泊的时候不是夜晚，普利茅斯不是他们“最初跋涉的地方”，而是第4个着陆点），但它立刻成了经典，并构建了大多数美国人脑海里延续至今的“五月花”号靠岸登陆的画面。**

朝圣先辈们肯定不曾踏上“普利茅斯岩”。普利茅斯岩今

* 朝圣先辈，the Pilgrims，指的是普利茅斯殖民地的早期欧洲定居者。——译者注

** 赫曼斯女士还为后代做出了另一项重大贡献，那就是留下了《卡萨比安卡》一诗。这首诗的开篇第一句至今仍广为传颂：“Thy boy stood on the burning deck”（那男孩站在燃烧的甲板上）。

天的位置，可能已经远远高于1620年的高水位标记，而且也没有哪个谨慎的水手会尝试在12月的海上，把一艘船停泊在一块大礁石附近——更何况附近就有避难的入口。事实上，朝圣先辈们是否留意过普利茅斯岩，也是一大问题。当时保留下来的任何文件和书信都不曾提到普利茅斯岩，直到差不多一个世纪后的1715年，它才首次出现在记录里。[1]等到赫曼斯女士写下她轰动一时的史诗，普利茅斯岩才永久地跟朝圣先辈们的登陆联系到了一起。

无论他们最初是在哪里跋涉，我们都不妨假设，这102名朝圣先辈从被暴风雨蹂躏的小船里走出来的时候，腿脚蹒跚，却又长出了一口气。他们挤在一艘大小相当于现代双层巴士的吱呀作响的船上，在海上度过了潮湿而又危险的9个半星期。船员们用水手惯常的亲切态度，称他们在"吐袜子"（puke stockings），因为他们显然有着无尽的朝着袜子里呕吐的能力——虽说事实上，朝圣先辈们已经相当好地撑过了这趟旅程。[2]只有一名乘客在途中死亡，还有两名乘客在船上出生［其中一人因此起了个充满蓬勃生机的名字：俄刻阿诺斯·霍普金斯（Oceanus Hopkins）］。

他们称自己为"Saints"（圣徒）。而乘客里不是圣徒的，则称为"Strangers"（陌生人，指宗教信仰不严格，主要是为了到新大陆上发家致富做生意的人）。要再过上200年，"Pilgrims"（朝圣先辈）这个词才会用来形容这些早期的远航者。严格来说，叫他们"Puritans"（清教徒）也不准确。他们是分离主义者，因为他们离开了英国国教。清教徒指的是留在英国国教，但希望净化它的人。要再过10年，清教徒才会来到美国，而他们来到美洲后，也很快会偃旗息鼓，最终融入这块小小的初始殖民地。

很难想象还有什么样的人比他们更不适合在荒野中生活了。他们收拾行李时仿佛误解了这次旅行的目的。他们携带了日晷、烛花剪、鼓、小号，甚至还有一部完整的土耳其历史书。一个叫威廉·姆林斯的人，打包了126双鞋和13双靴子。可他们中没有一个人记得带上一头牛、一匹马、一张犁，或者一条钓鱼线。“五月花”号乘客名录里记录的职业，包括两名裁缝、一名印刷工、若干商人、一名丝绸工人、一名店主和一名帽匠。想到要在险恶的环境下生存，这些职业似乎看不出什么重要性来。[3]他们的军事指挥官迈尔斯·斯坦迪什身材矮小到所有人都叫他“虾米船长”[4]——这实在不是一个能让野蛮土著感到敬畏的人物，但这批殖民者又必然会遇到野蛮土著。除了这位不怎么靠得住的小个子船长，这批人里恐怕没有谁尝试过捕猎野生动物。在17世纪的欧洲，狩猎是一项专属于贵族的运动。就连那些自称是农夫的人，也没有太多的畜牧实践知识，因为17世纪（以及其后一段时期）“farmer”（农夫）代表的是土地的拥有者而非耕作者。

简而言之，他们的处境十分危险，对眼前的严峻现实准备不足，并以最为戏剧性的方式表现出了此种无能：他们大批大批地死去。头两个星期就死了6个，次月死了8个，2月份死了17个，3月份又死了13个。到了4月，“五月花”号启程返航回英格兰的时候，*只剩下了54个人（其中近半数是孩子）展开这份漫长的事业：把这贫乏的立足点变成足以自给的殖民地。[5]

在这块偏远之地，很难想象这支倒霉的冒险家小分队有多么孤独。距离他们最近的殖民定居点——一处是弗吉尼亚的詹姆斯敦，另一处是在纽芬兰凯尔特湾（现在叫丘比特湾）的一个完全被遗忘的小殖民地**，两者彼此方向相反，而且隔着500英里。他们的背后，是一片险恶的汪洋，他们的面前，是一块广阔得不可思议的未知大陆，用威廉·布拉德福德"五月花"号上的领导者）心神不安的话来说，"有着荒凉野性的色彩"。对任何见识过文明的人（对任何不靠钓鱼线也能过活的人来说更是如此）来说，它们都远远脱离了文明的范畴。

有两个月，他们试着跟土著接触，但每次他们一发现印第安人，对方就逃走了。到了2月的一天，有个勇敢的土生土长的年轻人，走向朝圣者们在海滩上的一场聚会。他名叫萨默

* "五月花"号，就跟普利茅斯岩一样，似乎并未给殖民者们留下任何感伤的印象。在威廉·布拉德福德执笔的殖民地史《普利茅斯种植园史》当中，他一次也没有提到这艘船的名字。在这次划时代的横渡仅仅3年之后，"五月花"号就被随随便便地拆掉当废品卖了。据一些记录所言，它的结局是被改造成了一座谷仓，迄今还矗立在白金汉郡乔丹斯村，距离伦敦大约20英里。巧合的是，几乎就在谷仓的阴影下，躺着宾夕法尼亚殖民地创立者威廉·佩恩的坟墓。

** 这块小小的殖民地创建于1610年，17世纪30年代便遭到废弃，很快就被岛上其他英国的定居点所取代。由于与世隔绝，纽芬兰人创造了一种特别丰富多彩的方言，融合了新造词汇和如今在其他地方早已踪影全无的古英语方言词汇：噩梦是diddies，有一种背包叫nunny-bag，翻跟头叫cocksiddle，英式橄榄球rugby叫rushing the waddock。他们还沿用了许多奇怪的发音。例如，猪肠chitterlings（美式英语里读作/ˈtʃɪtərlɪŋz/），他们读作"chistlings"。纽芬兰还为世界贡献了penguin（企鹅）这个词，没人知道它的灵感来自哪儿。

塞特，对这一地区也不熟悉，但他有个朋友叫史广多，来自当地的帕图西特部落，萨默塞特向后者介绍了他们。萨默塞特和史广多很快成了朝圣者们的朋友。两位土著向他们展示了怎样种植玉米、捕捉野禽，还帮他们跟当地的酋长建立了友好联系。不久之后，正如每个小学生都知道的那样，朝圣者们蓬勃发展，印第安人和定居者们亲切地一起坐下来，参加感恩节盛宴。生活很美好。

这就很自然地引出了一个问题：他们是怎么做到的？阿尔冈昆语族是东部印第安部落所用语言，是一种非常复杂的凝聚性语言（更准确地说，是一种语系），有着多到可怕的辅音连缀，没人指点的话完全无法发音。我们可以从差不多20年后，康涅狄格州的罗杰·威廉姆斯首次举办的阿尔冈昆语讲演（这是一桩配得上更大荣耀的学术壮举）中看出这一点。试着说出以下内容，你大概就知道这一挑战的难度了：

Nquitpausuckowashâwmen——我们有100人。

Chénock wonck cuppee-yeâumen?——你什么时候回来？

Tashúckqunne cummauchenaûmis——你生病多久了？

Ntannetéimmin——我会去的。[6]

很明显，这不是一种你用一个周末的时间就能搞清楚的语言，朝圣先辈们也不是天才的语言学家。他们就连“史广多”

的名字也说不好，只叫他“斯昆托”。答案（大多数历史书都令人惊讶地予以掩盖）是，朝圣先辈们不必学习阿尔冈昆语，有个令人开心而方便的原因——萨默塞特和史广多都能说英语。萨默塞特能说一点点，史广多则说得很流利（此外还会说西班牙语）。

1620年，一群七零八落的英国殖民者越过广阔的大洋，还碰到两个能够用英语欢迎他们的人，这似乎显得有点不可思议。这显然十分幸运（要是没有这两个印第安人，朝圣先辈们很可能会死光，或者遭到屠杀），但也不像乍看起来那样完全没可能。事实上，在1620年，新世界并没有看上去那么新。

II

没有人知道第一批到达新世界的欧洲访客是什么人。通常，人们认为是维京人，他们在公元1000年前后到达了新大陆，但有理由认为，还有别的人可能在更早以前来过。一份古老的拉丁文文献《圣布伦丹阿博特之旅》以令人信服的细节讲述了大约在维京人到来之前的400年，这位爱尔兰圣徒带着一队信徒完成了新世界的7年之旅。而这趟行程，又是听从了另一位据说更早之前就到过新世界的爱尔兰人的建议。

就连维京人也不认为自己是第一。按他们的史诗记录，初抵新大陆时，一群野生白人在海滩上追逐他们。随后，他们又从一处高加索人定居点的土著那里听到了一些故事，“……这些人身着白袍……队伍前方举着扎有破布的杆子”[7]——这正是外人眼里爱尔兰宗教游行的样子。（有趣的是，5个世纪之后，哥伦布的水手们将在加勒比地区听到类似的故事。）不管是爱尔兰人还是维京人（或者意大利人、威尔士人、布列塔尼人，以及任何其他据说最早发现新大陆的群体），在中世纪横渡大西洋，其实并非乍看起来那么大胆，哪怕考虑到当时的人只能搭乘着小型敞篷船完成这趟航行。北大西洋散布着多座岛屿——设得兰群岛、法罗群岛、冰岛、格陵兰岛和巴芬岛，可方便地充当跳板。从斯堪的纳维亚航行到加拿大，有可能只需跨越不到250英里的开放海域。我们清楚地知道，格陵兰岛是公元982年一个叫作“红胡子埃里克”（著名北欧维京探险家莱夫·埃里克松的父亲）的人发现的（那么，从技术上说，他们也有可能发现了北美洲），公元986年，此人及他的追随者开始在当地定居。凡是从格陵兰冰冻废土上空飞过的人，恐怕都会好奇他们在当地看得到些什么，但实际上，格陵兰岛的南部边缘，比奥斯陆更偏向南方的位置，还有一块跟整个英国一样大的低地草场。[8]它显然适合维京人。差不多有500年，他们在当地维持了一处繁荣的殖民地，在鼎盛时期，那儿建起了16座教堂、2座修道院，有300来个农场和4000多个人。但有一样东西格陵兰岛很匮乏，那就是建造新船、修复旧船的木材——这对海上民族来说是个至关重要的考虑因素。冰岛是格陵兰岛东边离得最近的陆地，人们知道那儿很贫瘠。最自然的事情是朝着西走，看看外面有什么。根据传说，公元1000年前后，莱夫·埃里克松就这么做了。他远征时发现了一块新的陆地（可能是巴芬岛，远至加拿大北部，在现今美国以北1000英里处），还有许多其他地方，其中最著名的是他们称之为文兰（Vinland）的地区。

文兰是历史上最叫人着迷的难题之一，因为没人知道它在哪里。仔细阅读传说故事，计算维京人的航行时间，不同的学者把文兰放到了各种地方：在纽芬兰或新斯科舍省，在马萨诸塞州，甚至南至弗吉尼亚州。挪威学者海尔格·英斯塔1964年声称在纽芬兰一个叫作“L’Anse au Meadow”的地方发现了文兰。其他人认为，英斯塔在当地发现的人工制品根本不属于维京人，而仅仅是后来的法国殖民者遗留的痕迹。[9]没有人说得准，而它的名字本身也没能提供帮助。根据传说，维京人把它叫作“文兰”是因为他们发现当地长着繁多的葡萄藤。问题是，在他们必然经过的1000英里之内的任何地方，都不可能长得出葡萄来。一种解释是，“文兰”是错误的翻译。维京语里的“葡萄”叫Vinber，它还可以用来形容其他许多水果，比如小红莓、醋栗和红醋栗，它们是有可能在上述北纬地区发现的。还有一种可能性是，“文兰”只是某种机灵的宣传手法，旨在鼓励定居。毕竟，“格陵兰”*这个名字就是这些人想出来的呀！

在最终放弃之前（也可能没有），维京人曾至少3次尝试

---

* Greenland，在英语里是“绿色土地”的意思，但格陵兰本身基本上为冰雪所覆盖。——译者注

在文兰设立永久定居点，最后一次是在1013年。但有一点毫无疑问，在1408年之后的某个时候，维京人突然从格陵兰岛消失了。他们去了哪儿，变成了什么人，没有人知道。[10]人们禁不住推测，他们在北美过上了更加惬意的生活。

说不清道不明的证据自然很多。以网棍球为例，这种游戏长久以来盛行于北美印第安人的各个部落。有趣的是，网棍球的规则与维京人玩耍的游戏有着种种神秘的共同点，其中有一个不同寻常的特点（配成对的球员不得接受其他球员的帮助，但也不得彼此妨碍），用一位人类学家的话说就是“独立起源的概率极小”。此外还有汉纳拉格缪特人，这是一支居住在加拿大北部维多利亚岛北极圈上方的因纽特部落，此地极其偏远，直到20世纪初，当地居民才为外部世界所知晓。然而，该部落的一些成员不光看上去像是欧洲人，而且还携带有无可置疑的欧洲基因。[11]何以如此，没人能给出一个哪怕是稍微满意些的解释。还有一个欧曼父子的例子（父亲叫奥洛夫·欧曼，儿子叫爱德华·欧曼）。1888年，两人在他们位于明尼苏达州肯辛顿附近的农场挖树桩，结果挖出了一块刻有古代北欧铭文的巨大石板，似乎是描述一支30人的维京人队伍经历了种种险境后，回来发现他们之前留守后面的10名男子“满身是血地死了”。铭文的日期是1363年。问题是，一支疲惫不堪的探险家队伍，在敌人有可能发动新一轮攻击的情况下，为什么要大费周章地在美国荒野深处的一块岩石上刻碑呢？这个地方，距离任何有能力解读碑文的人都相隔数千英里。尽管如此，就算是个恶作剧，它做得也足够逼真，展现了不同寻常的技巧。

所有这一切都是为了表明这样一个观点：远在哥伦布开始他史诗般的远航之前，在大西洋之外有一块陆地存在的说法，就已经一点一滴地浸透到了欧洲人脑海里。维京人的壮举，不是与世隔绝地做出来的。他们定居在欧洲各地，他们的勘探行动广为人知，甚至留下了一幅地图，也就是著名的文兰岛地图，14世纪时就在欧洲流传。我们不确定哥伦布是否知道这份地图，但我们的确知道，从他设定的航线来看，他似乎是径直前往地图上神秘的安蒂拉岛。

哥伦布从没找到安蒂拉岛，也没找到过他想要寻找的其他任何东西。他在1492年的划时代远航，几乎成了他一辈子做对的最后一件事（其实几乎也是唯一一件事）。此后不到8年，他就将被草草解除大洋海海军上将职务，戴着镣铐回到西班牙，此后就再也无人问津——直到今天，我们都拿不准他被埋葬在什么地方。在不到10年时间里沉沦得这么猛烈，需要超乎寻常的无能和傲慢。哥伦布一样也不少。

这8年的大部分时间，他都在加勒比海岛屿和南美洲沿海地区徘徊，却从未对自己身在何处、在做些什么有过一丝半点真正的认识。他一直以为Cipangu（马可·波罗对日本的称呼）就在附近，也从未勘探出古巴是一座岛屿。直到他临终的那一天，哥伦布都坚持认为，古巴是亚洲大陆的一部分。（尽管有一些迹象表明他可能也有所怀疑，因为他让自己的水手们发誓那就是亚洲，要不然就割掉他们的舌头。）他在地理上的不精确性，永久地保留在了他给当地土著起的名字里：Indios（印度人）。当然，传到我们这儿就成了Indians（印第安人）。他花了西班牙王室一大笔钱，但却只带回了支离破碎、几近于无的结果。而且，在整个过程中，他所表现出的无礼——要求出任大洋海世袭海军上将，以及他所征服土地的总督和统治者，同时获得其事业所产生财富的1/10——无不导致了他的最终垮台。

在这方面，不只他一个人，其他许多新世界探险家也遭遇了这样那样的不幸。胡安·迪亚斯·德·索利斯*和乔瓦尼·达·韦拉扎诺**被土著吃掉了。巴尔沃亚***在发现太平洋之后，遭到同僚弗朗西斯科·皮萨罗的背叛，因捏造的罪名被处死，而皮萨罗最终也被对手杀死。埃尔南多·德·索托****在整个美国西南部毫无意义地进军了4年，直至生病高烧而死。数十名冒险家，受神秘之城——黄金七城、比米尼、凯撒之城、黄金国——的传说吸引，去寻找财富、永恒的青春，或是通往东方的近路，但大多只找到了苦难。他们毫无结果地寻找，活在了山川风光的名字当中（有时纯属意外）。“加利福尼亚”一名是为了纪念加利菲亚女皇，她富可敌国，只可惜并不存在。

---

* 胡安·迪亚斯·德·索利斯，16世纪的航海家和探险家。据说他也是第一个登陆现代乌拉圭的欧洲人。——译者注

** 乔瓦尼·达·韦拉扎诺，16世纪意大利探险家，是自11世纪挪威人移民北美以来第一个造访北美大西洋沿岸南卡罗来纳至纽芬兰岛段的欧洲探险家。——译者注

*** 巴尔沃亚，文艺复兴时期西班牙探险家。——译者注

**** 埃尔南多·德·索托，文艺复兴时期欧洲探险家，于1519年参加征服危地马拉的军队。——译者注

“亚马孙”得名自一个部落，这个部落里的女性只有单个乳房。“巴西”和“安的列斯群岛”的命名也是为了纪念虚构的神话岛屿。

再往北走，英国人的表现也并不怎么好。1583年，汉弗莱·吉尔伯特爵士在亚速尔群岛的一场风暴中丧生。此前，他在纽芬兰寻找殖民地，未能成功。他的同母异父兄弟沃尔特·雷利爵士试图在弗吉尼亚建立一个定居点，结果人财两空，最终还丢了脑袋。亨利·哈德森想要寻找一条西北通道，但他把水手们逼得太紧了，结果就跟《叛舰喋血记》里的布莱船长差不多，被扔进一条小船里放逐大海，再也没人见过。无奈得让人发笑的马丁·弗罗比舍，在探索加拿大北极地区的时候，发现了自认为是黄金的东西，冒险用船超载运了1500吨，回国以后才知道那是毫不值钱的黄铁矿石。弗罗比舍毫不气馁地回到了加拿大，发现了另一处黄金来源，再次运回了1300吨“黄金”，皇家鉴定师有点疲惫地告诉他，这次还是一样的东西。这之后，我们就再没听说过马丁·弗罗比舍了。

如果这些勇敢的冒险家知道我们今天纪念他们的方式这么古怪，他们的想法该是多么有趣啊。乔瓦尼·达·韦拉扎诺会认为，被土著吃掉是成为布鲁克林和斯塔滕岛之间收费桥的名字的合理代价吗？我怀疑不会。德·索托因一辆汽车的名字获得了短暂的名声，弗罗比舍的名字存在于遥远的冰湾，雷利成为北卡罗来纳一座城市、一种香烟和一类自行车的名字，而哈德森的名字则可以在几条水道和一家连锁百货公司中找到。总的来说，哥伦布的结果还不错：他成了一所大学、两个州的首府、一个南美洲的国家、加拿大的一个省份，数量几乎数不清的高中，还有其他各种各样东西的名字。但从文字的不朽这方面来看，一位名叫亚美利哥·韦斯普奇（Amerigo Vespucci）、没什么名气的意大利商人，是靠最少的活动赚回最多身后名的。

亚美利哥·韦斯普奇是佛罗伦萨人，搬到塞维利亚经营船舶供应业务（他的客户之一是他的同胞克里斯托弗·哥伦布），本来似乎注定要默默无闻，最后何以竟有两块大陆因他而得名呢？这纯粹是靠着巧合和失误。韦斯普奇的确参与过几次新世界远航（权威人士在是3次还是4次上有分歧），但从始至终都是乘客，或者低级军官。从任何角度看，他都不是一位有成就的海员。然而，在1504年到1505年间，佛罗伦萨流通起了一批作者未知的信件，以“Nuovo Mundo”（意思是“新世界”）为题，信中说，韦斯普奇不光是这几次航行的船长，还发现了新大陆。

这一失误本来也不会传得更远，只可惜法国东部一所小型学院的教师马丁·瓦尔德泽米勒正在修订托勒密地图，并决定绘制一幅新的世界地图。在研究过程中，他发现了来自佛罗伦萨的信件，对信中错误描述的韦斯普奇的功绩印象深刻，就用他的名字给新大陆命了名。（瓦尔德泽米勒做得也并不太直白：首先，他把亚美利哥翻译成了拉丁语的Americus，接着又把它变为了阴性形式America，理由是，Asia和Europ都是阴性。他还考虑过Amerige这个名字。）即便如此，直到40年后，人们才开始用America指代新世界，此后，又只用它指代南美洲。

韦斯普奇确实有一个可能的出名原因，尽管稍显冷僻。据说，他是西蒙内塔·韦斯普奇的兄弟，而西蒙内塔是波提切利著名画作中美神维纳斯的模特。[12]

III

由于哥伦布和韦斯普奇都没有踏上日后会成为美国的陆地，把这片地方叫成乔瓦尼·卡博托（Giovanni Caboto）倒更为恰当。卡博托是一名意大利水手，在历史上，他的英语名字约翰·卡博特（John Cabot）更为人所知。1495年，卡博托从英国西部港口布里斯托尔出海，“发现”了纽芬兰，兴许还有新斯科舍和一些较小的岛屿。在此过程中，他成了到访北美大陆的第一个留下姓名的欧洲人，尽管事实上，他恐怕只是跟随了本来就在大西洋浅滩作业的捕鱼船队。可以肯定的是，1475年，由于欧洲诸国之间的战争，英国渔民失去了进入冰岛附近传统渔场的机会。然而，英国鳕鱼库存却并未下降，而且，1490年

（哥伦布航行前两年），冰岛给了英国渔民回归的机会，但却遭到了后者的拒绝。后人提出的假说是，英国渔民在纽芬兰发现了有着大量鳕鱼的水域，不希望别的任何人知道。[13]

不管是卡博托启发了渔民，还是反过来，总之，到了16世纪初，大西洋上挤满了英国的船只。一些人逐渐把西班牙的宝藏船看成猎物，这些宝藏船因满载着要运回旧世界的金银财宝，行动笨重迟缓，脆弱不堪。拦路打劫这些船只，可以发上一笔相当可观的横财。*在一次航行中，弗朗西斯·德雷克爵士就带着价值6000万美元的战利品返回英格兰。[14]同一次航行中，德雷克短暂地登上现在属于弗吉尼亚的海岸，宣称此地属于英国，并叫它新阿尔比恩。[15]

为了给这一宣告增添分量，并给私掠船提供补给基地，女王伊丽莎白一世认为，建立殖民地或许是个好主意。她把任务交给了沃尔特·雷利爵士，结果造就了命运多舛的“失落殖民地”罗阿诺克：1587年，114名殖民者被放到了如今属于北卡罗来纳州阿尔伯马尔湾以南的海滩上。这块最初的殖民地衍生出了7个延续至今的地名：罗阿诺克（Roanoke，它是英国定居者从印第安词汇里借用的第一个单词）、恐怖角（Cape Fear）、哈特勒斯角（Cape Hatteras）、乔万河和纽斯河（Chowan and Neuse

* 西班牙不光遭到了来自敌对国家水手们的掠夺，也被本国的叛变水手给盯上了。后者叫作buccaneers（意思是“海盗”），因为他们从西班牙主人手里逃脱之后，会用一种叫boucan的木架子烟熏野猪肉以维持生命，直到他们能抢下一艘因为风浪而搁浅的船只，并把它占为己有。

rivers）、切萨皮克（Chesapeake）和弗吉尼亚（Virginia）。[16]（弗吉尼亚从前叫作“Windgancon”，意思是“你穿的那是什么怪衣服”——显然是最初的侦察队问当地人这叫什么地方，当地人所做的回答。）但是，唉，以上就是那块殖民地留下的一切了。由于跟西班牙之间的战争，整整3年，没有一艘英国船能从那里回来。等到救援船只最终抵达时，这块殖民地已经荒废了。多年以后，游客偶然发现了一个金色头发的印第安孩子。后来，还有人发现邻近的克柔投安部落把几个伊丽莎白时代的英语词汇融合到了自己的语言中，但这块殖民地的命运到底怎样，还没有发现更可靠的证据。

其他定居点也相继出现，其中包括如今已遭到遗忘的波帕姆殖民地，1610年形成于现在的缅因州，两年后即被遗弃；还有存在时间相当长但地位始终岌岌可危的詹姆斯敦殖民地，1607年创建于弗吉尼亚。

不过，大多数情况下，吸引英国人来到新大陆的原因是捕鱼，尤其是在北美洲东北海岸几乎难以想象的丰饶海域捕鱼。在“五月花”号启航前至少120年，欧洲的捕鱼船队就越来越多地出现在东部沿海地区。船队通常会停靠到岸边，把鱼晒成鱼干，补充食物和水，偶尔也在当地等待严寒的冬天过去。海滩上一度聚集过多达1000多名渔民。萨默塞特就是从捕鱼人那儿学到了几句英语。

这样一来，到1620年，新英格兰和加拿大东部几乎每一个海湾都有渔民途经留下的痕迹了。朝圣先辈们没过多久就碰到了一口古老的铁锅，显然出自欧洲；在盗掘一些印第安人的坟墓时（这是一种粗鲁不明智的行为，日后他们遭到印第安人的屠杀可能就是因此而起），他们发现了一具金发男子的尸体，“有可能是个被俘后死去的法国人”[17]。

对朝圣先辈们来说，新英格兰可能是个新世界，但它很难算是块未知的地域。他们周围的大部分土地都已经被绘制成地图了。在此18年前，英国探险家巴塞洛缪·戈斯诺德和一支据称有“24名绅士和8名水手”的队伍，在附近的库蒂温克岛扎了好几个月的营，并给很多地方起了名字，其中两个地名沿用至今：鳕鱼角（Cape Cod，也叫科德角）和有着浪漫神秘色彩的马撒葡萄园岛（Martha's Vineyard，说它神秘是因为我们不知道马撒是谁）。

在此7年前，约翰·史密斯*因为一次捕鲸活动途经此地，对它重新做了绘测，并谨慎地采用了印第安人本就在使用的地名，只新增了一个自己设计的名字：新英格兰。［此前，该地区在大多数地图上都叫作“诺如贝加”（Norumbega）。现在已经没人清楚地知道是为什么了。］但等他回到英格兰，把自己的地图进献给了16岁的王位继承人查尔斯·斯图亚特时，还附上了一张字条，“谦卑地恳请”王子殿下“将他们的野蛮人名字改成英语，这样，他们的后代就可以说查尔斯王子是他们的教父了”（此举完美地展现了史密斯的谄媚奉上）。年轻的王子喜滋滋地完成了

---

* 约翰·史密斯，詹姆斯敦的创建人。——译者注

这项工作。他抛弃了史密斯小心谨慎转录来的大部分印第安名字，取而代之的是让他和家人都感到荣幸的异想天开的混合品，又或者只是为了满足他幻想的名字。他创作的地名包括伊丽莎白角、安妮角、查尔斯河和普利茅斯。故此，当朝圣先辈们在普利茅斯登陆的时候，替周围的地标起名字竟成了极少数他们不必费心思的事情之一。这些地方已经有名字了。

有时，早期探险家会把印第安人带回欧洲。这就是英雄史广多的命运，他的人生故事就像一部令人难以置信的流浪汉小说。1605年，一位名叫乔治·韦茅斯的海员碰到了他，把他带到了英格兰（他是否自愿，不详）。史广多在英格兰干了9年活儿，从事各种工作，接着在1613年的航行中，作为约翰·史密斯的翻译回到新世界。史密斯为了奖励史广多带来的帮助，许了他自由。但史广多刚跟自己的部落团聚，就和另外19名同胞被另一个英国人绑架了，后者将他们带到西班牙的马拉加卖为奴隶。史广多在西班牙做了一阵家庭用人，接着设法逃到了英格兰，为伦敦城里的一名商人工作了一段时间，最后，1619年又在另一轮前往新英格兰的海上探险中回到了新世界。[18]他总共离开了将近15年，回到故土后却发现，自己的部落不久前被一场瘟疫给灭了族——几乎可以肯定，这场瘟疫的罪魁祸首是外来水手引入的天花。

因此，史广多很有理由感到不满。欧洲人不仅无意中消灭了他的部落，还两次将他带走，一次把他卖身为奴。对朝圣先辈们来说，幸运的是，史广多是个宽宏大量的人。大部分成年时光他都是和英国人一起度过的，说不定跟不列颠人在一起比跟他自己的族人在一起更自在。不管怎么说，史广多和朝圣先辈们住到了一起，充当了后者忠实的老师、翻译、大使和朋友，直到第二年突然因发烧而过世。多亏了他，新世界英语的未来得到了保证。

那么，接下来需要思考的核心问题是：它是什么样的英语？又将变成什么样的英语呢？

第2章

成为美国人

We whoʃe names are underwritten, the loyal subjects of our dread Sovereigne Lord, King James, by ye grace of God, of Great Britaine, France and Ireland, King, defender of ye faith, etc., haveing undertaken for ye glory of God and advancement of ye Christian faith, and honour of our King and countrie, a voyage to plant ye firʃt Colonie in ye Northerne parts of Virginia, doe by theʃe presents Solemnly, and mutualy...covenant and combine ourʃelves togeather into a civil body politick for our better ordering and preʃervation and furtherance of ye end aforeʃaid...

以上帝的名义，阿门。我们这些签署人是蒙上帝保佑的大不列颠、法兰西和爱尔兰的国王——信仰和教会的捍卫者詹姆士国王陛下的忠顺臣民。为了上帝的荣耀，为了增强基督教信仰，为了提高我们国王和国家的荣誉，我们漂洋过海，在弗吉尼亚北部开发第一个殖民地。我们在上帝面前共同立誓签约，自愿结为一民众自治团体。为了使上述目的能得到更好的实施、维护和发展……

以上就是《“五月花”号公约》的开头部分，它写于1620年朝圣先辈们上岸后不久。我几乎不需要指出，这段话跟现代英语有一些区别。我们不再交替使用S与s，也不再用ye来代替the。* 几处拼写——Britaine，togeather，Northerne——明显不同于现代写法，但这种区别一般而言还算轻微，不足以让我们感到困惑。不过，在仅仅一代人之前，我们会发现更不规则的拼写方式（例如，用gelousie、conseil、audacite、wiche和loware表示jealousy、council、audacity、which和lower）。我们现在不会说a dread sovereign**，如果我们真的这么说，我们的意思也不会是这位君主令人敬畏。但除了这为数不多的几处时代差异，这是一段文字清晰、好辨认、完全读得懂的英语。

不过，要是我们穿越回1620年的普利茅斯殖民地，亲耳听

* 顺便说一句，所有的ye在当时就是the的另一种书写方式。ye更便于抄写和印刷，更容易让段落两端对齐。它的发音不是“yee”。

** a dread sovereign，直译是“可怕的君主”，但在上述译文中并未表现出来。——译者注

到起草并签署《“五月花”号公约》的人们的对话，我们肯定会诧异于他们的口语跟今天的是多么不同——我们会频繁地听到许多无法理解的地方。虽然我们可以清晰地辨识出那是英语，但那种英语跟我们此前听过的任何英语都不一样。我们能够立刻感受到的差异包括：

- “kn-”，在中古英语里一直要发音，但朝圣先辈们正处在一个过渡阶段，通常把它发音为“tn”。如果朝圣先辈们的父母或祖父把knee（膝盖）发音成“kuh-nee”，他们则更有可能说“t'nee”。
- “gh”，在night（夜晚）和light（光）等单词当中不发音的情况，已经持续了一代人了，但在单词的末尾，如laugh（笑）、nought（零）、enough（足够）、plough（犁）等，它有时仍然要发音，有时不发音，有时发“f”音。
- 现代英语中father（父亲）和calm（平静）的“a”都发长音“ah”，但当时没有相当于这个“ah”的音。father与现在的gather（聚集）押韵，calm与ram（公羊）押韵。
- was的发音不是“woz”而是“wass”，至今在某些地方也是这样。早些年，拜伦在诗歌中曾用pass（经过）来与was（是）押韵。反过来说，kiss（亲吻）经常跟is（是）押韵。
- war（战争）跟car（车）或care（关心）押韵。直到19世纪之后的某个时候，它才变成现在的发音。[1]

- home（家）通常被拼写为whome，而且，会按照它的拼写方式，发“wh”音（至少部分人会这样说话）。
- 各种“o”和“u”的发音，哪怕用温和一点的字眼来形容，也是非常混乱、不稳定的。在许多人嘴里，cut（切）和put（放）、plough（犁）和screw（拧）、book（书）和moon（月亮）、blood（血）和load（负荷）是押韵的。直到17世纪下半叶，英国诗人德莱顿对flood（洪水）、mood（情绪）和good（好）未作区分，后人只能猜测他对这几个词的发音。“oo”的发音复杂多变，直到今天都是如此（如flood、wood和mood，3个“oo”的发音都不一样），而且，“oo”的发音迄今未固定的单词数量也很多，最常见的如roof（屋顶）、soot（烟煤）和hoof（蹄子）。
- “oi”的发音为长音“i”，所以coin’d（硬币）听起来跟kind（和善）一样，voice（声音）和vice（恶行）一样。现代“oi”的发音有时可以听到，但直到美国独立战争时期，仍被视为用语粗俗的标志。
- 如今短音“e”在单词中常常发音为短音“i”，有时甚至直接拼写为“i”。莎士比亚要用到been的时候，从来都写的是bin。直至18世纪最后几年，本杰明·富兰克林都一直将get（得到）、yet（尚未）、steady（平稳的）、chest（胸）、kettle（壶）、instead（代替）的第二个音节发为短音“i”[2]——尽管到了这时候，他打的这场发音之仗是注定要输掉了。

- 一般来说，说话时口腔更宽，“r”读得更重，更饱满。never这类词的发音更像是“nev-arrr”。[3]单词当中的元音和辅音吞音更厉害，因此nimbly会读成“nimly”，fault和salt成了“faut”和“saut”，somewhat读成了“summat”。其他字母组合的发音方式与其现代形式完全不同。理查德·霍奇斯在1643年出版的《正字法特别帮助，或英语的真正写法》（当时的一本畅销书）中，列出了以下几组单词，说“它们发音非常接近……有时可互换”：ream和realm，shoot和suit，room和Rome，were和wear，poles和Paul's，flea和flay，eat和ate，copies和coppice，person和parson，Easter和Hester，Pierce和parse，least和lest。普利茅斯和戴德姆等城镇最早记录中姓名的拼写（以及错误拼写），可以让我们约略知道早期殖民地英语发音是多么灵活。它们揭示，一个叫作Parson的男子，有时被称为Passon，有时也叫Passen；Barsum可以是Bassum或者Barsham，Garfield也是Garfill，Parkhurst是Parkis，Holmes等于Holums，Pickering等同于Pickram，St John能写成Senchion，Seymour就是Seamer，等等，不计其数。[4]
- 习语的差异很大，尤其是定冠词和不定冠词的用法。语言学家艾伯特·C. 博和托马斯·卡布尔曾指出，莎士比亚通常会丢弃我们认为必不可少的冠词，creeping like snail（意思是像蜗牛般爬行，在现代英语中，“snail”前面应该有冠词a或者the）、with as big heart as thou（有颗跟你一样宽大的心，同上，在现代英语中，“heart”前应该有个a），但与此同时，他也会在我们不用冠词的地方加上冠词，比如at length和at last（都是最后、终于的意思），他会写成at the length和at the last。介词of的使用也更自由。莎士比亚用了of的很多地方，我们会用另一些介词，比如“it was well done of [by] you”（意为“做得好”），“I brought him up of [from] a puppy”（意为“我从它还是只小奶狗时就开始养它”），“I have no mind of [for] feasting”（意为“我不介意去赴宴”），“That did but show thee of [as] a fool”（意为“那只表明你是个傻瓜”），等等。[5]在美式英语中，我们描述时间的方式，还残留着这种说法的部分痕迹。美国人通常会说现在是ten of three（还差10分钟到3点）或twenty of four（还差20分钟到4点），而英国人则说ten to或twenty to。

- “er”和“ear”组合经常（甚至可以说总是）发音为“ar”，因此convert听起来是“convart”，heard成了“hard”（有时也会变成“heerd”），serve成了“sarve”。merchant常被读作“marchant”，很多时候也照此拼写。如今的英国人还在几个单词里保留了这种拼法——比如clerk和derby；但美国早就放弃了这种拼法，只有几个固定的词例外（如heart、hearth和sergeant），要不就修改了拼写，如把sherds变成了shards，把康涅狄格州的Hertford彻底改成了Hartford。

- 一般来说，包含“ea”组合的单词，如tea、meat、deal等，都发长音“a”（当然，有很多单词现在仍然这么读，如great、break、steak），故此，meal和mail是同音词。现代的“ee”发音刚刚出现，所以，莎士比亚可以随心所欲地用please去跟grace或者knees押韵。在更为保守的英语使用者中，传统风格一直持续到18世纪，诗人威廉·考珀在一句著名的诗歌里这么写道：

> I am monarch of all I survey...
> From the centre all round to the sea.*

这样的英语固然跟现代英语不同，但它跟仅仅一两代人以前（16世纪中期）所说的英语也不同。朝圣先辈们所用的语言在方方面面都更为先进，较之其祖父辈甚至父母辈使用的语言，源自中古英语的惯例和语型变化已不那么明显。

名词变复数时加“n”的老派做法，迅速地让位于加“s”的新惯例，故此，到17世纪20年代，大多数人都说knees而不是kneen，用houses代替了housen，fleas代替了flean。到朝圣先辈们

* 这里指的是诗句中sursey和sea押韵，但在现代英语中两者并不押韵。诗句可译作：我是我所见到一切的君主……/从大地中央，直到海洋。——译者注

时，过渡尚未彻底完成（在莎士比亚的作品里，我们还能看到eyen而不是现代的eyes，他用shoon而不是shoes），还有为数不多的一些词（尤其是children、brethren和oxen）保留了原来的拼法，但整个过程正顺利推进。

动词的“-th”结尾，也发生了类似的变化，如maketh、leadeth和runneth，越发地变成了现代的“-s”结尾。除了hath和doth，莎士比亚几乎只使用“-s”结尾。*只有最保守的作品，如1611年的钦定版《圣经》，不包含“-s”形式，始终采用旧式的“-th”。有趣的是，到17世纪初，就连拼写时用了“-th”结尾的单词，发音时也发作“-s”。换句话说，人们写的是hath但说着has，写的是doth但想的是does，把goeth也读成goes。霍奇斯的《正字法特别帮助，或英语的真正写法》详细地说明了这种做法，它列举了一些看起来有点奇怪的同音异形词，如weights和waiteth，cox和cocketh，rights和righteth，rose和roweth。

与此同时，“-ed”结尾开始变得模糊起来。伊丽莎白时代之前，“-ed”结尾是音形一致、怎么写就怎么读的，在beloved和blessed等少数单词中，我们保留了此种做法。但到了朝圣先辈们的时代，省略结尾（除了在“t”和“d”之后）的现代习惯逐渐占了上风。在将近200年里，缩短的发音用撇号表示，如

* “-s”结尾为什么在现代英语的形成中占据重要地位，是件颇为神秘的事情。它来自英格兰北部，这个地区跟人口较多的南方一度有着大量的方言差异（至今仍然如此），但其他任何一种差异，都不曾对伦敦及周边地区的口音有过丝毫的影响。为什么16世纪末英格兰南部的居民突然开始对这一形式表现出特别的重视，迄今尚不清楚。

drown'd、frown'd、weav'd等。直到18世纪末，省略发音变得非常普遍，连上述拼写区分也没必要了。

Christmas、soften和hasten这一类单词中间的"t"开始消失（不过后来又有许多人重新把"t"加了回去）。ocean、creation、passion和sugar里的"sh"音也逐渐模糊起来。在此之前，这类的单词会发为齿擦音，许多英国人至今都把tissue和issue读作"tissyou"和"iss-you"。

早期殖民者是最初一批使用good-bye（再见，当时人们更多地用"God be with you"，也即"上帝与您同在"，并且常常拼写成"Godbwye"）这一新词的人，也是第一批采用更平民形式的ye和you，而不是使用传统的thee、thy和thou，以及其他许多更缥缈的、不确定形式的人。莎士比亚爱用传统形式，但有时也会在相邻的句子里同时使用两种形式，比如在《亨利四世》第一部分里："love thee infinitely. But hark you, Kate." *（我无限地爱你。但听着，凯蒂。）

他们还是第一批开始用新创造出来的字母j的人。j出现以前单词里承担它的职责的是i，所以，乔叟笔下的ientyl和ioye分别对应着gentle（温和的）和joy（喜悦）。起初，j只是i的变体，一如S是s的变体。渐渐地，j有了现代的"juh"发音，这一角色

* 应该指出，这里的ye，从语源学上看，跟之前用于跟the互换的ye不同。作为名词，ye用来指一个人，you指多个人。但渐渐地，这种有用的区分退出了舞台，you成了不变的形式。但我们保留了将之与复数动词挂钩的古怪做法，这也是为什么我们在说一个人的时候，也用you are，虽然在逻辑上我们应该说you is。实际上，直到1760年，说you is和you was都完全无可非议。

以前靠g完成（因此，英语里偶尔会有在这两个字母里自由选择的情况，如jibe和gibe，都是嘲笑之意）。

从语言的角度来看，朝圣先辈们再也不可能遇到比这更激动人心的时代了。或许，历史上再也不会有哪个时期，比现代英语诞生这一刻，语言更多样化，更动荡，更适合口头发明了。毕竟，这是属于莎士比亚、马洛、利利、斯宾塞、多恩、本·琼森、弗兰西斯·培根、沃尔特·雷利爵士、伊丽莎白一世的时代。正如玛丽·海伦·多汉所说："要是第一批定居者早一点或者晚一点离开英格兰，要是他们在另一个时代习得自己的说话方式和态度，我们的语言，就跟我们的国家一样，会变成完全不同的东西。"[6]

就在朝圣先辈们抵达新大陆之前的一个世纪前后，英语新增了10 000个单词，其中大约一半至今仍陪伴着我们。莎士比亚独自创造了差不多2000个单词——比如reclusive（隐居的）、gloomy（阴郁的）、barefaced（无耻的）、radiance（光彩）、dwindle（萎缩）、countless（无数）、gust（狂风）、leapfrog（蛙跳）、frugal（节俭）、summit（顶点）——但在这一波无与伦比的创造激流中，他绝对不是独行者。

对朝圣先辈们那个时期进入英语的单词做个简单的采样，便可看出当时词汇呈现蓬勃生命力的一些端倪*：

* 这里的"端倪"，原文是hint，也是莎士比亚所创造的。——译者注

1590年	alternative	另外的
1591年	incapable	无能力的
1600年	noose	套索
1601年	nomination	任命
1603年	fairy	仙女
1603年	surrogate	代理
	sophisticated	成熟世故的
1604年	option	选项
1605年	creak	嘎嘎作响
	susceptible	易受影响的
1607年	coarse	粗糙的，和natural相对
	castigate	严惩
1608年	obscenity	猥亵的
1609年	tact	机智、圆滑
1611年	commitment	承诺
	slope	斜坡
	recrimination	对骂
	gothic	哥特式的、野蛮的
1612年	coalition	联合、合并
1613年	freeze	比喻意义上的冻僵
1614年	nonsense	废话
1617年	cult	邪教
	boulder	大石头

	crazy	疯狂
1621年	customer	顾客
1626年	inexperienced	无经验、不熟练

即使朝圣先辈们意识到了他们出生在多么剧烈的语言动荡下，他们也并没有留下什么痕迹。在17世纪遗留下来的所有殖民地作品里，没有任何地方提到莎士比亚，甚至清教徒最为尊重的弥尔顿也没有。而在某些重要方面，他们的语言跟莎士比亚的语言有些奇怪的、不一样的地方。例如，他们不会用“methinks”这样的结构。他们也没有表现出任何参与名词变成动词这股新潮流的特别倾向，而名词变成动词的做法，给当时的社会带来了一些持续有用的创新，如gossip（八卦，1590年），fuel（燃料，1592年），attest（证明，1596年），inch（缓缓推进，1599年），preside（主持，1611年），surround（包围，1616年），hurt（伤害，1662年），还有数十个其他单词，其中一些未能流传（如happy、property和malice，如今它们的名词形式仍在使用，但并不用作动词）。

虽然朝圣先辈们绝非语言创新人士，但他们身处的特殊境地，逼得第一批殖民者几乎从第一天开始就在修补自己的词汇库。早在1622年，他们就使用pond来形容纯天然的大型水体，如Walden Pond（瓦尔登湖，这个词在英格兰特指人工小水池）。英格兰的creek形容的是入海口，在美国，它指的是小溪。出于说不清道不明的原因（至少据我所知，没人做过适当的调查），殖民者很快就抛弃了许多看似有用的英语地形单词——如hurst（沙洲）、mere（小湖）、mead（草地）、heath（荒野）、moor（沼泽）、marsh（湿地）、brook（小溪，但这个词在新英格兰地区存在了很长时间）——开始自创新词，如swamp（沼泽，最初记录在1626年约翰·史密斯的《弗吉尼亚通史》）[7]、ravine（峡谷）、hollow（山谷）、range（开阔空地）和bluff（绝壁）。通常，这些单词是从其他语言中借来的。英国人最初曾批评bluff是毫无必要、充满误导的美国化单词，它大概是从荷兰语里的blaf借来的，意思是"一块平板"。swamp似乎来自德语的zwamp；ravine来自法语，首次出现在1781年乔治·华盛顿的日记里，不过肯定很早以前就在使用了。

奇怪的是，美国气候的极端情况那么多，天气词汇反而出现得很慢。snowstorm（暴风雪）是第一个气象美语单词，但1771年前都没有记录，1804年之前，似乎也没人注意到有tornado（龙卷风）。1776年前后出现了cold snap（寒流）——在殖民地的最初200年里，美国对气候世界的贡献就这么多了。如果没有blizzard（暴雪）这个词，任何关于北美冬季的描述似乎都失之完整，但事实上，直到1870年，艾奥瓦州埃斯特维尔的一位报纸编辑才用它形容一场特别凶猛的春雪，在这之前，没有人用它描述过一场大雪暴。这个来源不明的美语单词，大约出现在此前50年，用来指代拳头或枪支的一次击打或一连串击打。

然而，只要有可能，第一批殖民者始终坚持不懈地固守旧世界词汇。他们靠着勤勤勉勉的档案学家保留词汇。多亏了早期殖民者的保守本质，数十个（甚至上百个）英语单词，日后在英国本土凋零，却在美国活了下来，指代秋天的fall或许是其中最出名的一个。在朝圣先辈们的时代，这是一个较新的词，按照记录，它于1545年首次在英格兰使用，直到19世纪下半叶在英格兰都是个常用词。但它为什么此后就消失了，原因不知。在美国保留下来的词汇，其实根本数不清。其中包括：

hog	猪	zero	零
raise	养育	junk	垃圾
closet	碗橱	adze	扁斧
attic	阁楼	jeer	嘲笑
livestock	牲畜	gap	空隙
gully	沟壑	rooster	公鸡
molasses	蜜糖	cesspool	粪坑
home-spun	朴素	din	喧闹
trash	废物	chore	琐事
maybe	也许	talented	天才的
copious	丰富多产	mayhem	故意伤害
back and forth	来来回回	deck	一叠纸牌
cross-purposes	各说各话	hatchet	短柄小斧
bug	指代各种昆虫		
jack	纸牌里的杰克		
cabin	有简陋住所之意		

stocks	表示股票债券之意
plumb	表十足、彻底之意
bushel	常见度量单位蒲式耳
slick	光滑，是sleek的变体
mad	表示愤怒而非精神失常
noon*	中午，而不说晌午（midday）
notch	代表山中小径（主要在新英格兰地区使用）

……

以上只是随手列举。

第一批殖民者还带来了许多在英国隐秘角落之外鲜为人知的地区性词汇，它们在美国的土地上蓬勃发展，自此以后大多还传播到了更广阔的英语世界：drool（流口水），teeter（摇晃），hub（轮毂），swamp（沼泽），squirt（喷射，用来形容朝着人喷），spool（丝线的缠绕），wilt（枯萎），cater-cornered（对角线的），skedaddle（这是一个英国北部方言单词，意思是，嘈杂地漏出了一些东西，如一袋煤），gumption（进取心），chump（英国埃塞克斯的一个词，意思是一大块木

* noon有个小小的奇怪之处。它来自古英语的nones，意思是黎明的第9个小时，或下午3点，人们进行祷告的时候。到了中世纪，祷告时间改到了正午，于是noon也就变成了中午12点。但在英国，有一阵子，它既指中午12点，也可指午夜12点。一些较为古老的文本里有the noon of midnight，就是指午夜12点。

头，现在还保存在一些表达当中，如off your chump）[8]，scalawag（无赖汉），dander（激怒；get one's dander up，让人生气），chitterlings（猪肠），chipper（活泼的），chisel（欺骗）和skulduggery（诡计）。最后一个单词跟skull（头骨）毫无关系，这就是为什么它只有一个l。它来自苏格兰语里的sculdudrie，表示通奸之意。chitterlings，或者chitlins，都指的是猪小肠，在汉普郡之外一直少有人知，但在新世界被广泛使用。[9]它在美国的某些地方演变为kettlings，暗示至少有些人会把"ch-"发音成chaos或chorus里的强音"k"。

当然，他们带来了许多在美国或英国都不曾流传下来的词汇：用来形容一层积雪的flight，指轻浮者的fribble，指隐士的bossloper，指一片土地的spong，指婴儿的bantling，指甜心的sooterkin，指保护性沙堤的gurnet，还有形容吃相邋遢的slobberchops。

在美洲这块新发现的大陆上，早期的殖民者总能碰到各种自己从未见过的东西，从mosquito（蚊子，最初拼写为mosketoe或musketto），到persimmon（柿子），到poisonivy（毒藤，他们最初叫它poysoned weed，中毒草）。起初，毫无疑问，新伊甸园中丰富的陌生事物扑面而来，他们没能区分pumpkins和squashes（两者均为南瓜之意），walnut（胡桃）和pecan（山核桃树）。他们把植物和动物叫错了名字。bay（海湾）、laurel（月桂树）、beech（山毛榉）、walnut（胡桃）、hemlock（铁杉）、robin（知更鸟，其实是画眉鸟）、blackbird（燕八哥）、

hedgehog（刺猬）、lark（云雀）、swallow（燕子）和marsh hen（秧鸡），这些单词在英国和美国指的都是不同的物种。[10]美洲兔（American rabbit）实际上是一种野兔（hare）。（第一批殖民者分辨不出这些东西的差异，证明他们的野外生存能力堪忧。）通常，他们选择最简单的做法，按动物发出的声音，给它们起个名字，bob white（美洲鹑）、whippoorwill（北美夜鹰）、katydid（蝈蝈儿）都是这么来的。要是这种做法行不通，他们就会采用最有用也最独特的美式造词法：用两个旧词创造一个新的复合单词。

殖民地美式英语充满以下这样的结构：

jointworm* 指膜翅类昆虫的幼虫

sapsucker 啄木鸟的一种

hillside 山坡，起初一度也叫作sidehill

glowworm	萤火虫	eggplant	茄子
canvasback	美洲矾雁	copperhead	美洲蝮蛇
rattlesnake	响尾蛇	bluegrass	蓝草
backtrack	追踪，循迹	bobcat	山猫
catfish	鲶鱼	bluejay	蓝鸟
bullfrog	牛蛙	timberland	林地
underbrush	矮树丛	cookbook	食谱

* 其结构是“joint”+“worm”，以下所有单词同。——译者注

frostbite	冻伤

后来还出现了：

tightwad	吝啬鬼	sidewalk	人行道
cheapskate	小气鬼	sharecropper	佃农
skyscraper	摩天大楼	rubberneck	伸长脖子
blowout	喷出	barbershop	理发店
hangover	宿醉	rubdown	推拿
drugstore	杂货店，药店		

……

这些新单词的优点在于，都很直接，立刻就能让人理解，在一个非英语母语群众越来越多的土地上，这是一个非常有用的特点，而出自英国的同义词大多不具备这一特点。不管正规的英语该怎么说，frostbite（冻疮，frost指冰冻，bite的本意是咬，合起来就成了冻伤）就是比chilblains更好懂，sidewalk（人行道，side是路边，walk是走，合起来就变成了人行道）就是比pavement更好懂，eggplant（茄子）就是比aubergine更好懂，doghouse（狗窝）就是比kennel更好懂，bedspread（床罩）就是比counterpane更好懂。

在最早期殖民者的生活中，有一种非常有特色的动物，那就是旅鸽（passenger pigeon）。这种动物的英文名字来自

passenger的早期含义，意思是路过的人。而旅鸽的数量，几乎达到了不可思议的程度。一位早期的观察者估计，一队旅鸽可宽达1英里，长达240英里。它们真的可谓是“遮天蔽日”。在“五月花”号登陆时，北美洲可能有90亿只旅鸽，比如今这块大陆上所有鸟类的数量加起来还多一倍。数目如此庞大，抓起来自然很容易。一份来自1770年的记述称，一名猎人用大口径短枪，只一枪就打下了125只旅鸽。有些人会吃旅鸽，但大多数都拿来喂了猪，还有数百万只旅鸽在猎鸽运动中遭到捕杀。到1800年，旅鸽数量大致减少了一半；到1900年，几乎彻底消失。1914年9月1日，最后一只旅鸽死在辛辛那提动物园。

然而，其他几种日后将困扰整个新大陆的生物，却并未让第一批殖民者感到困扰。一种是常见的家鼠。要再过100年，它才会抵达欧洲（数目庞大的家鼠突然从西伯利亚出现在了欧洲，原因从未得到解释），到1775年，它才首次出现在美国波士顿的记录中。（它的适应性极强，到1849年淘金热时，最初抵达加利福尼亚的人发现，家鼠已经在那儿等着他们了。到20世纪60年代，美国估计有1亿只家鼠。）其他许多如今常见的动物（包括家鼠和普通的鸽子），还尚未跨过大洋。

有几类物种，我们准确地知道它们什么时候到达美洲，其中最臭名昭著的是“空中刺激物”欧洲椋鸟，它是由一位富有的德国移民尤金·席费林带到美洲的。此人有个奇怪的念头，认为自己应该把莎士比亚著作中提及的所有鸟类都引入美国的景观（椋鸟是个令人遗憾的例子）。大多数物种都未能引入成功，但1890年春天，他在纽约中央公园放飞的40对欧洲椋鸟，在次年春天多出来20对。于是，不到一个世纪的时间，它们茁壮成长，成为美洲数量最多的鸟类，也是最大的一种害鸟。普通麻雀（house sparrow，实际上并不是sparrow，而是weaverbird，一种非洲织巢鸟），是1851年或1852年由布鲁克林自然历史学会会长以类似方式引入新世界的，鲤鱼（carp）则是在19世纪70年代由史密森学会秘书带来的。[11]这种因为好心办坏事引入的生物，竟然并未造成太大的生态灾难，不得不说是一个令我们所有人都感激不尽的奇迹。

美式英语很快就跑偏去了新方向，部分是因为与英国人缺乏日常接触，部分是因为美国生活里特有的条件，部分大概是因为一时兴起。早在1682年，美国人就开始把纸币叫成bill而非note。到1751年，bureau丢掉了英式英语里写作桌的意思，开始指代抽屉柜。barn在英国至今仍指粮仓，但在美国，它有了更宽泛的意思，指通用的农场建筑。到1780年，avenue在美国特指任意一条宽阔街道，在英国，它指一排树木。而且，这个用法在今天仍很普遍，许多英国城镇都有名叫Avenue Road的街道，这在美国人的耳朵里听起来不免重复得有点滑稽。美国人逐渐扩大了含义的单词，还包括apartment（公寓）、pie（馅饼）、store（商店）、closet（壁橱）、pavement（人行道）和block（街区）。18世纪末，美国的block指的是一组具有相似外观的建筑（这在英国叫作terrace），后来逐渐指一组相邻的地块，最后，到1823年，它获得了现代的意思，指代几条街框起来的城市内块状区域。[12]

不过，为美语词典填补空白最方便（尽管有时并不见得最简单）的方法是，向当地印第安人请教他们用什么词。第一批殖民者拓殖时期，新世界可能有5000万印第安人（有些人估计这个数字最高可达1亿，最少为800万）。大多数人住在墨西哥和安第斯山脉。整个北美洲的人口可能不超过200万。北美印第安人一般按地域（而不是按语言或文化）分为六大家族：来自平原的部落（如黑脚族、夏安族和波尼族），来自东部林地的部落（阿尔冈昆族、易洛魁联盟），西南部落（阿帕契族、纳瓦霍族、普韦布洛族），西北海岸部落（海达族、莫多克族、钦西安族），高原部落（派尤特族、内兹珀斯族），以及北方部落（库钦族、纳斯卡皮族）。在这些大分类下还有各种不同的小分类。比如在平原印第安人中，奥马哈族和波尼族是定居农民，而夏安族和科曼奇族是游牧的猎人。此外还有规模可观的迁徙。例如，黑脚族和夏安族最初是东部沿海部落的印第安人，是阿尔冈昆族的成员，之后才向西迁徙到平原。

尽管北美大陆的原住民相对稀少，（但或许也正因如此）这块大陆上的语言却特别丰富，总共多达500种。换句话说，北美印第安人只占新世界人口的5%，但语言数量却有可能占了全部语言的1/4。这些语言里很多（如皮阿拉普语、图皮语、阿西尼博因语、希达察语、贝拉库拉语）都只有极少数人使用。就算在有亲缘关系的部落里，语言鸿沟也可能相当大。历史学家查尔顿·莱尔德说："光是加利福尼亚州所知的原住民语言，就表现出了比欧洲大陆所有已知语言更丰富的语言多样性。”[13]

几乎所有由第一批殖民者直接引入英语的印第安词汇都来自两大东部部落，分别是易洛魁联盟（成员包括莫霍克族、切罗基族、奥奈达族、塞内卡族、特拉华族和休伦族），以及更大的阿尔冈昆族（包括阿冈钦族、阿拉帕霍族、克里族、特拉华族、伊利诺伊族、基卡普族、纳拉甘西特族、奥吉布瓦族、佩诺布斯科特族、佩科特族，以及索克与福克斯族，等等）。但就算在这里，语言也有着极大的变数，故此，对特拉华印第安人来说，河就是“萨斯奎哈纳河”，而对附近的休伦族人来说，河指的是“坎纳斯托格河”。

几乎从最初接触的那一刻开始，早期殖民者就从印第安人那里借用词汇了。moose（驼鹿）和papoose（幼儿）早在1603年就进入了英语，raccoon（浣熊）首次得到记录是在1608年，caribou（北美驯鹿）和opossum（负鼠）在1610年，moccasin（鹿皮鞋）和tomahawk（战斧）在1612年，hickory（山核桃）在1618年，powwow（巫师）在1624年，wigwam（棚屋）在1628年，[14]印第安人总共为早期殖民者提供了大约150个词汇。之后又传入了另外150个词汇，大多经过了中间语言的过滤。例如，toboggan（平底雪橇）是通过加拿大法语进入英语的，hammock（吊床）、maize（玉米）和barbecue（烧烤）是通过加勒比的西班牙语进入北美大陆英语的。

偶尔，印第安词汇可以相对简单地进入英语。阿尔冈昆语系里的seganku没太大难度地就变成了skunk（臭鼬），wuchak

进入英语以后不可避免地变成了woodchuck（土拨鼠）——尽管绕口令里说，“How much wood could a woodchuck chuck”（直译为：一只土拨鼠要嚼掉多少木柴），但土拨鼠真不嚼木柴。wampumpeag变成了wampum（贝壳念珠）。北部殖民地neck（脖子，颈部）的用法，显然受了阿尔冈昆语naiack的影响，指的是一个点或一个角落，从而延伸出了neck of the woods（附近一带，一般指乡村地区）的表达方式。同样地，新英格兰词汇中的cape（海角，岬），至少部分地来自阿尔冈昆语里的kepan，意思是封闭的通道。[15]

不过，大多数印第安词汇并不适合简单的音译。许多词汇都需要粗暴地反复敲打成形，才能让英语母语者舒适地加以使用。约翰·史密斯最初尝试照搬阿尔冈昆语指“部落首领”的词，写成了cawcawwassoughes。他意识到这显然不够令人满意，就修改了一下，变成略有希望的coucorouse。后一代人将之进一步简化为我们今天所知的形式：caucus（核心小组）。[16]raccoon（浣熊）的挑战性也不亚于此。史密斯在同一本书里尝试过raugroughcum和rahaugcum，后来又改成rarowcun，此后的编年史家还尝试过其他多种形式，aracoune和rockoon，等等。最后，才在rackoone中找到了语音上的慰藉。[17]misickquatash演变成了sacatash，并最终变成了succotash（豆煮玉米）。askutasquash变成isquontersquash，最后成了squash（壁球）。pawcohiccora变成了pohickery，然后是hickory（山核桃）。

部落名称同样需要调整。Cherokee（切罗基）原本是Tsalaki。Algonquin（阿尔冈昆）来自Algoumequins。Irinakhoiw让步于Iroquois（易洛魁联盟）。Choctaw（乔克托族）在演化成现代形态之前有过不同的拼法：Chaqueta、Shacktau和Choktah，然后才演化出了现代的形态。即使是看似简单的Mohawk（莫霍克族），在记录中也有多达142种拼写方法。*

殖民者偶尔也会放弃努力。有一段时间，他们用印第安名称metaquesunauk指代一种可食用的仙人掌，但最终还是放弃了这场战斗，直接把它叫作prickly pear（刺梨）。[18]音译能否成功，在很大程度上取决于最邻近部落所用语言在语音上是否平易近人。碰到Ojibwa（奥吉布瓦）印第安人的殖民者发现，前者的方言刀枪不入，他们连该部落到底叫什么名字都无法达成一致意见。有人说Ojibwa，也有人说是Chippewa（齐佩瓦）。不管叫什么名字，该部落采用的语言，有着密集的辅音连缀（任举3例，mtik、pskikye、kchimkwa）[19]，这足以说服新来的殖民者，给他们的语言留个清静。

---

* 至少，英国殖民者还付出过一定的努力，试图纪念印第安名字。法国人和西班牙人似乎很少注意到部落原本的名字。法国人无视太平洋西北地区一支部落的自称Chopunnish，而叫它Nez Percé，意思是“鼻子穿刺”，因为该部落会在鼻孔上佩戴海贝壳。他们对Siwash（北美太平洋沿岸的印第安锡沃斯部落）也表现出类似的不厚道，Siwash来自法语的sauvage（野蛮人），对Gros Ventre（法语里的“大肚子”）人也一样。与此同时，西班牙人无视了某支西南部落原本抑扬顿挫的标致名字Ha-no-o-shatch（意思是“太阳之子”），而把它叫作Pueblos（意思是“人”）。

很多时候，不出所料地，殖民者误解又误用了印第安人的词汇。对原住民来说，pawcohiccora指的不是树，而是由树的坚果制成的食物。阿尔冈昆人用pakan或paccan指所有的硬壳坚果。殖民者（在经历了pekaun和pecaun诸多变体的调整之后）把它改造成了pecan（山核桃），并特指carya illinoensis（山核桃树）所结出的果实。

尽管困难重重，但第一批殖民者常常沉迷于印第安语言，部分原因毫无疑问是它们的异域风情，但同样也是因为它们有一种无法抵挡的美。一如威廉·佩恩所写："我不知道欧洲的哪种语言，在口音或重音上，有比它们更可爱、更宏大的词汇。"[20]他说得对。只需要列举几个印第安地名——Mississippi（密西西比）、Susquehanna（萨斯奎哈纳）、Rappahannock（拉帕汉诺克）——就能看出印第安人在后来者往往不理解，而最终望而却步的美洲风光里，找到了一首诗。

如果说，早期的美洲殖民者对印第安人的语言尊重以待，他们对印第安人本身反而并不总能表现出这样的体谅。从一开始，他们就恶劣地对待原住民，尽管有时候是无意的。如我们所见，"五月花"号上的朝圣先辈们最初的行动就是盗掘印第安人的坟墓。（想想看，要是朝圣先辈们发现印第安人扒开了英国墓园里的墓地，在坟里翻翻捡捡，会有怎样的一番感受。）早期的殖民者糊里糊涂，容易受到惊吓，常常攻击友好的部落，把对方当作敌人。就算他们知道这些部落是友好的，有时也会怀着明显扭曲的想法劫持人质，认为这会让原住民对自己更尊重。

碰到看似必要的情况，他们更是毫不犹豫地施加令人震惊的暴行。菲利普国王战争期间*，一张由士兵写给马萨诸塞湾殖民地总督的纸条提醒我们：“前述这位印第安人被带去让狗撕碎，（我们）就是这样对待她的。”[21]事实上，美国人与印第安人遭遇的早期记录不光讲述了17世纪英语的拼写方式，也讲述了殖民的暴力行径。例如，威廉·布拉德福德在《普利茅斯种植园史》中描述了一场对佩科特人村庄的突袭。

有必要指出，受害者大多是妇女和儿童：“躲过了火烧的，吃了剑砍；有人被砍成了碎片，还有人被利剑穿过，这样就能快快打发了他们……看到他们在火中挣扎是幅可怕的景象……那儿的臭味极为难闻，但胜利却似一场甜蜜的献祭。”[22]1675年，在弗吉尼亚，约翰·华盛顿，也就是日后乔治·华盛顿的祖辈，参与了一场非典型事件：印第安人受邀把头领送到巫师处，以解决一桩冲突。原住民派出5名酋长参加谈判，但当事情没能让欧洲定居者感到满意时，后者就把酋长带走并杀掉了。就连最忠诚的印第安人，在殖民者眼中也是消耗品。1608年，约翰·史密斯在弗吉尼亚遭遇敌对蛮族时，他采取的头一个行动就是躲到自己的原住民向导身后。

在这种情况下，难怪印第安人开始以某种怀疑的眼光看待他们的新对手，并收回他们的善意。这对弗吉尼亚殖民者［他

* 指的是发生于1675年至1676年间美洲原住民与新英格兰英国移民之间的战争。——译者注

们被人们满怀希望地称为planters（种植园主）］来说是一个特别的打击，就像十年后的“五月花”号朝圣者证明的一样，他们无法养活自己。1609年到1610年的冬天，他们经历了所谓的“饥饿时期”，在这段短暂的时间里，弗吉尼亚殖民者的人数从500人下降到大约60人。第二年春天，当托马斯·盖茨爵士接任新总督时，他发现“大门开着，从铰链上掉了下来；教堂被毁了，很少有人来；空房子（房主刚刚去世）被租了出去，烧毁了；活着的人不能像他们假装的那样走进树林里去收集柴火。的确，印第安人的杀戮速度和饥荒、瘟疫一样快。”[23]

英格兰不断派来新的殖民者，但外有印第安人之患，内有饥荒瘟疫之忧，他们一批一批地来，也一批一批地死。1606年12月至1625年2月期间，弗吉尼亚接收了7289名移民，同时埋葬了6040名移民，大多数人几乎还没来得及安顿好就死了。在1619年到1621年抵达的3500名移民中，有3000人在同一时期死掉。前往弗吉尼亚，跟选择自杀基本上是一回事。

对好不容易活下来的人来说，生活是一连串的惊恐和不适——饥荒、乡愁，又或是被砍死在自己床上的可怕前景。殖民者理查德·弗雷索带着可以原谅的做作态度这样写道：“我的眼泪每日流淌，我想，再没有哪颗脑袋能容得下这么多的水。”就在这一年里，他死掉了。[24]

比他还活得久些的人，有好些摊上了更糟糕的下场（弗雷索好歹靠着死得早躲过了）。1622年的耶稣受难日，这是殖民者和美洲原住民关系相对友好的一个时期，印第安酋长奥普查纳坎奴派部落代表前往新拓殖的弗吉尼亚定居点柯考坦、亨利库斯和查尔斯城及其邻近农场。表面上看，这是一次善意到访——一些印第安人甚至“坐下来吃早餐”，一位震惊的殖民者事后写道。但随着一声特定的信号，印第安人抓起身旁一切趁手的工具，弄死了抓得到的所有男男女女和孩子，总计350人，占弗吉尼亚当时总人口的差不多1/3。[25]

22年后的1644年，这位酋长做了同样的事情，杀死了大致相同数量的人。但这一回，350名死者的数量，还不到弗吉尼亚英国居民的1/20。奥普查纳坎奴的攻击，不再是一场灾难，倒更像是一场残酷的骚扰。很明显，有些事情在过渡期间发生了变化。它可以用一个词来概括：烟草。对于弗吉尼亚的印第安人来说，这种令人愉快的植物不叫tobacco，而是uppówoc。tobacco是西班牙语，取自阿拉伯语的tabāq，表示一切能诱发兴奋的草药。1565年，约翰·霍金斯到访佛罗里达短命的法国前哨之后，首次用英语提到了烟草。在旨在说明的句子里，他带着一丝困惑和不确定报告说法国人“用一根一端带有陶杯的植物根茎烧着一种干草，通过根茎吸食烧出的烟。”[26]霍金斯显然对这玩意儿能带来多少愉悦表示怀疑，但他还是带了一些烟草回到英格兰。结果，它在此地迅速流行起来。起初，抽烟的行为叫作“喝”（drinking），直到后来有人意识到，说它是“抽”（smoking）更恰当。人们认为它有着神奇的力量，认为它是一种强效壮阳药，还是奇妙的药物，有各种疗效，“可以清除痰和其他劣质体液，打开身体的所有毛孔和通道”。[27]没过多久，它便风靡一时，人们一抽就停不下来。

17世纪20年代，詹姆斯敦的殖民者开始种植烟草，发现它的长势几乎跟毒藤一样好。弗吉尼亚很快要发横财啦！人们蜂拥而至，数量多到印第安人再也没法应付。几乎完全是因为烟草这一上瘾性植物，弗吉尼亚有了可靠的将来。

与此同时，英国对清教徒的迫害，让新英格兰成了一个不再那么孤独的地方。在1629年至1640年，有8万名清教徒逃离旧世界，奔向新大陆。只有大约两万人去了新英格兰，加勒比地区的巴巴多斯和圣基茨等地吸引了数量差不多的人。有些人顺着尼加拉瓜的莫斯基托海岸，在老普罗维登西亚岛形成了一块新的殖民地（但如今差不多已完全遭到遗忘）。在很长一段时间，西印度群岛是新世界人口最多的地区。到1700年，巴巴多斯的说英语的居民比弗吉尼亚多1/3，是纽约的2倍。尽管如此，足够多的英国人在马萨诸塞定居，无疑确保了它的未来。到18世纪初，马萨诸塞有了8万人口。它的财富，同样有着不够体面的一面。早在1643年，距离朝圣先辈们心怀创造更美好、更神圣世界的愿景第一次踏上美国土地才过去22年，新英格兰的企业家们就忙着参与一份能让他们变得十分有钱的买卖了：奴隶贸易。

由于17世纪移民的规模太大，到1700年，英国政府对勤劳强壮的民众的外流已经开始警觉，它采取有效措施限制了移民，只保留了重罪犯人的常规输送（作家丹尼尔·笛福创作的虚构人物摩尔·弗兰德斯就属于这类人）*。除了罪犯之外，很少有真正的英国男女在1700年之后移民美洲。尽管如此，到18世纪的上半叶，殖民地人口仍然翻了两番。这一明显矛盾情况的出现，是因为它从其他新世界殖民地吸引了大量移民（比如成立于1669年的卡罗来纳，只有100来号来自英格兰的移民，其余的种植者来自巴巴多斯[28]），以及非英裔移民的涌入（德国人、法国人，最多的是来自阿尔斯特的苏格兰-爱尔兰人，光是在18世纪中间的50年，可能就来了多达25万人）。[29]所有这一切，都极大地促使美语缓慢悠长地偏离标准伦敦腔英语。

在形形色色的新移民中，越来越多的非洲黑人涌现出来。早在1619年，黑人就开始抵达弗吉尼亚，比新英格兰最古老的家族还要早，但直到17世纪末，让黑人充当种地的劳工和家庭用人的好处，才变得格外明显起来。

黑人固然是在不情愿的条件下被驱逐到美洲的，但起初，他们的待遇是仆人，跟契约白人一样，享有最终获得自由的权利。具有讽刺意味的是，所有这些早期的仆人，无论是白人还是黑人，都叫作slaves（奴隶），这个词，暂时丧失了它终身非自愿受奴役的含义。顺便说一句，servants（仆人）之所以叫作indentured（契约工），是因为他们的契约是沿着一条不规则的

* 不是所有重刑犯都到达了目的地。17世纪末，一个叫托马斯·本森的人拿下了将重刑犯送往美国南部殖民地的合同，但他很快意识到，把犯人们扔在德文郡海岸以北的兰迪岛，既简单，也更有利可图。等他被逮到的时候，他声称自己履行了合同，因为他确实把犯人们送到了“海外”。地方法官不为所动，对他处以7872英镑的罚款。被抛下的犯人们的命运则无从得知。

线对折并撕成两半（indent），主人和仆人各留一半。[30]

渐渐地，从这些最早的群众当中，一个国家开始出现——它结构松散，统治者远在海外，流亡者、理想主义者、奴隶和罪犯这些看似不可能混在一起的人构成了它的国民，但不管怎么说，这就是一个国家。到了18世纪40年代，英国人对自己在新大陆的地位有了足够的信心，并打算找借口仗势欺人了。1739年，这个借口从天而降：西班牙人砍掉了一个名叫爱德华·詹金斯的英国走私客的耳朵，向英国私掠船表达了他们长久以来的愤怒（这愤怒自然完全可以理解）。尽管詹金斯不过是个普通刑事犯，英国人却以挑起战争作为回应，这可能是历史上名字听起来最有趣的冲突：詹金斯的耳朵战争。

事实上，这场战争相当沉闷，但衍生出了一些有趣的说法。其中之一来自每日配额规矩的确立：按照舰队指挥官爱德华·弗农的指示，水手们每天可享受定额的加水朗姆酒。弗农的绰号是“老格罗格”（Old Grog，但似乎没人知道原因），毫无疑问你能猜到，这种饮料很快被称为grog*。从各方面来看，弗农都是一个鼓舞人心的人物，深受手下爱戴。他的一位殖民军官，劳伦斯·华盛顿（是乔治·华盛顿同父异母的兄弟）简直被这位舰队司令给迷住了，为了纪念自己的上司，他将自己在弗吉尼亚的种植园命名为“弗农山庄”。

---

* 在英语里，grog指的就是掺热水的朗姆烈酒，而那些喝得太多的人，会变得groggy，也即晕晕乎乎，东倒西歪。——译者注

虽然詹金斯的耳朵战争基本上已被人遗忘，但它标志着一项生动的语义转变，这一转变，是我们提到这场战争以及我们在这里所谈一切的关键：这是有史以来第一次，英国人开始用“美国人”（American，而不是用“乡下人”或者“殖民地居民”）来指代自己的殖民地表兄。早在1578年，American就出现在了记录里，但此前只适用于印第安人（此时可译作“美洲人”）。尽管此时还没人注意到这一点，但一个新的国家业已成形。

第3章

一场“民主狂热”：革命时代的美国

I

1776年是划时代的一年，曙光乍现，这一年，亚当·斯密的《国富论》和爱德华·吉本的《罗马帝国衰亡史》第一卷相继出版，美国与英国主人的战争，从某种意义上来说，已经打了几年了。遭人鄙视的《印花税法》是11年前的事了。波士顿倾茶事件（实际上，要再过近半个世纪才会有人这么叫它）已过去3年，臭名昭著但误传甚多的波士顿大屠杀则过去了6年。9个月前，某个不知名的人在康科德草地上开了枪，用爱默生令人难忘的话来说，“全世界都听到了那声枪响”。还发生了莫名其妙起错了名字的血腥邦克山战役（战役完全不是在邦克山打响的）。虽然战斗本来计划好了要在邦克山打（18世纪，这些事情是要正式安排好的），但不知道为什么，威廉·普雷斯科特上校率领的殖民地部队，在错误的山头（邻近的布里德山）上修建了堡垒，美国独立战争的第一场激战便在此进行。但让问题变得更加复杂的是，从此以后，布里德山就经常被称为邦克山。不管怎么说，1776年1月，英国跟它的大部分美洲殖民地正处于战争状态。

我们大概想要问这是为什么。一如后世的美国历史学家塞缪尔·艾略特·莫里森所说，1776年，美国人已经成为“全世界最自由的人”。[1]大多数美国人享有经济流动性、投票选择地方代表的权利、新闻自由以及一位同时代的英国人生动地称之为“最叫人无法接受的平等”的好处。他们比自己的英国表兄吃得更好，住得更舒适，总体上说不定还接受了更好的教育。（例如，马萨诸塞居民的识字率至少是英国的两倍。）[2]美国革命出现的目的，不是争取美国的自由，而是保障美国的自由。

殖民者缺的是英国议会的席位。他们没法在下议院发声，却又要向母国缴税，因而愤愤不平（在今天的我们看来，这似乎也没那么不合理）。对英国人来说，这样的概念过分有野心了，甚至可谓荒谬，因为大多数英国人都没能享受到如此奢华的特权。当时，每20个英国人里只有一个有权投票，就连利物浦和曼彻斯特这样的繁荣大城市也没有直选议员。为什么在区区的殖民地，半拉子的英国人，该享受比英国本土养育出来的人更大的选举权呢？

值得指出的是，殖民地民众身上承担的赋税，既不繁重，也没什么不合理的。印花税和其他增税举措，主要目的是筹款保护殖民地。期待殖民者为保护自己而承担一定的费用，这个要求完全不超出合理的范畴。据估计，在18世纪60年代，美国人平均每年缴纳6便士的税，英国人平均要缴纳25先令——是前者的50倍。不管怎么说，美国人实际上很少缴纳税款。遭人憎恨的《汤森税法》在第一年只筹措上来295英镑，但执行成本却是17万英镑。同样遭到嫌恶的《印花税法》几乎从没收上钱来。

尽管如此，每个美国的小学生都知道，整个18世纪70年代，美国一直在哭喊着控诉，“没有代表却要纳税是暴政”。其实不然。人们通常认为这句话出自詹姆斯·奥蒂斯之口，但他其实从没说过，至少就算他说过，当时的人也从没注意到过。一直到19世纪20年代，也就是他去世后近40年，这句名言才被安放到他头上。[3]

事实上，美国革命时期是一个淹没在神话中的时代。许多骄傲自豪地与“争取独立”挂在一起的表达方式，其实从来就没人说过。帕特里克·亨利*应该从未发出过那带着轻蔑的呐喊，“如果这是叛国罪，那就反叛到底吧”，也不曾在1765年5月的弗吉尼亚州伯吉斯议院说过任何能让他名垂青史的话（虽然后世的人信心百倍地认为是他说的）。大会的书记员没有记下亨利的讲话，现场的任何人都不曾在自己的信件里记下一

* 帕特里克·亨利，美国政治家，美国革命时期卓越的领导人，曾两次担任弗吉尼亚州州长。——译者注

笔，说亨利的演讲特别令人激动。根据一位目击者的说法（由一位恰好在场的法国水文学家执笔，这份记录是1921年人们在法国国家水文研究所的档案中偶然发现的），亨利确实说了一些放肆言辞，但他的态度远非轻蔑，而是立刻向伯吉斯议院道了歉，“激动的情绪或许令他说了一些远非本意的话”，还胆怯地表达了对国王的无限忠诚——绝不像无数学校教科书里描绘的那样，扬着下巴，一脸挑衅的样子。[4]

就算亨利确实有点紧张地踩了刹车，我们也不应该太过惊讶。他是议院里的新人，9天前才拿到席位。他对君主制发起的勇敢而雄辩的挑战，似乎是整整41年之后，也就是亨利去世后17年，才由一位从不认识，甚至从没听说过他的自负的传记作家威廉·沃特“创作”出来的。对沃特所记叙的那天发生的事件，当时在场的托马斯·杰弗逊没有对其准确性或其他方面做出任何评价，但对沃特所写的那本书，杰弗逊坦率地评价说：“糟糕，写得不好，对帕特里克·亨利描写得不够理想。”说到这里，我们也没有任何证据证明亨利说过另一句安在他头上的名言：“我不知道别人将选择怎样的道路，但对我来说，不自由，毋宁死！”事实上，没有证据表明亨利曾经说过任何实质性的内容，或者说，哪怕一条独创的观念。他是一个乡下土包子，不读书，受教育程度低，出了名地懒。他的措辞有着滑稽的乡下味，经常不合语法。诚然，他具备一定的演讲能力，但这似乎更多地归功于他天生声音动听，似能催眠，而非因为他对语言或思想的运用。他的演讲风格是一种口头花招，用跟他同时代的人的形容来说："所有的描述都令人困惑。"杰弗逊曾糊里糊涂地回忆道："当他表达跟我相反的观点，造成很大的影响时，我自己也会非常高兴和感动，当他停下来的时候，我问自己：'见鬼啊，他在说些什么？'这个问题我从来无法回答。"[5]

就连那些毫无疑问发生过的事件，也经常遭到历史的扭曲，呈现出对殖民地的偏爱。波士顿大屠杀，或者"波士顿国王街的血腥大屠杀"（保罗·里维尔的著名版画里就这么叫它），就是一个典型的例子。在里维尔的版画里，光天化日之下，身着红色制服的英国士兵（更广为人知的名字是"龙虾兵"）仔细瞄准着一小群目瞪口呆、正在集会的殖民地群众，就像在愉快地处死大中午去购物的人。实情与此相去甚远。没错，确实有5名殖民者在事件中丧生，但它发生在夜里，场面非常混乱，而且殖民者方还激烈地挑衅过：20名英国士兵多次遭到嘲弄、推搡、石块和重物的砸击，还被一名喝醉了酒的丑陋大块头暴徒威胁。按照当时的标准，英军开火还击有着相当正当的理由。不管怎么说，约翰·亚当斯毫不犹豫地上庭为英国士兵辩护（还保证所有人都将得到无罪释放，除了两个人；这两个定了罪的人受到的处罚是拇指被烙印，在谋杀罪审判里算是极为轻微的惩戒了）。而他脑袋更容易发热的堂兄山姆·亚当斯靠着保罗·里维尔画作的帮助，把这次事件转化成有效的宣传，让"波士顿大屠杀"这个说法不胫而走。

将近一个世纪之后，保罗·里维尔在美国出了名，不是因为他的午夜骑行*，而是作为这幅版画的制造者。在1863年亨利·沃兹沃思·朗费罗写下了他极不准确的**浪漫诗歌《里维尔之夜行》之前，人们只知道里维尔是个版画师兼银匠，除此之外再无其他。

最了不起的操纵历史的例子，大概要算忧心忡忡的贝特西·罗斯创作第一面美国国旗的事迹。传统上故事是这样的（直至20世纪50年代，仍然庄严地记录在笔者所上学校的教科书里）：1776年，乔治·华盛顿走进罗斯夫人位于费城的室内装饰用品店，给她看了一面旗帜的草图，请她快些做出适合一个新成立国家的东西来。这个故事第一次有人听说，是在事情发生（如果真的发生过）的96年后；罗斯的一名孙辈在宾夕法尼亚州的历史社团里讲述了这个故事。它从来没有得到证实。[6]然而，只要稍微用点脑子就能猜得到，1776年，比起到处溜达找裁缝缝制国旗，乔治·华盛顿有太多更加紧迫的事情要做了。无论

---

* 里维尔是美国独立战争时期的一名爱国者。他最著名的事迹是在列克星敦和康科德战役前夜警告殖民地民兵英军即将来袭，也就是这里所说的“午夜骑行”。——译者注

** 诗歌里不准确的地方包括：里维尔并没有在老北教堂挂灯笼，因为当时那地方还不叫“老北教堂”，在美国独立战争期间，它叫“基督教堂”；里维尔骑行奔驰了两次，而不是一次；他没能像朗费罗写的那样到达康科德，而是在路上就遭到了逮捕。从记录历史的角度讲，朗费罗糟糕得不可救药，但他是一流的隽永诗句创作者。流传至今的诗句包括：“Footprints on the sands of time”（留下脚印在时间的沙上），“This is the forest primeval”（在这远古的森林里），“Into each life some rain must fall”（人人的生活都会落下一些雨点），“ships that pass in the night”（直译是“船只划过夜色”，后又引申出人们萍水相逢的意思）和“I shot an arrow into the air, it fell to earth, I know not where”（我向天空射出一支箭，它飞落在不知何处的地面）。

如何，在故事发生的时候，美国仍然悬挂着大联邦旗（the Grand Union flag），这面旗帜里交错的红白条纹，日后也出现在了现代美国国旗上，但在如今美国国旗里闪耀50颗星星的地方，它放的是“联合杰克”（Union Jack，英国国旗）。直到1777年6月，国会才用星星取代了“联合杰克”。但即便到了这时候，殖民地民众跟英国的情感联系还是很强，许多国旗制造商会以“联合杰克”图案为底，再放上星星图案。

到1776年1月初（尽管有波士顿倾茶事件、康科德和邦克山战役，对《汤森税法》的反抗，以及其他种种民意不满的表现），美国人不仅不愿意跟英国分开，而且，大多数人连做梦都没想过这样的事。独立战争爆发之后，华盛顿和他的军官们仍保留了在晚上向母国（甚至国王本人）敬酒的传统，大陆会议则展现出一种急切（我们几乎可以说带点“奴性”）的忠诚，坚持认为（哪怕他们正在拿起武器）“我们的意思不是要解散双方长久以来愉快维持的联盟”，还表示愿意“在正义的事业中为捍卫我们的君主抛洒热血”。他们反复宽慰自已说，他们不是要跟英国争，而是和乔治三世争。（值得注意的是，《独立宣言》只控诉了“现任英国国王”。）历史学家伯纳德·贝林这样说：“可以毫不夸张地说，在1776年1月初就倡导美国独立的人，不是疯子，就是狂热分子。”[7]

好在真有这样一个两者兼而有之的男人。这个人出生的时候名叫托马斯·佩恩（Thomas Pain），不过，到了美国之后，他异想天开地把“佩恩”（Pain）改成了“潘恩”（Paine），他完全不像是你想象中那种改变了历史进程的人。他因为喝酒哆哆嗦嗦，态度粗暴，脸上有疤，极其邋遢（几乎完全不知道肥皂和水是干吗用的）——一个跟他同时代的人形容说，“他太不修边幅了，简直是这地球上脏得最恶心的人”——他在尝试过的所有行当上都是个失败者（他尝试过很多行当，从制作紧身胸衣到收税），最终在38岁时放弃了家乡和第二任妻子，只身来到美国。

然而，潘恩在写作中展现了非凡的优雅和力量，而且，在一个对美国充满巨大混乱情感的时代，他却对美国的命运拥有异乎寻常的热爱和强烈的情感。1776年1月，他抵达殖民地还不到两年，就匿名出版了一本薄薄的小册子，（在他的朋友和导师本杰明·拉什的建议下）名为《常识》。说它造成了一时轰动，只暗示了它当时的影响。它的销量在新世界前所未见：光是前两个月，就卖出了10万册，总销量达到40万册——而当时美国才仅有300万居民。它是美国有史以来最畅销的作品，但却没让潘恩挣到一分钱。潘恩把版权转交给了大陆会议，这不仅刺激美国打响了独立战争，还实质性地为它筹措了资金。

《常识》这本小册子，好斗得叫人窒息。作家们一般不会称国王是“一个醉醺醺、愚蠢、顽固、毫无价值的野蛮人”“英格兰王室的畜生”，或是控诉国王跟自己“灵魂上滴出的血”睡在一起。[8]最重要的是，潘恩还强烈而明确地争取独立：“一切正当或合理的东西都要求独立。被害者的鲜血，大自然的号哭，都在呼喊：‘到了分开的时候了。’”他是最早使用“共和国”（republic）一词的积极内涵的作家之一，他出力为“革命”

（revolution）赋予了现代意义，让它不再只描述天体领域的运动。而且，他用所有粗通文字者都能读懂的语言做到了这一切。

杰弗逊坦率地承认，自己在《独立宣言》中的写作风格，受到了潘恩的影响。他认为，潘恩“浅显而平易近人的风格”无人能及，但其他人不见得这么想。本杰明·富兰克林认为潘恩的作品不够庄重。古弗尼尔·莫里斯不屑地说潘恩“只是个冒险家”。约翰·亚当斯说过许多酸溜溜的评论，他说《常识》是“一堆蹩脚、无知、恶意、短视、过量的东西”，还说潘恩是个刑事犯。但是《常识》一书达到了预期效果。

潘恩的价值，不在于原创了多少思想，而在于沟通了多少思想。他极为擅长创作朗朗上口的口号。在《常识》和一系列后续作品中，他向世界喷涌出了许多留存至今的响亮说法：“the Age of Reason”（理性时代），“the Rights of Man”（人权），“That government is best which governs least”（管得最少的政府就是最好的政府），“These are the times that try men's souls”（这是考验人灵魂的时候），“The summer soldier and the sunshine patriot”（寒不经霜的士兵，见风使舵的爱国者）。他还是第一个提到“United States of America”（美利坚合众国）的人——这个说法，尽管少了些诗意，但同样叫人过耳难忘。以前，哪怕是最大胆的爱国者也只敢说“United Colonies”（联合殖民地）。受潘恩的影响，美国人感染了一场“Democratical phrenzy”（民主狂热，一位英国旁观者不安地这样形容）。[9]

人们很容易忘记，那些开启美国独立战争的人，对自己

“美国人”身份的认同，完全比不上今天的美国人。他们是英国人，并为此感到自豪。对他们来说，“美国人”只是一个描述性的说法，没有强烈的情感。他们主要依恋的是他们侨居的殖民地。杰弗逊写信给朋友，说渴望“回到我自己的故土”时，他指的仅限于弗吉尼亚。[10]1765年，南卡罗来纳的克里斯托弗·加兹登感叹：“在这块大陆上，不应该有所谓的新英格兰人、纽约人，等等，我们全都是美国人。”[11]如此一目了然的情绪，他竟然认为有必要特意提出，这就很能说明问题了。

他们跟其他殖民地的接触，大多也惊人地有限。约翰·亚当斯从来没有离开过自己的家乡殖民地。1776年，费城是英语世界的第二大城市，但第二届大陆会议的代表，去过伦敦的比去过宾夕法尼亚的还要多。尽管中间隔着两千英里的海洋，伦敦仍然是不折不扣的美国文化和政治中心。正如加里·威尔斯指出的：“直到美国独立战争前夕，抵制帝国政策的方案，仍然主要是在伦敦筹划的，而不是在殖民地当地……伦敦是制定政策、指挥殖民抗议活动的地方，殖民地的代理人住在这里；来自美国整个大陆的美国人，在伦敦建立了社区。”[12]

在费城，他们带着既兴奋又高度谨慎的心情聚集到一起。虽然他们来自相似的背景，但弗吉尼亚州的12名代表，有9人都有血缘或婚姻关系[13]：他们彼此保持警惕，并非没有理由。他们参与的是一桩叛国行为，向官府通风报信的叛徒能捞到不少钱。他们将要迈出的步伐十分激进，一旦迈出就回不了头，后果着实严重。对叛国罪的处罚是绞刑，在还有一口气的时候被开膛破肚，亲眼看着自己的肠肠肚肚被烧掉，最后才被砍头，大卸八块。[14]寡妇不得继承其遗产，孩子一辈子受辱。本杰明·富兰克林对其余代表打趣时，其实也有一半是当真的（这里，我们总算碰到一句话，一看到就忍不住要念出来了）："我们必须紧紧地团结在一起，要不然肯定会被分开吊死。"*（不过，由于富兰克林与英格兰的密切联系，以及他最初对《印花税法》的支持，他的许多伙伴都认为他最有背叛的嫌疑。）

那么，这些新美国人说英语的发音听起来怎么样呢？1776年，他们是否有了独特的美国口音？杰弗逊说话带不带南方特有的拖腔？亚当斯有没有新英格兰人的捏鼻音？还是说，他们的语言听起来还跟（内心多多少少认同自己是的）英国人一样？证据十分含混。毫无疑问，在1776年，美国口音的地域区别很明显，而且这些地域区别也持续颇长时间了。早至1720年，到访新英格兰的访客就提到当地人说话有一种"新英格兰风情"，与英格兰本土的"诺福克嘟噜"口音有着可见的相似之处。同样地，到访南方的游客有时会提及当地的口音跟英国的苏塞克斯郡很像。还有人察觉到了非常具体的差异。1780年，一位观察者声称，长岛上相邻的城镇伊斯特汉普顿和南安普敦的居民，可以靠他们不同的发音

* 原文为"We must all hang together or assuredly we shall all hang separately"。此处的"hang"是一个双关语，也有"吊死"的意思。——译者注

瞬间加以区分。在弗吉尼亚州邻近社区，也有人提出过相似的说法。

证据表明，在1776年，南方人听到新英格兰人把cow（母牛）发音成"kee-yow"，把now（现在）发音成"nee-yow"，把mercy（仁慈）发音成"marcy"，把crop（庄稼）读作"crap"，把drop（滴）读成"drap"，会大吃一惊。（顺便提一下，最后一种读音，就是我们今天有了strap和strop这两个异形同义词的原因。）北方人听到南方人习惯把help（帮助）读成"holp"，把用作受伤之意的woundin，跟swooned押韵（新英格兰人会用crowned来押韵），用yrall来表示复数的you（自17世纪以来，这一直是南方口音的一个显著特点），也会觉得蛮有意思。

大卫·哈克特·费舍尔在备受好评的《阿尔比恩的种子》一书中谨慎地提出，到独立战争时期，美国的地域口音（其实也是分散的区域文化）已经成形了。他指出，美国殖民者来自四波涌入潮：1629年至1640年间从英格兰东部抵达新英格兰的清教徒；1642年至1675年间，抵达弗吉尼亚州的精英保皇派和契约仆人；1675年前后从英格兰中部偏北和威尔士地区，抵达特拉华河谷的群体；1718年至1775年，从苏格兰边境和北爱尔兰到达阿巴拉契亚的大规模群众。"到1775年，这四种文化在英属美国已经充分确立起来。他们讲的是独特的英语方言，以不同的方式建造房屋，用不同的方式来完成日常生活里的大部分事情。"[15]

四波主要的移民各自聚集在美国反映了其地理起源的飞地（指位居甲地区而行政上隶属乙地区的土地）里，故此设法保留了其独特的地域特点。这就是为什么，在新英格兰（如东安格利亚）地区，马的叫声是neigh，而在美国中部（以及英格兰的中部地区），马的叫声是whinny。[16]费舍尔注意到，在弗吉尼亚的口语中，许多单词很早就联系在了一起，如afeared（惊恐的）、howdy（你好）、catercorner（成对角线）、innards（内脏）、traipse（无精打采地走）、woebegone（愁眉苦脸地），bide and tarry指代stay awhile（稍等），tote表示carry（搬运），disremember表示forget（忘记），pekid指脸色苍白或不舒服。他说："几乎所有带弗吉尼亚特色的语法、句法、词汇和发音上的特殊性，在（英格兰南部的）苏塞克斯、萨里、汉普郡、多塞特郡、威尔特、萨默塞特、牛津、格洛斯特、沃里克或伍斯特等郡都早有记载。"它们或许确实早有记载（如果没有反倒奇怪了），但实际上，他用来支持自己观点的一些单词，至少有一部分主要是英格兰北方的表达方式（例如，用poorly表示不舒服，用right good表示某件值得称道、赞许的事情）。[17]

尽管如此，费舍尔的论点仍然存在两个问题。首先，除了来自苏格兰边境和阿尔斯特的最后一波移民，殖民移民的地理背景并不像费舍尔暗示的那样统一。清教徒运动的基地或许就在东安格利亚（这显然是马萨诸塞州和康涅狄格州东安格利亚式地名由来的主要原因），但其信徒来自英格兰的每一个角落。光是"五月花"号上，就有来自约克郡、德文郡、林肯郡、威斯特摩兰郡等诸多地区的人，这些地方的语言，均与东安格利亚语言有别。同样地，一名契约仆人可能来自拉纳克郡、威尔士或康沃尔，也可能来自伦敦。乔治·华盛顿的祖先从诺森布里亚移居美国，在弗吉尼亚定居。本杰明·富兰克林来自离诺森布里亚10来英里的一座小镇，但在波士顿定居。贯穿整个殖民时期，移民来自英格兰各地，最后在美国各地定居。等在新大陆站稳了脚跟，还有相当多的人继续迁徙，比方说，富兰克林就从波士顿移居费城，亚历山大·汉密尔顿则从西印度群岛移居纽约。

费舍尔论点的第二个问题在于，许多同时代论述并不支持他的说法。从整个18世纪和19世纪的信件和刊物中，我们一次次地见证了美国语言的统一性，这一点很令人吃惊。1770年，一个叫威廉·艾迪斯的人发现："这门有着混杂血统的语言（美式英语），是完全统一而纯粹的，没有从它的英国或外国父母那里借用任何地方性或国家性的口音。"[18]这不免叫人想探究个中原因。另一位观察者断然说道："整个北美都没有方言。"[19]美国艺术与科学院院长约翰·皮克林可以算是当时研究美国语言的主要权威，他认为，整个美国的语言特点不在于其多样性，反倒在于它的一致性。他说，人们能发现"英国一个郡和另一个郡的方言差异，比美国这个州跟那个州之间的方言差异要大得多"，并认为这是因为"在我们国家，人们频繁地在各地流动"。他用自己的家乡新泽西作为具体的例子："来自其他各州的人们不断地进出本州，这样语言上就没有什么特质可言了。"[20]

倒不是说美国在独立战争期间没有地区性的口语，只不过，它们似乎并不像一些学者希望我们相信的那样固定、明显、易于概括。

至于说1776年，美国的口语跟英国到底有多大能够注意得到的不同，就更说不准了。弗莱克斯纳表示，至少早在1720年，美国人就已经意识到自己的语言与英格兰有着“重大区别”了。[21]1756年，英国文人塞缪尔·约翰逊毫不迟疑地提到了“美国方言”和一部当时大受欢迎的美国戏剧《耍手腕的政客》，还批评演员把英国口语表现得像是“娘娘腔的叫喊”，[22]这说明两种语言之间语调和共鸣的差异（但不一定是发音）已经很明显。另一方面，美国作家克拉普指出，独立战争时期，到访波士顿的游客通常会说，当地人的口音跟英格兰的英国人几乎没有区别。[23]

可以肯定的是，当时的英国人和美国人，在多个方面，发音都跟如今的英国人和美国人不同。前者大概都会省略掉backward（往后）、Edward（姓名，爱德华）和somewhat（几分，稍微）里的“w”音，但在sword（剑）中却会保留。他们不会发verdict（裁定）或predict（预测）里的“c”音，也不发vault（拱顶）、fault（错误）和soldier（士兵）里的“l”音。在读author（作者）和anthem（赞歌）这类单词时，会发出一个重音“t”，就跟orator（讲演家）里的“t”一样，有时甚至发成“d”。例如，fathom（彻底弄清）经常拼写为fadams，banquet（宴会）会读作“banket”，balcony（阳台）与baloney

（胡扯）押韵，拜伦很快会用它押Giorgione（意大利画家乔尔乔涅）的韵。barrage（水坝，现在的发音是/baraːʒ/）被读作“bair-idge”，并且显然直到第一次世界大战之前都这么读。现在单词内部发“-ew”的音，当时大多还不这么发，故此，mute（无声，读作/mjuːt/）和volume（音量，读作/'vɒljuːm/）会分别读成“moot”和“voloom”。元音的发音一般更不稳定，更欠明确性。如今发音十分清晰明了的字母组合，在当时很含混，所以，很多人把particularly（尤其）读成“partickly”（或“puhtickly”），把actually（实际上）读成“actilly”，把popular（流行的）读成“poplar”，不一而足。

18世纪的美语使用者在缩写形式上，比现在有着更多的选择：除了can’t，don’t，isn’t，还有han’t（有时也作hain’t）表示have not，an’t代表are not和am not。an’t首次出现在美国的书面记录里是在1723年，也有可能更早。它朝着两个方向演化：一是跟taunt押韵，它会采用aren’t的拼写方式（r不发音，至今仍保留在英式英语里）；一是跟taint押韵，拼写为ain’t。这两种拼写形式在本质上并无优劣之分，但批评界逐渐对ain’t产生了厌恶情绪。到了19世纪，人们普遍谴责它粗俗（尽管并没有什么道理），到了这时候，它就再没有发展的迹象了。[24]

同时代的作品（尤其是没怎么受过良好教育的人所写的作品），为发音提供了极佳的线索。前文所提到的保罗·里维尔就把get（得到）写成git，把immediately（立即）写成imeaditly，把pretty（可爱）写成prittie，并说毯子woren out（意思是破旧的，正确的写法应为worn out）。在其他地方，我们可以看到有人把liberty（自由）写成libity，把purchase（购买）写成patchis，ought（应该）写成ort，[25]把women（女性）写成weamin，把throw（扔）写成through，把nature（自然）写成nater，[26]把just（仅仅）写成jest，把old（老的）写成ole，把poison（毒药）写成pizen，把daughter（女儿）写成darter（甚至dafter）。大西洋两岸受过教育的人，也常常把chew（咀嚼）发音成“chaw”，把vermin（害虫）读作“varmint”，把stamp（邮票）读作“stomp”，把hoist（升起）读作“heist”，把roil（动荡）读作“rile”，把horse（马匹）读作“hoss”，把touchy（过敏的）读作“tetchy”。所有这一切都表明，如果我们希望为18世纪后期英美两国口语的演讲找一位当代的发言人，那么恐怕没有谁比“燥山姆”（Yosemite Sam，这个人物出自1945年前后美国的一部动画片）更合适了。

直到今天，在英格兰仍然有一种普遍看法，认为美式英语只是英式英语的降级版，每当新世界的居民一开口想发出声音时，都会表现出一种周期性的、情不自禁的“对精致的渴望”（这是英国礼仪女作家弗朗西斯·特罗洛普的说法）。事实上，在几个重要的方面，堕落的（不，换个不那么“激烈”的说法，应该是“发生无声演变的”）是英式口语。例如，把fertile（肥沃的）、mobile（机动的）发音成“fertle”和“moble”；把hover（盘旋）、grovel（匍匐）和Coventry（考文垂）里的“o”，不发成hot中那样的短音，而发成“ŭ”；把

schedule的开头发成“sk-”而不是“sh-”等倾向，全都反映了直至18世纪末仍存在的英式口语模式。*就算是美语里最接近现代英式英语的特征，即把bath（洗澡）、can’t（不能）和banana（香蕉）读作“bahth”、“cahn’t”和“banahna”，在美国独立战争时期有教养的使用英式英语的人当中也似乎闻所未闻。直至1809年，读音指南里都绝无英式口语里存在此类发音的线索，尽管部分证据表明，操伦敦土腔的人会这么说（在现代语言学里，这是发音方式从下层阶级传播到了上层阶级的极少的几个例子之一）。当时说英语的人，不管是英国佬还是美国人，在说bath和path（小路）时都发的是短音“a”，在jaunt（远足）、hardly（几乎不）、palm（手掌）和father（父亲）中更加明显。这种古老发音模式的残存遗迹，保留在了aunt（阿姨，读作“ant”）和sassy（粗鲁的，人们一度把它读作“saucy”）的美式发音中。

* 这当然仅仅是一种倾向。许多美国人都用grovel（匍匐）和novel（新颖）押韵，而且，他们说mercantile（商业主义的）、infantile（幼稚的）和servile（卑屈的）也都跟常见模式不一样。

II

1776年的夏天，在费城集会的代表们发现自己需要一份文件来说明对英国的不满，便把这项任务交给了托马斯·杰弗逊。在他们眼里，杰弗逊似乎是最合适不过的人选，但事实不是这样。

1776年，就算在他的家乡弗吉尼亚，托马斯·杰弗逊也只是个寂寂无名的人物。他年仅33岁，是代表中第二年轻的，也是最欠缺经验的。事实上，第二届大陆会议，是他第一次接触到自己所在殖民州之外的广阔世界。他并未入选参加第一届大陆会议，照理说不该参加第二届大会。他被传唤只是充当佩顿·兰道夫的新替补，后者被弗吉尼亚召回了。杰弗逊的名声，几乎完全建立在他两年前撰写的《英属美洲权利综论》之上。这是一篇咄咄逼人、年轻气盛的文章，里面给了英国人一些建议，告诉他们该怎样领导管理自己最主要的海外殖民地。文章为他引来了一些关注，但人们大多把他视为一名作家。他的弗吉尼亚州代表同伴们把他叫作“dilettante”（意思是“业余人士”，当时，这个词不带任何贬义的暗示，它源自意大利语的dilettare，形容一个从人类丰富的可能性中感受到愉悦的人，日后逐渐有了“一知半解”的意思），并为他阅读面之广感到钦佩（在那个年代，广泛的阅读真的有着重大的意义）。此外，杰弗逊精通7种语言。

但他并没有获得我们可称为“全国性声望”的地位，也没有表现出任何渴望这种声望的证据。他明显缺乏去费城的热情，还绕路去购买书籍和马匹，到了费城之后，也几乎什么话都没说。“在我跟他同坐的整个过程中，我从未听他一次性地说过3句话。”约翰·亚当斯后来感叹地说。此外，在辩论期间，他于1775年12月回到弗吉尼亚，整整5个月都没回来。如果他能，他一定很乐意彻底放弃国会，把起草《独立宣言》的工作交给别人，以求参与为弗吉尼亚州拟定新宪法，这才是他最关心的事情。[27]

尽管如此，由于他表现出了一种“对表达的异常幸福感”（这是约翰·亚当斯的话），他入选了《独立宣言》起草五人小组（另外4位分别是约翰·亚当斯、本杰明·富兰克林、罗杰·谢尔曼、罗伯特·R. 李维顿），而这支五人委员会又推选他来拟定工作草案。一如杰弗逊的理解，草案的目的“不是要找出新的原则、新的论点、从没想到过的东西，不仅仅是要说出以前没说过的事情，而是要简单又坚定地把这一主题的常识摆在人们面前，以获取其同意”。[28]

当然，《独立宣言》的意义远不止于此。一如加里·威尔斯所写，“它也许是唯一一部既是理论政治，又是伟大文学的作品”[29]。请想想它的开篇第一句话：

> 在有关人类事务的发展过程中，当一个民族必须解除其和另一个民族之间的政治联系，并在世界各国之间依照自然法则和上帝的意旨，接受独立和平等的地位时，出于人类舆论的尊重，必须把他们不得不独立的原因予以宣布。

在这句话里，杰弗逊用任何人都能理解的清晰简单的语言，不仅概括了后文将遵循的思想原则，还使用了一种逐渐令人神往的韵律。为品味《独立宣言》的节奏，你可以读读它的前言部分。斯蒂芬·E. 卢卡斯指出，它只用了202个单词，就涵盖了约翰·洛克在《政府论》里用了数千单词所要解释的东西。前言不光将复杂的概念压缩成简短明确的陈述，还足以充当18世纪散文风格的范式。[30]

鲜为人知的是，这些措辞并不完全是杰弗逊独创的。哪怕按最宽松的尺度看，乔治·梅森前不久刚公布的《弗吉尼亚权利法案》也提供了可谓是文学灵感的东西。以《独立宣言》中最著名的一句话为例：

> 我们认为下面这些真理是不言而喻的：人人生而平等，造物者赋予他们若干不可剥夺的权利，其中包括生命权、自由权和追求幸福的权利。

而梅森的《弗吉尼亚权利法案》是这么写的：

> 一切人生而同等自由、独立，并享有某些天赋的权利，这些权利在他们进入社会时，是不能用任何契约对他们的后代加以褫夺或剥夺的；这些权利就是享有生命和自由，取得财产和占有财产的手段，以及对幸福和安全的追求和获得。

“追求幸福”可以说是“对幸福和安全的追求和获得”更为简洁的改进，但即便是这个强有力的说法，也不是杰弗逊原创的。早在近一个世纪以前，约翰·洛克就创造了“追求幸福”这一说法，自此以后，该说法就频繁地出现在政治著作当中。

这句鼓舞人心的名句里的其他措辞也并非出自杰弗逊之手。他的最初版本并不怎么优雅，甚至颇有几分冗长：

> 我们认为这些真理是神圣而不可否认的：人人生

> 而平等独立，由这种平等的出身，他们得到了与生俱来而不可转让的权利，其中包括生命的保全、自由和追求幸福的权利。[31]

这句话是经过五人委员会之手修改，又提交大陆会议进行激烈争辩后才有了最终样貌的。大陆会议毫不犹豫地调整了杰弗逊精心设计的措辞。一言以蔽之，它对原始文本做了40处修改。它删除了630个单词，约占总数的1/4，新增了146个单词。和大多数接受过编辑修订的作家一样，杰弗逊认为最终文本明显比自己的初稿要差，但一如既往，跟大多数作家一样，他是错的。实际上，没有几个作家得到过比这更好的修订了。大陆会议明智地保留了怎么改也无法写得更好的部分，尤其是开头段落，删除了许多不相关或多余的地方。

虽然《独立宣言》的前言如今已成为英语政治散文中最著名的一段话，但在当时，它并没有引起太多的关注。对国王的不满情绪占了整篇《独立宣言》的60%，在那个时代显得尤为大胆、醒目。

对国王的27项指控基本上是言过其实的（有时甚至是很鲁莽的）。例如，指控国王强迫殖民地代表“到异乎寻常的、极为不便的、远离它们档案库的地方去开会……唯一的目的是使他们疲于奔命，不得不顺从他的意旨”。事实上，在13个殖民地里，只有3个曾被迫改变集会地点，其中2个殖民地只碰到过一次这种情况。只有马萨诸塞在颇长的时期里需要改变集会地点——转移到仅仅4英里之外的剑桥——完全算不上什么可憎的暴行。

第10项指控里说："他以自许的权力新设置了大量的官职，派遣大批官员来滋扰我们的人民，吞噬他们的财富。"事实上，新设官员的数量不超过50人，而且，官员们的大部分活动，例如试图阻止走私活动（顺便提一下，走私这项活动让大陆会议主席约翰·汉考克成为新英格兰最富有的人之一），按任何标准来看都是合理合法的。[32]

在英国，许多人觉得《独立宣言》是胡言乱语。《绅士杂志》嘲笑"人人生而平等"的主张。"他们的什么生而平等？"它问道，"体格、力气、知识、形体、道德或公民成就，还是生活状况？所有庄稼汉都知道，在上述任一方面，都没有什么生而平等的说法。事实上，人人都被平等地生了下来，但这跟文章的最终目的有什么关系呢？它显然不是美国人应该叛乱的理由。"[33]虽然这段话的作者似乎是午餐时喝了太多白葡萄酒，但他的观点里也的确有些站得住脚的东西。在美国，没有谁真正相信人人生而平等。塞缪尔·约翰逊曾问："在奴隶主当中，我们却听到了对自由最大声的鼓吹，这是怎么回事？"[34]这就触及了美国立场中最无法开脱的虚伪之处。

杰弗逊的《独立宣言》草案中包含了一些拼写和用法，在今天的我们看来是不合乎规则的（至少在他的部分同时代人看来也不合乎规则）。首先，杰弗逊总是将it's用作it的所有格（也就是说，杰弗逊把it's当成现代的its来用），这种做法，在今天是不折不扣的文盲用法。但实际上，这么写也有一定的逻辑。

一个名词变成所有格，是需要一个撇号的，就像children's（孩子们的）和men's（男人们的）。然而，其他人主张，在ours（我们的）和yours（你们的）这一类常见词语中，省略撇号是惯例，its就属于此类。到了大约1815年，不用撇号的情况就到处都是了，但在1776年，杰弗逊显然并不接受这一惯例。[35]

杰弗逊还采用了一些少见的拼写，特别是independant（独立，正规的写法是independent，托马斯·潘恩同样喜欢这个非常规的拼法）、paiment（付款，正规写法是payment）和unacknoleged（未承认的，正规写法是unacknowledged），这些单词在随后出版的版本中全都改成了更传统的形式。

对“have”的第三人称单数现在时的两种拼法，他表现出明显的左右摇摆，有时用的是偏书面的hath（“experience hath shown”），有时使用更现代的has（“He has kept among us...”）。那个时代另外两种模棱两可的拼写法也反映在了杰弗逊的文本中：honour（荣誉）等单词的词尾是用“or”还是“our”，niturralize等单词末尾是用“ise”还是“ize”。杰弗逊在上述两例中都未能保持前后统一。

18世纪，英国作家的拼写偶尔也会这样。大卫·辛普森注意到，在亚当·斯密的《国富论》里，public和publick（公共的），complete和compleat（完成），independent和independant（独立）会交替出现，他在《美式英语政治》中评论说：“1776年，在大西洋两岸，除了塞缪尔·约翰逊，似乎没有任何人对标准的拼写实践太上心。”[36]

这话显然太过夸张。虽然托马斯·杰弗逊确实有一些拼写怪癖（比如，他坚持地写信给“Doctr. Franklyn”，哪怕他已经意识到这位好医生的名字肯定不是这么拼写的），[37]但把这当成他或他那个时代成就斐然的作家对拼写漫不经心的证据，实在有失公道。首先，这种说法就隐含一种自负态度，认为现代英语的拼写是统一的，实情远非如此。1972年，一位名叫李·C. 戴顿的学者承担了一项重大任务，比较美国4本主要词典中每个单词的拼写，他发现，现代英语里有不少于1770个常用单词在首选拼写方式上并无公认的一致意见。举个例子，对innuendo（暗讽）这个单词，《兰登书屋词典》给出的首选复数形式是innuendos，《美国传统英语词典》选择了 innuendoes，《韦氏新世界词典》选择了innuendoes，但也承认innuendos，而《韦氏词典第七版》认为两者都是一样的。应该写discussible还是discussable（可讨论的），是eyeopener、eye opener还是eye-opener（让人大开眼界的东西），是dumfound还是dumbfound（目瞪口呆），是gladiolus、gladioli还是gladioluses（剑兰），是gobbledegook还是gobbledygook（官样文章），是licenceable还是licensable（可获许可的），这些词典存在同样的（坦率地说，令人绝望的）分歧，这类单词还有上千个。（拼写不确定性的冠军似乎是panatela，指一种细长的雪茄烟，写成panatella、panetela或者panetella都算正确。）杰弗逊时代的不规则拼写和现今相比，主要的区别在于杰弗逊时代这个数字还要大得多——毕竟，那可是一个人们才刚刚熟悉词典的时代呀！一如我们很少会注意到某个作家会写big-hearted还是bighearted（心地善良），omelette还是omelet（煎蛋），OK还是okay，照我猜想，杰弗逊和潘恩恐怕认为，我们居然会注意到他们有时写honour、有时写honor，真是大惊小怪。

这并不是说在那个时期，作家们会把拼写或其他任何用法问题视为无关紧要的事。事实正好相反。第二届大陆会议里有许多人——杰弗逊、亚当斯、约翰·杰伊、本杰明·富兰克林、约翰·威瑟斯庞（普林斯顿大学第一任校长，美式英语第一代权威）——始终不渝地表现出对语言的热情，并坚持谨慎地使用单词。他们详细讨论《独立宣言》是应该使用independent（独立的）还是independant，inalienable（不可剥夺的）还是unalienable，专有名词是应该像富兰克林希望的那样使用大写字母，还是像杰弗逊希望的那样都用小写（这在当时年轻人当中是一种活泼的新时尚）。*

任何跟语言相关的事情，都能极大地激发他们的兴趣。《独立宣言》完成后一个月，代表们本应解决更为紧迫的问题（比如怎样宣战才能避免上绞刑架），国会却花了大量的时间，争论要为这个新国家设立什么样的格言。（他们选择了"E Pluribus Unum"，意思是"合众为一"，取自古罗马诗人维吉尔早期诗歌中的沙拉配方。）4年后，战事正酣的时候，约

* 他认为应该小写的单词包括nature（自然）、creator（造物者），甚至God（原本是"上帝"之意，在中译本中作"造物主"）。后来印刷成册后，大多改为了大写。[38]

翰·亚当斯敦促国会按照法兰西学院的方式建立美国科学院，其明确的目的是确定全国性词语用法标准。说这些人对用法和拼写问题“不太上心”，真是彻底误解了他们。

该怎么称呼新建立的国家，人们明显是拿不准的。《独立宣言》里的一句话就提到了“美利坚合众国”和“这些联合的殖民地”。第一版通过的《独立宣言》采用的标题是“A Declaration by the Representatives of the United States of America, in General Congress Assembled”（在大陆会议上集会的美利坚合众国代表之宣言），但在最终公布版中修改为更自信、更昂然的“The Unanimous Declaration of the Thirteen United States of America”（美利坚合众国十三个州一致通过的独立宣言）。（其实并非一致通过，至少有1/4的代表反对，但投票的是代表团而非个人，而每个代表团的多数人都持赞成意见。）这是新国家第一次被正式确定为美利坚合众国，但实际上，直到1778年，它的正式名称都是“北美合众国”（United States of North America）。[39]即便是《独立宣言》公布之后，“united”（“合众”或“联合”）一词也多用小写，以强调这只是个描述性词汇。在整场战争期间，这个国家仍然有着各种称呼：“各殖民地”（the colonies）、“联合殖民地”（the united Colonies）、“美国联合殖民地”（United Colonies of America）或是“北美联合殖民地”（the United Colonies of North America）。（最后两种称呼，是军官接受任命进入部队时所采用的形式。）

在7月4日庆祝《独立宣言》的签署，更是美国历史上最奇怪的一桩错误。美国并未在1776年7月4日宣布独立，而是在该提案通过前两天。7月4日的公告仅仅是一种形式，对将要用来宣布独立的文字表示认可。大多数人毫不怀疑，7月2日才是会铭刻在历史上的大日子。“1776年7月的第二天，将成为美国历史上最值得纪念的划时代新纪元的开端。”7月3日，约翰·亚当斯写信给妻子阿比·盖尔。7月4日，除了主持公告的主席约翰·汉考克和秘书查尔斯·汤姆森之外，其他人都没有在《独立宣言》上签字。*没在7月4日签署，是因为要先把《独立宣言》转抄到羊皮纸上。正式的签署要到8月2日才开始，直到1781年才结束。［1781年，56个签署州中的最后一个州，特拉华州的托马斯·麦基恩才最终把名字落在上面。］因为害怕遭到报复，直到1777年1月，也即《独立宣言》通过6个月之后，签名者的名字才公诸天下。

同样错误的是，认为《独立宣言》一经公布，费城就在7月4日马不停蹄地敲响了自由钟。首先，直到7月8日，《独立宣言》才在费城宣读，当时没有任何人提到敲响了什么钟。事实上，尽管的确有自由钟这么一样东西，要到1847年，一本名为《华盛顿和他的将军们》的书才讲述了这个鼓舞人心的情节。这本书是一个叫作乔治·利帕德的人写的，他此前的文学生涯仅限于创作软色情小说。[41]这件事是他瞎编的。

费城印刷工约翰·邓拉普匆忙赶制了一批数量不详的《独立

* 尽管汉考克立刻因为在《独立宣言》上自负地签了个大号的名字而出了名，但在签名时说“把你的约翰·汉考克写在这儿”（Put your John Hancock here）这一表达方式，要到1903年才出现，在此之前都没人听说过。[40]

宣言》副本。（据说，只有24份流传至今——两份由私人收藏，剩下的保留在机构当中。但是在1992年，一名在费城跳蚤市场买东西的人，发现了一份折叠在相框背面的副本，显然是拿来当填充物的。这一抄本估计价值高达300万美元。）邓拉普的版本在7月4日发布，很明显，正是它说服整个国家把这一天当成国庆日的。不管怎么说，次年，人们是在7月4日庆祝这一事件的，所以它保留至今。按约翰·亚当斯的说法，这一天是用“壮观、游行、表演、游戏、运动、枪声、钟声、篝火和彩灯来隆重地庆祝，从这个大陆的一端到另一端”。美国建国一周年之际，一个新词进入美式英语：fireworks（烟花）。烟花本身并不新奇，但从前它们叫“rockets”（火箭）。

这时的美国还不是一个国家，而是由13个独立主权政治体组成的松散联盟——日后，《邦联条例》（这是13个创始州共同承认并遵守的第一部宪法或宪制性文件）将之称为“坚定的友谊联盟”。真正的国家地位，要再过12个危险又动荡的年头，才通过宪法得以确立。不过，在我们转向那段不稳定时期之前，不妨暂停片刻，看一看托马斯·潘恩的命运。这个可怜的人，是他拉开了整场独立战争的序幕。

尽管《常识》取得了巨大成功，但这本小册子并没有带给他任何官方地位。到1776年底，他只是一名普通的步兵。战争结束后，潘恩前往法国，并用另一本小册子《人权论》在法国大革命中扮演了类似的催化剂角色。紧接着，他向立场飘忽不定的罗伯斯庇尔建议，流放路易十六（这是个仁慈的建议，因为潘恩觉得路易十六支持过美国独立），结果触怒了后者，导致他被打下监狱。在法国不受赏识，又在自己的国家沦为贱民，他回到了美国，却几乎立刻遭到抛弃，落入寂寂无名的境地。

在去世前不久，一位老朋友在纽约州新罗谢尔的一家小酒馆找到了潘恩，他昏迷不醒，衣着破烂，散发着一股“最令人不愉快的气味”。这位朋友将他拖到一桶热肥皂水中，从头到脚把他擦洗了3次，才让气味散去。他的指甲多年都没剪过。不久之后，这位曾与华盛顿、杰伊和杰弗逊等人一起用餐的人，近代两次伟大革命中的中心人物，在潦倒中死去并迅速被人遗忘。随笔作家威廉·科贝特偷走了他的遗骨，带着它们回到了英格兰，但还没等他为之找到合适的安息之地，科贝特也死了。于是，那个时代（或者算上其他任何时代）一位伟大的辩论家的遗骸，被一个收破烂的商人毫不客气地拖走了，从此以后永远消失。

第4章

创造一个国家

事情始于牡蛎渔民之间的一场争执。

1632年，查尔斯一世未按常规做法，将弗吉尼亚州和马里兰州之间的边界放置在波托马克河中间，而是把整条河（包括弗吉尼亚州一侧的河岸）都划给了自己的亲信巴尔的摩勋爵，这让弗吉尼亚的渔民深感沮丧，因为这意味着他们丧失了捕捞河里美味而利润丰厚的水产品的权利。随着时间的推移，争议蔓延到宾夕法尼亚州和特拉华州，令各州之间偶尔爆发名叫“牡蛎之战”的小规模冲突，最终，这令代表们召集起了集会，试图解决种种贸易和跨州事宜。

因此，1787年5月，来自美国各地的代表开始集结在费城的老州议会大厦开会——日后被叫作“制宪会议”。尽管美国11年前已经宣布独立，但它在任何意义上都不是一个真正的国家，而是一个相当不稳定的各州联盟，靠一份正式名叫《邦联和永久联合条例》（简称为《联邦条例》）的文件捆绑在一起。这份条例制定于1781年，确立了类似中央政府的东西，但又将中央政府置于州之下，影响力小得令人汗颜。其结果，就跟历史学家查尔斯·L. 米伊说的一样：在1787年，美国政府“无法稳定地征税，不能保证法律得到遵守，无力偿还债务，无法保证履行条约义务。事实上，它到底能不能称为政府，都是件说不准的事情”[1]。

自从4年前与英国结束战争以来，各州之间的口角争执越来越多。由于康涅狄格州的许多居民定居在宾夕法尼亚州，前者大胆地占据了后者近1/3的领土。宾夕法尼亚州与弗吉尼亚州在共同边界上争吵，还非常担心纽约州对本州制造商征收关税，因此宾夕法尼亚州坚持要求自己拥有五大湖的入湖口。（如果你曾经想知道为什么宾夕法尼亚州的边界在西北端突然向上弯曲，通过一条奇怪的脐带连接到伊利湖，这就是原因所在了。）纽约州与罗得岛州就后者岛上的小块土地争吵不休，佛蒙特州不断威胁要离开联盟。显然，必须做点什么了。最显而易见的解决办法是用一套新协议取代《邦联条例》，建立更强大的中央政府：一句话，一套宪法。没有它，美国永远没指望成为一个国家。正如历史学家佩奇·史密斯所说：“独立战争创造了建立新国家的可能性，而非建立新国家的现实。实际上，宪法才是这个国家的同义词。”[2]

不过，还存在一些问题。首先，代表们无权制定宪法。他们的任务是修正《邦联条例》，而不是创造什么来取代它。（这就是为什么直到事后，这次会议才被叫成“制宪会议”。）[3]其次，美洲大陆幅员辽阔，各地区情况多种多样，似乎必定会妨碍任何有意义的统一。它拥有1500英里长的海岸线和广阔的内陆荒野，在当时就是全世界最大的国家之一——比历史上的任何联盟都要大10倍——而且，各州之间人口、财富和政治前景的差异，在追求统一目标上呈现出看似无法克服的障碍。如果建立比例代表制，光是弗吉尼亚州和宾夕法尼亚州就将把持国家政治权力的1/3，特拉华州却只能占1/90。小州会因此害怕大州。拥有奴隶的国家担心废奴州。拥有固定边界的东部各州，害怕那些在家门口就有一块未开发大陆的西部各州，它们怕有一天，这些西部新贵会在人口上超越自己，自己的命运落入粗鲁的边疆人（那些穿着流苏鹿皮裤的莽汉子）手里——这真是想都不敢想的未来。所有州，无论大小，都有着自己引以为傲的独特历史，大多可以往前追溯两百年，哪怕是最小尺度上的治理权也不愿交给未经检验的中央政府。制宪会议的挑战不是赋予各州权力，而是将权力从州的手里夺走，还得以各州觉得愉悦的方式来进行。

一些州甚至拒绝接受这一概念。罗得岛州比美国其他地区早两个月就宣布了脱离英国独立，现在甚至拒绝派代表到费城（它还相当郁闷地拒绝加入联盟，到1790年才不再固执己见）。佛蒙特州同样冷落这场大会，并从一开始就明确表示不愿意遵守其决定。其他的州，比如马里兰州，差一点就找不到愿意去参加会议的人。当选了代表的前5人都拒绝参加，到大会开幕时，该州议会仍在努力寻找乐意参会的代表。新罕布什尔州准备派遣两名代表，但拒绝承担他们的费用。因此，在大会最关键的第一个星期，该州没有代表。许多代表只断断续续地参加了会议，有6人完全没来。61名当选代表中，总共只有大约30人从头到尾参加了会议。[4]

幸运的是，这个年轻国家所拥有的最稳定、最具备反思能力的几位才华横溢的知识分子参加了这次大会：本杰明·富兰克林、亚历山大·汉密尔顿、詹姆斯·麦迪逊、罗杰·谢尔曼、古弗尼尔·莫里斯、约翰·迪金森、埃德蒙·伦道夫，当然还有坚毅庄严的乔治·华盛顿，他担任了大会的主席，令整个过程获得了超出期待的权威和尊重。在当时的主要政治人物中，只有托马斯·杰弗逊和约翰·亚当斯因为在国外履行本州的职责而不曾出席会议。

从许多方面看，最有趣的代表是本杰明·富兰克林。他时年81岁，漫长的一生行将结束——在他的许多同僚看来，他生命最有益的部分早已过去，但这是何等丰富多彩的一辈子呀！他是波士顿一个肥皂和蜡烛工的17个孩子中的一个，接受了不到两年的学校教育之后，就离开家到费城做了印刷工。靠着努力工作和沉着投入，他成为殖民地一位最受尊敬的思想家和最富有的商人。他对电所做的实验，虽说遭到了大众观念的简化，说他愚蠢地在雷雨中放风筝，差点害死自己，但他发明了避雷针，这是18世纪最令人兴奋的科学成就之一，并让他成为当时最著名的一位科学家［不过，他一辈子都不曾被叫作“scientist”（科学家），因为这个词要到1840年才被创造出来；在18世纪，科学家们是“natural philosophers”（自然哲学家）]。在实验过程中，他所创造的术语——battery（电池）、armature（电枢）、positive（正）、negative（负）和condenser（冷凝器）等[5]——表明，他不仅仅是个想把风筝送到暴雨云里看看会发生些什么的古怪家伙。

富兰克林一生勤勤勉勉。他发明了无数有用的物品（我们将在后面的章节讨论），帮忙创建了美国第一个志愿消防部门、第一家火灾保险公司（“手拉手”）、费城的首批图书馆之一，还创办了令人敬重但名字略有些啰唆的“美国费城促进有用知识保留哲学学会”（American Philosophical Society for the Promotion of Useful Knowledge to be Held）。[6]他创造了一个永恒的文学人物——《穷查理年鉴》里的查理，为这世界带来了无数名言警句，不断地与欧洲和美国的顶尖思想交流，写了各种各样的文章——从怎样选择情人（找一位年长的女性）到怎样避免肠胃胀气（喝香水）。1737年，他起草了第一份美国醉酒俚语清单（他想出了228个）。他以聪明强干的形象代表美国出访海外。当然，他还是《独立宣言》和《美国宪法》的塑造者之一。他涉足房地产投机生意，拥有一家印刷企业，远至牙买加和安提瓜等地都有其控股的产业。他成为殖民地最大的纸张经销商，让《穷查理年鉴》几乎成了美国家家户户必不可少的一部分，在长达25年的时间里，它在美国是仅次于《圣经》的第二大畅销出版物。靠着自己敏锐的经商能力，他在1748年就从活跃的生意场上退休，此时年仅42岁，此后便致力于政治、科学和写作等士绅追求。

而且，在这一切的空当里，他不知怎的还设法找到了时间（而且是相当多的时间）去追逐自己最热烈（虽说最不出名）的激情，也就是试着对任何偶然从身边走过的女性“开炮”（roger，即发生性关系；也是常见的男性英文名，直译为“罗杰”）。你或许会惊讶地发现，“roger”这个奇怪的表达方式是地道的美语。这个词的最早记录，来自18世纪的弗吉尼亚，尽管我们如今再也搞不清，是哪一个活跃的“罗杰”给了这个词以灵感，也不知道它为什么逐渐在新世纪失了宠。我们也可以叫它“本杰明”*，这就是胖乎乎的富兰克林热衷的消遣。自打成年之后，富兰克林就表现出坚定不移地喜欢“跟粗俗女子愚蠢私通”（这是他本人不好意思的说法）的倾向。[7]这样的私通，有一次为他带来了一个非婚私生子威廉，威廉出生于1730年或1731年，由他长久以来忍气吞声的习惯法**妻子黛博拉在富兰克林的房子里抚养。贯穿他漫长的一生，富兰克林活力十足的性欲在其同时代人里是个奇迹。画家查尔斯·威尔森·皮尔曾在伦敦拜访他，发现他膝盖（至少他足够谨慎地说那是他的膝盖）上正有一位年轻姑娘[8]，其他人跟他有约相见时，也常碰到这样的事情。

在英格兰的岁月里，他与弗朗西斯·达什伍德爵士成为密

* benjamin，这既是富兰克林的名，在这里也可引申为“好运来一发”。——译者注

** 也即事实婚姻，但没有在政府登记，也没有正式的宗教结婚仪式。——译者注

友，后者在位于白金汉郡西威科姆的乡村别墅里主持着一处臭名昭著的魔巢，名叫“弗朗西斯爵士修道会”，但更为人知的名字是“地狱火俱乐部”。会员们参加黑市交易和其他极端亵渎神明的仪式，并无一例外地以醉酒狂欢作为高潮，此类场合当然少不了打扮成修女的顺从女性。在他较为安静的时候，与英格兰的联合邮政总长达什伍德共同撰写了《公祷书》*的修订版。没有确凿的证据表明富兰克林参与了这些放荡活动，但要是他没参加，又全然违背了他的个性。众所周知，他是达什伍德家的常客（甚至是热切到访的客人），说他一次次地上门只是为了讨论邮政规则和《公祷书》里细微的语义差别，恐怕要有一颗相当宽宏大量的心。

必须记住，18世纪是个粗俗奔放的时代。这是一个充斥着下流惯用语的时期，随便举4个例子：医生是pisspot（尿壶），不信奉英国国教者叫shit-sack（屎包），盲人是groper（咸猪手，引申意思是“到处摸”），侍从是fartcatcher（可以译为“屁兜子”，因为侍从总是跟在主人身后）。在稍后时代里会让人脸红的单词和比喻，此时可以毫不犹豫、毫无尴尬地随意使用。富兰克林在他的《穷查理年鉴》里放了各种现代人听来粗俗得无以复加的格言警句：“最骄傲王座上的最伟大君主，也必须坐在他自己的屁股上。”“靠希望过活的人，死在放屁里。”“有人脉而无友谊，有友谊而无气力，有气力而无义

---

*《公祷书》，是圣公会的祈祷用书。——译者注

气……不值一屁。”

值得指出的是，他的格言、警句或者诸如此类的东西，极少有出自他自己之手的。有几条无法追溯到更早的源头（例如，“空袋子立不住”“经验这所学校虽然收费高，但笨汉非入此门不可”），但大多数都是肆无忌惮地从当时其他类似的出版物里摘抄的，比如詹姆斯·豪厄尔的《特拉格罗顿辞典》，托马斯·福勒的《格言集》和其他作品，乔治·赫伯特的《冷僻谚语》，尤其是乔纳森·斯威夫特的《比克斯塔夫报》。富兰克林在年鉴里预言他的主要竞争对手即将死亡的滑稽点子就是从斯威夫特那里借鉴的。[9]“其他人的好点子这么多，我干吗要把自己的坏点子塞给我的读者呢？”他打趣地说。[10]（碰到真实消息分量太轻，不够吸引人的时候，他还会毫不犹豫地在自己的报纸上编造故事。）

必须说，他的确经常改动别人的格言。他把谚语“上帝（让患者）恢复健康，医生收获感谢”变成了更加一针见血的“上帝（让患者）恢复健康，医生收取费用”。[11]不过，通常而言，他只是给它们加些不雅之词（肠胃胀气、小便失禁、性交或其他虚弱表现）的修饰。上文他所说“有友谊而无气力……不值一屁”，修改自托马斯·福勒更正经的“美好的友谊是我最亲密的关系”。[12]

如果不提及富兰克林1768年的《字母表改革提案》，对他及其语言的讨论就算不上完整。尽管富兰克林偶尔会对英语拼写修修改改，也偶尔对改革事业表示过同情（“如果从未尝试过

《修正案》，事情越变越糟糕，它们最终一定会处于可悲的局面”），但说不清他到底是把正字改革视为严肃之举，抑或只是带着好玩的态度，向相当年轻的收信人写了几封略有调笑意味的信件。

当然，没有任何有说服力的证据表明他在此事上付出过大量的努力。他构思出的字母表非常笨拙，不合逻辑。它包含了6个附加字母，故此从简化角度看并没有带来任何改进。此外，它随心所欲、异想天开，能让没受过教育的人困惑到绝望。而且，根据它所得出的拼写，比它意图取代的传统方式要长得多，也复杂得多。例如，在富兰克林的改革中，changes（改变）变成了tseendsez。1768年7月20日，他用新字母表写的第一封信里充满了各种奇怪的拼写，要么暗示富兰克林对发音有一种独特的意识，要么暗示他对自己设计的发音指南应用得粗心大意（后者可能性更大）。按他信中所说，has（have的第三人称单数形式）会发音成“haze”，people（人）成了“pee-peel”，Richmond（里士满）成了“Reechmund”。[13]

我们习惯了把富兰克林视为导师，一旦意识到他在自己那一代人里并不怎么受敬重，不免会叫我们小小地吃上一惊。比方说，约翰·亚当斯就很讨厌他。[14]富兰克林于1790年过世，人们对他的离去并未感到太过惋惜，所以，直到28年之后，才出版了他的作品集。他的自传也没什么人感兴趣，到1868年才出现了美国版——距离他过世已经有足足78年，距离此书在别处首次出版的时间更久。[15]按制宪会议期间的普遍看法，往好了说，富兰克林算不上个真正的人物，往坏了说，他是个爱打哆嗦的老糊涂。他偶尔会给制宪会议提议：美利坚合众国的总统不能拿薪水，每次会议要以祷告开始，但这些提议无一得到通过。（他的祈祷动议未能通过，不是因为代表们不虔诚，而是因为大会花不起请专职牧师的钱，这一点他们耐心地向他解释过。）

美国的事业，基本上已经传递给了新一代，对此，富兰克林只是一个喘着气又看得见的信号。除了55岁的华盛顿将军（况且他完全不曾参加辩论），代表们都年轻得吓人。有5名代表二十来岁，其余大部分三四十岁。詹姆斯·麦迪逊35岁，亚历山大·汉密尔顿32岁。南卡罗来纳州来的娃娃脸查尔斯·平克尼只有29岁，但为了让自己显得更年轻，他大声坚持说自己只有24岁。[16]在所有人里，有个最奇怪，也最缺乏魅力的人物，但他兴许恰恰是最重要的那个人：詹姆斯·麦迪逊。这个年轻的弗吉尼亚人身上，没有任何地方透露出伟大的气息。他个子矮得荒唐（用一个同时代人的说法，“还不到半条肥皂长”），声音短促尖厉，苍白，羞怯，对自己的健康看重得到了神经过敏的地步。但他智力超人，不知疲倦地分化对手，使出百般解数，用甜言蜜语哄着顽固的代表们达成妥协。在那个漫长而炎热的夏天，是他付出了最大的努力，让宪法变成现实。

在不到4个月的时间里，这三十来号人创造出了一套从无先例却基本上延续至今的政府框架。从5月25日到9月17日，他们每天工作5小时，每星期干6天，除此之外还经常长时间加班加点。用佩奇·史密斯的话（虽说夸张得不免叫人脸红）来说：

“放眼历史，说到隽永的知识话语，这就是最突出的例子。”[17]但说此前此后再也没有哪次美国人的聚会表现出如此耀眼的才华、如此胸有成竹地有备而来，却绝非夸张。麦迪逊的背景读物包括古希腊史学家波利比乌斯的著作，德谟斯提尼的演讲，普鲁塔克的《希腊罗马英豪列传》，巴特利尼·费里斯的13卷法语巨作《人性法典》（麦迪逊读的是法语原文），等等。亚历山大·汉密尔顿在一次演讲中就连续引用了古希腊的近邻议会和提洛同盟。这是些知道自己要干什么的人。

而且，他们还有着足以抛开分歧的伟大胸襟。就在短短一个难熬的夏天，他们创造了美国政府的基础：议会、总统、法院、制衡制度、整套错综复杂的民主框架（当你意识到他们都是反对任何现代意义民主的人，这份遗产就更加引人注目了）。

他们曾一度考虑建立君主制（尽管是议会选举出来的君主）。这种前景真实到让一个毫无根据的谣言——国君的位置会交给乔治三世的次子约克公爵——席卷了各个殖民地。其实，代表们很快就意识到君主制设想跟共和国不相容。亚历山大·汉密尔顿提出的备选方案是从有产者中选举出终身总统和参议院，对各州拥有绝对权力。[18]埃德蒙·伦道夫倾向于将总统职权分给3个人，这样最高领导者可获得更大的集体智慧，减少专制、分裂和腐败空间。[19]（他们真的很担心腐败问题。）事实上，几乎所有人都设想，美国将采用非正式的贵族政治，由一位有产的绅士（也就是跟他们差不多的男人）来统治。开放民主制跟他们的想法相去甚远，来自宾夕法尼亚州的詹姆斯·威尔逊提出用民众投票的方式选举行政机构，代表们“完全傻了眼”。最后，他们将选举总统的责任交给各州，建立了选举团制度，让每个州决定其合议代表是人民选举，还是议会选举。

本着妥协的精神，他们规定，众议院议员将由人民选举，参议院议员由各州选举，这种安排一直保留到1912年，自那以后，参议员最终也由人民选举了。在副总统职位问题上，他们决定（事后看来略失明智），这项工作应归于总统选举中排在第二位的人。表面上看似公平，但他们却未曾考虑一种明显的可能性：副总统可能代表着总统的竞争派别。1804年，美国废除了这种做法，采纳了奉行至今的一次性选出两人的“捆绑”惯例。

当代表们对政府的大部分雏形达成一致意见后，他们任命了细节委员会，把提案付诸书面。委员会里的一位成员约翰·拉特利奇是原住民“易洛魁联盟”的仰慕者，他建议委员会看看1520年创建易洛魁联盟时所采用的条约。条约开门见山：“我们，人民，为建立联盟……”[20]这当然就成了代表们日后在宪法里最终选用的措辞：

> 我们美利坚合众国的人民，为了组织一个更完善的联邦，树立正义，保障国内的安宁，建立共同的国防，增进全民福利和确保我们自己及我们的后代能安享自由带来的幸福，乃为美利坚合众国制定和确立这一部宪法。

简短地陈述目的之后，紧接着的是7项条款，其中6项阐述了政府的机制（有时粗略，有时又十分详细），而第7项宣布该文件只要经过9个州批准就会立刻生效。（选定这个数字可不轻松；代表们怀疑，能批准它的州很难超过9个。）

宪法言简意赅，只有25页。（相比而言，俄克拉何马州的州宪法长达158页。[21]）在一些事项上，它明确而直率：关于参议员、众议员和总统的年龄及公民身份要求，弹劾问题规定得更清晰。制宪者似乎谨慎到了偏执的地步，连怎样废除叛国者或腐败者都做了规定。然而，在其他事项上，它又模糊得叫人生疑。例如，宪法没有提到怎样组建内阁。它授权设立独立于其他分支机构的最高法院，但随后又十分轻松地规定，其余司法机构应由“国会随时下令设立的低级法院”组成。有时，这种含糊不清是疏忽的结果，有时则是因为无法达成更具体的妥协。即便写得具体，也总会留下余地，方便日后调整。它先宣布“国会应至少每年集合一次，开会日期应为12月的第一个星期一”，紧接着便深思熟虑地补充说：“除非他们通过法律来指定另一个日期。”这么做的结果是，《美国宪法》成了一套适应性极强的基本规则。

从遣词造句来看，它的拼写和语法少有奇怪之处。有3个单词是按英式风格拼写的，分别是behaviour（行为，美式拼法为behavior）、labour（劳动，美式拼法为labor）和defence（防御，美式拼法为defense），但tranquility（安宁）用的是美式拼法，因为哪怕早在1787年，这个词在美国就只有一个“l”（英式拼法为tranquillity）。拼写不一致的地方只有一处：上一段用的是empeachments（弹劾），下一段用的却是impeachment。还有两个单词采用了古体拼写：chuse（选择，规范拼法是choose）和encreased（增加，规范拼法是increased）。开头的句子包含了一处双重最高级用法（more perfect，对应的中文译文是“更完善”），在如今的编辑流程里它可能无法幸免于难，但在当时可以算得上无懈可击。偶尔会出现不和谐的冠词与名词组合（an uniform，规范用法应为a uniform），虚拟语气用得相当刁钻（如“before it become a law”“if he approve he shall sign it”），偶尔会把现在只小写的名词首字母大写（our Posterity，对应的中文译文为“我们的后代”），以及把the United States（美利坚合众国）视为复数（直至美国南北战争时期，这都是一个复数词汇）[22]。这多多少少就把《美国宪法》所用语言跟今天的差别列举完了。

值得一提的是《美国宪法》里没有包括的东西。这份文件全文都没有用过nation（国家）和national（国家的）这两个词，并非出于偶然或疏忽。但凡出现它们的地方，代表们都谨慎地加以替换。他们担心，“national”会暗示这是一套危险的集中权力的制度。所以，他们使用了更为中立、情绪色彩低的federal（联邦），它来自拉丁语的fides（意思是“信仰”），直到18世纪，这个词里都有“依靠信任建立的关系”之意。[23]

我们最为熟悉的《美国宪法》的另一部分，是日后被称为《权利法案》的十项修正案。它们直到1791年才获通过（马萨诸塞州要到150年后才采纳，因为该州发现自己竟然意外地忘了批准它）。这些对基本自由的保障，比此前的任何东西都要激进新颖（直到现在，英国也没有权利法案，不过，它也没有成文宪法），但有必要指出，很多时候，制宪者想要表达的意思其实完全不一样。以第一修正案的措辞为例："国会不得制定关于下列事项的法律：确立国教或禁止信教自由；剥夺言论自由或出版自由；或剥夺人民和平集会*和向政府请愿申冤的权利。"请特别注意前6个字："国会不得制定……"国父们并非想让美国免除此类限制，而只是努力把此类涉及审查和个人自由的事情交给各州。[24]此外，冒着收到全国步枪协会激动抗议信的危险，必须说，被大肆吹嘘的"人民持有和携带武器的权利不可侵犯"这一条，代表们从来无意让它成为几近封神地位的自由行动权的保障，纵容出于体育和个人防卫目的投资私人军火库之行为。完整的句子说得很清楚："纪律严明的民兵是保障自由州的安全所必需的，人民持有和携带武器的权利不可侵犯。"制宪者们想到的无非是短期内养活国防部队这件不得不考虑的事情。就算他们真的喜欢"持枪可方便射击动物和闯空门"这个点子，他们也从来没这么说过。

最令人震惊的一点是，通过这套宪法的时候，几乎没有人认为它是一份伟大的文件。大多数代表离开费城时，都感觉自

---

*"和平集会"，peaceably to assemble，是早期使用分裂不定式的一个有趣例子。（译者补充：分裂不定式指的是副词插在"to"和原形动词之间的结构。）应尽量避免把动词不定式分开的有趣习惯，是最近才流行起来的。（译者补充：换句话说，现在更常见的用法应该是"to assemble peaceably"。）

己制定了一份充斥着毫无价值的妥协的协议——亚历山大·汉密尔顿形容说："一套羸弱不堪、没有价值的结构。"塞缪尔·亚当斯、约翰·汉考克和帕特里克·亨利大力反对。15名大会代表拒绝签名，其中包括乔治·梅森、埃尔布里奇·格里，甚至5名执笔人中的2名——埃德蒙·伦道夫和奥利弗·埃尔斯沃思也拒绝签名。（没过多久，伦道夫接受了全国第一任司法部长的职位，最直接地负责一份自己刚刚表示过不认可的文件，表现出一种令人咂舌的虚伪态度。）哪怕是最热心支持的人，也无非指望宪法多多少少能让这个支离破碎的国家再多团结几年，直到设计出更好的东西。[25]

尽管如此，这份文件得到了正式批准，华盛顿当选第一任总统，1789年3月4日被选为新政府开张的日子。遗憾的是，第一天只有8名参议员和13名众议员劳神费力地现了身。过了足足26天，众议院才召集到了法定人数，还要再过好一阵子，参议院才能找到足够多乐意参与的人开始正常工作。[26]

头等要务之一是确定怎样称呼新的最高行政长官。宪法里叫的是"美国总统"，但华盛顿的就职典礼是那么地盛大辉煌，新长官的举止是那么地庄严堂皇，国会不免琢磨起要给他一个更大的头衔。这些建议包括：殿下（His Highness）、主上（His Mightiness）、君上（His Magistracy）、圣上（His Supremacy），以及"美国总统及自由的守护者殿下"（His Highness the President of the United States and Protector of their Liberties）。最后一个头衔差一点就获选了，不过这时候众议员们恢复了理智，再考虑到宪法最初的措辞，这才选定了不失敬意但共和色彩浓重的“美国总统”。即便如此，华盛顿的妻子玛莎，还是常被称为“华盛顿夫人”*。

副总统似乎没有造成这样的困扰，尽管国会里一些身材同样圆滚滚的人开玩笑说，第一任副总统，胖乎乎的约翰·亚当斯，应该叫作“圆君”（His Rotundity）。

华盛顿坚定地认为，就任此职应该保持威严。有他在场的时候，访客们应当一直站着，就连他最亲密的同事，也从他的行为举止中觉察出了一股高高在上的君王态度（以至于有人怀疑，美国拼了命推翻乔治三世，却换上了一位“乔治一世”）。这里要为华盛顿说句公道话，他必须从一开头就定下规矩：应该以最高的尊重对待总统。他就任总统之初，人们会从街上溜达过来祝他好运，询问他近况如何。（最后，他定下一套制度：每周两次，他专门留出时间，任何“穿着得体的人”都可以过来看他。）他敏锐地意识到，自己正在为后世确立执政长官的行为模式。“我的行为，恐怕没有哪一部分，自此以后不会被引为先例。”他有些沮丧地写道。坐在参议院里听了好几个小时毫无成果的辩论之后，他逃跑了，还嘟囔着说，要是他再让自己陷入此种毫无意义的沉闷事务里，他就“该死”。从那以后，再也没有任何一位美国总统参加过立法辩论。尽管宪

---

* 此处原文是“Lady Washington”，在英文里，“lady”有“贵族夫人”的言外之意。——译者注

法里并无任何条款禁止此一做法，这却跟英国传统大相背离。[27]

这一时期有个流传甚广的传说是，国会（或制宪大会本身）考虑以德语作为全国性语言。这个故事被许多受人尊敬的作家一再提起，简直让它获得了普遍共识的地位。*所以，这里我要清清楚楚地说：这是个完全没谱的说法。1789年，美国400万居民中有90%是英国血统。强行让他们使用一种外语的想法显然可笑至极。德语唯一已知的成为争论点的情况是在1795年，众议院短暂地考虑过用英德双语发布联邦法律的提案，目的是为新移民创造便利，但这项提案并未通过。[28]早在1778年，大陆会议就下令，向外国使节发布的信息应该采用美国的语言。[29]

不过，早期国会无不慎重地考虑过给这个国家重新起个名字。从一开始，许多人就认识到，“美利坚合众国”不够叫人满意。这样的国名衍生不出方便的形容词形式。一个公民，要么是“合众国民”（United Statesian），要么是另一些更笨拙的措辞，要么就是“美洲人”（American），这就把美国公民这一头衔，贬低到跟南北美洲其他30来个国家居民同等的地位了。当时的人们考虑过其他几种可能的选项：哥伦

---

* 比如英国小说家金斯利·艾米斯就这样写过：“美国早期国会争论过新国家要使用什么语言。英语象征着被击败的殖民压迫者，它唯一的优势就是人人都使用它。不过，一如我们不少人所知，它后来还是以小幅优势击败了德语，赢得了比赛。还有一些人（但为数不多）投票给了第一个民主国家的语言——古希腊语，也有一些人投票给了一种印第安语，也许是马萨诸塞语或克里语，因为它是美洲的语言。”（节选自《艾米斯文集》）

比亚合众国（United States of Columbia）、阿巴拉契亚合众国（Appalachia）、阿勒格尼合众国（Alleghania）、自由国（Freedonia或Fredonia，也译作“弗雷尼亚国”，这样一来，其国民就可叫作“Fredes”，弗雷德斯或自由国民）——但这些备选方案无一找到了足够的支持取代现有国名。[30]

哥伦比亚合众国是个有些出人意料的选择，因为在过去250年的大部分时间里，美国几乎已经遗忘了克里斯托弗·哥伦布（Christopher Columbus）。他的西班牙背景让英国人产生了猜忌，后者更乐意看到发现北美大陆的荣耀归于约翰·卡博特。直到独立战争之后，美国人着手四处寻找与英国君主无关的英雄，哥伦布的名字才得以重见天日，而且一般会使用更优雅的拉丁形式“哥伦比亚”（Columbia），并为之慷慨地注入坚韧和不屈不挠的精神——哪怕哥伦布本人不怎么配得上。

对哥伦布的半神化，始于史诗中的一些援引，但没过多久，各社群和机构开始沉迷于创造纪念性的新名字。1784年，纽约国王学院变成了哥伦比亚学院，两年后，南卡罗来纳州决定以哥伦比亚作为州府的名字。1791年，一位美国船长驾驶一艘名为“哥伦比亚”号的船，为这个年轻的国家夺取了西北部的大片土地，并称之为“哥伦比亚”。（这里日后成为华盛顿州、俄勒冈州和爱达荷州，但最初的名称，继续在美国国境线北部的加拿大“不列颠哥伦比亚省”延续了下去。）期刊、音乐和机构（其中包括哥伦比亚艺术与科学促进研究所，也就是今天更著名的史密森学会*）竞相以这位伟大的探险家的名字为名。爱国歌曲《哥伦比亚万岁》可追溯到1798年。[31]

有了这一令人鼓舞的开始，作家华盛顿·欧文的一本雄心勃勃而且不甚讲究准确性的《哥伦布的生平和航行》把哥伦布的生平一脚踹上了更高一层的神话层面。此书问世于1828年，在整个19世纪，都畅销于美国、欧洲和拉丁美洲。

欧文后来还写过乔治·华盛顿的生平，这本书也同样成功，而且同样得益于他的虚构手笔。但对于美国的国父，我们许多最为珍视的错误印象，来自帕森·威姆斯。他极为成功的《华盛顿生平逸事集》第一次成书于1806年，它证明，与其说威姆斯是个有着少见天赋的虚构作家，倒不如说他是个完美的骗子。

即使在当时，这本书的风格也十分"心灵鸡汤"。想想华盛顿砍樱桃树的著名故事。我们节选了这样一个片段：华盛顿的父亲问儿子，他是否能解释一棵硕果累累的树怎样倒在了地上，他手里的斧头会不会跟此事有些什么关系。

"我没法说谎，爸，你知道我没法说谎。是我用斧头把它砍倒的。"

"到我怀里来，我亲爱的儿子，"他父亲心醉神迷地叫

* 学会改名叫"史密森"，以纪念一位叫作詹姆斯·史密森的神秘英国人。他是某一代诺森伯兰公爵的私生子，从来没到过美国，也没有美国朋友或关系网，但他欣然同意，若是有一家学习机构能以自己的名字为名，可将自己可观的大笔财富（10万英镑）赠给美国政府。[32]

道，“到我怀里来。我真是高兴啊，乔治，你砍了我的树，但你给了我一千倍的报答。我儿子的这种英勇行为，比一千棵树还珍贵……”[33]

毫无疑问，整件事都是威姆斯编出来的。除了英雄的名字和居住地之外，书中几乎所有的内容都是编造的，或掺了大量的水分，就连标题都是大言不惭的谎言。威姆斯宣称自己是前“弗农山教区的教长”，但压根儿就没有这个教区，从来没有。尽管如此，这本书出了大约12版，属于那个时代最畅销的作品。

实际上，华盛顿有着比威姆斯笔下的形象更多的缺陷和人性，至少，后代的许多历史学家希望我们这样认为。他喜怒无常，冷漠而虚荣（在独立战争中，他鼓励同僚称自己“Your Excellency”，即“阁下”）。他厌恶被陌生人触碰，还有个让人尴尬的脾性——会当众像个孩子般哇哇大哭。例如，在独立战争期间战事进展不利的时候，或是战争结束要跟军官们分别的时候。他不是一个有天赋的军事指挥官。和威姆斯与其他人所暗示的不同，他远不是英法北美战争中的英雄，反倒是这场战争的幕后推手。1754年，他是个没有经验的中校，率领弗吉尼亚军团向在俄亥俄河谷扎营的一群法国人发起了一场基本上失去了理性的不必要攻击，并杀死了对方10个人。这一事件和其他同类事件激怒了法国人，使得他们与英国人开战。更倒霉的是，开战后不久，华盛顿就被击溃，还天真地签署了一份文件，在文件里，他为“刺杀”法国人道了歉，把自己的“主人”气得够呛。[34]

但他身上有着无可置疑的伟大之处，他勇敢，果断，绝不贪腐。为了确保美国的独立与民主，没有人比他投入过更多的时间，承受过更大的风险和艰难。整整8年，他勉力支撑着一场战争，不管是大陆会议还是人民，都不曾给予他这份英勇所应得的支持。在一次横跨新泽西州的漫长行军中，他沮丧地看着自己的队伍从3万人蒸发到只剩下3300人。更麻烦的是，他经常发现身边有很多叛徒。本尼迪克特·阿诺德*是最著名的例子，但还有其他人，比如少将查尔斯·李，他担任华盛顿的助手，同时却为英国人提供怎样击败美军的建议，[35]也难怪华盛顿有时会当众掉眼泪了。

他真诚而高尚地只想对自己的国家好。在庆祝对英国人的胜利时，他本可以提出任何要求：王权，奢侈的终生养老金，在波托马克河上修建属于他的乡村官邸，但他只求回到弗农山庄安静地生活。当选总统后，他要求国会不向自己支付工资，只负担他的开支。当你想到他长期辛苦的工作，这个要求显得更加值得敬重。“过去11年，我的庄园都收不抵支。”当选总统前不久，他绝望地给自己的堂兄写信，他要从弗农山庄出发前往纽约宣誓就职，只能借100英镑来负担开销。[36]（经济困难

* 本尼迪克特·阿诺德，阿诺德起初为革命派作战，屡立战功，后来却变节投靠英国。——译者注

是弗吉尼亚州种植园主常见的问题。杰弗逊长期以来都承受着极大的经济压力，1815年，他把自己心爱的私人图书馆卖给了国会，获得了急需的23 950美元——不过，他几乎立刻就开始建立另一所同样辉煌的私人图书馆，基本上耗尽了这笔买卖带来的收入。到他去世时，他的债务超过10万美元，蒙蒂塞洛庄园的大部分物品都只能被送上拍卖台。）

国会拒绝了华盛顿的要求，并坚持为他支付每年2.5万美元的工资。它还赋予他另一项荣耀：为这个国家选择永久性的首都所在地——这倒不仅仅是出于利他精神，而是因为国会本身无法定夺。在授权华盛顿做出选择之前，至少40个地方经过了考虑和争论，从宾夕法尼亚州的日耳曼敦到纽约的金斯顿。华盛顿选择了波托马克河通航终点附近一个10英里见方的位置。（1846年，弗吉尼亚州对该河在本州一侧的区域重新提出了管辖权主张，这就解释了为什么现代华盛顿特区有3侧的边界是直线，但在另一面是不规则的曲线。）1791年，这座即将兴建的城市被命名为华盛顿；它所在的6100英亩土地得名哥伦比亚辖区（当然，日后更名为哥伦比亚特区）。故此，几乎齐齐整整地在同一个地点，把那一时代神话般的两个名字供奉了起来。

两年后，华盛顿为国会大厦铺下基石，1800年，华盛顿市建成开放。美国上路了。

第5章

曙光破晓：塑造国家认同

19世纪初的炮击，这门手艺的关键是要把引线切割到合适的长度，以便它们在撞击或接近撞击时引爆。在实践中，它们随处可炸。故此，美国国歌里才有了“bombs bursting in air”（炸弹轰轰响）。大多数人都知道，国歌歌词的灵感，来自1812年战争（第二次独立战争）期间巴尔的摩港麦克亨利堡受到的炮击。年轻律师弗朗西斯·斯科特·凯受命去谈判要求释放一名美国囚犯，结果却被拘禁在了一艘英国战舰上。

夜晚，凯看到英国舰队环海港巡航，朝着严阵以待的堡垒投掷五颜六色的炸弹。黎明破晓时，凯看到美国国旗虽然已经破破烂烂，却仍在空中挑衅似的飘扬着，不禁感动地吟了一首诗。坦率地说，这首诗写得很蹩脚，但它承载着一种情感冲击力，能让人轻易忘掉它不够完美的地方。诗歌发表时题名《保卫麦克亨利堡》，并为之配上了一首绝对是在葬礼上演奏的英国歌曲《致天堂里的阿那克里翁》(此后歌曲的节奏就变得相当有生气了)，引发一时轰动。没过多久，几乎所有人都忘了它的原名，只称它为“星光灿烂的旗帜”(The Star-Spangled Banner)，从那以后它就叫这个名字(美国国歌《星条旗》)了。

凯看见飘荡在麦克亨利堡上的旗帜，有15颗星和15道横条。美国独立早期阶段的习惯做法是，每当一个州加入联邦，就在旗帜上添加星和条。到1818年，国会悬挂的旗帜已经有不少于18道条，很明显，这种做法马上就没法持续下去了。国会决定到此为止，并做出正式规定，自此以后，国旗只有13道横条(代表13个最初的殖民地)，有多少个州就有多少颗星。

1812年战争还见证了另一个美国标志的崛起：山姆大叔(Uncle Sam)。他似乎出现在1813年的纽约州特洛伊，但除此以外就没有更多信息了。[1]此前，美国的拟人化身是个起源不详的人物，叫“乔纳森兄弟”，并常与英国的“约翰牛”并列。山姆大叔的灵感有时会追溯到特洛伊的一位军队检查员塞缪尔·威尔逊身上，但更有可能的是，这个名字仅仅是受“US”这一首字母缩写所启发。与“山姆大叔”联系在一起的那个戴高顶礼帽、穿条纹裤子的人物形象，出现的时间晚得多。他是通过19世纪60年代托马斯·纳斯特的漫画流传开来的，后来又靠着画家詹姆斯·蒙哥马利·弗拉格所绘制的著名征兵海报《我要你》得到强化。海报中，山姆大叔失去了他的和蔼光彩，取而代之的是一种严肃的，甚至有点像恶魔的样子，并保留至今。

因此，到19世纪第二个十年结束的时候，美国才有了一首国歌（但直到1931年才获得正式承认），多多少少固定下来的国旗，以及山姆大叔的国家象征。简而言之，它开始国家认同建设了。

但在其他方面，美国仍然是不同地区的集合，每个地区都奉行自己的路线。最令人抓狂的是没有统一的时间。纽约的午夜时分，华盛顿是11:47，费城是11:55。1869年，利兰·斯坦福敲下了标志着美国第一条横贯大陆的铁路完工的金色道钉（事实上，他没能把道钉敲进去；这一工作必须由一个能娴熟使用手动工具的人来完成），这一消息立刻通过电报传递给全国各地屏息凝气等待的民众。在犹他州的普罗蒙特里，这一重大事件发生在12:45，但附近的弗吉尼亚城却认为是在12:30。在旧金山，它发生在11:46或11:44（取决于你相信哪一地的权威）。在匹兹堡，6个地方同时收到了信息，并以6个不同的官方时间发布出来。直到1883年，美国才有了固定时间。

在信息大多通过马背传递的时代，这里那里差上几分钟几乎没什么大不了的。但随着世界上复杂的技术越来越多，各地时间不同的问题，确实越来越重要了。对于铁路公司和搭乘火车出行的人来说，这个问题尤其令人头痛。为了达到某种程度的一致性，大多数铁路公司会沿着自己的线路同步时钟，但此类时间，大多跟当地或对手铁路公司所用的时间没有关系。车站上通常采用多台时钟：一台显示车站时间，另一台显示当地时间，其余的显示途经本车站各趟列车的时间。不熟悉地方差异的乘客，往往赶到车站搭火车时却发现它已经离开了。要想在有足足15条铁路线路交会的芝加哥实现不同车次之间的换乘，必须仔细研究列出所有可能排列的厚厚的算法大书了。

显然必须采取些措施了。第一个呼吁在全国范围内统一时间的人，是纽约萨拉托加矿泉城坦普尔·格罗夫女子神学院的校长查尔斯·F. 多德。乍看起来，他跟这桩事业扯不上什么关系。1869年，也就是利兰·斯坦福敲下金色道钉的同一年，多德开始提倡采用4个时区（跟今天所用时区非常相似）的设想。这个想法遭到了惊人激烈的反对。许多人认为，调整像时间这样基本的东西是亵渎神明，但却忘记了时钟并非神圣概念。一些社群认为，出于铁路和电报公司等商业利益集团之福祉而要改变时间，厚颜无耻之至。几乎所有人都觉得相关概念奇怪得令人费解，尤其是那些生活在潜在时区边界或附近的人。举例来说，生活在内布拉斯加州北普拉特的人，无法理解为什么住在同一条路上、只是靠南一些的奥加拉拉邻人，就能每天晚一个小时起床。就连最杰出的群体也表示反对，不列颠科学协会就斥责这一设想“太过乌托邦”[2]。

终于，1883年11月，在召开了一次名为“国家铁路时间大会”的会议之后，人们同意引入时区并同步时钟，并约定在11月18日（史称“有两个正午的日头”）施行。整整两个星期，各地的民众都心烦意乱，觉得全国即将被巨大的流星撞击。农民担心母鸡停止下蛋，奶牛不再产奶。芝加哥的工人怀疑自己在那重要的一天里要多干9分钟，威胁将举行罢工。在指定日子到来的黎明，全国上下陷入了不确定的热潮。正午之前，各地的人们无声地聚集在市政厅和法院大楼，观察时钟的变化。

虽然改变时间并非政府官方的要求（它完全是在铁路公司的要求下完成的），但几乎所有地方都引入了新的时间，而在几乎所有的地方，这都成了件虎头蛇尾、叫人失望的事情。数以百万计的群众看到法院时钟的指针被往前或往后拨动了几分钟，接着他们才明白，一切还跟以往一样，便噘着嘴回去干活了。有些地方冒出了些局部矛盾。在华盛顿，美国司法部长和海军天文台的负责人没能达成一致意见，使得该市政府时钟有好几年都显示与其他所有地方都不同的时间。[3]但总体而言，美国很顺利地采用了标准时，人们的生活也变得更便利了。

相比半个世纪之后推出夏时制（summer timer或daylight-saving time，日后叫作夏令时）时引发的喧嚣，人们对引入时区制的大惊小怪不值一提。夏令时设想背后的推动力来自一名叫作威廉·威利特的商人，他主要是希望这么做了以后自己傍晚打高尔夫时可以享受到更多的日光。这一回，反对的声浪同样猛烈。《纽约时报》称之为“疯狂的举动”，其他人则认真地提议，说也可以改变温度计，让夏天显得更凉爽，冬天显得更暖和。正如一位历史学家所说：“改变时钟以适应某些人一时兴起的设想，让夏令时显得极不自然，在许多反对者看来，它几近骇人听闻。”[4]尽管美国曾在第一次世界大战期间短暂地将实行夏令时作为一种节约能源供应的手段，但这一设想所遭受的巨大阻力，令美国直到1966年才普遍实行夏令时。

同样属于美国生活特征之一的金钱，直到更近代的时候才开始标准化。南北战争期间，联邦政府发行了一批“绿背纸币”（greenbacks）。此前，华盛顿从未发行过纸币，只有硬币。纸币发行权留给了银行。迟至19世纪上半叶，银行（bank，当时，这个词还非常宽松地用来描述一些同类机构）都能够开开心心地自己印制货币。票据种类多如牛毛。举一个例子，在俄亥俄州曾斯维尔，至少有30家银行打着弗吉尼亚盐湖银行和猫头鹰溪银行等五花八门的名头发行货币。这些纸币的价值非常可疑，甚至被叫作“私币”（shinplasters）。[5]有些银行发行的货币更受尊重。新奥尔良公民银行发行了一种特别受人追捧的10元纸钞。它的背面印着法语里表示“10”的单词“dix”，所以叫作“迪克斯”（Dixies）。到1859年，北方人丹·艾美特写了一首大获成功的歌曲《迪克斯之土》（几乎所有人都错误地把它读成了“Dixie”，也即“迪克西”），才让这个词慢慢泛指整个南方。[6]

这么多类型的钞票在市面上流通，情况看似异常混乱，但实际上，较之此前的局面，这反倒大有改善。在整个漫长的殖民时期，英国只允许殖民地流通极少量的英国货币。虽然企业以英镑、先令和便士来记账，但只能用手边的贵重物品来当钱。殖民地流通着各种各样的家庭铸硬币和外国货币——葡萄牙的乔纳斯金币（johannes，众所周知的“joes”），西班牙的达布隆（doubloons）和皮斯托尔（pistoles），法国的苏斯（sous）和皮卡尤恩（picayunes），意大利和佛兰德的达克通（ducatoons），美国的福吉欧（fugios，这么叫是因为硬币的一面刻着拉丁语里的fugio，意思是“我要飞”），以及不计其数的其他各种硬币——生意人必须知道1s. 4d.等于一个碎比索（milled peso，peso的原意是“旧制西班牙银币”）的1/6，一个西班牙或墨西哥雷亚尔（real）等于12.5分，一个葡萄牙乔纳斯金币可换8.81美元，2s. 3d.等于一元荷兰币的一半。在东部沿海地区，1雷亚尔通常叫1先令，但在其他地方，更常叫它1个点（a bit）。“点”（bit）最初出现在英语里是在1688年，可能是西班牙语pieza的译文，意思是piece（块，部分；变形后就成了peso，比索），也有可能，早期的硬币就是从更大银币上敲下来的一丁点儿。由于1点等于12.5美分，1/4美元自然就成了2点，半美元叫4点，密西西比河以西的地方特别喜欢这么叫。10美分是一个短点（short bit）；一个长点（long bit）是15美分。即使在美国开始铸造硬币之后，外国硬币仍然是美国商业的组成部分，直到1857年才正式退出流通市场。

更让人困扰的是，纸币价值因地而异。在宾夕法尼亚州和弗吉尼亚州，半个雷亚尔有另一个名字，叫“五分点”（fipenny bit）或“五分”（fip），因为它的价值相当于英国的5便士。但在纽约，半个雷亚尔值6便士，在新英格兰值4.5便士。在这种情况下怎么可能做得成生意，真叫人好生奇怪；倘若想到独立战争之后全美国都没有一家银行，这就更是奇迹了。1781年，费城有了第一家银行；3年后，波士顿和纽约也跟进了。[7]

因此，许多人放弃用钱也就不足为奇了，他们开始以物易物，这也常被叫作“country pay”（土特产报酬）。以物易物时所用的货品，叫作truck（来自古法语的troquer，意思是贩卖或交易），这个意思，在to have no truck with（拒绝或毫无关系）和truck farm（种植蔬菜和水果专为销售的商贸农庄）这两种表达中得到了保留，它们跟大型轮式车辆没有关系。（就车辆意义而言，truck的词源来自拉丁语的trochus，意思是“轮子”。）

基于美元和美分的十进制货币系统由古弗尼尔·莫里斯创造，他当时是财政总长的助手，为托马斯·杰弗逊提供咨询。这套制度1784年得到采纳，大部分银行家和商人对此表示反对，因为他们希望保留英式单位和术语，如英镑和先令等。最早的硬币名称，词源来历五花八门。按价值升序排列，它们分别是：mill（米尔）、cent（分）、dime（角）、dollar（元）和eagle（鹰）。“dollar”归根结底来自“Joachimstaler”（约阿希姆斯塔尔），该硬币最初于1519年在波西米亚小镇约阿希姆斯塔制造，后以“daler”（达尔）、“thaler”（塔尔）和“taler”（托尔）之名传遍欧洲。在美国语境中，dollar一词的记载最初出现在1683年。[8]dime，或如第一版硬币上的拼法disme（角），是法语单词dixieme的变体，本有意发音为“deem”，只可惜从来没有人这么读过。从严格意义上说，这个词并非美语。早在1377年，dime就在英国偶尔使用，但很久以前就不再使用了。毫无疑问，这是因为，在非十进制货币中，一个表示“1/10”意思的词毫无用武之地。cent当然来自拉丁语的centum，意思是“一百”，选中这个词有些怪，因为起初要两百个cent才构成一个dollar。[9]把a cent（一分钱）叫成a penny（一便士），是英国统治时期的语言习惯。实际上，没有任何一种美国硬币叫作“penny”。（penny一词似乎来自拉丁语pannus，意思是“一块布”，可追溯到偶尔用布匹作为交换媒介的时代。）

早期的美国硬币清单，5分镍币（nickel）明显地缺席了。有一种价值5美分的硬币，但它叫作半角或jitney，来自法语的jeton，表示一枚小硬币或代币。20世纪初，美国城市到处都出现了收费为5美分的公交车，jitney不再指代5美分的硬币，而变成了这种小公交车的代名词。直到1875年，镍币才成为5美分的代名词；在此之前，镍币要么指1美分，要么指3美分。“don't take any wooden nickels”*这个说法只能追溯到1915年——而且，从来没有哪个时代流通过木质镍币。这种硬币可以立刻看出是伪币，并且，制造成本必然超过其价值。

在钱币学界，有一个持续甚久的争议：美元符号是怎么来的。在美国“$”符号首次出现在1784年托马斯·杰弗逊的一份备忘录中，他建议把美元作为主要货币单位。有人推断这个符号是他自创的，既可能是他基于名字首字母缩写设计的“花押”（不太可能，因为他没这么虚荣），也可能是一种乱涂乱画（同样不太可能，他也不是那种乱七八糟、不讲究的人）。更为普遍

* 直译是“别收木质镍币”，引申义是：“当心，别上当受骗！”——译者注

接受的观念是，它起源于字母“U”和“S”的彼此叠加，“U”最终演变成了不相接的平行线。这个理论的问题在于，“$”作为比索的符号，远远早于用在美元上。（在整个拉丁美洲，它仍被广泛用作比索的标志。）最可能的解释是，它是海格力斯之柱（pillars of Hercules）的一种改良形式，由卷轴缠绕，这可以在西班牙银元（拉丁美洲通行的一种比索）上找到。

许多跟钱有关系的俚语或其他类似表达，可以追溯到19世纪。自1810年以来，美国人一直将钱形容为“豆子”（beans，如“I haven’t got a bean”，意思是“我一个子儿也没有”），至少从1851年开始，又把钱叫作dough（直译是“面团”）——首次记载于校报《耶鲁战斧》。small change（零钱）出现于1819年前后，not worth a cent（一文不值）出现于19世纪20年代，not worth a red cent（也是一文不值的意思）出现于1839年。upper crust（上流社会）可追溯到1832年，easy money（来得容易的钱，不义之财）出现于1836年，用C-note（century note，百元大钞）来指代100美元的纸币是在1839年，flat broke和dead broke（都是破产、身无分文的意思）出自19世纪40年代。从1856年以来，美国人就把dollar叫成buck（它来自buckskin一词，鹿皮是早期的交易单位）。sound as a dollar（直译是“跟美元一样坚挺”）、bet your bottom dollar（把你所有的老本都赌上）、strike it rich（发现富矿，一夜暴富）、penny-ante（小金额，或小赌注的赌局等）、spondulicks或spondulix（意思是钱，这个词的起源不明）全都出自19世纪50年代。自19世纪60年代初以来，10美元的钞票一直叫sawbuck（原意是“锯架”）。之所以这么叫，是因为最初的纸币上有一个罗马数字“X”，让人联想到锯木架。mazuma（钱的另一种叫法）来自意第绪语俚语，可以追溯到1880年，而用simoleon指代1美元，来源同样不确定，可追溯到1881年。

但19世纪，美国不仅发展出了一批金钱术语，这一时期，各种各样的词语和表达方式如洪流般地出现。以下只稍作举例。

1804年	to make the fur fly	引发骚乱
1808年	quick on the trigger	下手快
	to whitewash	洗白、粉饰
1811年	having an ax to grind	跟人理论
1815年	keep a stiff upper lip	碰到逆境仍不屈不挠
1818年	no two ways about it	别无他法
1825年	fly off the handle	火冒三丈
1826年	to move like greased lightning	快如闪电
1827年	to have a knockdown and dragout fight	殊死搏斗
1828年	to sit on the fence	骑墙观望
	to go the whole hog	不惜重金购买
1829年	firecracker	鞭炮
	hornswoggle	哄骗

	non-committal	态度不明
	to be in cahoots with	跟某人共谋
1830年	ornery	坏脾气
	talk turkey	开诚布公地说话
1832年	horse sense	粗浅的知识
	nip and tuck*	势均力敌
1833年	conniption fit barking up the wrong tree	发脾气找错了对象
	to keep one's eyes peeled	保持警觉
1834年	close shave	侥幸脱险
	rip-roaring	令人兴奋、热情洋溢
1835年	hell-bent	固执的
1836年	stool pigeon	密探
1840年	to have a chip on one's shoulder	怀恨在心
	to raise Cain	暴跳如雷
1841年	to scoot	迅速溜走
1842年	to pull the wool over one's eyes	受人蒙蔽
	to get hitched	结婚
1844年	hold your horses	耐心

* 最初多写作"rip and tuck"，没人知道是为什么。

1845年	beeline	径直
1846年	to stub one's toe	踩痛了某人的脚
1847年	to be a goner	完蛋
1848年	to back down	让步
	to dicker	讨价还价
	by the great horn spoon	拿我吃饭的家伙发誓
	highfalutin	夸张、傲慢
1850年	to face the music	临危不惧
1854年	to paddle one's own canoe	自食其力
	to keep one's shirt on	保持冷静
1855年	one-horse town	设施简陋的小地方
1856年	to knock the spots off	远远胜过
	stag party	男性单身派对
1857年	neither hide nor hair	踪迹全无
1863年	deadbeat	游手好闲的人
1864年	to knuckle down	专心做事
1865年	to go haywire	陷入混乱
1866年	con man	骗子
	to slather	涂抹
1868年	to go back on	恢复、坚守承诺
1872年	to get in on the ground floor	从底层做起
1877年	to eat crow	收回自己说过的话
1887年	underdog	劣势，弱旅

1893年	cagey	精明
1897年	panhandler	乞丐
	to be out on a limb	处于危险之中

此外，还有大量自此以后逐渐不再使用的词汇和短语：ground and lofty（一度非常常见，是“fine and dandy”的同义词，意思是“十全十美”），happify（使某人高兴），to missionate（承担了使命般地做事），to consociate（集结），dunderment（迷乱、困惑），puckerstoppled（尴尬），from Dan to Beersheba。最后一个短语，暗指从圣地最北到最南端，在至少200年的时间里，它都是个日常词汇，是“广泛”“到处”的同义词，但在19世纪开始从人们的视野里消失，此后就不多见了。

有时，19世纪新词汇的含义很清晰，比如move like greased lightning（行动快如闪电）或者have a close shave（侥幸脱险）。to go haywire明显指的是一捆原本捆得紧紧的东西松开以后的破裂效应（所以是紊乱、乱套的意思），而to talk turkey（开诚布公地说话）或许跟一度流行的“印第安人和拓荒者经常一起打猎”的故事有些关系。按照故事所说，每当他们分配猎物时，拓荒者都会说：“你可以拿走秃鹰，我拿火鸡；又或者，如果你乐意，我拿火鸡，你拿走秃鹰。”这样的情况发生了数次之后，印第安人打断拓荒者，并说了“但我什么时候能说火鸡呢？”或者类似的话。这个故事当然是虚构的，但把它当笑话讲的人很多，因此可能是这个短语流行开来的原因。

然而更常见的情况是，我们留下了一些似乎是凭空冒出来的单词和短语，并不表示任何具体的东西——even steven（扯平），fit as a fiddle（身体非常健康），easy as a lead pipe cinch（易如反掌），to take a powder（匆匆离去），to peter out（逐渐减少），to paint the town red（花天酒地），to talk through one's hat（瞎扯），to josh（戏弄），to root hog or die（指只能亲力亲为，没有别人替你做）。这些单词或短语的解释，往往建立在没有说服力的脆弱证据上。《牛津英语词典》说“josh”可能跟幽默作家乔西·比林斯有关，但实际上，这个说法至少早在1845年就已存在，而比林斯直到1860年前都不曾出名。to face the music（承担后果），最初记录在一本叫《伍斯特间谍》的出版物里，据说指的是一名听到轰鸣的鼓声而被吓跑的士兵；也可能跟戏剧有些关系，兴许是一名紧张的表演者不得不面对管弦乐池后面的观众。谁知道呢。温和的骂人话doggone和doggone it（两者都是“可恶的”之意）都可追溯到19世纪，不过没人知道它们指的是什么。如果你意识到最初的记录文献将它写作“dog on't”，类似更早的“a pox on't”及其他类似形式，它就显得更加神秘了。

phoney（骗子，假货）这个词已经跟数不清的可能性联系在一起了，有说是来自盖尔语里的“戒指”一词［fauney或fawney，解释是说有一种街头小贩叫“fauney dropper”（假货贩子），他向受骗的购买者展示一枚质量好的戒指，接着塞给对方一枚廉价的fauney（假货）］；也有说这个词来自一个名叫“Forney”的无良商人。ballyhoo（大肆宣传），blizzard（暴风雪），hunky dory（最好的），shanty（棚屋），conniption fit（意思是“大发脾气”，最初也拼写成caniption或kniption），bogus（伪币），bamboozle（欺骗），等等，都属于这类起源未知或者模糊的美式英语词汇。最初出现在1834年《大卫·克洛科特的故事人生》一书中的“To root hog or die”，同样令人摸不着头脑。这个短语的意思是，要么自己动手干，要么就死；它显然指的是把生猪抓住别动的实践，但克洛科特先生（或者他的代笔作家）到底想表达什么意思，并不确定。他的同时代人好像也没有比他更聪明。他们提及此语时说法不一，比如“root, hog, or die”（就好像是在向猪发出警告，“站住，猪，不然就让你死”）或是“root, hog or die”（就如同并列了3个选项，“站好，猪，或者死”）。很明显，他们一点儿也搞不清想要可怜的猪干什么，但这个表达方式填补了美国词汇的一处空白，这才最重要。正如作家格特鲁德·斯泰因说过，一种表达只要有其含义，就不必真的有所指。

很长一段时间，美式英语里美国味儿最浓的“OK”，就属于这一类。对它词源的解释多种多样，创意百出。在这些理论中，有的说它是only kissing（只接吻）的缩写；有的说它是半文盲的前总统安德鲁·杰克逊写在论文中的，作为oll korrect（正确的拼写应该为all correct，意思是完全正确）的缩写（他实际上并没有无知到这个程度）；有的说它来自“Orrin Kendall”牌饼干；有的说它是希腊语里olla kalla（意思是“很好”）的缩写；有的说它是早期电报开放密匙open key一词的缩写；有的说它来自印第安乔克托族用于表示肯定的okeh；有的说它来自印第安酋长“老奇诺库克”（Old Keokuk）的名字，或是来自美国前副总统马丁·范布伦的绰号“老金德胡克”（Old Kinderhook，他来自纽约州金德胡克）。

为捍卫各自的观点，人们撰写学术论文，在大会上讨论相关的问题。到1941年哥伦比亚大学教授艾伦·沃克·里德着手考察这一问题时，OK已经成为全世界最多人懂的美式英语，在词源学上，寻找它的起源就相当于探寻DNA。里德用了二十多年想把这个问题弄个明白，多亏了他的努力，我们现在知道，OK最初出现在1839年3月23日的《波士顿早报》，是Oll Korrect的打趣缩写。当时流行这样的混合缩写，KY表示Know Yuse（其实是No Use，“没用”的意思），RTBS表示Remains to Be Seen（仍可看见），KG表示Know Go（其实是No Go，不得前往），WOOOFC表示With One of Our First Citizens（我们的首批公民之一）。1840年，马丁·范布伦竞选总统，成立了“民主OK俱乐部”以宣传他的竞选，OK变得通用起来，并流传至今。[10]

除了在19世纪创造了数千个新单词，美国人还给旧单词赋予了新含义。fix及其衍生词汇积累了太多的用法，《美国英语词典》用了近7页竖栏版面的文本和5000多个单词，来讨论它们在美式英语里的具体使用情况。美国人为常用动词添加介词，赋予其新含义或给予强调：to pass out（昏迷），to check in（登记入住），to show off（炫耀），to beat up（痛打），to collide（冲撞），to flare up（发怒），to start off（出发），to stave off（避开），to cave in（屈从），to fork over（支付），to hold on（坚持），to hold out（拒绝，抵挡），to stay put（留在原地），to brush off（不当一回事），to get away with（脱身）。他们把长单词削短，把penitentiary（教养院，监禁所）变成pen，把fanatic（狂热分子）变成fan，把reformation（改革）变成reform；他们简化结构，爱说graduate（毕业）多过to be graduated。他们从动词中创造名词——比如dump（作动词是"倾倒、丢弃"，作名词表示"垃圾堆"）和beat（作动词是"殴打、击打"，作名词是"节拍"）。更主要的是，他们把名词变成动词。这种做法早在17世纪末就开始了（scalp属于最早被这么处理的单词之一，第一次出现于1693年，它的名词含义是"头皮"，用作动词时表示"剥头皮"），在整个18世纪都持续不断，但到19世纪到达了狂热程度。美式英语动词的清单无穷无尽：

to interview	采访	to package	打包
to panic	恐慌	to curb	抑制
to bellyache	腹痛	to demean	贬低
to progress	进步	to endorse	背书
to predicate	断言	to resurrect	复兴
to notice	注意	to advocate	提倡
to boost	促进	to oppose	反对

to placate	抚慰	to donate	捐款
to locate	定位	to evoke	唤起
to deed	立契	to park	停放
to sidestep	回避	to hustle	猛推
to service	服务	to enthuse	热心
to ready	准备好	to bank	存银行
to rattle	喋喋不休	to boom	急速发展
to corner	相交成角	to engineer	工程设计
to coast	沿岸航行	to lynch	处以私刑
to audition	试听，试唱		
to splurge	挥霍，卖弄		
to demoralize	使士气低落		
to bankroll	资金，提供资金		
to highlight	突出，强调		
to peeve	动怒；是从“peevish”逆序构词得来的，后者是易怒的意思		

这些单词（以及远远不止于此的单词），都属于美式词汇，没有它们，美语将匮乏干瘪得多。[11]

简而言之，19世纪就相当于美国人的伊丽莎白时代*，而英国人则为此痛恨他们。很多新词都让英国人愤愤不平，比如：

* 在英国的伊丽莎白时代，新兴文化繁荣，新创单词层出不穷。——译者注

backwoodsman	住在边远地区的人
round-up	概要，摘要
once in a while	偶尔
no great shakes	技术不高明
to make one's mind up	拿定主意
there's no two ways about it	没有选择余地
influential	有影响力的
census	人口统计
presidential	总统的
standpoint	立场
outhouse	附属建筑
cross purposes	观点分歧
rambunctious	喧闹，骚乱
scrumptious	美味的
portage	搬运
immigration	移民
fork	分岔路
milage	里程
gubernatorial	地方长官的
reliable	可靠的
spell	替换、更替 （常用意是“拼写”）
balance	余数

	（常用意是“平衡”）
loan	贷款；其实这根本不是一个美式词汇

以及几乎所有新动词。

第一条有着明确记录的对美式英语用法的攻击意见，来自1735年，一位名叫弗朗西斯·摩尔的英国游客提及一座叫作萨凡纳的新城市，它坐落在一座山上，俯瞰着一条河，“他们用野蛮人的英语称之为‘bluff’（也就是“峭壁”之意）”。用美国记者H.L. 孟肯的话来说，这奠定了“英国人自此以后始终不变的批评态度”[12]。

塞缪尔·约翰逊几乎从不放过侮辱自己殖民地表亲的机会（用他广为引用的话来说，美国人“是囚犯的种族，我们没把他们都吊死，他们就该心怀感激了”），他诋毁一本美国地理书籍，因为它在没有承蒙英国人的恩赐的情况下，竟敢使用诸如creek（小溪）、gap（间隙）、branch（支流）和pur（咕噜咕噜的声音）一类的词汇。另一位评论家抨击诺亚·韦伯斯特将Americanism（美式英语）收入词典。“我们是怎么来的？”他绝望地呼喊，“如果连这个词都允许站住脚，那下一版连‘strengthy’*都会承认了。”[13]一位名为巴兹尔·霍尔的船长，是一名职业旅行者、作家，而且看起来很笨，他说美国人喜欢

* 并没有这个单词，strength本身是“力量”的意思。——译者注

用新词是没有必要的，因为“单词已经够多了”[14]。这句话似乎不无诙谐地说出了许多人的心声。

到19世纪，遍布美国大陆的英国观察家们，对美国古怪且不规则的语言习惯表现出了傲慢的喜悦。弗雷德里克·马里亚特船长曾写过《见习船员以西先生》《一家之主里迪》等作品。他讲述了一个美国人吹嘘自己不光把投资“trebled”（增加三倍），还“fourbled and fivebled”*。马里亚特还报告了一个经常被人转述（同时也很难验证）的故事，说一家人给钢琴腿穿上了小裙子，以免敏感的客人产生不适宜的性渴望。

美式英语的去阶级化——把每一位女性都叫作lady（女士），把每一位男性都叫作gentleman（绅士）的习惯——尤其吸引关注。英国作家查尔斯·詹森记下了自己在称谓上犯下的错：把一位年轻的贴身女仆（maid）**叫成了“仆人”（servant）***。“我要让你知道，伙计，我不是‘扒’人。”****她怒不可遏，她庄严地告诉他，她是雇主的帮手。[15]这种过分讲究语义区别的做法，嘲笑起来很容易，但它却极大地帮助美国成为一个不那么讲究阶级的社会。此外，它们还凸显了美国人性格中很重要的特质——开放。正如亨利·斯蒂尔·康马杰所

* 可译为“增加了四倍、五倍”，只不过英语中并没有“fourble”和“fiveble”这样的说法，马里亚特是在暗讽美国人生造词汇。——译者注

** maid，主要是为大户人家的夫人和小姐提供服务。——译者注

*** servant，主要做全家人都需要的粗笨活儿。——译者注

**** 此处原书写的是“sarvant”，应该是指美国在“女仆”的发音上与英国英语略不同。——译者注

说：美国人善良，慷慨，好客，喜欢交际，还扭转了整个语言的历史，使“stranger”（陌生人）这个词变得受欢迎了。[16]

不久之后，美国人几乎一张嘴就会被精英们嘲笑。缩短或简化单词的低俗美式习惯——说pants，而不是trousers（都是“裤子”的意思），喜欢thanks多过thank you（都是“谢谢”的意思），喜欢用gents多过gentlemen（都是“绅士”之意），收获了连篇辱骂。“就算我赤身裸体、饥肠辘辘，我也拒绝到‘男士用品店’（Gent’s Furnishing Store）去找穿的。”一位特别苛刻的社会评论员嗤之以鼻道。[17]pants，是pantaloons的缩短拼写，1840年第一次作为美式英语词汇记录下来，同年就被批评是个矫揉造作得过分的词。顺便提一下（虽说也算有些利益牵扯），panties在1845年进入美式英语中，很长一段时间里都指男式短裤。直到1908年，它才逐渐被视为女性的衣物。

英国人似乎没有意识到，他们的嘲弄还有一种附带的力量：让他们自己显得傲慢而迟钝。狄更斯在《美国手记》里说，一位侍应生问自己是否希望上菜“right away”（立刻、马上），他完全摸不着头脑。而迪拉德指出，就算狄更斯从未听过这种表达，不能理解它的意思也算是个脑袋很不灵光的旅客了。[18]

总有人认为美国人应该像英国人一样说话。1827年，弗朗西斯·特罗洛普，即小说家安东尼·特罗洛普的母亲，以47岁的高龄来到美国，在辛辛那提创办了一家百货公司。创业失败了，她失去了一切，生活用品甚至也没保住。但这场经历带给了她丰富的素材，1832年，她写了一本大获成功的书《美国人的家庭礼仪》。在她对美式行为的批评中，她说，在美国，她几乎从来没听到有人说过一句“正确发音”的话，这叫她无数次地感到震惊。但她似乎从来没想过，美国人有着充分，有时甚至可算合理的原因，以自己的方式去发音。

如果评论员们不是太频繁地做出草率的概括和粗心的报道，这一切说不定能稍微容易容忍些。爱默生带着一丝恼怒地指出，大多数美国人从不曾像狄更斯暗示的那样说话：“他热切地观察并记录下自己所碰到的每一个奇怪的地方性短语，当他有故事要讲的时候，就把它们结合到一起，结果就讽刺了一大片。”[19]英国观察者们一边靠着美国人的小瑕疵赚钱，一边也在无意中养成了美国人的习惯。极为讽刺的是，狄更斯本人使用了许多美式英语，尤其是talented（有才华的）、lengthy（冗长的）、reliable（可靠的）和influential（有影响力的），这些单词都是他在旅行中吸收的，并无意识地用在了《美国手记》里，最终让它们在自己的祖国获得了一定的尊重。[20]

从美国人这一方面来看，他们表现出像密西西比河一样汹涌的受虐倾向。《美国手记》出版后一纸风行，引发抢购狂潮。在费城，不到35分钟它就卖了个精光。特罗洛普夫人的《美国人的家庭礼仪》更为成功，一年内连出4版，极大地吸引了美国人的注意力。一位英国游客惊讶地发现，特罗洛普夫人对美国社会习惯的观察，几乎完全取代了当时正在肆虐的霍乱流行病，成为报纸和小酒馆里闲聊的主要话题。

批评的声音不光来自外部，也来自内部。1781年，普林斯顿大学的荣誉校长约翰·威瑟斯庞——按出生算是苏格兰人，但也是《独立宣言》的签名者之一——热烈地支持美国方方面面从英国独立，但语言例外。他为《宾夕法尼亚日报》和《广告人周刊》写了一系列文章，批评在自己所居住国家占主流的宽松语言习惯，就连受过教育的人说话也不能免俗：使用notify（通知）来代替inform（告知），用mad（疯狂）表示angry（生气），用clever（机灵）表示good（良好），等等。“这样的粗言鄙语，是英国处于同等阶层、受过同等教育的人绝不会使用的。”[21]在撰写这些文章的过程中，他成了第一个从语言学意义上使用“美式英语”（Americanism）的人——当然，他绝不是最后一个带着贬义用它的人。

必须说的是，很多美国人都对本国语言风格欠缺底气，而且还不止一点点。苏格兰哲学家大卫·休谟批评富兰克林在来信中使用了“colonize”（拓殖，按英国英语的拼写方式，应为“colonise”）和其他类似的新世界词汇，富兰克林懊悔地道了歉，还承诺立即放弃这种做法。约翰·拉塞尔·巴特利特编撰了《美式英语词典》，但其目的不是庆祝美式语言的创新特质，反而是贬斥美式英语的“颠三倒四”。詹姆斯·菲尼莫尔·库珀在《美国民主党人》一书中提出：“美式语言的通病在于，一味追求有效，一味渴望简单，同时过分滥用术语。”[22]与此同时，22岁的亨利·詹姆斯抱怨美国语言的特征是“元音嘈杂而不连贯，说起话来口齿不清”。

不少人真诚地相信，美国将形成一套真正独立的方言体系，切断其与本身语言及文化数据库的联系。对一个年轻的小国来说，如果它还希望自己的声音传到更广阔的商业、法律和科学世界，语言孤立不会是值得向往的明智目标。文学杂志《尼科博克杂志》察觉到了美国语言创新中“最危险”的趋势，敦促读者坚守英国行文规则。

一些人指出，美洲大陆需要更广阔的词汇库，《北美评论》上一位匿名的散文家就哀叹道：“要是用形容伦敦桥瀑布的语言去描绘尼亚加拉大瀑布，用为泰晤士河所造的词汇去修饰密西西比河的宏伟威严，那该是何等平淡啊！”[23]杰弗逊说得更直白：“我们所置身的新环境，需要新词汇、新短语，让旧词指代新事物。”

还有人认为英国的语言霸权专横傲慢。“我们的荣誉要求我们拥有自己的语言体系和政府制度。”1789年，诺亚·韦伯斯特提出了自己的主张。鲁珀特·休斯发出了与此精神相呼应的质疑：“说我们的语言只是从英格兰借来的，就像是一口铜壶，必须常常冲洗，归还时还不得有碰撞痕迹——如此可笑的概念，我们为什么要继续保留着？”[24]

还有一些人试图做出（固然准确却无力的）辩解，许多令人反感的词汇根本不是美式英语。他们指出，乔叟就用过gab（唠叨）一词；塞缪尔·约翰逊在词典里收录过influential（有影响力的）；从撒克逊人时代起，afeared（受惊）就存在于英语里。按照解释，son of a gun（王八蛋）、bite the dust（一败涂地）、beat it（走开）、I guess（我猜），以及好多讨厌的

“美式英语”，早在各个美洲殖民地出现以前，就在英格兰扎根了。诗人詹姆斯·拉塞尔·洛威尔讽刺地说，美国人“遗憾地未能拿出比莎士比亚英语更好的东西来”。[25]一位专注的三流文人艾尔弗雷德·埃温编撰了一份《疑似美式英语词汇表》，热情但错误地断言：“事实很简单，我们说出来遭到嘲笑的这些单词或短语，几乎无一例外全都来自古老的英语；有不少起源于盎格鲁–撒克逊语，而且直至今天，几乎都能在英格兰听到。”

这本小册子，让许多人深为感伤。洛威尔酸溜溜地评价说：“这下我们终于能睡个安稳觉了，我们的英国表兄也能原谅我们了，因为我们终于洗清了自己在此事上的嫌疑。”[26]

洛威尔希望保护美国方言，有一个特别的理由。他的名声几乎完全来自一个虚构的新英格兰乡巴佬荷西亚·比格罗，其滑稽离奇的语言风格，构成了大受欢迎的《比格罗诗稿》的基础。遗憾的是，洛威尔捍卫美国语言的效力，因为他日渐厌恶自己的创作而有所减弱。由于读者们不断忽视他写得更认真的诗歌作品（这也没什么不对，因为这些诗作十分平庸），他竟然在《比格罗诗稿》的一篇序言里暗中羞辱读者：“Margaritas, munde porcine, calcâsti: en, siliquas accipe.”意思是：“噢，卑鄙的世界呀，你们已经践踏了珍珠；那就接受盒子吧。”[27]

尽管如此，他还是留下了大量宝贵的素材，记录了19世纪上半叶新英格兰口语的习惯。一如下文的节选所示，它与今天的美式英语非常不一样。

Ez fer war, I call it murder, –
There you hev it plain an' flat:
I don't want to go no furder
Than my Testyment fer that;

God hez sed so plump an' fairly
It's ez long ez it is broad,
An' you've gut to git up airly
Ef you want to take in God.*

但必须记住的是，这是一个没受过教育的新英格兰人的口语。更有教养的人，比如约翰·昆西·亚当斯，说话显然不一样。当时存在一种悖论，随着美国在政治上变得更加统一，它的语言有可能变得越发支离破碎。时人敏锐地感受到了上文这类阶层差异和地区差异，并做出了相应评论。居住在边境的相对较少的人，不仅隔绝于时尚的变化，也隔绝于语言的变化。举个例子，当英国人和美国东部人开始使用复合元音，将bile和jine变成boil（煮沸）和join（加入），或是在一些单词里加入发音的“r”，而在另一些单词里略去发音的“r”时，边境民众却不大可能跟上类似的新趋势。他们继续

* 此处节选的英语与今天通行的标准英语非常不同，故保留原文不译。比如ez fer就是as for，hev当为have，furder当为further，下文的ez是as，ef又相当于if。——译者注

在很长时间里（在有些例子中，甚至延续至今）把bear（熊）发音成“bar”，把concern（关注）发音成“consarn”，把vermin（害虫）发音成“varmint”，把virtue（美德）发音成“virtoo”，把fortune（幸运）发音成“fortin”，把engine（引擎）发音成“enjine”，把kettle（水壶）发音为“cattel”或者“kittle”，把curse（咒骂）发音成“cuss”，把thresh（打谷）发音成“thrash”，把touchy（过敏的）发音成“tetchy”，把wrestle（搏斗）发音成“wrastle”，把chew（咀嚼）发音成“chaw”，把girl（女孩）发音成“gal”，把roiled（动荡的）发音成“riled”，把creature（生物）发音成“critter”，等等。越是住在西部偏远地区的人，发音的变数越大，到19世纪中期，英国旅行家理查德·弗朗西斯·伯顿到达盐湖城时，几乎没法辨别出当地语言是英语。[28]

随着安德鲁·杰克逊、大卫·克洛科特和亚伯拉罕·林肯等新一代边疆人把他们的地方性语言习惯带到华盛顿，他们独特的措辞和原生的发音越发惹恼了东部敏感的同事们，凸显了这个越来越庞大的国家的语言多样性。大卫·克洛科特的一场演讲（但稿子实际上是一名枪手为他代笔），传达了边疆生活的些许风情与发音：“我们受命要像一连串的闪电击中一截松树原木那样展现勇气，把敌人消灭、打压和驯化……把他那讨厌的残骸塞进电闪雷鸣的地方……用一场地震劈开他的脸，用印第安人的号叫让他感到恐惧……”虽然这些话并非出自克洛科特之手，但没有理由认为单词的拼写和他的发音不一致。[29]

类似的乡村风（这股风的强度大概仅次于“狂风”吧）也适用于形容林肯。无论他的行文风格多么成熟，林肯的口头英语总有一股边远地区的味道。他的问候语永远是“Howdy”（你好），他的谈话中充斥着“out yonder”（相当于over there，在那边）和“stay a spell”（等会儿）一类的乡村白话，必然让至少一部分华盛顿的老练政客感到局促不安。[30]虽然不见得每个词都是如此，但他在一些单词的发音上，很可能用的是落伍的边疆风格。而且，我们知道，1860年，他喜欢一个粗俗的故事，并高兴地给同事看了一封信（来自某位满腹牢骚的公民）。信中写道：“愿祝你该死的灵魂下该死的地狱，你该死的家人的该死的灵魂下该死的地狱，你该死的朋友们下该死的地狱。”[31]不必多说，这封信必然来自边境。

西部语言直截了当、色彩多样、自成一格，而东部语言更加保守、书卷气更浓，两者之间的摩擦是19世纪美国讲演里的一个不变主题。1863年11月19日在宾夕法尼亚州小镇葛底斯堡举行的内战士兵公墓揭幕式上，最明显地体现了这种冲突。

当天的主讲人并不是林肯，而是演说家爱德华·埃弗里特——他自然是东部人。埃弗里特不知疲倦地说了两个小时。一如当时的风俗，他的演讲充满了文学典故，西塞罗（古希腊演说家）式的浮夸，对该场合毫无意义的晦涩历史的引用。句法高级，装点着密集的从句、费解的结构、离题的插入语，几乎每个句子的主谓语之间，都铺垫着一英亩的花言巧语作为修饰。以下这一段话，就能叫人看出它的修饰语是多么地密集。

培根阁下，从“对荣誉的至高集结”出发，将“先贤国父（原文是拉丁语Condirotores Imperiorum），州和联邦的创始人们”放在第一位；的确，从我们本性的不和谐元素，个人的激情、利益和观点，家族、宗族和部落的冲突，气候和地理位置的影响，历年来积累的战争与和平的事件当中，从那些时常交战的元素里，构建起一个充分团结、繁荣和强大的国家，如果希望毕其功于一役，或是在一代人的时间里就实现，那就得具备远超凡俗的技能。

这只是1500多个同样蜿蜒曲折的句子里的一句。下午2点，漫长而又寒冷的两个小时过后，埃弗里特结束了演讲，迎来了雷鸣般的掌声——观众鼓掌的动机，与其说是从讲演的内容里获得了什么信息，倒不如说是意识到它终于结束了而满心欢喜吧——他将讲台让给林肯总统。观众大约有1.5万人，已经站了4个小时，疲惫不堪，又冷又饿。林肯尴尬地起身，“像个拉长了的望远镜”（一位同时代人如此形容）*，整了整眼镜，把草稿直接聚在自己面前，用高亢尖厉的声音发表了致辞。在吟诵那些著名的词句时，在现场的一位目击者说，“他几乎没有把目光从手稿上挪开”。

---

* 当时的望远镜是单筒可拉伸的，此处是形容林肯身量瘦长。——译者注

87年前，我们的先辈在这片大陆上创建了一个新的国家，它孕育于自由之中，奉行所有人生而平等的原则。

现在，我们正经历一场伟大的内战，以考验这个国家，或者任何一个孕育于自由和奉行上述原则的国家是否能够长久存在下去。我们在这场战争中的一个伟大战场上集会。烈士们为使这个国家能够生存下去而献出了自己的生命，我们来到这里，是要把这个战场的一部分奉献给他们作为最后安息之所。我们这样做是完全应该而且是非常恰当的。

但是，从更广泛的意义上来说，我们不能奉献——不能圣化——不能神化这片土地。那些曾在这里战斗过的勇士们，活着的和去世的，已经把这块土地圣化了，这远不是我们微薄的力量所能增减的。我们今天在这里所说的话，全世界不大会注意，也不会长久地记住，但勇士们在这里所做过的事，全世界却永远不会忘记。毋宁说，倒是我们这些还活着的人，应该在这里把自己奉献于勇士们已经如此崇高地向前推进尚未完成的事业。

倒是我们应该在这里把自己奉献于仍然留在我们面前的伟大任务——我们要从这些光荣的死者身上汲取更多的献身精神，来完成他们已经完全彻底为之献身的事业；我们要在这里下定最大的决心，不让这些死者白白牺牲；我们要使国家在上帝福佑下得到自由的新生，要使这个民有、民治、民享的政府永世长存。

虽然林肯一开始只打算做些总结性的发言，但这段演说也简短得惊人了。林肯的葛底斯堡演讲仅包含268个单词（其中2/3只有一个音节），10个简短、直接、令人难忘的干净句子。他只用了两分多钟就说完了——按几个同时代人的记叙，总统坐下时，官方摄影师还在对相机做初步调整。

这一致辞不仅没有让听众在罗马帝国的辉煌或希腊的荣耀中漫步，也完全不曾包含任何专有名词。历史学家加里·威尔斯指出，它没有提到葛底斯堡，也没有提到奴隶制，甚至没有提到联邦。[32]林肯认为这是一场失败的发言。“我失败了，我失败了，关于它我只能这么说。”他可怜巴巴地对埃弗里特说。不少人同意他的看法。《芝加哥时报》写道：“每一名美国人的脸，一定都羞愧得火辣辣的，因为他读到那个人愚蠢、呆板、乏味的话时，得向精明的外国人承认这人就是美国总统。”甚至那些同情林肯的报纸，也几乎没怎么关注他的讲话。过了很久以后，它才被认为可能是美国最伟大的演讲。

葛底斯堡演讲还标志着一个小而生动的词汇转变。南北战争之前，人们一般爱说“Union”（联邦），它暗暗地强调美国合众为一的自愿性质。在第一次就职演说中，林肯使用了20次联邦，一次也没有提到“nation”（国家）。到葛底斯堡演讲时，情况发生了逆转。该次演讲提到了5次“国家”，一次也没有提到“联邦”。

今天的我们认为林肯行文理当直截了当和简单易懂，但我们应该记住，当时是个词汇夸大得荒唐的时代，不仅政治家、演说家和文学审美人士如此，报纸也不例外。历史学家肯内特·克米尔曾指出，在19世纪，没有哪个有自尊自爱的记者会写“a house had burned down”（一栋房子被烧毁了），相反，他会说，“a great conflagration consumed the edifice”（熊熊烈焰吞噬了豪宅）。他也不会满足于平淡地表达一种情绪，说“a crowd came to see”（一群人来看……），而是会写“a vast concourse was assembled to witness”（巨大的人流汇聚起来见证……）。[33]

在一个演说家能用8个单词绝不只用2个单词、从没想过要在同一个星期将相同的单词重复两次的时代，林肯却追求简单和重复的力量。国务卿威廉·苏厄德为林肯起草了首次就职演说的演讲稿，它是那个时代的杰作。林肯删改了它，让它得以不朽。苏厄德写道：“我们不是，我们必定不是，外国人或敌人，而是同胞——是国民，是弟兄。”林肯把它改为：“我们不是敌人，而是朋友。我们不该互相敌对。”[34]这种简洁和重复不仅新颖，而且大胆。

他的演讲经常以一种独特的节奏为标志——加里·威尔斯称之为“初始的旋涡，带来了精确优雅的简短”。比如，“世人不会注意，也不会记住我们在这里说什么”，以及“我们要么高尚地挽救，要么卑鄙地丧失这地球上最后的、最美好的希望”[35]。

他的文字总是那么直接，跟东部人的傲慢迂回形成鲜明对比，标志着他是边疆人的后代。“让我们对谁都不怀恶意，宽厚善待所有人，坚持上帝使我们看到的正义，努力完成我们正在进行的工作……为获得和维护我们自己之间以及我们与所有国家之间的公正持久的和平而竭尽全力。”这些话来自林肯的第二次总统就职演说，表面上看，它跟大卫·克洛科特“一连串的闪电击中一截松树原木”之间并无太多共同之处，但实际上，它恰恰跟后者有着同样的直接和简洁，只不过措辞带着更加深思熟虑的优雅。

美国英语终于找到了一个与其国旗、国歌、山姆大叔国家形象相符合的声音。与此同时，它发现了一些更叫人满意的东西，更牢靠地保证了它在世界上的发展前景。它发现了财富——其他国家做梦也想不到的庞大财富。这个新的故事，我们必须着手另起一章了。

第6章

我们掉进钱坑啦：发明创造的时代

1881年7月2日早晨，总统詹姆斯·加菲尔德在国务卿詹姆斯·G. 布莱恩的陪同下，穿过华盛顿特区中央火车站，准备到新泽西海岸与家人共度7月4日的国庆假期。加菲尔德的妻子最近才从几乎致命的疟疾中恢复过来，他自然也急切地盼着跟她团聚。当时，总统没有特勤局保护，碰到像这天的情况，就是个不折不扣的“公开”人物，任何人都可以接近他。有一个人就这么做了——这人名叫查尔斯·古托，是个不声不响的疯狂律师。他走到总统跟前，用一把44口径的左轮手枪，冷静地朝总统连开两枪，接着走到一边，等待被捕。古托长久以来纠缠总统，想成为巴黎的首席领事——哪怕他全无资格。

全国上下屏息凝气地等待总统恢复的消息。各地的报纸频繁，而且惊人坦率地在主要办事处外的公告牌上张贴告示。“当晚早些时候，总统有些不安宁，呕吐了好几次，营养灌肠剂成功地撑住了他。”《纽约先驱报》办事处的大门外，就贴着这样一条典型的告示。[1]

随着总统时而昏迷时而清醒，全国最优秀的人才都被带到他的病床跟前，指望有人能拿出些比营养灌肠剂更有益的东西来。发明家亚历山大·格拉汉姆·贝尔正值声名的巅峰，他设计了一款临时金属探测器，并称之为“诱导平衡机”，采用了他最近发明的电话作为助听器。使用探测器的目的是找到总统身体里的子弹，但叫贝尔错愕的是，它显示总统的身体里几乎到处都是子弹。直到很久以后，人们才意识到，该设备探测出的是床里的弹簧。

1881年的夏天，是好些年来美国首都最闷热的一个夏天。为了给受难的总统带去一些宽慰，一群专门从事矿井通风的海军工程师被召集到白宫，受命制造一台冷却装置。他们拼凑出了一口大铁箱子，装满冰、盐水，还有用融冰泡透了的一连串用毛巾制作的过滤器。一台风扇从外面吸入热空气，通过潮湿的毛巾时被冷却，又得到木炭过滤器的净化，再推送进总统的卧室。这台装置效率不高，58天就消耗了25万吨冰，但在一定程度上有些作用。它将总统的房间冷却到了多多少少能容忍的27摄氏度，并作为全世界第一台空调载入了史册。[2]

唉，可惜啊，什么都没能让奄奄一息的总统恢复，9月19日晚，中枪之后的两个半月，他悄然离世。

总统加菲尔德遇刺案有两个方面的重要意义。首先，它彻彻底底地证明了猎官制（spoils system，也译作“分赃制”）

有多么愚蠢。这个术语的灵感来自60年前的纽约政客威廉·马西的一句名言："战利品属于胜利者。"（To the victor belong the spoils.）[3]按照猎官制，新当选的总统可任命数百名官员，从农村邮政局长，到灯塔管理员，再到驻外大使。这是奖励政治忠诚的一种方便做法，但对新任总统而言，整个过程耗时而烦琐。而查尔斯·古托的以身试法最终证明：它让失望的有志者心怀不满。两年后，国会废除了这种做法。但总统枪击事件（或者，更准确地说，是对枪击事件的反应）还有另一方面的意义。它强调了美国人独特的信念：几乎任何问题，不管是寻找埋在软组织中的子弹，还是为奄奄一息的最高长官的卧室降温，都可以通过明智地运用专业技能来解决。

know-how（专业技能）一词可追溯到1857年，是个典型的美国术语，多少也算是19世纪的基调。由于它和其他一些不可忽视的因素，如丰富的自然资源、稳定的廉价移民劳动力，到1881年，美国完成了从不问世事的农业社会到经济巨人的转型。加菲尔德死前及死后的30年，美国经历了一段历史上前所未有的增长期。在几乎所有经济领域，美国都像巨人般崛起，生产出大量的原材料和制成品，以至于其他国家的产量都相形见绌——有时所有其他国家产量的总和都比不上它。1850年至1900年间，美国煤炭产量从1400万吨增加到1亿多吨，钢铁产量从不到100万吨增加到2500多万吨，纸张产量增加了9倍，生铁产量增加了7倍，棉籽油产量增加了14倍，铜线产量增加了近20倍。1850年，美国2300万人口的财富总量为71亿美元。50年后，人口翻了2倍，达到7600万，财富量却增加了12倍，达到943亿美元。[4]1894年，美国取代英国成为世界头号制造工厂。到1914年，它成为世界第一的煤炭、天然气、石油、铜、铁矿石和白银的生产国，其工厂生产的产品比英国、德国和法国加起来还要多。加菲尔德去世后的30年里，世界上1/4的财富都掌握在美国人手中。

用亨利·斯蒂尔·康马杰的话来说，在普通美国人看来，进步"不是哲学观，而是一种共同的体验……"[5]。在其他任何国家，普通人都无法享受如此令人陶醉的财富累积的可能性。对金钱的痴迷（更具体而言，是对赚钱的痴迷），早就体现在该国的言论当中。早在18世纪，本杰明·富兰克林就提醒读者，"时间就是金钱"（time is money），外国游客对美国人独特的表达方式"轻松捞上一千"（to net a cool thousand）惊讶不已，[6]此外，美国人还用"值多少钱"（worth so-and-so many dollars）来评价一个人。早在1832年亨利·克莱想出"self-made man"这个说法之前，美国就是"白手起家的汉子"的国度。[7]大约在同一时间，人们开始将美国经济的塑造者称为"生意人"（businessmen）。这个词至少从1670年就存在于英语中，但此前它只表示该人参与公共事务。[8]1830年，它变成了美式英语，表示"专注于创造财富这一严肃事务之人"。随着19世纪的推进，人有可能过得well-fixed（1822年，手头宽裕），well-to-do（1825年，生活小康），in the dimes（1843年，不名一文），in clover（1847年，生活优渥），heeled（1867，富裕；well-heeled要到20世纪才出现，意思也是过得富裕，生活考究）；人也有可能成为a high roller（1881年，豪客），a money-bag（1896年，演变成了20世纪早期的plural money-bags，都是有钱人的意思）。早在19世纪50年代，美国人就希望“发横财”（strike it rich），到了19世纪80年代，他们梦想过上莱利那样的生活（意思是吃穿不愁的生活，来自该时期的一首流行歌*Is That Mr Reilly?*，《那是莱利先生吗？》。歌曲中的主人公想象自己发了财会做些什么）。[9]

不是所有人都喜欢这个蓬勃向上的新美国。1844年，纽约市长菲利普·霍恩和一位著名的社会评论家写下了“哦，过去的美好时光”（Oh, for the good old days），第一次使用了这一短语。[10]但大多数人，就跟现在一样，只想把“万能的金钱”（the almighty dollar）给弄到手——“the almighty dollar”，是1836年华盛顿·欧文在《尼科博克杂志》的一篇文章里创造的表达。[11]

不少人真的发了财。早在19世纪20年代中期，美国人就满心钦佩地提到millionaires（百万富翁），这个词是英国人从法语里借来的，到1850年，美国人在此基础上又设计了一个更有闯劲的词：multi-millionaires（可译为“千万富翁”）。[12]一个运气不错、占据了有利位置（get in on the ground floor，也有“从基层干起”的意思）的人，能拿得出有趣的发明，或是做了一笔恰逢其时的投资，就相当有希望变成百万富翁。1840年，这个国家的百万富翁不超过20个；到了1915年，变成了4万个。[13]

全新的大亨（tycoons，来自日语的taikun，对应的汉字是“大君”，指的是军事指挥官，19世纪70年代首次用于商业领导者）阶层手里集中着如今几乎无法想象的金钱和权力。1891年，约翰·D. 洛克菲勒和标准石油公司控制了全球70%的石油市场。1912年，J.P. 摩根的摩根财团及其联营公司的价值，“超过密西西比河以西22个州及地区所有财产的评估价值”[14]。巨大的财富，造就了一种古怪的奢侈。据报道，大北方铁路公司的詹姆斯·希尔解雇了一名员工，因为此人的名字叫“Spittles”（有“吐口水”之意）。J.P. 摩根在伦敦住所的仆人们每晚都为主人准备晚餐、铺床、整理睡衣，哪怕人人都知道他在3000英里以外的纽约。工业家约翰·M. 朗耶尔因为自己在密歇根州的住所旁边开通了铁路而心烦意乱，就把整座庄园——包括一座有60多个房间的大宅子，还有篱笆、树木、灌木、喷泉、画作什么的——全部搬到了马萨诸塞州布鲁克林。[15]报业大亨詹姆斯·戈登·贝内特喜欢一到餐馆，就把自己经过的每一张桌子上的桌布给抽掉，以此宣告自己的到来。事后，他会递给餐馆经理一沓钞票，赔偿被捉弄的就餐者的衣服和没吃上的饭。尽管长久以来，贝内特的故乡早就遗忘了他，但他的壮举——事前疯狂地饮酒作乐，事后大手大脚地赔偿——一度享誉世界。而且，他的名字至今活在英格兰：每当有人被笨手笨脚的服务员弄湿了衣服，或是碰到某种让人懊恼的轻慢，他就会大喊一声“Gordon Bennett”（见了鬼的戈登·贝内特）。

富人们的穷奢极欲，对比那些靠劳力赚钱谋生的人所处的悲惨状况，变得更加令人难以忍受。19世纪60年代，工厂

（factories，当时普遍叫作manufactories，制造厂）里的工人大多每星期工作6天，每天干活16个小时，日工资不到20美分。工人领到的工资大多是厂方开的白条，只能在工厂开的商店里花。工作场所常常光线不足，供暖不足，充斥着各种各样的危险机器和有害物品。在马萨诸塞州的工业小镇劳伦斯，一位医生指出，20世纪到来之后，36%的工厂工人活不到25岁生日。[16]

随着美国的繁荣发展，一些不太吸引人的词汇进入了美式英语，比如slum（贫民窟，起源不确定，但有可能是英语里slime的方言变体）和sweatshop（血汗工厂，常常缩写为sweater，也译作“成衣厂”，1867年首次记录），还有tenderloin（本意是里脊肉、腰肉，这里译作“油水区”），形容城市里的堕落地区。tenderloin一词的起源可追溯到纽约的一个警察，他说自己被分配到了第42街附近的地区，贪污让他不再吃碎牛肉，而吃得起“里脊肉”了。[17]还有些时候，老词会获得更险恶的新意思。tenement原本形容的是所有可租赁的住宅，由于在美国只有穷人才拼房住，到了19世纪40年代，它被赋予了一种新的意思：臭烘烘的拥挤建筑，住着最底层的穷人。

然而，在繁荣的阳光下，这是个炫目的时代。只需稍微列举一下这一时期美国的部分发明，就可让人感受到当时主宰美国的蓬勃动力：自动扶梯、厢式电梯、电话、电唱机、气闸、收银机、电灯、吸水钢笔、排字机、箱式照相机、充气轮胎、加法机、旋转门、安全别针和打字机。它们都是在美国发明的，大部分来自19世纪最后疯狂的25年，全都是为了减轻人们日常生活中的某种不便而设计的。别的国家把财富与工业进程联系在一起，比如贝塞麦转炉炼钢法、蒸汽冲压机、雅卡尔织布机；美国人却在大规模地生产让生活变得更轻松的家用设备。他们把拉尔夫·沃尔多·爱默生的名言铭刻于心："只要你能造出更好的捕鼠器，顾客千里跋涉也会找到你。"就算爱默生没说过这样的话，他们也会这么做。实际上，爱默生并没说过什么捕鼠器，他的原话比这啰唆很多："如果一个人有优质玉米、木材、木板、猪可供出售，或是能制造出比其他所有人都更好的椅子或刀具，坩埚或教堂管风琴，你会发现他的门前自然有一条康庄大道，哪怕他住在深山老林。"[18]（顺便提一下，他也没说过，"一致性是头脑狭隘人士的心魔"。他说的是，"愚蠢的一致性是头脑狭隘人士的心魔"。这完全是两回事。）[19]但不管怎么说，美国人把这种观点铭记于心。

美国人有着敲敲打打、修修补补的悠久传统。杰弗逊发明了一种犁，获得了法国农学会的荣誉奖（虽然实际上它并不怎么好使）。他还在自己经典的弗吉尼亚豪宅蒙蒂塞洛里装满了各种他发明的小玩意儿，旨在阻止日常生活中一些恼火的事发生。众所周知，富兰克林是个狂热的发明家。他为世界带来了双筒望远镜、避雷针、用于从高处取物的伸缩夹子、安乐椅（有可能是他发明的）、富兰克林取暖壁炉（尽管在它问世的最初40年，人们通常叫它宾夕法尼亚火塘）——这些，全都是实用的发明。"没有具体用途的哲学有什么意义呢？"他问道。和杰弗逊一样，他从未从自己的发明中获利。

在杰弗逊的坚持下，1790年美国专利局成立。起初，专利委员会由司法部长、国务卿和国防部长组成，他们将审查发明看作一项额外的小事，作为更紧迫的工作之外的一些消遣。他们似乎并没有忙得不可开交。专利局成立第一年，只颁发了3项专利。（跑个题，第一项美国专利由一个叫塞缪尔·霍普金斯的人获得，他发明了一种制造钾肥的新方法。）然而，到了1802年，专利申请如潮水般涌来，政府不得不成立专门的专利委员会。突然之间，全国充满了敲敲打打的发明家。在其他国家，发明来自实验室；在美国，它们来自厨房和工具棚。每个人似乎都投身其间，就连亚伯拉罕·林肯也抽出时间申请了一项专利（第6469号：一种让船只在浅滩上浮起的装置）。[20]

那个时代的典型人物是查尔斯·古德伊尔，是他，为全世界带来了硫化橡胶。古德伊尔身上，有着经典美国发明家的大部分品质：对自己的产品完全信任，为一个设想盲目地投入多年。只不过，他有一个神奇的不同点——他对自己在做什么毫无概念。一位传记作家形容他是个“温柔的疯子”。1834年，古德伊尔对橡胶着了迷。这是一种极有发展前途的材料——韧性强、防水、坚固耐用——但它也有不少难对付的缺点。首先，它的熔点低。橡胶制成的靴子在冬天穿着是很好，可一旦暖和的天气初露苗头，它们就会分解，迅速发臭。

古德伊尔认定，解决这些问题就是自己毕生的事业。用“成了痴”来形容他的投入程度，都只算得上勉勉强强。此后的9年里，他变卖或典当了自己所拥有的一切，找朋友和家人挨个借钱，偶尔乞讨，把爱与无尽的苦难带给了他饱受折磨的妻子和数不清的孩子。他凭借最基础的化学知识，把家里的厨房变成了实验室，经常在房子里制造出有毒气体，至少有一次差点让自己窒息而死。可是，他所尝试过的一切都不见成效。为了展示橡胶的多种用途，他穿上了一件完全由橡胶制成的西装，却只突出了它难忍的臭气，以及衣服主人对现实即将失去控制的事实。离奇的是，所有人都支持他。他的妻子对他言听计从，亲戚们也高高兴兴地把钱借给他。一个小叔子借给了他4.6万美元，就算所有的钱变成了一桶又一桶的污水，他也没哭过半声。凭借坚定不移的决心，古德伊尔捣腾出了一种又一种产品：橡胶邮袋、救生衣、靴子、雨衣，可惜事实证明，它们都一败涂地。哪怕有着朋友和亲戚的大力支持，古德伊尔也数次因为欠债而入狱。1840年，他的两岁大的儿子死了，全家人连棺材都买不起。

终于，1843年，纯属偶然，他在发明上取得了突破。他在炉子上弄撒了一些印度橡胶和硫黄，结果发现了奥妙：这么做能生产出一种防水、柔韧、耐极热极寒的橡胶，而且是一种理想的绝缘体，掉落或受重击时不会破裂，更重要的是，还几乎无臭无味。古德伊尔立刻跑去申请专利，成立了诺格塔克印度橡胶公司。经历了多年的牺牲，名声和财富终于要降临在他和家人身上了。

可惜并没有。古德伊尔的生产流程很容易被复制，其他制造商简单干脆地直接窃取了它。就算是整个处理流程（“硫化”，vulcanization）的名字，也是一家英国山寨商创造的。古德伊尔在保护专利方面碰到了无数的麻烦。法国人给他颁发了专利，但随后又出于技术原因撤回了，而等他前往法国表示抗议时，又再次因为欠债被扔进了监狱。他靠着自传（这本书的书名相当乏味，就叫《橡胶》）赚到的钱，比靠这项发明赚的还多些。1860年，古德伊尔去世，家人仍然背负着债务。[21]骄傲地使用了他的名字的企业——古德伊尔（更常见的译法是“固特异”）轮胎及橡胶公司，跟他或他的后代没有任何关系。俄亥俄州阿克伦的两兄弟，弗兰克·塞伯林和查尔斯·塞伯林为他们创办的企业起了这个名字，[22]只是出于单纯的仰慕。

这一时代许多最多产，也是最重要的发明家，如今几乎已经彻底遭到遗忘。其中之一是沃尔特·亨特，他在许多领域都取得过专利：钢笔，一种制造纸领的工艺，一台制造钉子和铆钉的机器，以及后膛装弹的温彻斯特连发步枪原型。他存在时间最长的发明或许要算安全别针，1849年，他把一根铁丝摆弄了好几个小时，才设计出了这个东西。他不是个精明的商人，很快就把这一装置的专利权作价400美元给卖掉了。伊莱·惠特尼所在的年代比亨特稍早，但基本上也是个类似的人物。在年轻的时候，惠特尼就设计出了制造钉子、针和男士手杖的新工艺；年长一些，他又在构建批量制造可互换的生产零件的设想中出力，这种方法日后叫作“均匀性系统”，也叫“惠特尼系统”。但他最为人乐道的功绩还在于发明了轧棉机，而这也是应该的。轧棉机（cotton gin，gin也有“杜松子酒”之意）是那个时代一项伟大的发明。如果你想知道杜松子酒这种醉人的饮料怎么竟然跟梳理棉花的机器扯上了关系，答案是，两者并没有关系。gin不是指杜松子酒，而是engine（引擎）的缩写。

惠特尼是在拜访佐治亚州的一家棉花种植园时创造了这项发明。他是个新英格兰人，对佐治亚地区并不熟悉，所以，他对种植园的运作方式产生了浓厚的兴趣，也立刻注意到了人工给棉花去籽是多么缓慢，需要多么密集的劳力。他匆匆设计了一种精巧的装置，基本上就是两部反向旋转的带齿转鼓，能高效地将棉花与棉籽分离。这种机器巧妙简单，很快改变了南方的种植园经济。事实上，除了车轮之外，历史上还没有其他类似的简单发明能如此巨幅地提高效率，带来丰厚的直接回报。一台轧棉机能完成1000名黑奴的工作。短短10年间，南方的棉花出口量从18.95万磅增加到了4100万磅。突然之间，在南方的大部分地区，奴隶制不光在道德上无从开脱，在经济上也没了必要性。但值得注意的是，惠特尼起初并不是想要发明一种革命性的设备改变历史、为自己带来财富，而只是想设计一种简单的机器，让一位朋友的生活变得更简单，更有效。

等惠特尼想到轧棉机的革命性，以及真的应该靠它挣钱的时候，他匆忙去申请了专利。就像19世纪发明家常见的遭遇一样，他发现自己走的每一步都在上当受骗，还把一生中大部分时间耗费在了昂贵的法律斗争上。除了律师的账单，他几乎一无所得。不过，他的发明给他带来的名声，还是应该能让他满意了——比好多人都走运多了。

让我们来看看年轻的波士顿人伊莱亚斯·豪的命运，1846年，他生产出了第一台可操作的缝纫机。麻烦的是，没有人想要它。他因为失败倍感沮丧，精神崩溃并逃往英格兰，指望那里的人们能接受自己巧妙的发明，但事与愿违。经过两年的街头贩卖，他贫困交加，靠着替商船干活才得以回家。他身无分文地回到波士顿，发现在自己离开期间，一个叫艾萨克·辛格的人偷走了他的专利，成立了一家缝纫机工厂，赚到了大把大把的票子。豪把辛格告上法庭，情况很明显，辛格没有任何站得住脚的理由，但他靠着豪的发明赚到的钱太多了，有能力聘请最嘴尖舌利的律师。经过长时间的斗争，辛格被迫同意每制造一台缝纫机都支付豪一笔得体的专利费。（拿回了自己该挣的钱财之后，豪迅速应征，以普通步兵身份加入北方的军队；那不光是个发明家的时代，也是个怪癖者的时代。）尽管如此，在大众心目中，是辛格而非豪的名字，跟缝纫机牢牢联系在了一起。[23]

同样倒霉的还有J. 默里·斯潘格勒，他在世纪之交的俄亥俄州新柏林发明了真空吸尘器——他称之为电动吸式清扫机。由于无法让这项发明大卖，他向当地皮革制品制造商W.H. 胡佛寻求建议。胡佛对电器一无所知，但他一抱起这台机器，就知道商机来了。不久之后，世界各地都建起了胡佛工厂，胡佛的名字跟一项与他全无关系的伟大发明联系在了一起，英国人还把他的名字变成了动词，而J. 默里·斯潘格勒从此无人记得。

但历史对普林斯顿教授约瑟夫·亨利的态度，或许是最为怠慢的。1831年，亨利发明了电报（telegraph）。telegraph这个词，是一位法国人克劳德·夏普在37年前创造的，用来形容法国大革命期间采用的一种信号系统，到1802年，人们用它来形容各种类型的长途信息。亨利不仅有以脉冲编码的方式通过电线传输信息的设想，还着手设计了能促成这样一套系统运行的所有必要条件，但出于某种原因，他从未想过要完善这一过程，也没想过要去申请专利。

这些剩下的任务，落在了一位人脉广泛，但整体而言没什么个人魅力的天才身上，他就是来自马萨诸塞州查尔斯敦的萨缪尔·芬利·布里斯·莫尔斯。就算莫尔斯（家人和朋友大多叫他芬利）从未完善电报系统，也会是个杰出人物。他是新英格兰一个大户人家的后代（他的祖父曾是普林斯顿大学的校长），是个成就斐然的艺术家、英国皇家学会的会员、纽约大学的美术教授、专注的业余创意科学家。他还怀着明显的反动倾向，有意从事政治（他秉持恶意反对天主教的立场，竞选了两次纽约市长，还相信奴隶制不光是件好事，也是神的启示）。但对顺着电线传递信息的设想，他投入了强烈的热情，甚至放弃了自己的事业，度过了5年绝望的贫困岁月，改进、完善了电报系统，还游说国会为之出资。最终，在1842年，国会（它很少有现在一半的聪明）为莫尔斯的实验提供了3万美元的拨款，又花了另外3万美元在同样令人兴奋的催眠新科学上。

依靠这笔资金，莫尔斯在华盛顿和巴尔的摩之间建设了一条电缆，并于1844年5月11日发出了第一封电传信（telegraphic message，要直到12年之后，它才会改名叫telegram，也即我们说的电报）。所有小学生都知道这第一条信息的内容是“上帝创造了什么？”（What hath God wrought?），其实并不是，第一条信息是“一切运转良好”（Everything worked well）。而“上帝创造了什么？”这句更出名更响亮的话，并不是莫尔斯选中的，而是专利员的女儿所选，出现在后来的一场公开演示中的。莫尔斯唯一真正的发明，就是以他的名字命名的简单电码，*剩下的大部分工作都并非出自他之手。为了造出可行的电报系统，莫尔斯不光大手大脚地剽窃了亨利的原始论文，卡壳时还请这位著名的科学家提供指导。多年来，亨利一直鼓励并协助莫尔斯的工作。可日后，莫尔斯变得越来越有名，越来越有钱，就再也不肯承认自己亏欠了导师半点人情。

贯穿其整个职业生涯，莫尔斯都幸运地得到了比他更慷慨、更有天赋的人的帮助。在巴黎，他说服路易·达盖尔展示后者新发明的照相工艺怎样运作。接着，莫尔斯带着它回到美国，靠着制作和出售照片（在此过程中，他成了第一个给活人照相的人），极大地充实了自己的财产。在同一趟旅行中，他还当真偷了路易·布雷盖发明的一块磁铁（这种磁铁对长途电

* 顺便说一句，说SOS代表save our ship（救救我们的船）或者save our souls（救救我们的灵魂），这是个荒诞的说法。它没有任何实际含义。SOS在1906年的一场国际大会上被选为遇险信号，不是因为它有什么意义，而是因为它的9次按键（三点，三横，三点）便于传送。[24]

报至关重要），并带着它回到美国，有空就加以研究。

此刻，我们几乎无法想象，当时的电报带给了世界怎样的震惊和困惑。在美国人看来，来自遥远地方的新闻，转瞬之间就能传送到数百英里以外的位置，其神奇程度，不亚于今天有人宣布发明了能在大陆之间瞬间传送人类的方法。它神奇得难以用言语形容。莫尔斯对电报做第一次公开展示后的短短4年里，美国就拥有了5000英里的电报线路，公众普遍认为，莫尔斯是该时代最伟大的人物。[25]

另一项比电报更有用、更持久，而且更为巧妙的发明，把莫尔斯踢出了发明家的万神殿。我指的是亚历山大·格拉汉姆·贝尔在1876年发明的电话。（严格来说，这并不是一项美国人的发明，因为贝尔是苏格兰爱丁堡人，6年后才成为美国公民。）贝尔没有使用telephone（电话）一词，这个单词从19世纪30年代就存在了，可用于形容各种能发出噪音的设备，比如一种乐器，或是一种声音特别大的雾角。贝尔在专利申请中把自己的设备形容成一种新型的“电报”，不久之后，又把它称为“电话机”（electrical speaking telephone）。在它问世的早期岁月，其他人通常将其称为“能说话的电报”（speaking telegraph）。

贝尔对长途通话的兴趣，始于对失聪人士（他妻子和母亲都遭遇了这种不幸）的研究。1876年3月10日，他和助手托马斯·A. 沃森取得突破时，贝尔只有28岁，沃森21岁。尽管两人之间有着长久的密切联系，但他们对礼仪的恪守，简直令人动容。比方说，贝尔的第一次电话通信说的不是“汤姆，快来，我需要你”，而是“沃森先生，请过来，我需要你”。

贝尔和沃森兴奋而激动地向西联公司展示了自己的新设备，但公司的高管们没有看到它的潜力——为什么这像是命中注定？“贝尔先生，”他们写信给他，“经过谨慎的考虑，你的发明，虽说极为新颖有趣，但我们得出的结论是，它没有商业上的可能性。”并补充说他们没有看到“这款电动玩具”的未来。[26]贝尔走运的地方是其他人没有这么短视。贝尔的发明问世之后短短4年，美国就拥有了6万部电话。接下来的20年里，这一数字还将增加到600多万部。贝尔的电话公司（后更名为“美国电话电报公司”）将成为美国规模最大的企业，每股股价高达1000美元。贝尔的专利（第17465号）成为历史上价值最高的专利。[27]到19世纪80年代初，一个人说“I’ll call you”（我会叫你）就已经有了打电话的意思，这足以暗示电话本身融入美国生活的速度之快。telephone（电话）和phone这两个词，都早已广为人知。

1881年，贝尔卖掉了自己在电话上的权益，投身其他科学追求。他为飞机发明了副翼，对唱片、铁肺（一种人工呼吸器）、光电管和海水淡化都做出了重大贡献。[28]总统加菲尔德中枪垂危之时，贝尔是尝试拯救他的不二人选。

电话不仅为数百万人带来了即时通信，还以电报从未有过的方式丰富了美式英语。大量新单词进入日常用语，或赋予了新的含义。到19世纪70年代末期，operator（话务员）成为一时风尚。

在拨号电话推出之前，“Hello, central”（“你好，这里是转接中心”）这个短语也曾大范围使用。“Number, please?”（“请告诉我电话号码是？”）可追溯到1895年，telephone booth（电话亭）也来自同年。Yellow Pages（黄页）和information（信息）首次出现于1906年，telephone directory（电话簿）出现于1907年（第一本电话簿收录了50名用户的电话号码，出现在康涅狄格州的纽黑文），telephone book（也是电话簿的意思）来自1915年。[29]同年还出现了从东海岸到西海岸的电话服务。完成所有连接需要将近半个小时，最低收费为20.70美元。

起初，人们不知道怎样回应电话铃响。爱迪生认为打电话的人应该报以一声轻松的“Ahoy!”（喂！），第一位电话话务员，纽黑文的乔治·科伊就习惯使用这个词。（最初只有男性话务员才能受聘上岗。和许多新技术碰到的情形一样，要等新颖性消失了，女性才获允接触它。）其他人会说“Yes!”（是的！）或者“What!”（怎么了？），还有许多人只是拿起话筒，满怀希望地倾听。这事儿太成问题了，逼得杂志长篇累牍地解释使用电话的礼仪。

19世纪末涌现了大量的发明，出于这个原因，1899年查尔斯·杜埃尔辞去了美国专利局局长的职务，宣布“所有能发明的东西都被发明了”。[30]随着专利申请的激增，并变得越来越晦涩难懂，重新定义可申请专利的发明成为一件必要的事。在早期，专利申请要求一种产品或设备不光必须是新的，还必须具备可展示的用途。从1880年到1952年，法律得到了完善，要求一项发明必须构成真正的突破，而不仅仅是修修改改。到1952年，这个定义变得太模糊，官方便采用了新的标准。自此以后，一项发明必须是“非显著的”[31]（nonobvious）（即对同行业的人来说这项发明也是出乎意料或有令人惊讶的发展的）。

从语言学的角度来看，有一点很有趣：极少有发明在申请专利的时候，使用的是我们现在所知的名字。如我们所见，贝尔把他最著名的发明称为“电报”。海勒姆·马克沁没有使用“机枪”（machine-gun）这个词（这其实也很对，因为所有的枪械都是机器），而是采用了更为准确的说法“自动枪械”（automatic gun）。爱迪生把他的灯泡（light-bulb）叫作“电灯”（electric lamp）。约瑟夫·格莱登在发明改变了西方世界的带刺铁丝（barbed wire）上展现出一丝天赋，但给它起名字的时候就笨拙多了，他在专利申请中将其描述为“铁丝篱笆”（wire-fences）。收银机（cash register）在发明之初叫作“清廉收银员”（Incorruptible Cashier）。之所以叫这个名字，是因为收银抽屉的每次开合，都会发出巨大的铃响，这样收银员就更难非法私扣收入了。（出于同样的原因，早期的商店老板们发现，如果他们收取非整数金额，如49美分或99美分，收银员很可能就必须打开抽屉拿这1分钱的找头，从而避免了私下交易不做记录的可怕情况。一直到后来，商人们才发现，1.99美元这样的非整数价格似乎有个额外的特点：它好像比2美元显得便宜得多。）自动扶梯（escalator）问世时叫“雷诺倾斜式升降机”（Reno Inclined Elevator），以其发明者杰西·雷诺命名，1896年，他在科尼岛老码头安装了第一台升降机。自动扶梯是奥的斯电梯公司1900年带着自己的改进版加入市场时所使用的商标名，但此后很多年里，大多数人都叫它“可动楼梯”（movable stairway）。［顺便提一下，现代词汇escalate（升级）是escalator的逆向构词形式，也就是先有这个名词，再有了它的动词形式。］[32]

相比之下，打字机（typewriter），1868年由密尔沃基的克里斯托弗·莱瑟姆·肖尔斯以“Type-Writer”为名申请专利，倒是个少见的保留了原名的例子。尽管其早期型号有着各种各样的名字，从“pterotype”到“机械式书写机”（mechanical chirographer），肖尔斯本人想过叫它“写字机”（writing machine）或“打印机”（printing machine）。肖尔斯制作的最早的几个型号有一些明显的缺点，它们只能打印大写字母，键还经常卡住。起初，键盘上的字母按字母表顺序排列，现代键盘上的F-G-H、J-K-L和O-P这三组字母的顺序依稀还保留了当年的面貌，但此外再没有其他任何两个字母按字母表顺序排列。最常用的字母不光被放逐到了外围，还主要分配给了左手，右手只保留了一些次要字母、标点和极少使用的符号。这些事实，生动地提醒了人们：肖尔斯必须在多大程度上放弃常识和顺序，只为了让这该死的玩意儿运转起来。每当你用左手小指头极不灵活地敲击字母A时，就是在纪念一位19世纪发明家在工程设计上的缺陷——想到这里，不免有些讽刺意味。

据说，为了测试这些机器，肖尔斯在密尔沃基的工厂里有位机械师打出了如下字样：“Now is the time for all good men to come to the aid of the party" *——没人知道他为什么打出了这句话——但显然这就是如此昂扬的情绪，跟测试键盘、预热手指灵活性不可磨灭地联系在一起的原因**。[33]顺便说一句，马克·吐温是第一个用打字机（他坚持把typewriter称为typemachine，两个词翻译成中文都是"打字机"的意思）来写书的人。他在一篇自传式文章里指出，那本书是《汤姆·索亚历险记》，但他的记忆出了错，实际上应该是《密西西比河上》。[34]

随着20世纪的到来，跟财富相关的说法源源不断地进入美式英语：to be on easy street（生活逍遥自在，1901年），high flier（雄心壮志的人，1904年），sitting pretty（处在有利位置，过着舒服的生活，1910年）。发明家们也继续为自己发明的工艺，起着注定要被日后的世界遗忘的名字。1902年，20多岁的康奈尔大学毕业生威利斯·开利设计出第一台现代空调（airconditioner），他并没有这么叫它，而说这是一台"空气处理设备"（Apparatus for Treating Air）。第一台电炉叫作"无明火炊具"。第一支圆珠笔在获得专利时叫"不漏油高海拔书写棒"（nonleaking, high altitude writing stick）。而且，跟我们在其他许多例子中看到的情形一样，广播（radio）和电视（television）经历了无数的名字，才最终固定在了眼下看似必然的形式上。1942年，切斯特·卡尔森

---

* 此句直译为"现在是所有好人都对团体施以援手的时候了"。——译者注

** 在打字机时代，人们常敲击出这句话，测试打字机的各个键，或是锻炼自己的手指灵活性。——译者注

发明了静电复印术（xerography），但称之为“电子摄影术”（electrophotography）。1950年AT&T贝尔实验室的3位研究人员发明的晶体管（transistor），在专利申请中被描述为“利用半导体材料的三电极电路元件”（three-electrode circuit element utilizing semi-conductive materials）。[35]

尽管美国在设计新的、使生活更便利的用具方面有着无与伦比的能力，但它一以贯之的实用倾向（pragmatism，这个词是威廉·詹姆士1863年创造出来的）使得它并不总能很好地应对更为复杂的系统。19世纪的许多重大技术突破，都来自欧洲而非美国。汽车是德国发明的，无线电是意大利发明的，雷达、计算机和喷气式发动机是英国后来发明的。但任何一个国家，在开发利用新技术的能力上都无法跟美国相比，这其中做得最好的一个人，又非托马斯·阿尔瓦·爱迪生莫属。

爱迪生是典型的美国实用主义者。他把拉丁语、哲学和其他类似的少数人的追求不屑地称为“傻瓜玩意儿”（ninny stuff）。[36]他想要的是有用的发明，能让用户的生活变得更惬意，并为自己带来无尽的财富。他的名下拥有1093项专利（不过其中很多实际上是由他的员工发明的）。爱迪生拥有的专利，几乎是跟他最接近的对手埃德温·兰德（宝丽来相机的发明者）的两倍，没有哪一个人，曾为世界带来过这么多日后成为现代生活中心的产品。

确切地说，爱迪生的性格不是完全没有瑕疵。他纵容竞争对手，爱沽名钓誉（明明不是自己的发明，也说成是自己的），把助手逼到崩溃边缘（这就是众所周知的“熬夜小分队”，Insomnia Squad）[37]；据说如果其他所有的法子都行不通，他会毫不犹豫地诉诸贿赂，他给新泽西州的议员每人塞了1000美元，以制定有利于自己的法律。[38]哪怕算不上彻头彻尾的骗子，他也经常不讲真话。有关电影胶片为什么选择35毫米的宽度，有一个流传甚广的故事（多亏了他无意遮掩此事）：爱迪生的一名手下问他，胶片应该多宽，他用食指和拇指比画着说：“哦，大概这么宽就行。”实际上，道格拉斯·科林斯指出，情况更有可能是这样：他并未另辟蹊径自行设计胶卷，而是直接使用了70毫米宽、100英尺长的柯达胶片。如果将之从中间对剖，可以方便地产出100英尺的35毫米胶片——而这正是爱迪生第一卷胶片的精确尺寸。[39]

当乔治·威斯汀豪斯新颖而优秀（这是事后之见）的交流电系统开始挑战爱迪生投入大量精力和金钱开发的直流电系统时，爱迪生炮制出一本83页厚的小册子，名为《来自爱迪生电灯公司的警告！》，书里充满了种种惊人的故事（说不定是编出来的），总而言之无辜的人因为接触了威斯汀豪斯危险而不可靠的交流电缆而被害。*为了让自己的观点流传得更广，他给附近的孩子每人25美分，替他找来流浪狗，向媒体做了一番精心

* 尽管在大众的心目中，威斯汀豪斯（Westinghouse，也译作“西屋”）与电联系在一起，但他最初的名气来自发明火车气动刹车。在这种有用的东西设计出来之前，火车只能采取以下两种方式停下来：让刹车员手动转动每辆列车的操纵盘（这个过程很费力气）；或者，撞上另一种坚固的东西，比如另一列火车。

的展示：把狗弄湿提高导电性，给它们绑上锡纸，逐渐提升交流电的电量。[40]

但他最大胆，也是最缺乏风度的公关活动，是利用竞争对手的交流电，设计了全世界第一台执行死刑的电椅，以期一劳永逸地证明其潜在的危险性。被选中的倒霉蛋是威廉·凯姆勒，他是纽约奥本州立监狱的一名囚犯，因为用大棒击打女友致死而沦入这一不幸境地，但这次实验并不成功。凯姆勒被绑在电椅上，双手浸在盐水桶里，承受了1600伏的交流电，持续50秒。他拼命喘气，失去知觉，甚至开始有点焦煳，但显然他没死。直到施加了第二波更强的电击，他才终于咽了气。这是一场混乱而丑陋的死亡事件，完全破坏了爱迪生最初的意愿。使用交流电很快成为常态。

本着语言学上的兴趣，关于怎样称呼用强大的电击剥夺一个人的生命的行为，有过一场已遭人遗忘的小小争论。爱迪生一直是个醉心于新颖命名的人，他提出过electromort、dynamort和ampermort等不同的名字，然后又迷上了“westinghouse”（希望让电刑跟交流电的发明者同名），但这些都没能流传开来。一开始，许多报纸写“凯姆勒被电死”时用的是electrized，但很快改为electrocuted，最后才采用了“electrocution”（电刑）这个连在死囚牢房之外也人人都熟悉的单词。

爱迪生无疑是个天才的发明家，并且有一种能哄得员工团团转的罕见天赋，但他真正的天赋，还在于系统的组织上。发明灯泡*固然了不起，但要是没人拥有能插入灯泡的灯座，灯泡就没有太大的实际用处。爱迪生和不知疲倦的工人们不得不从零开始设计制造整套系统：从发电站到廉价可靠的电线，再到灯架和开关。从这一点上来说，他把威斯汀豪斯和其他所有竞争对手远远抛在了身后。

第一家实验电厂建在曼哈顿下城珍珠街两座半废弃的大楼里。1882年9月4日，爱迪生拉下开关，点亮了曼哈顿南部800盏闪烁的灯泡（尽管光线略有点昏暗）。靠着叫人难以置信的速度，电灯成为这个时代的奇迹。[41]几个月内，爱迪生在全世界建成了不少于334座小型电厂。他用心良苦地把它们放在肯定能产生最大影响的地方：纽约证券交易所，芝加哥的帕尔默之家酒店，米兰的斯卡拉歌剧院，伦敦众议院的餐厅。所有这一切，让爱迪生，还有美国，变得极其富庶。到1920年，据估计，爱迪生的发明和商业活动所孵化出的产业——从电力照明到电影——总价值高达216亿美元。在美国成为经济大国的道路上，再没有谁比他做的贡献更大了。[42]

* 有趣的是，虽然人人都把这东西叫作light-bulb（灯泡），但却极少有字典这么写。《美国传统英语词典》（第一版）里有lighthouse（灯塔）、light-headed（头晕）、light meter（曝光表）和其他许多类似风格的词语，但就是没有“灯泡”。你想知道那东西是什么，必须到incandescent light（白炽灯）、electric light（电灯）或者electric lamp（电灯）底下去看。《芬克–瓦格纳修订版标准词典》介绍了6500个跟“light”相关或由其衍生出来的词汇，但还是没有提及灯泡。《韦氏大词典第二版》同样没有提及灯泡，第三版倒是提到了，但是这么说的：“light bulb n: incandescent lamp”（灯泡 名词：白炽灯）。要想了解详情，你还得去“白炽灯”下面看。按我个人的经历看，大多数字典都是这么做的，我没法解释。

爱迪生的另一项重大创新是建立了一间实验室，以实现具有商业潜力的技术突破为明确目的。不久以后，许多顶尖公司，尤其是美国电话电报公司（AT&T）、通用电气和杜邦公司相继效仿。实用科学，在其他地方仅仅属于科学界，在美国却成了资本家的工作。

随着19世纪的推进，小公司成了企业巨头，新一代的大资本家需要愈加豪华盛大的总部。幸运的是，他们对办公空间的需求恰好迎合了一种激进的建筑类型的大发展：摩天大楼。在19世纪80年代之前，一栋大楼超过八九层就行不通了。由于砖结构建筑需要大量的支撑，较低楼层都没法给门窗保留开口。然而，依靠大量的小创新和一项大创新，摩天大楼的建设成为可能。这项重大创新是幕墙（curtain walling），它是一种挂在钢骨架上的非承重材料覆层，能让高层建筑更容易修建。

自1794年以来，英语里就一直有skyscraper（摩天大楼）这个词，但它适用于其他各种各样的东西：高顶礼帽，早期棒球里的高飞球，商船上耸得最高的帆。它用到建筑上，最初是在1888年（不过，4年前曾出现了skyscraping building的说法），不是在纽约（略微出人意料），而是在芝加哥。贯穿19世纪最后25年，芝加哥在大型建筑工程方面领先世界，而且原因很充分：1871年，芝加哥发生了大火。第一座摩天大楼是建于1883年到1885年的芝加哥家庭保险大楼，紧随其后的是莱特大厦（1889年）、信托大厦（1894年），以及沙利文中心（1899年）。很快，摩天大楼就改变了美国各地的城市景观（cityscapes，这个美式英语单词出现在1850年），进而改变了人们对城市的看法，为“天际线”（skyline）这个词赋予了新的含义（它原本是地平线的代名词，1896年获得了现代含义）。

如果说，芝加哥是摩天大楼的诞生之处，那么，纽约很快就会成为它的精神家园。这座城市的第一座摩天大楼，即22层高的纽约世界大厦，于1890年建成，没过多久，曼哈顿就矗立着无数的高楼大厦了——1892年的普利策大厦（94米），1903年的熨斗大厦（87米），1904年的时代大厦（110米），1908年的胜家大厦（183米），1909年的大都会生活大厦（213米），最后是建于1913年的伍尔沃斯大厦，高度飙升到241米。[43]

伍尔沃斯大厦共有58层，可容纳1.4万人，看似无法超越——在整整17年里，它都是世界上最高的建筑。直到1930年，克莱斯勒大厦取代了伍尔沃斯大厦，它共有77层，高320米，几乎比后者大了一半。克莱斯勒大厦起初只计划修282米，但当时有一家竞争开发商正在华尔街40号修建一座比它高上两英尺的大厦。为了不被打败，克莱斯勒大厦的建筑师威廉·凡·艾伦私下里匆忙设计了37米高的艺术性装饰尖顶，时至今日，这座尖顶仍是大厦的荣光。尖顶在大厦内部装配，在华尔街40号竣工时才耀武扬威地竖上去。[44]克莱斯勒大厦无人比肩的高度，只持续了很短时间。它还没完工，第五大道华尔道夫酒店的原址，就实施了一项更加雄心勃勃的项目越——帝国大厦在此地崛起。到次年完工时，它飙升到381米高、102层，这一纪录将保持到

43年后的1974年。那一年，芝加哥建起了110层、高443米、丑得叫人心跳骤停的西尔斯大厦。

钢框架结构和幕墙让超高建筑成为可能，但光靠它们，大厦不一定能正常使用。为此，还需要无数的二次创新，其中包括旋转门，没有它，就完全无法控制气流，增加火灾风险，无法进行有效的制热制冷。此外，更加重要的是，不能保证乘客升降机的快速、安全。

和通常的看法不同（甚至有时也和官方说法不同），电梯不是伊莱沙·格雷夫斯·奥的斯发明的。19世纪50年代后期，奥的斯成名的时候，吊运机和升降机已经存在多年了。奥的斯从未宣称是自己发明了升降机。他的贡献仅仅是设计了一种简单可靠的装置（一种带有爪齿的弹簧装置），让乘客垂直升降变得安全。奥的斯是个天生的表演家，他走遍世界，展示自己生产的电梯的安全性。他站在沉重的升降机里，把自己高悬在离地十来米的地方，接着让助手切断绳索。观众会倒吸一口冷气，但电梯不会砸在地板上，而是只落下几厘米，并稳稳地停住。他卖掉了数百台电梯设备。（尽管如此，早期升降机绝非万无一失。1911年，《纽约论坛报》报道称，此前的两年，至少有2600人在升降机事故中受伤或死亡。）

摩天大楼或许改变了美国城市的外观，但在语言上的作为却小得惊人。根据若干消息来源，纽约的熨斗大厦是“twenty-three skiddoo”（快闪）这个短语出现的原因。据说，这栋有着奇怪几何棱角的大厦制造了好几股神秘的气流，女性经过第

23大街，裙子会被高高地吹起来，以至于有些男人开始在那儿闲逛，指望能瞥见些裙底风光。作为回应，警察咆哮着加以驱赶，让他们走开："嘿，你这个23号大街上的混子！"（Hey, you – twenty-three skiddoo!）遗憾的是，这个故事找不到一点点让人信服的证据。skiddoo的意思是"滚开，走开"（scram, scat），20世纪初由擅长自创词汇的漫画家泰德·多更创造，但跟其他许多习语一样，23是怎么或者为什么跟skiddoo扯上了关系，就只能靠猜测了。

第7章

姓与名

I

19世纪70年代密尔沃基铁路公司开始横跨华盛顿州铺设轨道后不久，该公司的副总裁受命给铁路沿线即将修建的32个新社区命名。很明显，他不是一个灵魂中带着诗意的人，而似乎是在房子里溜达、视线里无意瞅中什么东西就选中了什么名字。他按照各种东西给城镇起名，从诗人（惠蒂尔）和戏剧（奥赛罗），到普通的家庭食品［麦片拉尔斯通（Ralston），宠物食品普瑞纳（Purina）］。有一座小镇，他起名叫“拉科尼亚”（Laconia），“我以为是因了位于阿尔卑斯之巅的瑞士拉科尼亚之名，但今天早晨，我查看了瑞士地图，却根本没在那儿找到这么个名字”[1]。事实上，拉科尼亚是古代希腊的一个地区，也是美国新罕布什尔州的一座小镇。没关系。无论它来自哪儿，拉科尼亚至少自带光环，肯定比随便起个什么日用杂货的名字好。

以上内容是为了说明，现代历史上没有哪个民族，碰到过像美国人这样巨大的问题：有那么大一片的空白有待填满名字。美国人解决这个问题的方式，也花样百出得叫人啧啧称奇。按照最伟大的美国地名学家（研究地名的人）乔治·R. 斯图尔特所说：截至1970年，美国有大约350万个已经起了名字的地方，还有另外100来万个起过名字但已不复存在的地方（其中就包括华盛顿州的拉尔斯通和普瑞纳）。好像任何东西，在某时某地，都能激发某个美国人起名字的灵感。除了早餐食品和莎士比亚戏剧之外，美国人还曾根据广播节目给城镇起名（比如新墨西哥州的“真相或后果”城），按牛仔明星给城镇起名（俄克拉何马州的“吉恩·奥特里”，吉恩本身是一个乡村歌手的名字），按遗忘的英雄给城镇命名［密歇根州的哈姆特拉米克得名自一位叫约翰·哈姆特米克的少校］；有一些城镇，你会庆幸自己并没生在那个地方［阿肯色州的托德萨克（Toad Suck）直译是“烂蛤蟆”；俄勒冈州的Idiotville，直译是“傻子村”］；至少有一座城镇是因为一个谦逊得不肯留下自己名字的人而得名的［加利福尼亚州的莫德斯托（Modesto）直译是“谦逊人”］；还有成千上万有着更无聊、更乏味名字的城镇（别忘了，马里兰州就有个地方叫Boring，意思是“无聊”）。

如前所述，第一批殖民者得以免除给各地起名的急迫任务，因为东部沿岸的大部分地区已经起过了名字。但随着定居者四处扩散，成立新的定居点，他们必须拿出某套体系，来给不熟悉的地标和新社区做标记。最方便的做法是从英格兰移植名字。因此，较老的州有大量来自大洋对岸的名称：波士顿、戴德姆、布伦特里、格林威治、伊普斯威奇、萨德伯里、剑桥和其他许多名字。还有一种同样简单的权宜之计是使用王室成员的名字作纪念，如查尔斯敦（Charlestown）、詹姆斯敦（Jamestown）、马里兰（Maryland）和卡罗来纳（Carolina）。值得注意的是，许多此类名字在17世纪的发音和现在完全不同。马萨诸塞州的查尔斯敦是“查尔顿”（Charlton）。詹姆斯敦是“吉姆斯顿”（Jimston），甚至是“吉姆森”（Jimson）——后一读音还保留在了“jimson weed”（曼陀罗花）这种有毒植物里，在詹姆斯敦，这种植物长势惊人。[2]格林威治（Greenwich）的发音是“格伦尼奇”（grennitch），但随着时间的推移，它的读音和拼写终于合二为一了。按作家克拉普的说法，到1925年前后，它又恢复为最初的读音。[3]

但殖民者还采用了第3种相当不明显的方法来起地名——借用印第安语。众所周知，东海岸原住民的语言，比他们的名字还要复杂得令人生畏，让人摸不着头脑。但殖民者仍表现出非凡的意愿，不仅使用印第安地名，还以一定的保真度记录它们。即便到了现在，东部诸州仍密集地点缀着一些印第安地名：缅因州的Anasagunticook、Mattawamkeag、Nesowadnehunk、Nollidewanticook、Nukacongamoc和

Pongowayhaymock；宾夕法尼亚州的Youghiogheny和Kishecoquillas；马萨诸塞州的Quacumquasit和Cochichewick；康涅狄格州的Wappaquasset；纽约州的Nissequogue。*

以前这样的地名更多。直到1916年，新罕布什尔州还有一条名为Quohquinapassakessamanagnog的小溪，但当时华盛顿地理名称委员会的官僚们任性地把它改成了"Beaver Creek"（海狸溪）。本着同样的态度，备受喜爱的Conamabsqunooncant河变成了简洁却没什么记忆特色的"Duck"（鸭子河）。[4]马萨诸塞州韦伯斯特的民众，继续在告示牌上将当地一条河骄傲地称为"Chargoggagoggmanchauggauggagoggchaubunagungamaugg"河。据说，按照印第安尼普穆克语，它的意思是"你在那边钓鱼，我在这边钓鱼，没人在中间钓鱼"。由于音节太多，催眠效果强大，告示牌的画家竟然不小心给它多加了一个音节：中间位置的那个"gaugg"本来是没有的。不管怎么说，这不再是官方的地名了。

通常，如你所料，印第安名字在正式固定为现代形式之前，有过许多演变。Connecticut（康涅狄格）在记录里有过各种各样的写法，如Quonectacut、Quonaughticut、Qunnihticut、Conecticot等，最终字母才固定为如今的样子。Cuyahoga（凯霍加，位于美国俄亥俄州东北部的一个县）最初经常拼写为Cajahoga。约

* 这些地名均不符合英语的习惯拼写方式，中文也无固定译法，故此保留原文的拼写方式。——译者注

翰·史密斯把Susquehanna（萨斯奎哈纳河）记为Sasquesahanock，把Potomac（波托马克河）记为Patowomek。[5]Kentucky（肯塔基），来自易洛魁语里的kenta-ke，采用过各种拼写形式，如Kaintuck、Caintuck、Kentuck和Kentucke，直到19世纪，一般还只读作两个音节。Winnipesaukee（新罕布什尔州中东部的温尼珀索基湖）有超过132种拼写记录也不足为奇了。Minnesota（明尼苏达州）从Menesotor变成Menisothe、Minnay Sotor，凡此种种，不一而足。[6]Oregon（俄勒冈州）曾写作Ouaricon、Ouragon、Ourgan和Ourigan。就连Kansas（堪萨斯）也有140种拼写方式。Milwaukee（密尔沃基）1679年最初记录为Melleoki、Meleke、Millioki、Milwarik、Milwacky、Muilwahkie和其他许多方式，迟至1844年才固定为现在的样子。拼写方式最生动活跃的或许要算是Chicago（芝加哥），它早期写作Schuerkaigo、Psceschaggo、Shikkago、Tsckakko、Ztschaggo、Shecago、Shakakko、Stkachango，以及种种你想得出来的其他类似发音的组合。

印第安名字经常演变成看不出本来面貌的形式。Kepaneddik变成了Cape Neddick（内狄克海角）。Norwauk转变为Norwalk（诺沃克）。新泽西州迷人的Waycake Creek脱胎自Waakaack。长岛的Rockaways（罗卡韦）原本是Rackawackes。Moskituauke几乎不可避免地变成Mosquito Hawk（蜻蜓）。Oxopaugsgaug成为颇有特色的Oxyboxy。马萨诸塞州“No Man’s Land”（无人区岛）的名字不是为了纪念某件遭到遗忘的事情，而是来自印第安酋长的名字Tequenoman。类似的演变，难以穷尽。Ticklenaked（佛蒙特州的一座湖）、Smackover（阿肯色州斯马科弗）、Pohamoonshine、Poo Run、Zilly Boy和无数其他过目难忘的地名，都是早期殖民定居者胡乱拼写、滑稽调整的产物。

非印第安名字有时也会经历一种民间演变。特拉华州的Burlington（伯灵顿）最初叫作Bridlington（布里德灵顿），因袭自约克郡下某一城镇之名。[7]Newark（纽瓦克）是"New Ark of the Covenant"*的缩写。Teaneck（新泽西州提内克）是荷兰姓氏Teneyck的民间改写。Newport News（弗吉尼亚州城市名，纽波特纽斯）跟news（新闻）没关系，它最初写作New Port Newce，因定居当地的Newce（纽斯）家族得名。[8]

虽然在演变过程中，这些印第安名字偶尔也会失传，比如Cappawack变成了"Martha's Vineyard"（马撒葡萄园岛），Mattapan变成了Dorchester（多切斯特），但事实证明，美洲原住民地名基本相当耐用。只需扫一眼美国地图，就能看出印第安地名遗产有多么丰富。乔治·R. 斯图尔特在其经典作品《土地上的名字》一书中指出，"26个州（自那以后变成了27个州，新加入了阿拉斯加），18座大城市，最大的几座湖泊，最长的几条河流"，名字都得自印第安人。[9]情感无疑是真切的，但具体细节有值得推敲的地方。比如许多"印第安"名字，从来没有任何印第安人用过——Indiana（印第安

* Ark of the Covenant是"约柜"的意思，基督教之圣物。——译者注

纳州）就是最明显的例子。Oklahoma（俄克拉何马州）是国会创造出来的词语。它使用了印第安乔克托族人的元素，但乔克托族人却从没这么用过。Wyoming（怀俄明州）取自19世纪初的一首感伤小诗《怀俄明山谷的葛楚德》，纪念那里发生的一场大屠杀。这首诗大受欢迎，美国各地都因它取了不少地名，到1868年，它用在了西部跟此事没有语言相关性的一块土地上。更荒唐的是Idaho（爱达荷），它没有任何意义，只不过在19世纪的国会议员耳朵里听来像是个不错的印第安词汇。

很多时候，城镇取印第安名字不是因为有什么历史联系，而是19世纪席卷全美的浪漫主义冲动的产物。大量叫Hiawathas（海华沙）的地方，不是因袭莫霍克酋长的名字，而是因袭朗费罗的诗。伟大的塞米诺尔酋长奥西奥拉从未到过艾奥瓦州附近的任何地方，但当地有一座小镇以他的名字命名。就算某些印第安地名有一定的历史准确性，大多也是相对较晚时期才出现的。例如，马萨诸塞州的阿加万正式收录在地图里，比附近的另一座城镇伊普斯威奇（得名自英国的同名城镇）晚了两百年。

随着美国国土向西推进，对名字的需求迅速增长。有一段时期流行给新建社区起古典名字，于是，在那些接收第一批西迁移民的州里，古典名字大量涌现：辛辛那提、特洛伊、尤蒂卡、雅典、科林斯、孟菲斯、斯巴达、西塞罗、迦太基、开罗、汉尼拔，甚至还有罗密欧与朱丽叶。纽约州一座镇上的居民都受够了本镇名称的各种变体——Sinneken、Sinnegar、Sennicky，抓住机会为它起了个兼具古典性与可信度的名字：Seneca（塞涅卡，希腊神话中的人物）。

另一种方法，随着美国人进入西部更深腹地而变得越发常见，那就是用人名给地点和地标命名，通常会因袭创始人的名字，但也常用某个有着令人钦佩品质的人的名字。尤其是在中西部地区，每个州都点缀着若干社区，起着某个已被遗忘的19世纪先驱或英雄的名字。在艾奥瓦州，你可以看到韦伯斯特城、梅森城、埃姆斯、奥杜邦、查尔斯城、格林内尔（这个名字来自那个接受了美国报人霍勒斯·格里利著名建议的年轻人。格里利对他说："去西部吧，小伙子。"），其他有着类似风格地名的地方，大概还有两百多个。美国地名有一个值得注意的地方（不过很少有人注意到），那就是大城市常常尊奉一些几乎从来没人听说过的人物。大城市的名字里没有叫富兰克林或者杰弗逊的，但有叫达拉斯的。达拉斯得名自乔治·米芬·达拉斯，在第11任美国总统詹姆斯·诺克斯·波尔克手下当过默默无闻的副总统，之后就像块落入深潭的石头一般没入历史。克利夫兰（Cleveland，最初拼写为Cleaveland），这个名字来自康涅狄格州的一位律师摩西·克利夫兰，他拥有克利夫兰市所在的土地，却从未拜访过这个跟自己同名的社区。丹佛这个名字是为了纪念堪萨斯领地（该州的前身）的一位州长。倒不是说这些人特别值得纪念，才让大城市冠了他们的名，而是说，他们身后，这些社区发展壮大了。

时机是最关键的因素。刘易斯·卡斯最接近青史留名的那一瞬间，就是在1848年的总统大选中败于扎卡里·泰勒（日后成为美国第12任总统）之手，但不管怎么说，有9个州的县以他为名。泰勒则只有7个县以他为名——不过，放到更长远的历史中，说不定还会有另外7个县将以他为名。肯塔基州参议员亨利·克莱，两次竞选总统都以失败告终，但在地名上的成就比上述两位总统加起来都更高，至少有18个州的县以他为名表示纪念。你遍寻西部说不定也找不到跟刘易斯与克拉克远征*相关的纪念地，但泽布伦·派克**却荣幸地成为一座山峰的名字，这座山，他从不曾爬上去，甚至连靠近都算不上，只是远远地看见了它。哪怕是沃伦·G. 哈定，一位对美国历史做出最大贡献并且死于任上的总统，也只有新墨西哥州的一个县以他为名作为纪念。只有乔治·华盛顿获得了跟他做出的贡献相当的奖励：有一个州，一座城市（美国的首都），31个县，至少120个社区以他为名。[10]之前叫华盛顿的地方更多。例如，辛辛那提最初是叫华盛顿堡。

美国人经常抵达一个地方，却发现它已经有了名字。自从荷兰人放弃了对新阿姆斯特丹的控制、留下了不少名字之后，这个过程就开始了。英国人匆匆把新阿姆斯特丹改为纽约（New York，这个名字是为了纪念约克公爵，而非同名的英国历史古

---

* 刘易斯与克拉克远征是美国国内首次横越大陆西抵太平洋沿岸的往返考察活动，时间是在1804年到1806年，领队为美国陆军的梅里韦瑟·刘易斯上尉和威廉·克拉克少尉。这次远征首次深入勘探了如今美国的西部腹地。——译者注

** 美国探险家。——译者注

城），而另一些地方的名字也需要做些语言手术。Haarlem减掉了一个元音，变成日后的Harlem（哈勒姆区），Vlissingen变成了Flushing（法拉盛区），而Breukelyn变成了Brooklyn（布鲁克林区，曾一度像是要进一步演变成Brookland）。[11]Deutel Bogt变成了Turtle Bay（海龟湾），Vlachte Bosch变成了Flatbush（弗拉特布什），Thynevly变成了Tenafly（特纳夫莱），Bompties Hoek变成了Bombay Hook（孟买胡克，位于特拉华湾，现为国家公园），Antonies Neus变成了Anthony's Nose（安东尼的鼻子，哈德森河沿岸的一座山峰）。跟英国人和法国人一样，荷兰人经常使用印第安名字，还把它们变成与自己语言更神似的东西。因此，曼哈顿河对岸的Hopoakan（霍普阿坎村），变成了Hoboken（霍博肯村）。

再向西，法国人留下了数百个名字。光是1673年的一个夏天，探险家马凯特和乔利埃特就留下了11个重要的名字，至今仍是河流或城市之名（通常，两者还会同名）：芝加哥、得梅因、威斯康星、皮奥里亚、密苏里、欧塞奇、奥马哈、堪萨斯、艾奥瓦、沃巴什和阿肯色，虽然拼写方式跟他们当初所用的不同。对马凯特和乔利埃特来说，那条河叫Mesconsing。出于未知的原因，它逐渐变成了Ouisconsing，最终以Wisconsin（威斯康星）的形式进入英语。同样，Wabash（沃巴什）是从Ouabasche变来的，Peoria（皮奥里亚）是从Peouarea演变而来的。Iowa（艾奥瓦州）一开始的写法令人望而生畏，叫Ouaouiatonon。法国人迅速把它缩短为Ouaouia，虽说还是有些挑战性，最后英语定居者到来，把它变成了现在的形式。

跟随着马凯特和乔利埃特的脚步，法国猎人、行脚商和探险家相继到来。在长达一个半世纪的时间里，北美洲阿巴拉契亚山脉以西的大部分地方都在法国的控制下，当地景观的名字也记录下了这一事实：密歇根、伊利诺伊、路易斯安那、底特律、巴吞鲁日、圣路易斯、芝加哥，以及其余不计其数的地名。这些地名里，有许多含义并不确定。Chicago（芝加哥）似乎来自一个印第安词汇，意思是“闻起来像洋葱的地方”。Baton Rouge（巴吞鲁日，按法语的字面意思直译是“红色棍子”）叫这个名字，是因为1700年，一队探险家遇到了一根红色棍子（标记了两块印第安人狩猎区域之间的界线），便在那里建起了贸易点。但艾奥瓦州的城市Coeur d’Alene（科达伦）就完全令人费解了，因为按照翻译，它的意思是“锥子心”，创造这个名字的人当时脑袋里是怎么想的，大概任何人也猜不到了。[12]

西班牙人留下的印迹也并不逊色。尽管我们往往把西班牙人与美国西南部联系在一起，但西班牙在美洲占据的地区，一度延伸到美洲大陆的大部分地区，从佛罗里达礁岛群远至北部的阿拉斯加。孟菲斯一度叫作圣费尔南多（San Fernando），维克斯堡（Vicksburg，美国密西西比州沃伦县的县治）则叫作诺加莱斯（Nogales）。[13]但由于西班牙人更看重在中美洲和南美洲占据的土地，认为北美洲基本上是毫无价值的沙漠，所以他们从未深入这块大陆更北的地区。到1821年西班牙撤出北美洲的时候，在边境以北的地区只有几个分散的要塞，名副其实的城镇只有3座：圣菲、圣安东尼奥和圣奥古斯丁，其间所聚集的人口也不到1万人。（相比之下，墨西哥城轻轻松松就有15万人以上。）即便如此，西班牙人在北美洲景观上也留下了数百个名字，包括美利坚合众国国土之内最古老的非美洲印第安地名——佛罗里达州，也叫“鲜花之地”，这是西班牙探险家胡安·庞塞·德莱昂1513年4月2日成为第一个踏上日后最终成为美国土地的欧洲人时给它起的名字。不久后，传教团和其他小型定居点建立起来，其中包括托尔图加斯（北美第二古老的欧洲地名）、圣奥古斯丁和阿巴拉契（Apalchen）。最后一个名字原本仅仅指代一座小村庄，但不知什么原因，模模糊糊地指代起了佛罗里达州以北整个山区内部。最终，它跟山脉联系在了一起，阿巴拉契亚山脉（Appalachians）的名称就是这么来的。

如果说，西班牙人送往北美洲殖民定居点的人口实在有限，但在给定居点起名字的时候，就慷慨得几近奢侈了。对他们来说，圣菲不仅仅是圣菲，而是圣弗朗西斯之圣菲大皇宫（指圣弗朗西斯神圣信仰的圣皇城），而现在位于加利福尼亚的洛杉矶，更是有个令人生畏的野心勃勃的名字：EI Pueblo de Nuestra Señora la Reina de los Angeles del Río Porciúncula（意思是“一小段河流旁的天使女王圣母镇”），它的音节简直就跟当地居民一样多。

通常，跟洛杉矶和圣菲一样，法国人和西班牙人留下的这些名字必须缩短、重新拼写或以其他方式调整，好让习惯了说英语的人更舒服地发音。因此，阿肯色州一座叫L'Eau Froid（意思是"冷水"）的湖泊变成了Low Freight（意思是"低运费"，但跟前述法语词汇发音相近）。北卡罗来纳州的Mont Beau（意为"美丽的山"）演变成了Monbo。Les Mont Verts变成了Lemon Fair（意为"柠檬市集"）。同样地，Siskiyou Mountains（锡斯基尤山）可能改编自法语的six cailloux（意为"六块石头"）。得克萨斯州的Waco（韦科）最初来自西班牙语的Hueco，Key West（基韦斯特）则从Cayo Hueso偷工减料而来。密歇根州的Bob Ruly（鲍勃鲁利）最开始叫作Bois Brulé。[14]很多时候，说英语的定居者保留了拼写，但对发音做了调整。Des Moines（得梅因）、Detroit（底特律）、St Louis（圣路易斯）和Illinois（伊利诺伊）是最明显的例子：它们都是法语词汇，但不按法语发音。此外还有无数不怎么出名的地名，如密苏里州的Bois D'Arc，发音成"bodark"，路易斯安那州的De Blieux、Fortier和Breazale，发音分别改成了"double-you"、"foshee"和"brazil"。[15]

奇怪的发音绝不仅限于拥有外国血统的社区名称。很多时候，城镇的创建者们会选择一个充满异国情调的名字，但此后要么不知道怎么发音，要么决定按照自己的想法来。是以，我们能看到密歇根州的Pompeii（庞贝）发音成了"pom-pay-eye"（嘭–呸–唉），印第安纳州的Russiaville（拉夏维尔）和Peru（秘鲁）发成了"rooshaville"（罗莎维尔）和"pee-roo"（劈–喽），肯塔基的 Versailles（凡尔赛）发成了"vur-sales"（维塞尔斯），南达科他州的Pierre（皮埃尔）发成了"peer"（皮尔），密苏里州的Bonne Terre（邦特尔）发成了“bonny tar”（邦尼塔尔），内布拉斯加州的Beatrice（比阿特丽斯）发成了“be-at-riss”（比安特瑞斯），弗吉尼亚州的Dante（但丁）和Fries（弗里斯，也是“油炸”的意思）发成了“dant”（当提）和“freeze”（弗里兹，也有“冻住”的意思）。（弗里斯本地有个笑话，说夏天是fries，冬天是freeze。）

如果说，美国曾有一个起地名的黄金时代，那一定是在19世纪中叶。当时，“俄勒冈热”和“加利福尼亚淘金热”前脚接后脚地到来，再加上横贯大陆的铁路开通，几乎一夜之间就冒出了数百个新社区。通常，就像我们在本章开头所见，给城镇起名字的事情留给了铁路公司，它们不光随意地给新社区起名字，有时还借机给现有的社区重新起名。1845年，一名铁路公司的官员，就完全违背当地人的意愿，把佐治亚州的马撒斯维尔改成了亚特兰大。有时候，就像记者孟肯说的那样，一条新线路上的第一批乘客偶尔会被授予为沿途的城镇命名的特权。[16]邮局官员也享有此种自由。按美国地名学家乔治·R. 斯图尔特的说法，整个西部地区的邮局的名字，都是由一位官员起的，“相当于他邻近街区所有的孩子和婴儿都归他起名”。[17]

倘若命名的权利落在了非官方的民间人士手里，比如像加利福尼亚采矿营地周围出现的城镇那样，结果一般都鲜活许多。加利福尼亚曾短暂地沉迷于起一些博人眼球的地理名称，比如凶手峡（Murderer’s Gulch）、鸟粪山（Guano Hill）、笨蛋矿山（Chucklehead Diggings）、酒精震颤（Delirium

Tremens）、威士忌矿山（Whiskey Diggings）、赌一把（You Bet）、鸡贼原（Chicken Thief Flat）、扑克原（Poker Flat）、活力饭桶（Git-Up-And-Git）、死骡子（Dead Mule）、独眼龙（One Eye）、正午冲出城（Hell-out-for-Noon City）、呕吐和屎疙瘩溪（Puke and Shitbritches Creek）。[18]这种做法绝不仅限于加利福尼亚州，整个西部很快就点缀起了多姿多彩的地名：亚利桑那州的墓碑镇（Tombstone）；科罗拉多州的跛子溪（Cripple Creek）；怀俄明州的死亡浑蛋峰（Dead Bastard Peak），还有不计其数的其他各种名称。通常，这些地名里特别鲜活的那些，很快出于不言自明的原因改掉了，比如亚利桑那州的粪坑山（ShitHouse Mountain）。毫无疑问，因为西部生活的寂寥，这类的地名多得你数都数不清。

不过，带颜色的称谓并不是美国西部独有的现象。事实上，古怪的名字从来不分地域。这里抽样列举如下。

亚拉巴马州	谁想得到呢（Who'd A Thought It）
阿拉斯加州	咿呀（Eek）
阿肯色州	油腻角（Greasy Corner）
	烂蛤蟆（Toad Suck）
	火鸡挠（Turkey Scratch）
加利福尼亚州	宰兹克斯泉（Zyzx Springs，Zyzx并无实际意思，而把字母表最后3个字母

	随意拼起来得到的）
佛罗里达州	双蛋（Two Egg）
艾奥瓦州	朱克刺（Zook Spur）
	什么高兴（What Cheer）
肯塔基州	兔子哈希（Rabbit Hash）
	虫（Bug）
	OK
马里兰州	秃头修士（Bald Friar）
	第九号（Number Nine）
马萨诸塞州	茶票（Teaticket）
明尼苏达州	睡眼（Sleepy Eye）
	丁点儿镇（Dinky town）
密苏里州	吝啬鬼（Tightwad）
	怪异（Peculiar）
	浑蛋尾巴（Jerk Tail）
密西西比州	热咖啡（Hot Coffee）
	好吃的（Goodfood）
内布拉斯加州	何不（Wynot）
新泽西州	聪明伯勒（Brainy Boro）
	奶酪（Cheesequake）
北卡罗来纳州	兔子拽拽（Rabbit Shuffle）
	僵硬膝盖把手（Stifflknee Knob）
	驱蚊（Shoofly）

俄亥俄州	敲晕他们（Knockemstiff）
	尿尿（Pee Pee）
	舔锅（Lickskillet）
	泥袜子（Mudsock）
俄克拉何马州	O形腿（Bowlegs）
南卡罗来纳州	东到西（East Due West）
田纳西州	喊叫（Yell）
	虫虫打架（Bugscuffle）
	砂囊湾（Gizzards Cove）
	祖祖（Zu Zu）
得克萨斯州	舔煮锅（Lick Skillet）
	虫虫打斗（Bugtussle）
	巧克力河口（Chocolate Bayou）
	叮咚（Ding Dong）
	寂寞村（Looneyville）
	记下来（Jot'Em Down）
	砍了又开枪（Cut and Shoot）
弗吉尼亚州	舔叉子（Lick Fork）
	不谢（Unthanks）
	闪闪原（Tizzle Flats）
华盛顿州	驼背郁金香（Humptulips）
	屎湾（Shittim Gulch）
西弗吉尼亚州	精致底部（Superior Bottom）

威斯康星州　　　　尴尬（Embarrass）

很多时候，一个扎眼的名字下埋葬的反倒是个平淡无奇的解释。得克萨斯州的古德奈特（Goodnight）跟令人难忘的夜晚或是睡前祝福毫无关系，它只是要纪念某位古德奈特先生。得克萨斯州的汉布尔（Humble，意思是“谦卑”）和欧特米尔（Oatmeal，意思是“燕麦餐”，因一位叫欧特尼尔“Othneil”的先生得名），艾奥瓦州的里德尔（Riddle，谜语）也是一样。俄亥俄州的查格林瀑布（Chagrin Falls，Chagrin有“懊恼”的意思）跟某次早期探险受到的挫折无关，而只是弗朗索瓦·塞格林（François Seguin）的姓氏误拼。弗朗索瓦是早期的一名法国商人，住在河边，而城镇也因此河得名。[19]直到19世纪，这座城镇和这条河还常拼写成“Shaguin”。

在东部各州，带颜色的名字常常源自小酒馆或旅店。普鲁士国王（King of Prussia）、蓝球（Blue Ball）、掌中鸟（Bird-in-Hand）、升起的太阳（Rising Sun）、主教头（Bishop’s Head）、十字钥匙（Cross Keys），以及其他许多名字奇怪的城镇（大多位于宾夕法尼亚州和弗吉尼亚州，要么就是两州之间），均属此列。

20世纪出现了一种奇怪的间歇性的时尚，人们给城镇起名字，希望这些名字能进入地图。很多时候，科学上的突破带来了冲动，使得城镇会起名为（不少城镇甚至重新给自己起名）X射线（Xray）、无线电（Radio）、汽油（Gasoline）、电子（Electron）和镭（Radium）。堪萨斯州的“蜜蜂尿”（Bee Pee）对酿蜜昆虫的小便玩笑容忍多年，决定把名字改得不那么可笑，于是相中了汽车品牌“雪佛兰”（Chevrolet）。

城镇改名这件事，发生得远比你想象中频繁，名字一次都没改过的社区极少极少。宾夕法尼亚州的斯克兰顿（Scranton），有过不少于8个名字，其中最著名的大概要数第一个：“臭鼬的苦难”（Skunk’s Misery）。有时，改名是为了变得更雅致，比如“尖叫村”（Screamerville）改名为“钱斯勒”（Chancellor），亚利桑那州的“纳粹十字”（Swastika）改名为“闪耀”（Brilliant）——但也有很多时候，改名仅仅是因为某个房地产开发商想让这个地方听起来更受欢迎。就这样，加利福尼亚州的威尔莫尔城（Willmore City）变成了长滩（Long Beach），罗斯科（Roscoe）变成了森瓦利（Sun Valley），吉拉德（Girard）变成了伍德兰山（Woodland Hills），凡奈斯（Van Nuys）和北好莱坞（North Hollywood）的部分地区分别宣告独立，成为钱德勒庄园（Chandler Estates）和山谷村（Valley Village）。据报道，光是改个名字，就能让房产的价值立刻提升15%。[20]一般而言，起名时优先考虑的不是语义词源，而是发音的流畅，比如加利福尼亚的格伦代尔（Glendale），就是把苏格兰–盖尔语里的“格伦”（glen）与北方英语的“代尔”（dale）放到一起，组成了一个意思是“山谷–山谷”的名字。实际上，美国的每一座城市都有着可供吹嘘一番的区域名，而这些名字的由来，无非是开发商想让它们听起来够唬人：惠灵顿高地（Wellington Heights）、坎特伯雷山（Canterbury Hills）、维斯塔观景小区（Vista View Estates），不一而足。我怀疑，在某个地方，说不定会有个什么“拉科尼亚高地”（Laconia Heights）呢。

到了19世纪末，美国的城镇、湖泊、山脉和其他地形实体积累了太多的名字，情况变得叫人糊涂起来。许多州有多达5座同名城镇，使得邮政服务头痛不已。此外还有上百个地方有着两个以上的名字，比如圣地亚哥附近的一座山，有时叫“云峰”（Cloud Peak），有时叫“库亚玛卡”（Cuyamaca）。还有数百个地方，使用同一单词的不同拼写形式：比如弗吉尼亚州有Alleghany，纽约州有Allegany，宾夕法尼亚州有Allegheny。

1890年，为了厘清这堆烂摊子，总统本杰明·哈里森成立了十人地名委员会（Board on Geographic Names）。委员会长期资金不足（直到1929年才请得起第一个带薪秘书），也没什么权威。它可以命令政府办公室使用规定拼写，但其他人不必遵守。一开始，许多人也根本不搭理，然而，渐渐地，不管喜不喜欢委员会给的新名字，大部分社区还是向它的决定低了头，大多数人悄悄地认可了邮政服务机构坚持使用的两个字母的州名缩写。

委员会一早就确立了13条指导原则。第一条是明智的，它认为一般来说，地名的确定最好遵循当地习俗。但遗憾的是，这一条跟其他12条存在矛盾之处：后者全都要求多多少少地背离历史惯例。有一项裁决是，地名应该删除不必要的字母符号，这样一来，Coeur d'Alene（译作“科达伦”，这个地名本是法语，原本写作Coeur d'Alêne）就失去了它庄严的音调符号（好在撇号还留着），San Jose（圣何塞，在西班牙语里写作San José）丢失了它西班牙血统的一撇。[21]与此同时，所有以“-burgh”结尾的城镇都要改成“-burg”，所有以“-borough”结尾的地方此后也一律读作“-boro”。Centre等不标准写法必须改成美式拼写Center。委员会规定，地名里应删除“市”（City）或“镇”（Town）字样，包含多个单词的名字应改为一个单词，这样所有的New Castle和La Fayette都变成了Newcastle和Lafayette。数百个名字经改写和缩短，从前有着难以发音的可怕名字的地方，比如俄勒冈州的Popocatepetl Mount，或是阿拉斯加的Nunathloogagamiutbingoi Dunes（有23个字母，是如今美国版图上最长的名字），如今很罕见了。

如果能带着某种程度的一致性来进行上述调整，情况似乎还显得能够忍受，只可惜委员会似乎完全做不到。就连自己的名字，它似乎都确定不了。它先是叫地名委员会（Board on Geographic Names），后来叫地理委员会（Geographic Board），接着是地理名称委员会（Board on Geographical Names），如今再一次恢复为地名委员会。

由于它的决定，美国地名拼写失去了它的独特性和魅力，好多还失去了清晰性（外地人听到Wilks-Barré的发音时，比听到Wilks-Barre能了解更多信息），却并未在追求一致性的过程中获得太多的一致性。委员会做了各种随心所欲的决定：它删掉了Pikes Peak（派克峰）的撇号，却又保留了Martha's Vineyard（马撒葡萄园）的撇号；它命令数百个社区把名字合并起来，比如把所有的El Dorado变成Eldorado，但很快意识到没有人会接受Newyork、Losangeles或者Elpaso；它抛弃了数百个印第安名字，又保留了数百个其他此类名字。它唯一无可争辩的善举是尝试修改种族主义的名字，但这一行动直至20世纪60年代才全面铺开，此时这些地名早就变得很尴尬了。[22]

然而，对以-burg和-boro结束的问题，委员会做得非常坚决，即便到了现在，要想找到例外情况，你都得在地名索引里做一番相当漫长而艰苦的搜索。最明显的例外是匹兹堡（Pittsburgh），早在委员会做出规定并得罪全城人很久之前，它就经常奇怪地把自己叫成Pittsburg。［顺便提一下，给匹兹堡起名字的是一位苏格兰移民，目的是纪念英国政治家威廉·皮特（William Pitt）。几乎可以肯定，这位移民一定会把它读成匹兹布拉（pittsburra）。］1891年，委员会做出了最早的决定之一——命令该市改名为Pittsburg。邮局勤勉地遵循了这一指示，但几乎所有人都变得心怀不满，该市的大部分重要机构，比如匹兹堡大学、匹兹堡证券交易所、《匹兹堡邮报》，都拒绝听令。经过20年的争吵，委员会终于推翻了自己的决定，1911年7月19日，该市正式称为Pittsburgh。[23]

不光数百座城镇改了名，州也一样。缅因州（Maine）从前叫新萨默塞特（New Somerset）。新泽西州（New Jersey）曾短暂地叫过“阿尔巴尼亚”（Albania），随后换用了“新切萨雷亚”（New Cesarea）的名字。佛蒙特州（Vermont）通常叫新康涅狄格（New Connecticut），直到居民想出了拿腔作调、毫无意义的“Vermont”。如果他们的用意是要给它起名叫“绿山”（Green Mountains），那他们应该叫它Les Monts Verts*。而现在这个名字，要是真有什么意思，大概也只会是“虫山”（worm-mountain）吧。[24]

但是，要是你仔细想一想，相当多的州名都有些细微的不合理。密西西比州（Mississippi）就很奇怪，该州既没拥有密西西比河的源头，也没有把持河口，而只拥有单边河岸的一部分。密苏里州（Missouri）拥有的密西西比河比密西西比州更多——而密苏里州所拥有的密西西比河，也多于密苏里河，但我们还是叫它密苏里州。罗得岛州（Rhode Island）不仅不是一座岛，也不承袭自任何叫作罗得的人或东西。内华达州（Nevada）是以一条几乎完全位于加利福尼亚州境内的山脉为名。怀俄明州（Wyoming）来自一首被遗忘的诗歌，加利福尼亚（California）是神话中的一名女王。缅因州（Maine）的得名没有什么特别的理由，蒙大拿州（Montana）和爱达荷州（Idaho）的名字也是凭空所造。

这一切的背后，有着花样繁多的解释。罗得岛最初指的只是如今纽波特港口所在纳拉甘西特湾上的那座岛屿。早期的一位荷兰探险家把它叫作Roodt Eylandt（意思是“红岛”，得名自它土

* 此处是“绿山”的法语。——译者注

壤的颜色），到1636年，罗杰·威廉姆斯在岛上建立了普罗维登斯种植园之后，这个名字演变出了一种跟英国人情感更加契合的形式。该州的官方正式名称是罗得岛和普罗维登斯种植园州。缅因（Maine）来自main一词的古代含义，指伟大或主要。大西洋有时也叫作“主海”（Main Sea）——故此有了to sail the Spanish main（驶向西班牙的主海）这个说法。mainland（大陆）一词里也保留了这一用法——同样，在美国第23个州的名字里，也含蓄地保留了这一词义。密苏里州（Missouri）不是直接采用了河流的名称，而是承袭自密苏里领地（Missouri Territory，这是该州最重要的地理部分）。密西西比州起这个名字，则多多少少是因为还没有别的州先用它。这个地方差一点就被叫成华盛顿了。

许多州本来会叫其他名字的。西弗吉尼亚州差一点就叫卡诺瓦（Kanawha，本身是该州一条河的名字）了。华盛顿州差点变成哥伦比亚州。爱达荷州可能会叫Esmerelda、Oro Plata、Sierra Plata，或者Humboldt。内华达州可能叫Bullion或Washoe，这是该地区常叫的名字，但当国会得知，内华达山脉恰好在其版图之内，便决定把它叫作内华达了。从一开始，给新加入的州命名，就是个引发热议、调动全国上下聪明才智的问题（虽说这些才智运用到其他更重要的事务上或许更有成效）。1784年，托马斯·杰弗逊拟定了一份符合当时潮流的新古典式名单（事后来看不免过分愚蠢），列举了自己设想的西部各州州名：Polypotamia、Assenisipia、Pelisipia、Chersonesus、Macropotamia和Metropotamia——这可谓是一桩真正受了误导的行为，杰弗逊很少做这种事。[25]

杰弗逊起的这些花哨名字从未流行开来，但他的第二项提议算得上很成功了：按一种整齐的棋盘格局来划分西部各州。除了俄勒冈州、明尼苏达州和得克萨斯州之外，密西西比州以西的每个州都至少有两条笔直（或接近笔直）的边界，虽说只有科罗拉多州和怀俄明州是长方形的。从内部组织的层面来看，西部各州有着一种近乎无情的秩序，很少考虑河流、山脉等地形特征。每一英里见方（相当于640英亩的面积）的土地，叫作一个“大块”（section），6大块土地就构成一个镇区（township）。一个“大块”分为16个面积为40英亩的正方形（square），一些熟悉的农场表达方式（如north 40，意思是“北边的40英亩”）就由此而来。这种安排存在的问题是，球形的地球没法跟正方块配合妥帖。越靠近两极时，经度线就越靠近近——这就是为什么在地图上看，怀俄明州的顶部比底部明显更窄。为了解决这个问题，纵向线条每24英里调整一次，这就解释了为什么在像内布拉斯加州和堪萨斯州这样的地方，南北向的道路在跟州际高速公路相交时往往会出现一个神秘的缺口。

围绕州名的辩论常常会持续好几天，而且会次次不落空地点燃人们的激情。科罗拉多州的待议名字包括科罗纳［Colona，在西班牙语中，哥伦布叫作科伦（Colón），而科罗纳又是科伦的阴性名词］、杰弗逊、富兰克林、杰克逊、拉斐特、扬帕、圣胡安、卢拉、阿拉珀霍、塔霍萨和爱达荷。在部分国会议员里，爱达荷有着近乎神秘的受欢迎程度。尽管没有任何意义，但它一次又一次地被反复提名了31年，直到1890年，它最终被采纳为美国第43个州的州名。等它不再收入候选名单，另一些名字就顶替了它的位置。亚利桑那州的候选州名包括加兹尼亚（因袭自詹姆斯·加兹登著名的“加兹登购地”，此次购地兼并了墨西哥的部分领土）和派美利亚。对新墨西哥州，候选州名包括汉密尔顿、林肯、蒙特苏马和阿科马（这是当地的一支印第安部落）。

各州的昵称就更加扑朔迷离了。考虑到这些绰号的使用范围那么广，它们的起源大多成谜就显得有些令人吃惊了。没有人确切知道为什么艾奥瓦州人叫作“鹰眼”（Hawkeye），北卡罗来纳州人叫“焦油脚”（Tarheel），堪萨斯人叫“堪萨斯鹰”（Jayhawker，并不存在这种鸟），印第安纳州人叫“胡希尔”（Hoosier）。我们知道特拉华人自1840年以来一直被称为“蓝色母鸡州”（Blue Hen State），但我们不知道为什么。人们给出了各种解释，有些解释甚至颇具独创性——有人把胡希尔（hoosier）一词追溯到了坎伯兰郡的一个方言词汇hooser上——但每种解释充其量只有着不够确定的证据，而且这些证据还多出于臆造。[26]

大多数州在过去的某个时候都有过一个废弃不用的绰号。阿肯色州曾叫作“热水州”（Hot Water State）和“牙签州”（Toothpick State），佐治亚州叫“嗡嗡州”（Buzzard State）、“花生州”（Goober State）和“捣碎州”（Cracker State，佐治亚州的“捣碎”跟脆滋滋的烤华夫饼没有关系，后者也叫cracker。佐治亚州的“捣碎”指的是把玉米捣碎做玉米粥），密苏里州曾众所周知地叫作“呕吐州”（ Puke State），伊利诺伊州叫

“吮吸州”（Sucker State），蒙大拿州叫“砸脚趾州”（Stub-Toe State），但似乎没有人知道为什么。不过，我们知道密苏里州如今的绰号“做给我看州”（Show Me State）是怎么来的。这一短语原本是外州人对密苏里州的侮辱，暗示密苏里人太笨了，凡事都要先做给他们看了才知道。然而，该州居民却把它当作一种恭维，认为这暗示了自己的谨慎态度。

如你所料，州立法机关时不时地为自己想出一些讨人喜欢的绰号，哪怕有时候会显得过于大胆。新泽西州一度把自己叫作“美国的瑞士”（Switzerland of America），而阿肯色州则自称“仙境州”（Wonder State）。新墨西哥州好像得过最严重的自恋症，曾在不同的时期自称心灵之地、机会之地、喜悦之地和迷醉之地。

至于那些最难打动你的州绰号，也不乏竞争者。本类别里的常年领跑者包括：种树人州（Tree Planters State，印第安纳州）、小麦州（Wheat State，堪萨斯州）、暴雪州（Blizzard State，南达科他州）、猪肉玉米粥州（Hog and Hominy State，田纳西州）、碘酒州（Iodine State，南卡罗来纳州）、蚊子州（Mosquito State，新泽西州），以及耀眼的“达科他人之地州”（Land of the Dakotas，北达科他州）。

II

现在，让我们更简要地说说人名。早期殖民时期生活最扎眼的一个特征就是人们拼写自己的名字都相当随意。众所周知，莎士比亚如今存世的6个签名里，没有哪两个是拼写相同的，就连在同一份文件里也出现了两次不同的拼写。他的同时代人提及他的名字时也并不甘居其下，为我们留下了83种不同的拼写方式。好玩的是，莎士比亚本人似乎从没用过一次如今通行的拼写方式“Shakespeare”。沃尔特·雷利爵士改换自己姓氏的态度就像是在换衬衣，有时写成Rawleyghe，有时是

Rawley，有时是Ralegh。*他的朋友和同事就更加不确定了，叫他Ralo、Ralle、Raulie、Rawlegh、Rawlighe、Rawlye，还有其他65个看似异想天开的变体。不过，跟莎士比亚一样，他也从未使用过今天最为常用的拼写：Raleigh。[27]

亚伯拉罕·林肯的祖先，在早期教会和房产记录里留下过诸如Lyncoln、Linccolne和Linkhorn等记录，杰弗逊有过Giffersonne和Jeffreson的写法，安德鲁·杰克逊常将他的名字写作Jaxon、Jackeson、Jakeson和Jakson。约翰·温斯罗普，马萨诸塞州的第一任州长（在殖民地发行的第一批铸币上，Massachusetts写作Masathusets，说明地名同样也有着各种变体），有时自称Wyntropp，事实上，他也正是照此拼写发音的（读作“怀斯特普”）。[28]早期殖民地城镇的记录里也充斥着同一个名字的多种拼写方式，Mayo写作Mayhew，Smith写作Smythe，Moore写作Muir，等等。这暗示着，在那个繁忙的时代，几乎没人认为保持一致的拼写或发音会有什么特别的好处或用途。

由于早期殖民者采用奇怪的拼写，他们也常常带来出人意料的发音。弗吉尼亚州的情况尤其如此，几家名门望族特别喜欢用不可思议的方式读自己家的姓氏，于是，Sclater（读作“斯克莱特”）成了“Slaughter”（读作“斯洛特”），Munford

* 顺便提一句，所有的拼写方式都暗示着，他名字的现代美式发音“rawly”比现代英式发音“rally”更忠于本源。

（芒福德）成了“Mumfud”（玛姆法德），Randolph（兰多夫）成了“Randall”（兰道尔），Wyatt（怀亚特）成了“Wait”（威特），Devereaux（德弗罗科斯）成了“Deverecks”（德弗瑞克斯），Callowhill（克劳希尔）成了“Carroll”（卡罗尔），Higginson（希金森）成了“Hickerson”（希克尔森），Norsworthy（诺斯沃斯）成了“Nazary”（纳扎里），而Taliaferro（塔利亚费罗）成了基本上想不出来的“Tolliver”（托利弗）。不过，更叫人想都想不到的是Crenshaws（克伦肖），据说发音成“Grange”（格朗杰）。而Enroughty（读作“恩鲁提”）家族的一支，把它的发音改成了“Darby”（达比），显然是想要把自己跟那些把它读作“Enruffty”（恩鲁菲）的家族支系区分开来。这些怪异的读音并非出自新世界，而几乎全盘来自英格兰，推测起来，他们的后人一定将之珍视为奇怪的传家宝。与英国人带着亲昵感保留奇怪发音的做法形成鲜明对比的是，在美国大多数情况下，发音逐渐变得跟拼写一致了，一如刺杀林肯的凶手约翰·威尔克斯·布斯的祖先把Booth的发音，从跟south押韵，改成了跟truth押韵*。

这种做法在北方并不常见，但也算不上鲜为人知。美国第14任总统，新罕布什尔州的富兰克林·皮尔斯，一辈子都把自己的姓读成“珀尔斯”。不过，即便是这种适度的非正统发音，也很少见。新英格兰人把创造性冲动留给了自己的名

* 即将Booth读音从/bsaʊθ/鲍斯，改成/bu:θ/布斯。——译者注

字，通过为孩子起一些象征美好品质的名字，找到了一定的愉快感。在“五月花”号的乘客里，我们发现了Love and Wrastle Brewster（“爱与摔跤”·布鲁斯特），Resolved White（“决心”·怀特），Humility Cooper（“谦逊”·库珀），Desire Minter（“热望”·敏特）和Remember Allerton（“记忆”·埃勒顿）。就我们所知的范围，这类名字只出现在搭乘“五月花”号的孩子身上，暗示在1620年这是一种相当新颖的做法。我们无法完全确定事实是否如此，因为记录支离破碎。威廉·布拉德福德编订了一份“五月花”号乘客的“完整”名单，收录了所有男子和大多数儿童及男仆的名字，但却只有少数女性的名字，就好像女性是这桩冒险的附带品一样。出于这个原因，我们知道克里斯托弗·马丁两名男仆的名字，但却不知道他的妻子叫什么。随着妻子婚后放弃自己的姓氏，她们似乎也放弃了自己的名字（只有她们的家人会用名字称呼她们），在外面更广阔的世界，人们只知道她们是“马丁夫人”或者“琼斯夫人”——至少威廉·布拉德福德是这么认为的。

起初，描述性的名字仅限于一种美德：信仰、希望、爱情、慈善、增长、自制等。但不到一代人的时间里，清教徒父母开始给孩子起一些听起来很正义、朗朗上口的复合短语名字：Flie-Fornication（苍蝇–乱伦），Misericordia-Adulterina（慈悲–通奸），Job-Raked-Out-of-the-Ashes（约伯–从–灰烬–中–爬出），Small-Hope（小–希望），Praise-God（赞美–主），Fear-Not（恐惧–不），The-Lord-Is-Near（主–就在–附近）。名字变得像啦啦队口号般清脆。所以，在早期的朝圣者中，我们发现了Fight-the-Good-Fight-of-Faith Wilson（打好信仰之战–威尔逊），Be-Courteous Cole（有礼貌–科尔），KillSin Pemble（杀死罪–佩柏），以及悦耳得叫人难忘的Safely-on-High Snat（高处最安全–斯奈特）。偶尔，对《圣经》的忠诚和渴望带来了一些复杂得令人畏惧的名字：Mahershalalhasbaz*，Zaphenathpaneah**，Zerubbabel***和Mene Mene Tekel Upharsin****。有时，父母给孩子起名时会闭上眼睛用手指在《圣经》上指指点点，相信上帝会引导他们找到一个恰当的词语，这就解释了为什么偶尔会出现略带傻气的名字，比如Maybe Barnes（也许·巴恩斯）、Notwithstanding Griswold（尽管·格里斯沃德）就是这么来的。[29]

这些过目难忘的名字自然会吸引我们的注意，但实际上这类名字的数量并不太多。事实上，大多数婴儿的名字都缺乏想象力到了胆怯的程度。17世纪马萨诸塞湾殖民地一半以上的女性施洗时都起了莎拉、伊丽莎白和玛丽这三个名字。[30]就算父母给孩子起更大胆的名字，一般而言也不是为了尊奉《圣经》，而是为了纪念某位祖先：比如著名的牧师兼作家科顿·马瑟（Cotton Mather，此处的“科顿”直译是“棉花”），他叫这个名字不是为

---

* 这是《圣经》中先知以赛亚孩子的名字。——译者注

**《创世记》中法老给约瑟起的名字。——译者注

***《圣经》故事里一个总督的名字。——译者注

**** 这是《但以理书》中的一个谜语。——译者注

了纪念这种有用的纤维，而是为了纪念他母亲玛利亚·科顿。纯属偶然的是，玛利亚·科顿是她丈夫英克里斯·马瑟（Increase Mather，此处“英克里斯”直译是“增加”的意思）的继姐。故此，她不仅是科顿的母亲，同时还是他的姑妈。[31]

到了18世纪初，反常的名字几乎彻底弃用了。与此同时，出现了一种鼓励姓名尽量一致的倾向。在英国，家族的姓氏往往存在多种可接受的拼写形式（至今仍然如此）：Lea/Leigh/Lee，More/Mohr/Moore，Coke/Cook，Cooper/Cowper，Smith/Smythe（我的熟人甚至有叫Shmith的）。而在美国，名字一早就倾向于标准化为一个简单的拼写，所以Browne一般成了Brown，Hull成为Hall，Newsholme成为Newsom，等等。[32]

从最初的日子开始，来自非英语国家的移民也改写了名字，以便融入美国社会。保罗·里维尔（Paul Revere）的父亲是法国胡格诺派的难民，来到美国时叫亚波罗·里沃尔（Apollos Rivoire）。[33]马萨诸塞的革命领导人、鲍登学院的创办人詹姆斯·鲍登（James Bowdoin）是皮埃尔·博登（Pierre Baudoin）的儿子。因“最后据点”*而成名的乔治·卡斯特（George Custer），是一长串“罗斯特”（Kösters）的后人。洛克菲勒（Rockefeller）最开始是罗根菲尔德（Roggenfelder）。威斯汀豪斯（Westinghouse）早前是威斯汀豪森（Wistinghausen）。

---

* 此事出自小巨角战役，这是北美印第安战争中的一场战役。此役中，卡斯特所率部队孤军深入，遭美国原住民苏族人围歼，全军覆没。——译者注

棒球选手和传道作家比利·桑戴（Billy Sunday）来自德裔的桑塔格（Sonntag）家族。水牛比尔·科迪（Bill Cody，是蛮荒西部的代表人物）调整自德国的科特（Kothe）。胡佛（Hoover）总统的祖先是胡贝尔（Huber）。[34]政治活动家温德尔·威尔基（Wendell Willkie）的父亲姓威尔克（Willcke）。

很多时候，名字间的这种过渡相对简单。Langestraet很容易就变成了Longstreet，一如Wannemacher自然变成了Wanamaker，Schumacher变成Shoemaker，Jung变成Young，Schmidt和Müller变成Smith和Miller，Blumental变成Bloomingdale，Braun变成Brown，Griin变成Green，Blum变成Bloom，Fjeld变成Field，Oehms变成Ames，Koch变成Cook，Nieuwhuis变成Newhouse，Pfoersching变成Pershing，Jansson、Jonsson和Johansson都汇集成Johnson，Olesen和Olsson变成Olsen。偶尔也需要多运用些才智，一如Bon Coeur变成Bunker，Wittenachts变成Whitenecks。如果人名词源达不到目的，最方便的解决办法是直接翻译，所以法语里的Feuillevert演变成诗人约翰·格林利夫·惠蒂尔（John Greenleaf Whittier）的中间名Greenleaf（绿色的树叶，Feuillevert翻译为英语就是这个意思）。这样一来，美国人的姓氏往往有一种盎格鲁–撒克逊的同质性，这掩盖了他们的起源。例如，在美国，姓米勒和约翰逊的人远比在英国更常见，而这几乎完全是因为德国后裔和斯堪的纳维亚后裔对类似的其他姓氏做了调整改写。

随着美国进入19世纪下半叶，移民越来越多地从稍加调整即可适应的欧洲日耳曼腹地，过渡到南部和东部边缘地带。来到美国海岸的人们，带着极难适应英语敏感性和语音的姓氏。诸如克拉扬诺斯基（Krzyanowski）、斯柴布塞内斯基（Szybczyńeski）、米科拉杰斯基（Mikolajezyk）和格文卡赞日申（Gwzcarczyszyn）等波兰名字[35]，明显代表了比布劳恩（Braun）或欧勒森（Olesen）更大的语言挑战。哪怕是最短的东欧姓名，特别是像克尔奇（Krč）、谢尔特（Chrt）、阿纳特（Hnát）和瑟何（Srch）这样的捷克姓，也很难轻易被同化。还有一个问题是，类似匈牙利人等群体，会把姓氏放在前面，还有一些人，尤其是亚美尼亚人，通常根本不使用姓氏。有时，外国名字可以直接翻译成英语，所以，许多姓科瓦尔奇特（Kowalczyk）的波兰人、姓柯瓦夫（Kovář）的捷克人，直接变成了史密斯（Smith）。有时，迫于压力，人们不得已使用了更容易处理的中间名，比如约瑟夫·康拉德·科尔茨尼夫斯基（Josef Konrad Korzienowski）变成了作家约瑟夫·康拉德（Joseph Conrad）。太长的姓氏大多会截断，因此像有着帕帕蒂米特拉科波罗斯（Pappadimitracoupoulos）这类姓氏的希腊人，不可避免地变成了帕帕斯（Pappas）或者波尔斯（Poles），米克拉杰塞克（Mikolajezyk）变成了米科[Miko，还经常会进一步提炼成种族气息不那么明显的迈克尔（Michael）]。

有时，人们完全抛弃了原先的名字，取而代之的是一个有着美国光环的闪亮新名字，比如意大利拳击手安德烈亚·乔里格里诺（Andrea Chiariglione）变成了美国拳击手吉姆·弗林

（Jim Flynn）。一个家庭的部分成员修改了姓氏，另一些人则忠于文化母国，这种情况也不少见。小说家西奥多·德莱塞（Theodore Dreiser）和作曲家保罗·德莱塞（Paul Dresser，写有*On the Banks of the Wabash*，即《沃巴什岸边》等歌曲）就是兄弟。[36]

对于犹太移民来说，美国人身份的问题还有另一个维度。对那些希望到更广阔的世界去闯荡（比如进入演艺圈）的人来说，明显的犹太名字有可能成为障碍。故此，以色列·巴林（Israel Baline）变成了欧文·伯林（Irving Berlin），孟德尔·伯林格（Mendel Berlinger）变成了米尔顿·伯利（Milton Berle），内森·伯伦鲍姆（Nathan Birnbaum）成为舞台上的乔治·伯恩斯（George Burns）。这对犹太人来说算不上是个新问题。记者孟肯引用了17世纪英国作家塞缪尔·佩皮斯（Samuel Pepys）日记里的一个故事：某个列文医生（Dr Levy）恳请法院允许他改姓叫沙利文（Sullivan），一个月后又再次寻求许可，想要改姓叫吉尔帕特里克（Kilpatrick）。“问及改名的原因，他告诉法院说，他的病人不停地问他：‘你从前姓什么？’如果获允改动，他以后就可以告诉他们说：‘我原来姓沙利文。’”[37]通常，犹太人对自己的姓氏没有太深的留恋。来自奥地利和德国部分地区的犹太人，早在六七十年前就被迫改用了德国姓。很多时候，强加给他们的姓氏本就没什么吸引力，比如戈尔德瓦瑟（Geldwässer），其实是gold water（金色液体），是尿的委婉语；范增尼克（Wanzenknicker，意思是“虱子勺”）和艾森考夫（Eselkopf，意思是“屁头”），能摆脱它们，当事人太乐意不过了。

这些名字的发音也做了调整，变得符合美国模式，尤其是卡彭（Capone）和史泰龙（Stallone）等意大利名字，最后的元音在意大利语里都要发音，而在美国往往变成轻声或不发音。英国名字也有这类情况，因此塞西尔（Cecil）、珀塞尔（Purcell）、莫里斯（Maurice）和巴奈特（Barnett）在美国的发音成了“西希尔”（seesil）、“普瑞尔”（pur-sell）、“毛瑞斯”（mo-reece）和“巴尔内”（bar-nett）。

尽管有着适应环境的繁多压力，以及使用简单美式名字带来的毋庸置疑的便利，仍有数百万人忠于命运和地理传统带给自己的本名。我随意浏览了一本偶然摆在我面前的关于美国橄榄球历史的图书索引，就碰到了大量坚决不妥协的非美式姓名，比如迪克·莫杰勒斯基（Dick Modjelewski），埃德·阿巴提乔（Ed Abbatticchio），克努特·洛克内（Knute Rockne），布罗斯劳·“布朗科”·纳古斯基（Bronsilaw ‘Bronko’ Nagurski），弗雷德·本尼什克（Fred Benirschke），哈里·斯图霍尔德雷德（Harry Stuhldreder），柴克·布拉特考斯基（Zeke Bratkowski），W.W. 贺菲尔芬奇（W. W. Heffelfinger），吉姆·基伊克（Jim Kiick），丹·帕斯奎雷洛（Dan Pasquariello），亚历克斯·沃切考维兹（Alex Wojchiechowicz）。实际上，几乎任何美国人的姓名清单，都可展现出平等的种族多样性（总统和电影明星的名单例外）。如今，人们还越来越倾向于采用本来的家族姓氏，比如演员艾米利奥·艾斯特维兹（Emilio Estevez），是演员马丁·辛

（Martin Sheen，本名叫né Ramon Estevez）的儿子；欧文·华莱士（Irving Wallace）的儿子，是作家大卫·华勒钦斯基（David Wallechinsky）。

最后，还有一群移民往往被排除在此类讨论之外：美国黑人。传统观念认为，长久以来，黑人在奴隶制下被剥夺了拥有姓氏的尊严，等获得自由之后，大多跟了前主人的姓。然而，证据还有常识都表明，黑人对自己主人的姓并没有什么好感。在南方奴隶主中最为扎眼的名字，比如平克尼（Pinckney）、伦道夫（Randolph）和拉特利奇（Rutledge）——任何黑人名录里，出现的次数都极少。获得自由的奴隶要么使用一个大众化的美式名字，比如约翰逊、琼斯、史密斯、罗宾逊等，要么给自己起一个英雄的名字。因此，叫华盛顿、杰弗逊、布朗（以废奴主义者约翰·布朗为名）、霍华德（以O.O. 霍华德将军为名，在美国内战后的几年里，他担任解放黑奴事务管理局局长）的非裔美国人相对人数较多。但让人奇怪的是，叫林肯的美国黑人却不多。

第8章

“昭昭天命”：西进运动

1803年，托马斯·杰弗逊完成了历史上最划算的一桩买卖。他以差不多每英亩3美分的价格，从法国人手里买下了成为日后12个州（阿肯色州、艾奥瓦州、堪萨斯州、路易斯安那州、明尼苏达州、密苏里州、蒙大拿州、内布拉斯加州、俄克拉何马州、怀俄明州和南北达科他州）大部分或全部领土的疆域，一举让美国的面积翻了两倍有余。此事史称“路易斯安那购地”。

找人勘探新的领土并绘测地图，就成了一件自然而然的事。事实上，杰弗逊已经这么做了。早在他认为路易斯安那购地可行的几个月之前，他就授权梅里韦瑟·刘易斯领导一支勘探队，非法深入西部疆域展开探索。等西边大部分土地均已落入美国之手的消息传到刘易斯耳朵里时，他已经朝着圣路易斯走了一半的路。

刘易斯在蒙蒂塞洛附近长大，是杰弗逊的门徒，“几乎相当于他的儿子”，这是一位传记作家的话[1]，但从领导探险队的角度来看，他却是个奇怪的人选。虽然刘易斯有军事经验，但并不特别熟悉荒野旅行，而且此前两年里，他一直在白宫担任杰弗逊的私人秘书，过着非常惬意的生活。他没怎么受过学校教育，也没有接受过植物学家或制图师的训练，更不能说印第安语。

更令人担心的是，他天生情绪波动很大，用委婉的话来说，叫作“犹如患了忧郁症一般”。他向自己的朋友威廉·克拉克求助，希望与后者共同担任领队。尽管克拉克出身名门（他的哥哥是美国大革命时期的将军乔治·罗杰斯·克拉克），他所接受的学校教育却比刘易斯还少，并无半点边疆人的气质，但他稳重、勇敢、足智多谋。几乎奇迹般地，两人成了一对完美的领导者。

1804年5月14日，他们率领探险队从密苏里州启程，这支队伍包括32名士兵、10名平民、一名奴隶（克拉克中尉的侍从约克）、一名年少的印第安向导兼翻译萨卡加维亚和她刚生下的孩子，外加刘易斯的狗斯坎农。这一去至少就是两年半，要在未知且还常有敌人的地域里穿越近8000英里，但队伍里将只有一人死亡（死于阑尾破裂）。

他们绝不是第一批冒险进入北美宽广内陆地区的白人。早在1680年，就有大约800名法国毛皮猎人在西部工作[2]，到1804年，密苏里河覆盖的广阔流域，都常常看得见法国和英国贸易商和猎人的身影。1792年到1793年，一位名叫亚历山大·麦肯齐的英国人翻越了加拿大落基山脉来到不列颠哥伦比亚省，成为第一个从陆地上抵达太平洋沿岸的欧洲人。从海路抵达西海岸的人更多，一如刘易斯和克拉克发现的那样，太平洋西北的印第安人迎接他们到来时，真诚地说着son-of-a-pitch*，明显相信这是英语里表示友谊的问候。[3]他们还遇到了一位印第安女性，腿上粗糙地文有“乔纳森·鲍曼”的字样。[4]1801年，探险家麦肯齐出版了一本影响深远的书《从蒙特利尔出发……穿越北美洲大陆到达冰冻地带和太平洋之旅》，在书中他建议英国人趁着机会还在，抢先占领美国的西部版图。正是这种值得警惕的前景，使得杰弗逊派出了刘易斯和克拉克探险队。

虽然刘易斯和克拉克并不是第一批冒险进入西部地区的人，但他们是第一批以科学态度应对此事的人。靠着不懈的勤奋，他们标记、绘制并勘察了看到的一切，在著名的日志里记录下了沿途的发现——直到今天，这份日志读起来都令人赞叹。尤其是，倘若不曾迅速地喜欢上克拉克粗糙的拼写和古怪的语法，简直没法阅读他的笔记。用乔治·R. 斯图尔特的话来说，克拉克的行文“直抵灵感”。他在探险队动身后写下的第一句话是，“在一股温柔的微风里，我们沿着密苏里河逆流而上**”[5]。他直截了当的描述和古怪的行文，顿时让这一场紧张的冒险变得鲜活生动起来。

---

* 正确的说法应该是son-of-a-bitch，表示一种骂人的脏话，这里应该是印第安人听到英国海员的叫骂又以讹传讹所致。——译者注

** 原文为“We proceeded on under a jentle brease up the Missourie”，此处“jentle”当为“gentle”，“brease”当为“breeze”。——译者注

25日，星期天，一个美好的早晨，河水昨晚涨了14英寸，男人们发现了大量蜜蜂树，采了大量的蜂蜜，11点钟，从圣路易斯来了24名苏克族人，索要食物……古德格（Guterge，原本应为Goodrich，古德里奇；这是克拉克的奇怪拼写）带着鸡蛋和illegible（难以辨认）回来了，威拉德带来了10对。亨吉斯·乔治·香农捕到了3条大猫鱼——今晚的蚊子很糟糕。[6]

在他拿不准如何拼写的笔下，circumference（圆周）成了secumpherance，rheumatism（风湿病）成了rhumertism，Missouri（密苏里）的写法更是千奇百怪：Missouris，Missouries，Missourie，而且常常在同一句话里就有两种写法。萨卡加维亚是一位英勇的印第安姑娘，带着探险队穿越蛮荒旷野，克拉克明智地避开了她的名字，只叫她“那个斯卡”。虽然刘易斯的拼写也不够稳定，却给日志带来了更自信的风格。在两人笔下，他们为动物、植物和此前未曾有过记录的当地景观特征创造了近千条术语。他们发现了178种植物和122种动物，其中包括灰熊（grizzly bear）和大尾巴狐狸（great-tailed fox），若干种梭子鱼、鲇鱼和松鼠。美国历史上再没有其他探险家或自然学家像他们一样为如此多的生物命过名了。

从前并无英语记录的词汇包括great plains（大平原），prairie dog（草原犬鼠，不过克拉克更爱说“地鼠”），用cache指代地上的秘密洞穴（显然是取自法国猎人，而在克拉克笔下，又必然会拼成carsh）。他们所用的一些词汇没有通行起来。他们叫的small wolves（小狼），最终被墨西哥–西班牙人的coyote（土狼，原本是纳瓦特尔语coyotl）取代。他们还给西部所有尚未有公认名字的地貌特征起了名，不过也有很多地貌本来就有名字。例如，黄石（Yellowstone）是刘易斯对法国猎人口里的Roche Jaune做的字面翻译。然而，他们起的地理名称流传至今的相对较少。他们给密苏里河的一条支流起名叫“慈悲河”（Philanthropy River），后来路人又重新将它命名为“臭水河”（Stinking Water）。刘易斯河（Lewis River）后来变成了肖松尼河（Shoshone），哲学河（Philosophy River）成了柳溪（Willow Creek）。

尽管配备有3名翻译，但刘易斯和克拉克依然经常在跟美洲原住民的交流上遇到极大的语言困难。有一次会面出现了“击鼓传花”式的翻译，一名听众把刘易斯的英语翻译成法语，另一个人把法语翻译成了米尼塔里语，又一个人把米尼塔里语翻译成了肖肖尼语，最后，又把肖肖尼语翻译成内兹珀斯语。印第安人内部用一种通用的手势语言（大约有100种手势）来消除这种障碍，它能满足大部分需求（虽然有些蹩脚）。探险队还碰到了难得的好运，最特别的一次是，在一次充满紧张的相遇中，萨卡加维亚发现对方战士里有一个人是自己的兄弟。

探险结束后，杰弗逊任命刘易斯为路易斯安那领地的总督。1809年10月，也就是探险完成3年之后，这位伟大的探险家，当时年仅34岁，在田纳西州纳奇兹古道一家名为格林德酒馆的乡村旅馆里离奇死亡。他的忧郁症明显严重发作，行为古怪而偏执，甚至逼得住所的主人搬出房子，住进偏屋。好几个小时里，人们都听到刘易斯在自言自语。接着，深夜时分传来枪声，一切归于平静。早上，人们发现刘易斯受了重伤（一半的头骨都被炸飞了，全身上下还有自己弄出来的其他伤），但仍有意识。他请求老板早点帮他了结痛苦，但房主拒绝了。当天晚些时候，刘易斯断了气。他的朋友和同事威廉·克拉克境遇要好得多。他成为密苏里领地的总督，尽管从未学会拼写，执政工作却干得很出色。

在一个世纪的大部分时间里，刘易斯和克拉克的科学和语言成就几乎完全无人注意。直到1893年，一位名叫艾略特·库斯的研究人员和博物学家，从费城美国哲学学会的一口壁柜里重新发现了他们早已被人遗忘、几近碎裂的完整手稿，为他们的日志做了注释并编辑出版，他们自然学家、绘图师和民族学家的身份才最终得到认可。[7]

杰弗逊认为，美国人要用1000年才能填满西部的巨大蛮荒，[8]但他并未考虑到19世纪出现的大规模移民浪潮，以及美国人让法国思想家托克维尔无比着迷的奇怪的“不安分性格”。[9]从一开始，美国人就很少长久地待在同一个地方。詹姆斯敦创建不到1个世纪，就成了一座鬼城。很少有州一次都没有变过州府，大多数时候是变动数次。就在美国独立战争到1812年战争之间的大约35年里，最初的13个殖民地里有8个都改变了州府所在地。在更遥远的西部，州府的变化更为频繁。印第安纳州的州府，从温森斯搬到了科里登，最后搬到了印第安纳波利斯。伊利诺伊州的州府，从卡斯卡斯基亚搬到了万达利亚，最后又搬到斯普林菲尔德。[10]在英式英语里，frontier（边疆）意味着国家的边界，而在美国，它有了一层新的含义：荒野与文明之间那条不断变化的分界线。

人们心怀厚望地建立城镇，但如果不成功，也毫不犹豫地废弃掉。1831年，亚伯拉罕·林肯搬到了伊利诺伊州的新塞勒姆。6年后，附近桑加蒙河上的贸易令人失望，他和其他所有人便放弃了这一社区，分散到其他更有希望的地方。放眼整个西部，城镇兴起，又湮灭。每发展出一座欣欣向荣的“芝加哥”或“密尔沃基”，就有其他成千上万座城镇无声落幕。仅在艾奥瓦州，就有2205个社区兴建不到100年即沦为鬼城。[11]

在19世纪之前，“city”（城市）一词往往是人口稠密的社区所专享的，但在19世纪的美国，它开始适用于几乎所有的建筑群集，哪怕面积很小。直到今天，美国各地都点缀着用“城市”来形容显得太夸张的地方，比如内布拉斯加州的里帕布利克城（人口仅有231人），艾奥瓦州的巴恩斯城（人口为266人），伊利诺伊州的罗克城（人口为286人）。但我们往往会忘记，在美国，尘土飞扬的小村庄真的曾在一夜之间变成城市。

这类繁荣小镇最出名的代表就是密歇根湖畔一座名叫迪尔伯恩堡的小社区。1832年，它的居民不到100人。60年后，它改名为芝加哥，拥有100万居民，是全世界最大的粮食市场。[12]在这之前，历史上没有哪一个社区崛起得这么快过。历史学家丹尼尔·布尔斯廷指出："人类至少用了100万年，才孵化出第一座有着100万人口的城市社区，芝加哥人用了不到一个世纪就完成了这一壮举。"[13]

一项有着奇怪名字的发明，或许是芝加哥得以在如此短的时间里容纳下众多人口的奥妙所在，它就是：气球框架结构。1833年，奥古斯丁·泰勒在芝加哥发明了这种革命性的建筑方法，把轻质而坚固的木制框架钉在一起，悬挂到位。它巧妙到了几乎无可改进的地步，至今仍在美国建筑行业普遍使用。气球框架并不是泰勒起的名字，而是心存疑虑、对这种方法大加诋毁的木匠们创造的。[14]当泰勒用这种方法建造芝加哥第一座天主教教堂的时候，几乎所有人都认为，只要一阵大风就能把这座建筑物吹走。不必说，事情并非如此，很快这种方法就被各地效仿了。

对美国人来说，"西部"是一个不断变化的概念。1790年开展第一次联邦人口普查时，美国有400万人口，其中95%生活在东部沿海地区，"西部"差不多就是其他所有地方的意思。到了19世纪20年代，西部扩展到了阿巴拉契亚山脉之外。当时，肯塔基的主要报纸叫作《美国西部守卫者报》。即使到了19世纪中叶，像查尔斯·狄更斯这样杰出的记录者，最远也只能走到离落基山脉还差着足足1000英里的圣路易斯，同时堂而皇之地说已经见到了西部。

我们现在所知的西进运动，到19世纪40年代中期出现"俄勒冈热”这个说法的时候，才正式拉开序幕。当时，英国声称对美国西北部领土享有主权，在美国政府的拓殖鼓励下，成千上万的自耕农顺着俄勒冈小道走到尽头，开始了自己的新生活。俄勒冈小道是美国西进运动中的重要通道，20年前，它只是猎人们依靠树皮刻路标指出来的一条山野小径。1845年，《民主评论》的编辑约翰·奥沙利文创造出“俄勒冈热”的说法，总结了美国对西部发展秉持的全新的决然态度。他写道：“让我们每年新增的数百万人，到这块上帝分配的大陆去自由开发，就是我们的昭昭天命。”[15]开发西部不光是一个有待抓住的机遇，更成为一种使命。

“俄勒冈小道”是个有点误导性的说法。首先，它不是一条定义明确的道路。它几乎完全是一种名义上的走廊，极为宽阔，横跨大草原。其次，等最初的几年过去之后，顺着它前往俄勒冈的人就变得相对较少了。一旦翻越了落基山脉，人们就会四散开来，前往加利福尼亚州寻找金矿。

西迁的一个重要神话（经数千部电影刻画）：宽轮大篷车里载着移民，在大草原上艰难前进。按历史学家乔治·R. 斯图尔特的说法，这种坚固的车辆，“对前往俄勒冈或加利福尼亚的长途跋涉而言，实在是重到一无是处”[16]。它们的确把一些货物送到了西部，但却几乎从未运送过家庭。相反，西部移民使用的是更轻、更小、更灵活的货车，这通常被叫作“草原篷车”。它们不靠马拉，而是使用骡子或牛，因为后者比任何马匹都能更好地忍受跨越大草原的艰辛。好莱坞制造的最后一个神话是，每当受到印第安人袭击，篷车们就会集结到一起。真实情况并非如此，原因也很简单：集结篷车的过程组织起来太费力了，很有可能，活儿还没干完一半，人已经被杀光了。

篷车用帆布（canvas）蒙着，就跟电影里一样，尽管当时还很少用这个词；在19世纪，更通俗的说法是斜纹布（twill）。“大篷车队”（wagon train）一词也偶尔使用（首次记录于1849年），但它并不特别贴切。在大部分旅程中，篷车前进时会散开呈宽达10英里的扇形，以避开彼此扬起的灰尘，绕开过去旅行者留下的车辙（这是他们没有结成圆形车队的另一个障碍）。

直到19世纪30年代过了好几年，人们仍对西部保持着深刻的无知，以至于地图上常常散布着想象出来的河流——马尔特诺马河（Multnomah）、洛斯曼戈斯河（Los Mongos）、布埃纳文图拉河（Buenaventura），还有一大片内陆海洋，叫廷帕诺戈斯（Timpanogos）。顺便再说一句，前往西部的人，并不认为自己还置身美国。直到南北内战时期，一般人都认为“美国”一词只代表东部各州，故此当时的记叙里常常出现这样的说法，比如“这里（俄勒冈）的某个人，正说着要回到美国去”，或者“我们就快回美国了，打扮得精致漂亮些”（这两句话分别出自1857年的《纽约论坛报》和1860年的《落基山新闻》）。

人们在西部见到的景观跟东部有着惊人的不同，需要新的词汇。尽管早在1806年就有“great plains”（大平原）的说法，但密苏里河以西的草地平原常被叫作“barrens”（秃地），有时叫“great dismal”（大沼泽），直到法语词汇“prairie”（大草原）取而代之。“大草原”一词来自古老的法语单词，指的是草地，美国从殖民时代就开始使用，但它最初表示一片森林围着的野生开阔地。“desert”（荒原）一词同样经过修正，以适应西部的独特景观。最初，它指的是所有无人居住的地方（它的形容词态“deserted”仍保留了这一含义）。因此，1834年首次出现的“Great American Desert”（美大荒），不仅描述了西南部地区矮树丛生的干旱土地，也描述了北部肥沃的草原。我们现在看来荒凉严峻的地貌，在当时完全不像今天这样贫瘠。西部移民到达的时候，西南部的大部分地区都覆盖着凤尾草。他们只把它当成牧草，蓄养牲口。[17]即便如此，西部也不乏凶险之地。1849年，一支移民队伍试图抄捷径前往加利福尼亚，结果付出了可怕的代价，便把此处命名为“死亡谷”。

传统的西部驿马（stagecoach），虽然在电影和电视节目中常年出现，但实际服役仅十来年。第一条驿站线路于1858年投入使用，陆路邮递邮政公司（Overland Mail Company）开通了从圣路易斯到旧金山每周两次的邮递服务。它的康科德货厢（因为是新罕布什尔州康科德生产的，故以其为名）原本主要打算用来运送邮件和货物，但也可搭载多达9名乘客，往西走每名乘客收取200美元的费用，往东去收取150美元。（朝东走更便宜，因为当时往西去的人要多得多。）一切顺利的话，一趟行程要花3个多星期。1866年，陆路邮递邮政公司卖给了富国集团，但3年后第一条横贯大陆的铁路开通，它便彻底歇业了。

轻骑快递（Pony Express）更加短命。它于1860年4月3日开通服务，旨在尽快将邮件从密苏里州的圣约瑟夫送到加利福尼亚州的萨克拉门托。骑手每人带着一口邮包（通常也叫“马鞍袋”，mochila）接力骑行，平均每人每天跑50英里到80英里（偶尔也有人不休息地连续跑300英里）。平均而言，75名骑手能在10天半的时间里，完成从密苏里州到加利福尼亚州之间2000英里的行程。这是一项了不起的成就，但从经济的角度看很蠢。组建并维护骑手队伍、马匹和中转站，是极为昂贵的生意。轻骑快递公司的投资者在这项服务中投入了70万美元，哪怕邮件收取每盎司5美元的天价，也从来没能稍微赚回点本钱。1861年末，也即开业后仅仅过了19个月，轻骑快递就败给了新架设起来的电报线路（当然，前者的天价成本也是罪魁祸首），宣告破产了。

对那些不希望面对陆路出行危险和不适的人来说，还有一种选择是走海路。路线之一是乘船通过墨西哥湾前往巴拿马，骑马穿过50英里宽的巴拿马地峡（当时通常称为达里恩地峡），到太平洋沿岸转乘另一艘船。但行程的衔接并不牢靠，受暑气和黄热病影响困上几个星期的情况并不少见。另一条路线是乘船绕过南美洲最南端的合恩角，全程长达1.5万英里，至少要在污秽的船上耗掉6个月，甚至两倍于此的时间。总而言之，前往加利福尼亚是一件既不舒服又危险的事情。

但至少，在1849年加利福尼亚发现黄金之后，这些艰难险阻就拦不住任何人了。在淘金热最初的4年里，加利福尼亚的人口从2万猛增到约22.5万。也是在这4年里，人们从地下挖出，或是从闪闪发光的小溪里筛出了价值2.2亿美元的黄金。淘金热不仅让少数幸运儿发了财，还让美国的语言变得更加生动。淘金热产生的许多说法，很快获得了更普遍的含义，远远超出了掘地三尺挖金子那点事儿，比如pay dirt（原意是“有开采价值的矿石”，后泛指有利可图的事情），pan out（原意是“淘出金沙”，后泛指大获成功），to stake a claim（原意是“淘金人打桩立界”，后泛指声明对某事的权利）和to strike it rich（原意是“发现矿藏”，后泛指发横财）。[18]

淘金热带来了众多的副作用，其中之一是19世纪50年代在旧金山发明的耐磨帆布裤和连体工作服。发明人自然是李维·斯特劳斯，他带着一堆帆布（或斜纹布）前往西部，本想制作帐篷，却发现矿区营地对耐磨裤子的需求要大得多。他并未将这种裤子叫作“牛仔裤”（jeans）。在19世纪50年代，“jean”这个词指的不是一种服装，而是一种布料。它是“Genoa”（热那亚）的变体，而热那亚是意大利的一座城市，也是最初织出这种布料的地方。直到19世纪，丹宁裤（denim一词是“serge de Nîmes”的变体，意思是“来自尼姆”，尼姆是法国的一座城市）才变成众所周知的牛仔裤，直到20世纪40年代，人们才把它叫成“李维斯”（Levis）。

我们眼里许多跟西部关系最紧密的词条，并不是在当地创造的。早在desperadoes（亡命徒）一词跟西部匪帮挂上钩之前，阿比盖尔·亚当斯就曾用它形容谢斯叛乱（是马萨诸塞州中西部地区在1786年到1787年间发生的一场起义）中的参与者。[19]虽然chuck wagon（指快餐车，chuck是一个形容食物的俚语，指杂烩菜；出于偶然，upchuck一词中也保留了这一含义）在西部广泛使用——其中最受欢迎的车型之一是由底特律的Studebaker公司制造的——但早在根本没人知道俄勒冈小道之前，它就在肯塔基州大范围使用了。son of a gun（昵称，好家伙，鬼东西）和to bite the dust（忍气吞声）都是早期殖民者带到美国的英式英语。自中世纪以来，英语里就一直有posse（民团）的存在。看似天然契合西部意气风发的生活方式的夸张言辞，大部分很早以前就起源于新英格兰（类似于absquatulate和rambunctious等形式，分别是溜之大吉、闹哄哄的意思）。[20]类似的，斯泰森牛仔帽（the Stetson hat，通常也叫John B），同样是东部的创新。它的原创者约翰·巴特森·斯泰森是一位费城人，从未想过这种帽子跟骑马的牛仔有什么独特的联系。

就连cowboy（牛仔）也是一个旧词。它最初用于美国独立战争期间，是对保皇派的贬称。它的现代意义可以追溯到1867年，当时，一位名叫约瑟夫·麦考伊（Joseph McCoy，the real McCoy一词也经常追溯到此公身上，它的意思是“地道货”）的牧场主开始雇用牛仔长途赶牛，把牛群顺着得克萨斯州的齐泽姆之路赶到堪萨斯州阿比林的铁路起点站去。他取得了巨大的成功，到19世纪70年代初，每年有多达50万头牛从这座尘土飞扬的小镇贩运出来。［要到1885年，cow town（牛镇）一词才正式进入美式英语。]

为了区分不同的牛群，牧场主开始使用烙印，而这些构建起了一套独特的复杂隐语。字母歪向一侧，叫作“lazy”（懒惰）。字母下面的一行是“bar”。用曲线而非直线写的字母，叫“running”。许多牧场的名字就来源于此：Lazy X Bar，Running Wand，等等。[21]当时出现了数万种烙印——19世纪90年代初，怀俄明州有5000种，蒙大拿州有将近1.2万种——出版商靠出版年度烙印手册赚取了丰厚的收入。没有打烙印的牛叫作“maverick”（小牛，或是“没有打烙印的牛”）。这个名字来自一位名叫塞缪尔·A. 马维里克的得克萨斯州牧场主，他拒绝给自己的牛打烙印——他这么做到底是因为怪还是懒，或是因为想暗示所有没打烙印的牛都属于自己，在西部历史学家当中始终是个饱含争议的问题。[22]

好莱坞给我们留下一种西部地广人稀、大多数人都是牛仔的印象。事实上，农民跟牛仔的数量比是1000∶1。即便在巅峰时期，在职牛仔也不过1万人，其中至少1/4是黑人或墨西哥人（其余的牛仔在19世纪的社会地位也没有比他们高多少）。[23]

大众想象里的牛仔，主要来自两位不相干的东部人的创作。第一个是艺术家弗雷德里克·雷明顿，他充满精彩动作的超现实主义绘画，其实基本上是基于生动想象的工作室作品。他从未见过任何真正的牛仔干活。首先，他特别胖——胖得没法骑上马，更别说在跟印第安人的战斗中骑马奔跑了。更重要的是，当他第一次到西部旅行时，牛仔时代已经彻底结束了。

雷明顿的亲密朋友欧文·威斯特，跟篝火生涯也相去甚远，就跟雷明顿在画布上神话化了牛仔一样，他在纸上神话化了牛仔。早在19世纪80年代，牛仔就开始以英雄形象出现在廉价小说当中（这种类型小说，似乎是一位叫作普兰蒂斯·英格拉汉姆的人的发明），但直到1902年，威斯特出版《弗吉尼亚人》，牛仔（威斯特用的是cow-boy一词）才真正成为国家形象。威斯特是个精英之辈（quintessential dude，其中，dude一词来源不明，直到1883年才首次在西部背景下使用，但早前就已在东部使用）。他是费城望族后代，著名女演员范妮·肯布尔的孙子，哈佛大学PBK会（Phi Beta Kappa，是哈佛最早、地位最崇高的组织）成员，老罗斯福的密友，性格极为脆弱。与雷明顿不同的是，他确实到西部旅行过，只是从来没碰到过尘土飞扬的小道。他因精神崩溃被父母送往西部疗养，由两名独身的女性长辈全程陪伴着恢复过来。

虽然威斯特笔下的很多情节成为许多牛仔小说的惯例（英雄没有名字，英雄和恶棍之间的激烈枪战，不朽的经典对白："When you call me that, smile!"即"要是你想那么叫我，那就保持微笑！"*），但他的主要成就是让牛仔成为可敬的虚构人物。他以一部现在已无人记得的小说《林·麦克莱恩》（*Lin McLean*）开启了这一过程，等到《弗吉尼亚人》时彻底成熟。一个东部

* 在小说中，主人公和恶棍在牌桌上打牌，恶棍催促主人公快些出牌，于是，主人公拔出手枪这样说。——译者注

人（当然也没有名字）去西部的故事，击中了数百万美国人的心弦，尤其是那些受过良好教育的目标受众。这本书上市的头4个月就卖出5万册，总共卖了300万册，最初7年里再版了15次，并被改编成了一部上演10年之久的百老汇戏剧，日后又翻拍出了首创先河的电影。

穆尔佛德（他创造了荒唐的反牛仔人物霍帕隆·卡西迪）、赞恩·格雷（一位纽约牙医，对西部几乎一无所知，但他坚决不让这一点妨碍好故事的诞生）等作家所写的大受欢迎的畅销小说进一步巩固了西部神话。[24]1903年，第一部西部电影《火车大劫案》诞生。到20世纪20年代，西部片占所有好莱坞剧情片的近1/3，但它们真正的高峰出现在20世纪50年代的电视上。在史称“牛仔电视元年”的1959年，各地电视网一共播放了28部西部电视连续剧，平均每晚有4部上演。[25]

这些西部人物，大多以在孤独的平原上放牛为生，最兴奋的事莫过于在阿比林一类的地方洗个澡、刮刮胡子、在镇上过一夜——他们竟然能牢牢吸引大众的想象力，绝对是件奇怪的事。正如历史学家威廉·萨维奇所说：“牲畜买卖和牛仔生活，很难成为构成此类传奇里的内容……牛仔是许多事物的象征——勇气、荣誉、侠义精神、个人主义，但并没有太多事实基础。”[26]

牛仔当然并未花大量的时间用来朝着彼此开枪。道奇城成为全世界最大、最嘈杂的牛仔镇的10年间，只有34人埋葬在恶名昭彰的靴子山公墓，几乎所有人都死于自然原因。诸如OK

牧场枪战、狂野比尔·希柯克谋杀案等事件，正是因为太过少见才出名的。吃了枪子儿的人很少还能站起来，但几乎每一部西部电影都拍过这样的场面：一个角色的大腿或者肩膀上中了一颗子弹，但他只是耸了耸肩，勇敢地皱皱眉头，就继续开火了。一位评论家说道："人们会以为肩膀是某种自愈材料构成的，跟防刺轮胎差不多。"[27]实际上，19世纪的子弹弹速极为缓慢，相对而言材质也很柔软，很难干净利落地穿过受害者的身体。相反，它们像弹子球一般到处蹦跶，就像是一拳击破一张纸那样在身体上打出一个大洞。就算子弹奇迹般地错开了受害者的重要器官，他也不可避免地会承受重创，几分钟之内就会流血而死。

在极大程度上，法外之地的西部从不缺乏信任和善意。布尔斯廷指出，19世纪50年代前后，pardner（伙伴，最初表达的是一种比淡漠交情更加深刻、更具信任感的意思）一词进入加利福尼亚金矿地区的词汇库并非偶然。[28]法律制裁大多来得专横而又迅速——河船上的小偷和骗子常被送到最近的沙洲上，让他们自己找路回归文明——但至少是公正的。

地方上的歹徒多由袋鼠法庭（kangaroo courts）处置——这是一种极少为程序正义等细节困扰的即兴集会。这个奇怪而有趣的说法，可追溯到得克萨斯州（这个地方绝对见不着野生有袋动物），1849年首次见于记录。它似乎跟澳大利亚没有联系（从美国引进之后，澳大利亚才出现了这样的表达），有可能是源自"罪犯像袋鼠一样在绞刑架上蹦跶"的设想，但这只是一种猜想罢了。

其他似乎是出现在西部的词汇，包括bogus（伪造），rip-roaring（喧嚣，欢闹），joint（集会地点），piker（不值得信任的人物，胆小鬼；据说是指代密苏里州派克县居民，但更有可能是来自turnpike，收费关卡），to be caught between a rock and a hard place（左右为难），six-shooter（左轮手枪），gunplay（枪战），holdup（劫持，阻塞），crook（骗子），还有其他数十个未能延续到20世纪的说法，比如dying with throat trouble和the big jump（都是绞死之意）。bogus的来历完全是个谜，crook也好不了多少。crook有可能跟“牧羊人的棍子（crook）不是直的而是弯的（bent）”*这一事实有关（在19世纪，bent是罪犯的常见形容词，至今仍通行于英国），但没有书面证据。

我们如今认为跟牛仔和西部草原生活紧密挂钩的许多词汇，直到更晚近的时代才出现在西部（有些甚至跟西部毫无关系）。歌词“git along, little dogy, git along”里纪念的失去母亲的小牛dogy，1903年才出现。[29]hoosegow（监狱）直到1920年才进入美语。很少有人会说bandits（匪徒），更常见的说法是banditti。bounty hunter（赏金猎人）、gunslinger（枪手）和to have an itchy trigger finger（手指发痒）都是好莱坞编剧的创作。[30]

跟来自更西边的西班牙词汇遗产比较起来，牛仔们的词汇创作简直有些无足轻重了。前者的词汇量一度达到了100多个。

---

* bent有弯曲的意思，crook也有弯曲的意思。——译者注

在那些流传至今的词汇里，最出名的有lasso（套索，1819年），sombrero（宽边帽，1823年），patio（露台，1827年），corral（畜栏，1829年），lariat（来自la reata，“绳索”之意，1831年），canyon（峡谷，1834年），plaza（广场，1836年），burro、stampede和rodeo（意思分别是“驴子”、“惊跑”和“牛仔竞技秀”，1844年），bonanza（富矿带，1844年），bronco和pronto（分别是“野马”和“赶快”的意思，1850年），alfalfa（苜蓿，1855年），cinch（来自cincha，马鞍肚带，1859年），pinto（黑白斑点，1860年），vigilante（义警，1865年）。[31]

通常，这些词必须经过调整改造才会进入英语。wrangler（牧马人）来自caballerangero。vamos变成了vamoose（匆匆离开），接着又变成了mosey（徘徊）。vaquero，字面意思是“弄牛的”，经历了许多变化，buckhara、bakkarer、backayro、buccahro，最终才以buckaroo（牛仔，牧童）的形式在英语里扎下了根。ten-gallon hat（宽边帽，直译是“10加仑帽”）得名不是因为它能装水（能装10加仑的水，至少得有浴缸大小了），而指的是装饰它的穗带，穗带的西班牙语是galón。

有时，西班牙语单词的英语拼写，需要过上一段时间才能确立下来。直到20世纪20年代，bronco（野马）一词才以如下方式出现在一段著名的乔丹汽车广告里：“在拉勒米以西的某个地方，有个挥舞着套索驯服野马的姑娘（a broncho-busting, steer-roping girl），知道我在说些什么。”第一个牛仔电影明星，G.M. 安德森也曾被粉丝们称为Broncho Billy（野马比利），有证据表明，一些人就按照它的拼写来读它。与此同时，rancher（农场工人），来自墨西哥西班牙语的rancho（意思是"棚户"），最初常常发音为"ranker"。

第一代来到西南部地区的说英语的移民，也首次碰到了西班牙–墨西哥菜肴：tacos，enchiladas，tortillas（在中文中均是"玉米饼"的意思），等等。nachos（辣味玉米饼）叫这个名字，据说是因为某个叫Ignacio（伊格纳西奥）的人特别擅长做这种饼，但这个故事就算是真的，也没什么根据。另一个古老的传说，也即墨西哥人把美国人称为gringo（外国佬）是因为墨西哥战争期间流行的一首行军歌曲里包含了"Green grow the rushes"*，毫无疑问也是假的。事实上，gringo根本不是新世界词汇。在18世纪的西班牙，这是个常用词。它是Griego（希腊语）的变体，意思是难以理解的、含含糊糊的外国话，类似我们爱说的"It's Greek to me"（"在我听来就像是希腊语"）。[32]

其他许多贴近西班牙语表达的词汇，是更早以前由牛仔和牧场主带进英语的，其中包括早至1759年的adobe（砖坯）和mesa（平顶山），1792年的calaboose（来自calabozo，地牢之意），1808年的mustang（意思是"野马"，来自mesteño或mestengo，表示流浪动物）。这些早期改写词汇里，有一个词复杂得简直叫人赞叹，这就是maroon（逃亡黑奴）。它的本意

---

* 这句歌词的意思是，绿色的灌木在生长。其中，"Green grow"读快了跟gringo类似。——译者注

是搁浅，起源于西班牙语里的cimarrón（意思是“住在山顶上的人”），最初在西印度群岛上获得了逃亡奴隶的含义。接着，它开始指代这种奴隶的后代。最后，它终于有了“放逐”的现代含义。但西班牙人还把这个词应用于形容马斯科吉印第安人部落（我们叫塞米诺尔人）。与此同时，法国人将这个词改为marron（在法语里是“栗子”的意思），英语进一步将之变成maroon。具有讽刺意味的是，当塞米诺尔人最终遭到驱逐，放弃佛罗里达州时，他们重新定居在了俄克拉何马州锡马龙河旁*。相比之下，el lagarto（蜥蜴）的变化就没这么复杂，它在英语中调整成了alligator（鳄鱼）。

再向北走，说法语的猎人为定居者提供了许多有用的词汇，特别是gopher（地鼠）、rendezvous（约会）、peak（山顶，出自法语的pic）、badlands（荒地，按字面意思翻译自法语的mauvaises terres）和park（山谷）。最后一个词并未在一般意义上得以延续，而只存活在一些地名里，如科罗拉多州的Estes Park（埃斯蒂斯帕克）。跟西班牙语一样，许多法语单词早在西部大迁徙之前就已进入英语，其中包括chute（瀑布，1804年），butte和 picayune（分别是孤峰和微不足道之意，1805年），coulee（深谷，1807年），depot（仓库，1832年）和

* 锡马龙河（Cimmaron River），河名跟西班牙语里指代这个部落的说法一样。——译者注

sashay（快步走动，1836年）。一般而言，它们也经历了复杂的转变。lagniappe（免费赠品），通常认为是来自新奥尔良的法国人带来的，实际上起源于秘鲁的克丘亚印第安人口中的yapa，西班牙人把它改成了ñapa。接着，法国人从西班牙语里借用了它，我们再从法语里移植过来。

如果说，说英语的西部移民朝着彼此大开杀戒是假的，那么他们射杀了大量的水牛和印第安人是真实发生的。水牛和印第安人并非毫无关联。1830年至1895年间，在大平原上漫游的7000万头水牛减少到了区区800头，其中大部分还是在动物园里或用于马戏团巡回演出。水牛的彻底灭绝，不仅仅是草率滥杀的结果（我们大多这么以为），而是“铁路、军队和牧场主共谋的有意识的政策，作为打压印第安人、把他们限制在保留地里的一种手段”[33]。大约同一时期，无数印第安人死于战争、疾病、丧失土地和生计后导致的贫困中，其数量从200万锐减至9万。

说印第安人经常受到糟糕的对待，远不足以展现他们所遭受的侮辱程度。一次又一次地，他们被连根拔起，驱赶前行，最终挤在最贫瘠歉收的土地上。虽然美国与印第安人的战争以1886年阿帕奇大酋长杰罗尼莫投降告终，他们的悲惨境遇却并未在此打住。1887年至1934年间，总共有8600万英亩的土地从他们手里被夺走。一如霍华德·津恩所说，美国与印第安人签订了400项条约，又逐项背弃。直到1924年，印第安人才成为公民。[34]

今天，没有人知道美国还剩下多少印第安人。我们只知道有多少人自认为是印第安人，两者当然不是一回事。1990年的人口普查中，约有200万美国人声称自己是印第安人，较1980年时增加了近40%，这显然不合乎人口增长的规律。[35]

今天美国还剩下大约300支部落，但一度存在的语言多样性，基本上已一去不复返。按美国印第安人国家博物馆的杜恩·金博士所说："今天所用的（美洲原住民）语言不到200种，其中80种到100种大概会在一代人内消失。"[36]灭绝风险最大的语言包括曼丹语（1991年只剩下6个能说的人）和欧塞奇语（只有5个人会说）。电影《与狼共舞》中使用的拉科塔语似乎已经消亡，没有任何母语人士可以担任电影摄制组的顾问。仅仅用了半个世纪左右的时间，美国就征服了西部，但却叫原住民文化付出了可怕的代价。

第9章

熔炉：美国的移民

I

19世纪30年代初，美国与英国的棉花贸易变得异常庞大，一次有多达上千艘船只（占了大西洋舰队相当大的一部分）忙着把棉花运输到利物浦。问题是，大多数货船回程时基本上都是空载。为了给返回的船只寻找些方便的货物，船东们瞅中了一样不寻常的东西：人。

他们的船从来不是为了运载乘客而准备的，过一次大洋有可能要花长达3个月的时间，人类、货物挤在恶臭的货仓里，那正是结膜炎和恶性斑疹伤寒等疾病的滋生地；在19世纪，这些疾病跟横跨大西洋密切相关，人们干脆叫它们“船热”（ship fever）。如果价格合适，人们愿意忍受几乎任何艰难险阻前往美国，而要是只把乘客塞进货仓，不给他们任何文明舒适的待遇，船票可以低到让人没法抵挡的程度。到19世纪中叶，一张从利物浦到纽约的统舱单程票（所谓的统舱，指的是靠近船的驾驶舱，吵闹得很）只要12美元，从都柏林前往纽约只要不到10美元。除了最凄惨的赤贫者之外，其他所有人都能凑出这笔钱来。[1]

数百万人凑出了这笔钱。从19世纪20年代的15万人开始，前往美国的移民人数连续数十年稳步攀升：19世纪30年代达到60万，40年代达到170万，50年代达到230万。当然，所有这一切都发生在人口远比如今稀少的美国。1845年到1855年的10年间，300万移民来到了原本只有2000万人口的美国。而在1830年到1850年的20年里，美国的外来移民，从占美国人口的1/100，增加到了1/10。

历史上从未见过这样的全球性外流——移民不光前往美国，也前往澳大利亚、阿根廷、新西兰等任何展现出希望的地方，尽管迄今为止美国占据了最大份额。从1815年至1915年，它吸引了3500万人，相当于挪威、瑞典、奥地利、爱尔兰、丹麦和瑞士如今的总人口。700万来自德国，大约500万来自意大利和爱尔兰（比如今的爱尔兰人口还多150万），330万来自俄罗斯，250万来自斯堪的纳维亚，还有数十万来自几乎所有的其他地方——希腊、葡萄牙、土耳其、荷兰、墨西哥、加勒比海、中国、日本。甚至连加拿大也在1815年至1860年间提供了25万移民，在20世纪20年代提供了近100万移民。[2]对于像瑞典、挪威和爱尔兰这样的小国，以及一些国家内部的地区，如意大利的西西里岛和梅索兹阿诺，这样的数字代表了人力资源的重大消耗。爱尔兰尤其如此。1807年，它是欧洲人口最稠密的国家；到19世纪60年代，它已经跻身欧洲人口最少的国家行列了。[3]

一旦越过大洋，移民们很自然地聚集在飞地当中。1815年至1860年间，几乎所有来自挪威的移民都定居在威斯康星州、明尼苏达州、艾奥瓦州和伊利诺伊州这4个州。类似地，2/3的荷兰人定居在密歇根州、纽约州、威斯康星州和艾奥瓦州。有时，他们会受到抱团聚集的积极鼓励。19世纪上半叶形成了几个德国会社，其明确的意图是让移民聚集在特定地区，这样他们就可以实际接管它。一个德国人当着许多人的面说自己梦想着宾夕法尼亚州成为“一个完全由德国人构成的州——美丽的德语将在立法大厅和法院里使用”。不光是宾夕法尼亚州，在得克萨斯州、密苏里州和威斯康星州，都有人真诚地希望殖民这些州的全部，或至少相当大的一部分。[4]

同样，在工厂城镇，移民群体往往也相当集中。1910年，伊利诺伊州的钢铁城镇“饥饿空心”（Hungry Hollow）居住着1.5万名保加利亚人。与此同时，在卡内基钢铁厂雇用的1.43万名员工中，有近1.2万人来自东欧。[5]

那些既不喜欢从事重工业工作，也不愿意从事农业工作的人，通常聚集在城市中——虽说他们几乎无一例外地具有农业背景。看到爱尔兰人、波兰人和意大利人毫不费力地融入城市生活，我们很容易忘记，大多数人都来自农村地区，在离开故乡之前可能从没见过5层高的建筑，也从没见过上千人聚集在一起。很多时候，他们到来的人数太多，一举颠覆了现有的人口统计数据。光是在1851年这一年里，就有25万爱尔兰人来到美国，几乎全都定居在纽约或波士顿。到1855年，纽约1/3的人口都是爱尔兰人。[6]随着19世纪70年代的到来，北欧移民数量渐少，东欧的犹太人又补充进来。1880年至1900年间，欧洲约有1/3的犹太人来到美国，几乎全部定居在纽约。[7]

到世纪之交，纽约已经成为全世界最国际化的城市；500万居民中有80%都是外国人，要不就是移民的子女。[8]纽约的意大利人比佛罗伦萨、热那亚和威尼斯三地加起来还多，爱尔兰人比都柏林人口要多，俄罗斯人比基辅人口更多。赫尔曼·梅尔维尔说："我们不是一个国家，更像是一个世界。"1908年，英国的一个犹太复国主义者伊斯雷尔·赞格威尔写了一部关于移民经历的剧本，为这一现象起了个名字，叫作"熔炉"。

无数的电影——从《教父》到《凯恩与阿贝尔》——不断重现的流行形象是，移民睁大眼睛，困惑地到达纽约入境口岸埃利斯岛，被赶到阴暗的大厅里，接受一连串令人生畏的医学检验和询问，被心不在焉的粗暴移民官员念出一个神秘的新名字。最后，他走进阳光中，意识到自己已经踏进了新世界。除了最后一部分，其他可能都与实际情况不相符。

首先，埃利斯岛直到1897年才启用，此前，移民们是穿过城堡花园——一座位于炮台公园的曾经的歌剧院。就算移民机构迁到埃利斯岛之后，也只有统舱乘客被带往该地。一等舱和二等舱的乘客在船上就办理好了入境事务。埃利斯岛（它的名字来自18世纪的业主塞缪尔·埃利斯）也不是我们想象中那种缺乏情趣的单调机构。这是一座富丽堂皇的综合建筑，拥有一流的卫生设施，有可欣赏到曼哈顿下城和自由女神像美景的屋顶花园，可为少数要在此逗留的人提供美食。按一篇文章所说，它的登记大厅有着黄铜吊灯和拱形天花板，包含2.9万块瓷砖，每一块都由意大利工匠手工制作，可能是“纽约最大的单体空间”。[9]尽管移民官员的工作无疑很辛苦（他们每天接待多达5000名入境者，光是在1907年这一高峰年份，就接待了100万人以上，是埃利斯岛设计接待能力的4倍[10]），但他们在履行职责时不光高效、迅速，也不乏同情心（许多人本身就是移民）。

虽然“可能被拒入境者”的清单让人生畏——妓女、精神错乱者、多妻者、无政府主义者、患有“疾病或传染病”者、那些据说有可能遭到公共指控的人，以及其他90类不受欢迎人士——但其实只有大约2%的申请人被拒绝入境，而且很少有人被起了他们不接受的名字（少到让这件事听起来像假的）。入境美国的过程，远非对新世界麻木冷漠的介绍，而是对美国的财富、效率和对普通人尊重的炫目展示，这让许多人真正相信，自己进入了尘世的天堂。

一旦登陆曼哈顿，新移民会立刻进一步见识到美国的神奇之处。在登陆点，经常会有跟他们说相同语言的同胞接近他们，但这些人好像比在故乡看到的更友好，态度更轻松，穿着更体面。这些立刻交上的朋友惊人地慷慨，会主动帮助新来的移民寻找工作，提供住宿，甚至坚持要帮他拿随身携带的少数贵重行李——在纽约可不能太谨慎呀，“新朋友们”会郑重地提醒新移民。接着，等到了某个时候，移民转过身去，就会发现他的“新朋友”已经带着自己的财物消失了，如此一来，他学到了有关在这块新土地上谋生的第一个重要教训。到达的头几天里没有遇到过这样那样偷窃掠夺的新移民寥寥无几。

数百万低阶层移民大多定居在面积仅为4平方英里的下东区，居住条件往往脏得令人震惊，一个没有窗户的房间甚至可能挤着多达25人。早至19世纪60年代，纽约市3/4的人口（超过120万）塞在区区3.7万个窝棚里。到19世纪末，下东区的人口密度比如今的孟买贫民窟还要大。[11]为了改善生活条件，1869年政府通过了一项法律，要求每间卧室都有一扇窗户，结果带来了通风井。虽然原则上通风井是个值得赞许的设计，但它却变成了垃圾和家庭污水的天然容器，反而成了更加污秽、瘟疫滋生的管道。

犯罪、卖淫、乞讨、疾病，以及差不多其他所有社会剥夺指标，都高到了现在难以想象的水平。（然而，谋杀率是例外，仅为如今的1/10。）有研究考察了19世纪中期波士顿的爱尔兰移民，发现他们在美国平均只存活了14年。1888年，意大利裔的婴儿死亡率为325‰（每千人中有325人死亡）。也就是说，1/3的婴儿没能活过人生第一年。[12]

顶着诸如Plug Uglies、Dead Rabbits和Bowery B’hoys等名字

的帮派横行街道，肆无忌惮地抢劫行窃（mugging，这个美式单词最早出现于1863年，有时也叫yoking）。虽然1845年纽约就组建了警察部队，但到19世纪下半叶，它陷入了彻底的腐败无能当中。这其中的典型人物是检察长亚历山大·“混子”·威廉，他至少曾被控358次，但从未遭到解雇，甚至没受过什么纪律处分。他在贪腐方面天赋惊人，到退休时，积累下了一艘游艇、一座位于康涅狄格州的房子，还有30万美元的票子。[13]

看到这样的背景，许多移民逃回欧洲也就不足为奇了。每年每100名意大利人抵达纽约，就有73人离开，说不定有高达1/3的移民最终都回到了故乡的土地。[14]

尽管如此，移民大趋势还是无情上扬。总体模式是，一个移民群体定居在一块飞地，一两代人之后云散各方，与此同时，新的移民群体取而代之。因此，当爱尔兰人放弃了在五岔路地区的传统据点时，意大利人立刻占领了他们的地方。古老的德裔社区被俄罗斯人和波兰犹太人接管。但这其中也有一些更微妙的变化，尤其是在意大利人当中。热那亚的原住民喜欢沿着巴士特街聚集，而伊丽莎白街则拥有一大群西西里人。卡拉布里亚人聚集在名叫桑树弯的社区。阿尔卑斯意大利人（来自瑞士提契诺地区，以及靠近奥地利的蒂罗尔），几乎总能在第六十九街上找到。

移民群体有自己的剧院、报纸、图书馆、学校、俱乐部、商店、小酒馆和开展宗教仪式的场所。到1850年，光是德国人，就可以在133种德语报纸中做选择，其中一些报纸，如《纽约州报》和《辛辛那提报》，几乎跟英语报纸有着同等的规模和影响力。[15]在1935年，使用意地绪语的纽约人可以从十多份日报中选择，其中一份叫《犹太先锋日报》，发行量达到了12.5万张。甚至挪威人，在全美各地也发行有40份挪威语报纸。在美国居住一辈子却不说英语，完全有可能——在某些情况下还实属正常。

例如，在荷兰人从美洲大陆撤出后两百多年的19世纪末，纽约农村地区仍广泛使用荷兰语。著名的非裔女权主义者兼公众演说家索杰纳·特鲁斯由奥尔巴尼的一家荷兰人抚养长大，成年之前都只说荷兰语。[16]按照小拉文·I. 麦克戴维的说法，迟至1941年，在哈德森河谷等更偏远地区，还残存着少量的以荷兰语为母语的人。[17]

虽然在美国，荷兰人只是一支属于过去的政治势力，但他们留下了巨大的语言遗产。从双方最早接触的岁月开始，美国人就能随意地运用荷兰语词汇：早在1674年就出现了blunderbuss（按字面意思是“雷霆之枪”，可指大口径枪械，也可表示“蠢材”之意），1660年出现了scow（平底驳船），1703年出现了sleigh（雪橇）。到了18世纪中期，荷兰语词汇遍布美式英语：stoop（弯腰，屈服），span（跨度），coleslaw（凉拌菜丝），boss（老板），pit（仅限“水果核”之意），bedpan（便盆），bedpread（床单，此前也叫作counterpane），cookie（饼干），waffle（华夫饼），nitwit（傻子，来自荷兰口语“Ik niet weet”，意思是“我不知道”），还有独特的美式疑问句“how come?”（意思是“怎么来的？”，是对荷兰语hoekom的字面翻译），poppycock（废话，来自pappekak，意思是“软粪”），dunderhead（笨蛋），以及kit and caboodle（全副家当）里的caboodle。（在荷兰语中，Boedel这个词指的是家具，但值得注意的是，迪拉德指出它跟西非的Krio kabudu很相似。）[18]

有两个长久存在的美语单词来自荷兰语，分别是Santa Claus（圣诞老人，脱胎自Sinter Klaas，是St Nicholas更通俗的形式，最初在1773年出现在美式英语里）和是Yankee（洋基，可能来自Janke，相当于英语里的Johnny或 Jan Kaas，直译为“约翰的奶酪”，最初是一种轻微的辱骂）。很多时候，荷兰语单词进入美式英语后会被赋予全新的含义。snoepen，意思是趁着没人注意把糖果塞进嘴里，变成了英语里的snoop，意思是窥探，或其他形式的好打听。[19]docke是玩偶，变成了doxy，指水性杨花的女人。hokester，原本是商人，不带褒贬含义，变成了huckster，一个不能完全信任的小贩。doop在荷兰语里指的是一种酱汁，在美语中，它变成了dope，在1807年仍指酱汁，但后来逐渐获得了其他许多含义，从指精神不怎么敏锐的人（笨蛋），到一种润滑剂（1870年前后），到一种鸦片（1889年），到任何一种麻醉药（1890年），到一种旨在影响赛马表现的抑制剂（1900年），再到内幕消息（1910年）。在此过程中，它还伴生了几个复合词，比较特别的是dope fiend（1896年，有毒瘾的人）和dope addict（1933年，瘾君子）。

还有一些荷兰语词汇是通过海上接触进入英语的，它反映了荷兰称霸大海的岁月，这就包括hoist（用吊索升起），bumpkin（乡下佬，最初指的是一种向外突出的短原材，后来如何变成了指代乡下人，原因不明），bulwark（堡垒），caboose（船上的厨房舱），freebooter（海盗），hold（保留，持有），boom（繁荣兴旺）和sloop（单桅帆船）。

一如荷兰人所展示的，一个群体的语言影响力，和说这种语言的人有多少关系不大。数百万爱尔兰人来到美国，但他们却只贡献了少数词汇，主要是smithereens（碎片），lallapalooza（了不起的人物），speakeasy（美国禁酒时期的非法酒吧），hooligan（阿飞，来自盖尔语uallachdn，意思是“夸夸其谈的人”[20]），slew（沼泽地，来自盖尔语的sluagh）。除此之外，还有一两种词义上的些微差别，比如对shall和will的区分更为随意，把定冠词加到从前不使用定冠词的健康状况之前，故此英国人说“go into hospital with flu or measles”（意思是“因为患上流感或麻疹去了医院”），美国人却说“go to the hospital and suffer from the flu and the measles”。

斯堪的纳维亚人留下的词汇更少。除了极少数的食物单词，如gravlaks（腌三文鱼）和smorgasbord（北欧式自助餐），以及一些区域性词汇，如lutfisk（碱渍鱼）和lefse（一种煎饼），仅流通在上中西部地区和加里森·凯勒的书籍里，北欧人在美国几乎没有留下任何语言上的痕迹。

意大利人稍微多产一些，但还是那句话，仅限于食物词汇，spaghetti（意大利细面条）、pasta（意大利面团）、

macaroni（通心粉）、ravioli（意大利方饺子）、pizza（比萨饼）等。几个非食物类词汇，比如ciao（你好）和paparazzo（狗仔队）是很晚才进入英语的，而且不是以移民为传播途径的。

相比之下，德语在美国的土地上生长得枝繁叶茂。从殖民时代早期开始，德国人就出现在美国——到1683年，他们在费城附近建立了自己的社区“德国城”，但大部分德裔移民来自随后两个相对较短的移民集中爆发时期。第一次爆发期来了大约9万移民，主要出现在1749年至1754年这5年间，到美国独立战争期间基本完成。[21]1830年到1850年出现了第二次爆发期，圣路易斯、辛辛那提、芝加哥、密尔沃基、克利夫兰、布法罗和纽约等城市地区涌入大量德国移民，分布在好几座城市，德国的文化影响不仅仅大，甚至到了专横的地步。《休斯敦邮报》的一位社论作家指出，到第一次世界大战爆发时，“除了密尔沃基、圣路易斯和辛辛那提之外，德国似乎已经失去了所有海外财产”[22]。

早期移民时期进入英语的德语词汇很少，最主要的几个是sauerkraut（酸菜，1776年），pretzel（椒盐卷饼，1824年）和dumb（取“蠢”意，1825年）。大多数进入美语的德语词汇出现在第二轮移民潮之后：to loaf、loafer（游手好闲，1835年），ouch、bub 和pumpernickel（意思分别是“哎呀”、“小家伙”和“粗面包”，1839年），fresh（取“新近”之意，1848年），kindergarten（幼儿园，1852年），nix（女水妖，1855年），shyster（可能是来自scheisse，意思是“胆小鬼”，1856年），

check（取结账之意，1868年），hoodlum（暴徒，来自巴伐利亚方言hodalump，1872年）可能也是。同化得比较缓慢的包括delicatessen（现成熟食，1889年），kaput（过期的，1895年），fink（告密者，来自shmierfink，字面意思是“油滑的鸟儿”，1892年），kaffeeklatsch、hockshop（咖啡会、当铺，1903年），scram（急停，1920年）。德语词汇后来还带来了打喷嚏后祝健康的美式习惯，用so long形容离开，用how强调语气，在许多单词的后面加fest，如songfest（歌唱大会）、foodfest（食物大会）、slugfest（激烈斗殴）和talkfest（恳谈会）。

一般而言，许多德语词汇只需经过些许拼写修改，就能符合英语习惯，故此，autsch变成了oach（哎呀），frech变成了fresh（取“粗鲁”之意），krank（不舒服）变成了cranky（暴躁），zweiback变成了zwieback（加蛋烤面包片），schmierkiise变成了smearcase（软干酪），leberwurst变成了liverwurst（肝泥香肠）。

意第绪语（它来自中古高地德语jüdisch diutsch，“犹太德语”）同样大量进入美式英语，虽说在社会上传播不够普遍，在1800年前后由中欧犹太人带到美国。虽然意第绪语以德语为基础，但它像希伯来语一样从右到左书写，并使用希伯来字符。它起源于12世纪初的中欧犹太聚居区。犹太人带着意第绪语分散在欧洲，沿途借鉴了阿拉美语、希伯来语、各种斯拉夫语和罗曼语，以及最后的英语，为它赋予了强大的生命力。到19世纪末，它成为大约1100万人的母语，而这些人里又有1/4最终来到了美国。

与德国人一样，犹太人也带着定义明确，但在文化上更具鲜明色彩的浪潮来到美国——最初到来的是17世纪和18世纪一小波来自西班牙和葡萄牙的西班牙系犹太人（Sephardic Jews，其中Sephardic在希伯来语里的意思就是西班牙人）；接着，从19世纪20年代到80年代，是来自西欧其他地方，尤其是德国的更大一波德系犹太人（Ashkenazi Jews，Ashkenazi来自《圣经》中的人物亚实基拿）；最后，是从大约1880年到1924年的东欧（尤其是波兰和俄罗斯）犹太人。

前两群人大多受过良好教育，相对顺利地进入了美国人的生活。美国商业和慈善事业的许多伟大姓氏——古根海姆（Guggenheim）、库恩（Kuhn）、勒布（Loeb）、塞利格曼（Seligman）、希夫（Schiff）、拉维生（Lewisohn）、摩根索（Morgenthau）、施佩耶尔（Speyer）——都追溯到第一波和第二波来到美国的犹太人，第二波尤甚。相比之下，最后一波侨民，几乎普遍是一无所有的穷人。至少有1/4的人不能读，也不能写。对于“高级犹太人”来说，这些新来的人颇叫他们尴尬。前者把后者叫成“野蛮人”（barbarians），并认为说意第绪语是贫穷和无知的标志。[23]

然而，正是这些贫穷的东欧人，重塑了美国这一概念本身。他们将创造好莱坞，重振娱乐产业，并提供大量美国最为珍视的创作人才，从马克斯兄弟（20世纪美国舞台及电影业喜剧演员家族），到作曲家乔治·格什温和欧文·伯林。后两者将从纽约音乐聚集区叮砰巷（Tin Pan Alley，叫这个名字是因为那儿时常可听到叮叮咚咚的刺耳噪音）起家，格什温凭借《斯旺尼河》，伯林凭借1908年的热卖歌曲*Yidl with Your Fiddle, Play Some Ragtime*，大声地讲述那叫作“‘同化’的过程”（这是作家马尔文·格尔芬的话）。[24]

多多少少打入主流英语的意第绪语词汇包括kibbitz（基布兹，以色列集体农场）、schmaltz（感伤音乐，字面意思是“鸡油”）、schlemiel（倒霉的人）、schlock（次品）、keister（屁股）、nosh（点心）、phooey（呸）、mashuggah（疯狂）、schmo（笨人）、schnozzle（鼻子）、schlep（难办的事）、chutzpah（肆无忌惮）、schikse（女基督徒）、bagel（百吉饼）、pastrami（五香烟熏牛肉）和glitch（小故障，来自glitschen，“滑倒”），外加大量常用表达，没有这些口头表达的话，美式英语会乏味不少：I should live so long［我一定能活上那么久（以便见证某事）］，I should worry（反话，意思是“完全没理由担心”），get lost（迷路），I'm coming already（我已经来啦），I need it like I need a hole in the head（直译是“我可不想要那玩意儿，我又不想脑袋上多个洞”，也可译为“我一点儿也不想要那玩意儿！”），等等。*

---

* 应该指出，由于德语、荷兰语和意第绪语的关系太近，人们常常无法准确地把一个词归入特定的阵营。spook和dumb的起源有可能是荷兰语，也可能是德语。nosh、schlemiel和phooey等词进入美式英语，既可能是经由德语，也可能是经由意第绪语。通常情况下，是两种语言的共同影响，才让这些词语进入美式英语的。

很多意第绪语词汇仅有极微妙的差别，几乎不可翻译——或许只有通过幽默才能传达。在讨论意第绪语时，幽默这种特点始终不离左右。举例来说，按词典中的定义，chutzpah大多指的是肆无忌惮、厚颜无耻，但它的微妙之处，没有哪本词典能比一个古老的笑话说得更好：一个男孩杀了自己的父母，却以“自己刚成了孤儿”为由求法庭宽大处理。

移民规模持续增长，到1930年，超过35%的美国白人是在外国出生的，或至少父母之一是在外国出生的。[25]由于经济、偏见和便利性等多种因素的结合，他们常常聚集在种族飞地。美国并未分裂成十来个多语言地带实属奇迹。没有分裂是出于以下若干原因。正如我们所见，一旦经过同化，经济条件许可之后，人们就会继续迁徙。像纽约海斯特街等地区兴许好几代人都还讲着意第绪语，但讲话的群体却在不断变化。基本上，外国移民迫不及待地想要学习英语，到更广阔的世界去闯荡。事实上，许多人，尤其是移民的子女，都拒绝说自己祖传的母语，甚至不承认自己的种族根基。1927年，《时代》杂志指出，年长的犹太人抱怨年轻一代不懂意第绪语。[26]几乎同一时期，记者H.L. 孟肯注意到：“在克利夫兰和芝加哥一类城市，第二代波兰裔、匈牙利裔或克罗地亚裔美国人，连愿意假装懂得自己上一辈母语的人都很少见。”[27]

孩子们不仅拒绝学习父母的语言，而且“还责怪家长把这事儿当着陌生人的面提起”[28]。历史学家马尔文·艾伦·琼斯说：“美式教育让第二代移民从文化上疏远自己的父母，加之又迫切想要成为美国人、被接纳为美国人，许多人刻意努力摆脱自己的文化母源。他们对美式服装、语言和兴趣的接受，往往伴随着对异国姓氏的抛弃，这些都是与祖先断绝关系，以求改善地位的过程。”[29]

1918年，西奥多·罗斯福咆哮道：“来这里的每一个移民，都必须在5年内学会英语，要不就离开这个国家。”事实上，几乎所有人都做到了。1930年，全美1340万在海外出生的居民，全都被人口普查员视为具有可行的英语能力的人，只有87万人例外，这些人不是刚入境，就是短期居民（尤其是不少意大利人，每年只在家乡没有农活可做的时候到美国待一段时间），还有一些人觉得自己年纪太大学不会了。虽然大多数母语非英语的城市居民不使用英语也能过活，但大多数人选择不这样做。当然，这里肯定存在一些令人烦恼的差距。1930年，只有3%的德国移民不会说英语；而近13%的波兰人和16%的意大利人（如果是意大利女性，这个数字就会上涨到25%）处于语言孤岛中，但一代人之后，这些比例数字就变得可以忽略不计。[30]

这个过程中偶尔也会出现一些拼死一搏的绝望抵挡。1890年，密尔沃基通过了一项法律，要求当地教区学校只使用英语，德裔社区非常愤怒，推翻了该市的共和党政府，推举了民主党政府。迟至第一次世界大战爆发时，巴尔的摩仍有4所小学专门使用德语授课。但不管怎么说，想要保护自己语言遗产的人，正进行着一场必输的战斗。

所有这一切，在城市地区都是可以理解的，因为这里的人有必要且希望时不时地离开街区到别的地方去，各移民群体之间的混合不可避免，但在更为孤立的社区里就不那么容易解释了。19世纪和20世纪之交，整个中西部地区存在着数百个城镇或城镇群，近乎完全由只使用特定语言的群体居住。例如，艾奥瓦州就有埃尔克霍恩（由丹麦人创建）、佩拉（荷兰人创建）和阿马纳殖民点（德国人创建）等。在每一个此类地方，当地民众都是同一族裔，而且距离远得也足以逃离美国化的一般压力。就算他们学习英语是为了收听广播并与外人交谈，我们大概也可以合理地期待他们保留母语私下使用。但实际上，他们几乎全都没有这么做。到了20世纪30年代，在这类城镇，英语不仅是通行的主要口语，而且成了唯一的口语。就连那些来到美国打算在得克萨斯州或者威斯康星州建立“小德意志”的德裔移民，最终也放弃了这场斗争。今天，在此类城镇很难找到一个人，对自己先辈的语言所知超过区区几个单词的。显然，就算在这种地方，长期而言人们也无法抵挡内心的渴望，成为更广泛的美国文化的一分子。

只有一个群体有数量可观的民众成功地抵挡了英语的诱惑。我指的是操一种神奇方言的人群，这种神奇方言，就大众所知叫宾夕法尼亚荷兰语（Pennsylvania Dutch，虽然它是错的）。这个名字来自一场历史的意外。从18世纪初到差不多19世纪末，美式英语中的“Dutch”（荷兰语）不仅适用于荷兰及其周边地区的语言，还适用于各种令人困惑的外国语，尤其是德语——这毫无疑问是跟德语词汇中的“Deutsch”（德意志）搞混了。

德国人是应威廉·佩恩的邀请来到宾夕法尼亚州的，他相信，德国人的苦行宗教原则与他的贵格会信仰相吻合。德国人蜂拥而至，最终来了大约10万人，约占宾夕法尼亚人口的1/3。他们信仰各种松散相关的教派，特别是门诺派、施文克菲尔德派、邓卡德派、摩拉维亚派和阿米什派，但阿米什人所讲的高地德语巴拉丁方言，最终演变成了大多数人都知道的宾夕法尼亚荷兰语。对宾夕法尼亚荷兰人而言，这种语言叫作“Muddersrschprooch”；对学者和语言爱好者而言，它叫宾夕法尼亚德语。

一个半世纪以来，学者们基本上忽视了宾夕法尼亚德语。直到1924年，马库斯·巴克曼·兰伯特出版了一本《宾夕法尼亚德语里的非英语单词词典》，收录了近1.7万个词条，这才使它开始受到人们的关注。即使是现在，作为一个学术话题，它仍然保持了相对被忽视的地位，这很遗憾，因为很少有哪种方言能这样极具说服力地说明，当语言在孤立环境下存在会发生些什么。一如语言学家和历史学家C. 理查德·比姆所说：“在一个有数十亿美元可用于登月和海外战争的时代，要筹集到哪怕几百美元，为北美大陆上最古老、规模最大的一座德语孤岛出一本字典却非常困难。”[31]

因为宾夕法尼亚德语主要是一种通俗口头方言，在形式和内容上与标准德语极为不同，因此宾夕法尼亚德语出现了严重的正字拼写问题。简单地说，几乎任何一句话，都可以用各种不同的拼写方式来呈现。例如，以下是同一文本的3种版本。

Die Hundstage kumme all Jahr un bleibe sechs...

De hoons-dawga cooma allia yohr un bliva sex...

Die Hundsdaage kumme aile Yaahr un blwewe sex...[32]

在漫长的和其他语言隔绝的过程中，宾夕法尼亚德语与主流德语越来越不同。许多词汇明显受到英语的影响，另一些词汇保留了古德语或方言德语形式，还有一些词汇是当地人创造的。从以下词语中可看出它跟标准德语差得有多远。

PENNSYLVANIA GERMAN （宾夕法尼亚德语）	STANDARD GERMAN （标准德语）	ENGLISH （英语）
aageglesser	Brillen	eyeglasses
bauersleit	Bauern	farmers
bauerei	Bauernhöfe	farms
elfder	elf	eleven
feierblatz	Kamin；Feuerplatz	fireplace
eensich ebbes	etwas；irgend etwas	anything
Febber	Februar	February
dabbich	ungeschickt	clumsy
alde daage	Alter	old age

Schtaagefensich	zick zack	zigzag
Grischtdaag	Weihnachten	Christmas
Nei Yarick	New York	New York

宾夕法尼亚德语有一个扎眼的特点：它有着丰富的专有名词。其他语言需要使用长从句来表达的意思，宾夕法尼亚德语往往用一个单词就能表达。举例来说吧。

> fedderschei：形容不愿写信的情况。
>
> aagehaar：一种向内生长、会扫到巩膜的睫毛。
>
> dachdrops：从屋顶滴下的水。
>
> aarschgnoddle：肛毛上沾着的粪球。（天哪，我真想不出他们为什么需要这样一个词。）

在19世纪宾夕法尼亚德语发展的高峰期，加拿大、中西部上游和南部诸州都有社区使用它。按比姆的说法，“在迅速的同化过程中”，它无非是“一种独特的德裔美国民间文化的残余罢了”。[33]据估计，如今讲宾夕法尼亚德语的人大概还有1.6万人——1980年，语言学家阿尔伯特·H. 马克伍德说，宾夕法尼亚州利哈伊县、莱巴嫩县和伯克斯县还有多达1/4的居民仍然使用它[34]——但使用者不断下降的趋势是不可避免的。

II

如果说，过去两百年美国人对移民的态度可总结成一句话，那就是尽管在父母或祖父母那代人毫无疑问是有先见之明的举动，到现在也真的该停下来了。两百年来，一代代美国人都说服自己，这个国家面临着迫在眉睫的社会动荡，并终将毁灭在成群结队挤在移民港口的外国人手里。

早在19世纪最初的几年，托马斯·杰弗逊回应了关于移民限制的呼吁，他有点哀怨地问："当我们的国父们到达这片土地时，那些旷野中的野蛮人伸出了好客之手。难道如今的我们，反而要拒绝那些置身危难中的不幸逃亡者吗？"——即便如此，他也害怕移民带着"不受约束的放肆"，把美国变成一块

“人种混杂、文化混乱、四分五裂的大陆”。[35]

早在最初的日子，人们就对移民保持警觉，给他们起绰号。基本上，最初给外国人起的绰号只是带有轻微的辱骂或是暗暗的喜欢——例如，把德国人叫成“卷心菜头”（cabbageheads，也有“笨蛋”之意）或者“酸菜”（kraut，因为他们喜欢sauerkraut，酸菜）。对爱尔兰人来说尤其如此，爱尔兰人喜欢喝酒和吵闹，外人觉得他们对高级心理过程缺乏认识，这带来了一连串大体上可算善意的戏谑绰号，比如把警察局叫作爱尔兰俱乐部（Irish clubhouse），独轮车叫作爱尔兰手推车（Irish buggy），砖块是爱尔兰糖果（Irish confetti），爱尔兰美女（Irish beauty）是有着一对黑眼睛的女性。

然而，随着时间的推移，这些绰号变得更加丑陋刺耳了，还往往是刺耳的单音节或双音节单词，听起来不像是在说话，倒像是在吐口水：比如kike（犹太佬），dago（南欧佬），polack（波兰佬），spic（西班牙佬），hebe（希腊佬）。在成为常见的美国词汇之前，这些说法早就出现在英语里了。polack（波兰佬）可追溯到英国的伊丽莎白时代，《哈姆雷特》里就有它了。sheeny（犹太人）的起源不太确定，最早出现在1824年的伦敦东区。不过，kike（犹太佬）是地道的美语，1917年首见记录，人们认为它来自Levinski等名字的“-ki”结尾。bohunk（东欧人），可能是Bohemian（波希米亚人）和Hungarian（匈牙利人）的混合物，也起源于美国，可追溯至20世纪初。spik指拉丁美洲人，孟肯说它源于“no spik Inglis”*。wop（南欧人）来自guappo，是那不勒斯对花花公子的说法，由意大利人带到美国，但在新世界却蒙上了一层不得体的普遍指代含义。（有人说，wop是without passport的缩写，但事实并非如此。）

起绰号侮辱人，从来不讲究地理准确性。准确来讲，在18世纪末，guinea（源自柏柏尔语词汇，意思是“黑色”）原本是个形容非洲人的说法，到了19世纪80年代却贴在了意大利人头上。dago是Diego的缩写，原本用来形容西班牙人，到19世纪80年代跟意大利人、希腊人、墨西哥人，以及其他任何样子看起来像是深肤色外国佬的人联系了起来，一如greaser（油脂，可追溯至1836年），以及更晚些的greaseball（油球）。还有许多其他绰号半路上掉了队（真是件幸事），尤其是形容日本人的skibby（有可能来自日语的sukebei，淫邪之人，虽说这有点难以理解），还有形容菲律宾人的gugu，两者在西海岸都曾非常流行。

直到19世纪的最后岁月，美国官方还保留了对黑人和印第安人的大部分种族敌意。1907年，排外范围扩展到日本人。20世纪最开始的几十年里，东方人只能上隔离学校，禁止拥有财产，房东施暴的空间极大。[36]到20世纪50年代，亚洲国家的移民配额少说也算得上是吝啬了：日本185人，中国105人，韩国和菲律宾各100人。

* 这里指西班牙裔人不会说英语，所以把“no speak English”说成“no spik Inglis”。——译者注

但从19世纪90年代开始，随着来自欧洲较贫困地区的移民如洪水般涌入，美国的种族主义变得更加彻底、偏激、一概而论了。美国保护协会和移民限制联盟等反移民兄弟会纷纷涌现，并得到了大量追随者，麦迪逊·格兰特所著《伟大种族的消逝》（它“科学地”论证了不受限制的移民会导致民族性格的稀释和退化）一类书籍畅销一时。美国保护协会的威廉·J.H.特雷诺反对给予冲击着美国海岸的“每一个无知的南欧人、波兰佬、德国佬和斯拉夫人”以及其他所有“欧洲的流氓罪犯”投票权，他的这些话恰恰说出了美国的情绪。[37]这种情绪不仅吸引了群众，甚至影响了相当显赫的群体。移民限制联盟的支持者包括哈佛大学、斯坦福大学、佐治亚理工学院、芝加哥大学和沃顿商学院的负责人。[38]

甚至许多人眼里20世纪最开明的总统伍德罗·威尔逊，也曾在1902年的《美国人民史》中写道，近年来移民的特点是“大量来自意大利南部最低阶层的人，匈牙利和波兰最卑微的人”，没有任何技能或力气，也没有“任何聪颖的行事能力”。他还大胆地开了个小玩笑说，中国人，“作为劳工而非公民的话，反倒更可取”。[39]

当时，新奥尔良有几名意大利移民因为跟黑人交往被处以死刑，西奥多·罗斯福总统在公开场合表达了适当的哀悼之情，但在写给妹妹的一封信里说，他认为这其实“是件好事”，还带着贬义评论说，“形形色色的南欧外交官”向他抗议私刑，令人厌倦。[40]就连玛格丽特·桑格，尊敬的生育控制活动家，她倡导控制生育的动机也并不是希望妇女对自己的命运获得更多的控制权，而只是想要通过新兴的优生学来减少低等阶层。她写道："合适的人多生孩子，不合适的人少生孩子——这就是生育控制的主要问题。"[41]不管是此前还是此后，不宽容和偏见在美国社会各阶层从未表现得如此明显和普遍。

1907年，"美国将要被一群乌合之众淹没"的担忧情绪日渐增长，为了宣泄这种情绪，国会组建了迪林厄姆委员会。委员会拿出了厚达42卷的报告，得出了基本结论：1880年以前的移民不是坏事——当时的移民主要来自北欧，（并暗示）他们勤劳、行为得体、值得信赖，而且主要是新教徒，因此很好地融入了美国；而1880年以后的移民，以南欧和东欧未受过教育、不通人情世故、基本上没有抱负，而且肯定不是新教徒的群众为特点。它坚持认为，德国人和斯堪的纳维亚人购买了农场，并成为美国社会有价值的成员，而第二波移民浪潮只是耗尽了慈善事业，成为败坏工业收入的耗子屎。

作为证据，该委员会指出，纽约77%的被捕嫌疑人是外国出生的移民，86%的人依靠某种形式的救济。[42]穷人绝大多数，甚至可以说全都是移民。委员会的调查员在考察纽约的住房条件时，没有发现哪怕是一个本国白人住在棚户里的例子。委员会得出结论，来自南欧和东欧的移民增加了整体失业率，拉低了工资。

事实上，所有证据都指向了相反的方向。正是因为美国有着大批低工资、适应性强、不熟练的劳动力，才崛起成为工业强国。[43]半个多世纪以来，美国企业随心所欲地压榨外国出生的工人，付给他们极低的工资，如果工人要求获得更多薪水或更好的工作条件，企业就会毫不留情地大批解雇他们，并在必要的时候用新来的顺从移民取而代之，现在却责怪移民贫穷、不合群。它没有注意到，那些转向犯罪或寻求救济的人只是移民整体的一小部分，而且大多数人实际上都是忠诚勤劳的守法公民。

在非理性氛围的煽动下，美国进入了一个极度不宽容的时期，不仅仅对移民不宽容，也对所有反建制行为不宽容。1918年的《反煽动法》规定，对政府支出甚至基督教青年会发表批评性言论是非法的。[44]民事自由的标准太低，低到警察不光经常逮捕涉嫌煽动叛乱的人，甚至还不放过那些到监狱里探望前者的人。

1917年，为了清除不合适的移民，政府推出了形形色色的文盲测试。一个有抱负的移民必须展示自己能够阅读至少30个单词——不过，很奇怪，这些单词不一定是英语。从没人解释过，为什么一个能阅读30个克罗地亚语单词的克罗地亚人被认为能比做不到这一点的克罗地亚人更能适应美国的生活。

与此同时，移民在入境口岸被询问的问题变得更深入，更具暗示性。1921年，英国作家G.K. 切斯特顿抵达美国时，对他不得不提交的充满刺探性的调查感到十分惊讶。“我站在约旦河的另一边，”他后来评论说，“在一位粗鲁的阿拉伯酋长统治的土地上，警察一副强盗的样子，不免令人好奇真正的强盗又长成什么样。但他们没有问我是否要推翻酋长的势力；他们对我关于政府道义基础的个人观点没有些微的好奇心。”[45]

最后，到1924年，美国推出了配额制度，门户开放政策变成了历史。

然而，到了这个时候，各地的移民都证明了偏见的不公正。尤其是东欧犹太人，在对教育和自我提升的重视上堪为楷模。截至1927年，纽约2万名律师中有2/3是犹太人，[46]成千上万人事业有成，成为杰出的学者、音乐家、剧作家、记者、医生、作曲家、演艺人员，在几乎所有人类活动的领域焕发出光彩。40年来，美国人一直抱怨犹太人工作不够努力，此刻，却又开始指责他们工作太努力。

这时候出现了一股无声的潜流——限制犹太人就读法学院（跟如今人们担心亚裔统治高等教育机构的担忧恰成呼应），美式英语里有了一种新的表达方式，叫作“五点钟反犹主义”（five o’clock anti-Semitism）。它的意思是，如果无法回避，人们会在白天跟犹太人共事，但绝不希望晚上还跟犹太人社交。此后至少30年间，犹太人仍基本上被随意地排除在美国主流社会之外。直到20世纪60年代，他们才能进入非犹太乡村俱乐部、大学兄弟会/姐妹会，以及其他犹太人禁入之地。

但跟外形上最扎眼、来美国也大多不是出于自愿的另一少数族裔所受到的偏见比较起来，犹太人的遭遇就相形见绌了，这就是美国黑人。你或许会惊讶地发现，黑人是美国移民群体里人数最少的那几类之一，瑞典人、西西里人、波兰人以及几乎所有其他民族或族裔都比他们人数多。在1505年（第一批黑人奴隶抵达加勒比海）到1888年（新世界最后一个奴隶制的据点——巴西——终于废除了这种制度），大约有1200万非洲黑人被运输到大西洋对岸。不过，绝大多数人去了巴西和加勒比地区，只有5%（不超过50万人）到了日后成为美国的地方。[47]

出于明显的经济原因，美国鼓励黑人随意生育。早在1775年，黑人就占弗吉尼亚州人口的40%，占北卡罗来纳州、马里兰州和佐治亚州人口的30%，占南卡罗来纳州的60%以上。[48]

黑人遭受的肢体虐待，在大众的心目中可能有些夸大了——按照当时的标准，大多数人还算有吃有穿；毕竟，照顾好自己的财产符合奴隶主的利益，但黑人承受的心理羞辱无法估量。美国奴隶制最为可憎的地方，不仅仅是对黑人强制实行非自愿的奴役，更剥夺了他们作为人类最基本的尊严。曾有人报道说，弗吉尼亚州的一位游客“目瞪口呆地看到女士们先仔细检查赤裸男奴的生殖器，再把他们买下”[49]。女奴经常沦为主人和工头的性玩物。几乎没有哪一座种植园里没有黑白混血儿（这里原文是mulattos，原本是西班牙语，指小骡子）；来自南方以外地区的游客经常惊讶地碰到浅色皮肤、跟东家长得很像的奴隶。（托马斯·杰弗逊的女奴萨莉·海明斯，做过他多年的情妇，其实就是杰弗逊已故妻子同父异母的妹妹。）

奴隶们常常被迫与伴侣分开（大约1/4的人再也没能团聚），母亲被迫与孩子分开。当时的典型广告会这样写：“黑人待售。24岁的黑人女子，两个孩子，一个8岁，另一个3岁。所述黑人将根据需要单独出售或一同出售。”[50]每一天，都有一千种法子提醒黑人他们在地位上低于常人。正如一首奴隶歌谣里唱道：

我们烤面包，
他们给我们面包渣，
我们种谷子，
他们给我们谷子壳，
我们挤奶，
他们给我们水，
他们说，这对黑人已经够好了。[51]

在各地，黑人都被限制在极度的无知状态。奴隶主认为，任何形式的学习都将带来违逆与抗命。一如乔尔·钱德勒·哈里斯在小说《雷摩大叔》中所说："Put a spellin-book in a nigger's han's, en right den an dar' you loozes a plowhand. I kin take a bar'l stave an fling mo' sense inter a nigger in one minnit dan all de schoolhouses betwixt dis en de state er Midgigin. *"[52]因此，黑奴对种植园以外世界的认识，有限得吓人。黑人废奴运动领袖弗雷

* 此处所写的英语，均为不标准的拼写，而且采用的是黑人口音，有大量的吞音和含糊发音。作家以此行文，说明黑人所处的愚昧状态。若写成标准英语，应为：Put a spelling book in a Negro's hands, and right then and there you lose a plowhand. I can take a barrel stave and fling more sense into a Negro in one minute than all the schoolhouses between this and the state of Michigan. 这句话可译为："你朝一个黑人手里塞一本拼写书，立刻就少了一个庄稼汉。我拿根棍子，便能在一分钟内叫这黑人获得更多理智，效果比从这儿到密歇根所有的学校教出来的都要更好咧。"——译者注

德里克·道格拉斯在自传中回忆说，获得自由之前，他从未听说过纽约和马萨诸塞。[53]

就算黑人设法获得了自由，也几乎无法享受民主的果实。到1820年，美国有23.3万名自由黑人，但从任何意义上看，他们都没有自由。白人劳工拒绝跟黑人一起工作，也不允许他们当学徒，所以，黑人很难得到有价值的工作机会，晋升就更不必奢望。艾奥瓦州、伊利诺伊州和印第安纳州甚至不允许自由黑人在其境内定居。即使获允定居，黑人也会不断地受到侮辱，只能逆来顺受。每个白人孩子都知道自己可以用雪球砸黑人而不必担心遭到报复。就算遭受最严重的冤屈，黑人也常常被否定人身保护权、经陪审团审判权，甚至为自己做证的权利都没有，几乎任何地方都不允许他们指证白人。

虽然北方普遍厌恶奴隶制，但只有极少数理想主义的“怪人”认为废除奴隶制是通往机会均等的序幕。就连林肯在跟史蒂芬·道格拉斯辩论时，也表明自己的立场说：“我并不，也从来不曾支持以任何方式实现白人和黑人在社会和政治上的种族平等……我并不，也从来不曾支持让黑人成为选民或陪审员，让他们有资格出任公职，跟白人跨种族通婚。”[54]

大多数人乐于把黑人想成如孩子般随遇而安的生物，对生活的渴望无非是有美食可吃，一有机会就唱歌跳舞。他们似乎从来不曾想过，普通的自由黑人能做的也就这么些了。18世纪30年代中期由托马斯·D. 赖斯传唱开来的歌曲《吉姆·克劳》（*Jim Crow*），刻画了流行的黑人形象：

姑娘们和小伙们，
来吧来吧听我说，
我刚来自塔基霍，
我要唱一首小小的歌，
我的名字叫吉姆·克劳。

值得注意的是，这种认识甚至持久地延续到了近现代。进入20世纪40年代，《时代》杂志仍然常将黑人叫作“pickaninnies”（黑孩子），并热衷于报道黑人跌进井里或者其他滑稽出丑的新闻片段。黑人的好莱坞角色主要局限于斯特平·费奇特和巴克维·托马斯等演员饰演的慢吞吞、翻白眼、常年胆怯、糊里糊涂的人物。20世纪50年代，阿莫斯和安迪、《杰克·本尼秀》上忠诚的罗切斯特等电视角色延续了这一刻板印象，而在更广阔的商业世界里，人们唯一能看到的黑色面孔，就是笑容满面的杰迈玛大婶，这是一位胖乎乎的、幸福快乐的黑人女性，人生中最大的满足似乎就是为白人烤煎饼。至于其他地方，黑人根本就不存在。就连背景设定在南部的节目《安迪·格里菲斯秀》，似乎也发生在一个全是白人的世界里。

在极少数情况下，黑人受到更严肃对待时，几乎总是伴随着一股屈尊俯就的傲慢态度，叫人瞠目结舌。迟至1949年，在一个全国刊行的报纸的科学栏目上，作者竟然能庄严地告知年轻的读者，美国黑人因为“嘴唇太厚”，无法发出cart（货车）和horse（马）等单词中的“r”音。学术上几乎没人关注美国黑人。少数几本专注于黑人的书籍，如《在非洲和美洲的黑人》（*The Negro in Africa and America*，1902年）和《美国生活中的黑人》（*The Negro in American Life*，1926年），理所当然地认为，除了少数特例，黑人无法进行较高级的大脑活动。通常，人们断言，黑人独特的语言习惯是其精神力量和生理机能受损的必然结果，《美国生活中的黑人》讨论嘎勒方言时这样说：

> 这些邋遢和粗心的嘎勒话，融合了一些早期定居者使用的农民英语……他们用笨拙的舌头尽可能地包裹着它，用某些富有表现力的非洲词汇丰富它，透过他们扁平的鼻子和厚厚的嘴唇，把它……当成一种语言说出来。[55]

而且，我恳请各位读者记住，这是一本学术作品。哪怕是最杰出的语言学者也认为，黑人不具备一丁点儿的语言创新能力。在《美国英语》一书中，乔治·菲利普·克拉普提出："黑人带入美式英语的词汇，在数量上微不足道…… juba（朱巴舞）、banjo（班卓琴）、hoodoo（巫毒，厄运）、voodoo（伏都教）、pickaninny（黑人小孩），这些就是非英语起源的黑人词汇的全部了。"[56]克拉普认为，嘎勒语（现在被广泛视为所有非裔美国方言中最丰富、最具表现力、民族上最纯粹的语种），"除了英语之外的词源，非常少，甚至可能没有"。

黑人语言里的几乎每一个词，据说其根源都来自英语。克拉普坚称，jazz（爵士乐）是一个古老的英语方言词汇。另一位学者甚至更进一步，说moke（过去常用来指黑人）来自冰岛语里的mockvi，意思是“黑暗”。[57]美国黑人选择了一个起源于两千英里之外寒冷岛屿的单词来形容自己——就算是8岁孩子，也能看出这个想法不怎么对劲。但这无所谓，重要的是，荣誉必须放到除了黑人之外的某个源头上。

直到20世纪40年代，黑人学者洛伦佐·道·特纳和瑞典人贡纳尔·默达尔开始研究黑人语言，它才得到了严肃的学术考察。特纳和默达尔很快确定，嘎勒语（这种方言，在南卡罗来纳州的岛屿和周边沿海社区里有近25万人使用）的某些句法特征，明显可以追溯到西非语言，而且还出现在远至巴西和海地的其他新世界方言里，这显然排除了其词源为英国方言的说法。特纳在其所著的《嘎勒方言中的非洲主义》（*Africanisms in the Gullah Dialect*，1949年）中指出，多达6000个嘎勒词汇表现出与西非词汇一致的迹象。[58]

特纳和默达尔指出，在西非的沃洛夫语中，hipikat指一个能适应环境的人，按字面意思是“睁着眼睛”，是hepcat（爵士乐手）、hip（时髦、臀部）和其他诸多变体最合理的源头。[59]其他几乎可以确定起源于非洲的单词包括chigger（沙蚤）、gumbo（秋葵）、banjo（班卓琴，最初也拼写为banjou或bangy）、jitter（抖动）、cola（可乐树）、yam（甘薯）、zombie（僵尸）、juke（假动作）、goober（花生）、tote（手提）、okira（秋葵荚）和boogie-woogie（布吉伍吉，一种非洲舞蹈及音乐形式），不过，其中不少单词，比如banjo、chigger和gumbo，是通过加勒比海地区进入美国的，往往经过了中间语言的过滤。

即使是泰迪·罗斯福的speak softly and carry a big stick（温言在口，大棒在手），根源似乎也来自一句西非谚语。同样，《胜利之歌》（字面意思是“洋基傻小子”）与苏里南的一首奴隶歌曲惊人相似。后者是这么唱的：

Mama Nanni go to town
Buy a little pony.
Stick a feather in a rink
Calling Masra Ranni.[60]

妈妈南妮去镇上，
买一匹小马驹。
在屁股上插一根羽毛，
叫它马斯拉朗尼。*

其他据说起源于非洲的词汇包括bogus（伪造）、banana（香蕉）、gorilla（大猩猩）、funky（时髦）、phoney（骗子）和jazz

* 相比之下，《胜利之歌》是这么唱的：Yankee Doodle went to town, And rode a spotted pony. They stuck a feather up his ass, And called him macaroni. 按字面意思可译作：洋基傻小子去镇上，骑着一匹斑点马驹。他们在他屁股上插了一根羽毛，叫他纨绔傻小子。——译者注

（爵士乐），尽管并没有确凿的证据。jazz是美国词源学中争议性最大的一个词。在待议的可能来源里，有人说它来自chaz，是早期拉格泰姆鼓手查尔斯·华盛顿的绰号，也有人说它来自chasse，是一种舞步。其他说法则将其与非洲语言抑或克里奥尔语*的种种源头联系在一起。不管怎么说，它在南部黑人和白人口中的最初用法是形容性交。直到第一次世界大战结束后，它才进入了更广阔的世界，表示一种音乐的类型。相当多的美国黑人词汇里包含了某种被遗忘的与性的联系。boogie-woogie最初似乎是指梅毒。juke，来自西非的dzugu，意思是邪恶，最初也把这种意思带进了英语，最终，它指代起了妓院。然后，大约在1930年，变成了演奏生动音乐的小酒馆——juke joint。jukebox（点唱机）的历史可以追溯到1937年。blues（布鲁斯，蓝调），这个词是由它最伟大的演奏者推广开来的（也有可能是他创造的），也即短号手W.C. 汉迪，他的《孟菲斯蓝调》写于1910年，接着是1914年的《圣路易斯蓝调》。按孟肯的说法，它最初也有着“强烈的性意味”，但他未作详细解释。[61] rock 'n' roll（摇滚乐）一词也一样。

黑人语言有一个长期存在的特点，那就是喜欢用食物词汇委婉地指代性。因此，特别是在歌曲当中，天使蛋糕、奶油馅饼和其他菜肴往往具有明显的性内涵。当你意识到起酥面包

---

* 泛指世界上由葡萄牙语、英语、法语以及非洲语言混合并简化而生的语言，美国南部、加勒比地区以及西非的一些地方所说的语言也都可统称为此。——译者注

（shortening bread）常用来描述性交时，以下这首深受人们喜爱的歌就有了一种全新的含义：

One turned over to the other an' said,
'My baby loves short'nin', short'nin',
'My baby loves short'nin' bread.'

一个人转向另一个人，说：
“我的宝贝喜欢，起酥，起酥，
我的宝贝喜欢吃起酥面包。”

这同样适用于果酱卷（jelly roll），一如歌词所写：

Jelly roll, jelly roll ain't so hard to find,
There's a baker shop in town makes it brown like mine.
I got a sweet jelly, a lovin' sweet jelly roll.
If you taste my jelly it'll satisfy your worried soul.

果酱卷，果酱卷，不难找，
镇上有一家面包店，能把它烤得黑脆脆，就像我。
我吃了一个甜甜的、可爱的甜甜果酱卷。
如果你尝尝我的果酱卷，
它能安抚你担忧的灵魂。

在美国黑人创造的数千新词汇中，我们可以看到blow one's top（发脾气）、gimme five（握手）、high five（击掌庆贺）、honky（白鬼子）、ragtime（拉格泰姆，一种音乐形式，具体意思同样模糊，但有可能起源于它细碎的切分音。首次出现于1896年）、right on（好极了）、uptight（紧张）、jive（摇摆舞）、be cool（冷静）、bad mouth（说坏话，bad取“好极了”的意思）、get down（取“慢慢享受”之意）、cool（取“受人钦佩”之意）等。

最后，有必要说一说指代黑人的几个词语。negro是西班牙语和葡萄牙语里的“黑色”之意，1555年首次出现在英语里。nigger出现于1587年，起初并不是贬义词，而只是negro的变体发音。sambo（黑人，或者黑人混血儿），是尼日利亚语里“第二个儿子”的意思，最初也并非贬义词。直到19世纪80年代，black才用来一般性地指代黑人，但此时negro是首选词汇，black要直到20世纪30年代才推广开来。Uncle Tom（汤姆叔叔）当然来自哈丽叶特·比切·斯托的流行小说《汤姆叔叔的小屋》，但1922年之前，它并不用于一般性地形容黑人奴仆。

第10章

一路顺风：行在美国

I

1815年1月8日，在新奥尔良战役中，安德鲁·杰克逊将军率领美国军队击溃英军。这是一场决定性的胜利——或者至少说，它应该算是一场决定性的胜利。双方战斗人员都不知道，两个星期之前，《根特条约》签署，1812年战争（第二次独立战争）就已经在觥筹交错中友好结束了，但却有两千多人死在这场本已结束的战争中。[1]

这里，我提出此事是想指出，在整个美国早期，通信都是一个常年无法解决的问题。如果风向不利，一封信可能需要花上几个月的时间才能横渡大西洋。1606年12月，约翰·史密斯和他的队伍出发去寻找詹姆斯敦，用他相当温和的说法是，风吹得明显“不太昌盛”（unprosperous），所以，他们用了6个星期才驶出英格兰。顺利的越洋之旅，比如朝圣先辈们搭乘“五月花”号那一次，要用8个到9个星期，但用上6个到7个月的情况，也并非没有耳闻。[2]

如果碰到这种情况，食物会腐烂，水也变得苦咸。如果船长或船东不择手段，往往会从一开始就预备腐烂的食物。当时的海航日志上满是辛酸评论。“这样又热又湿的环境里，连饼里都长满了蠕虫，老天救救我吧，我看到许多人等到夜幕降临时才肯喝饼干熬成的粥，免得见到虫子。”一名沮丧的水手写道。[3]个人卫生就更加别想了，虱子长得密密麻麻，能从身上刮下来。[4]偶尔，环境会糟得可怕，水手们拒绝出海，扯下风帆怠工抗议（这叫“strike”），以示不满，这就是为什么如今的工人把拒绝出工说成是“on strike”（罢工）。[5]

对水手而言，海上条件已经足够艰苦了，而对不习惯海洋危险的乘客而言，这种体验往往无法忍受。1618年冬天，一艘从荷兰莱顿启程的船，载着180名乘客前往弗吉尼亚。等它到达新大陆，只有50人幸存，其余都死了。[6]1741年，“海上花”号从贝尔法斯特启程，一路上因为太过饥饿，乘客们吃掉了死者的尸体。在整个殖民时代的初期，拓殖新世界的问题不是找不到愿意去的人，而是要让他们活着到达新世界，并在到了之后继续活下去。

大西洋对于传播消息同样也是令人愤怒的障碍。一封11月从波士顿投递的信，很难在第二年春天到达伦敦。1745年，伦敦贸易委员会致函北卡罗来纳的总督，有点急躁地问后者，为什么3年来都没有收到他的消息，[7]哪怕是至关重要的信息也经常延误。不管是《印花税法》的公布，还是它随后的撤回，足足两个月里，美国都没人知道这件事。1789年7月法国人攻陷了巴士底狱，但新就职的华盛顿总统直到第二年秋天才知道这件事。

美国境内的情况就只能说更糟糕了。很多时候，信件根本找不到目的地，就算找到了，过上一年才收到回复的事也不稀罕。信件大多以总结前一封信的命运开始，如1776年托马斯·杰弗逊从费城写了一份便条，寄给弗吉尼亚的威廉·伦道夫："亲爱的阁下，你们8月1日的信，在今天，也即11月24日，刚刚送到我手里；我想10月份的那封信已经送错了地方。"[8]

寄信为什么这么难，原因很充分：独立战争结束很久之后，美国都几乎没有名副其实的公路。很多表面上说是公路的，往往不过是印第安小径，大多不到半米宽，并且到处都是显而易见的危险，随时都有可能遇到一群印第安人，哪怕是和平时期，你也不一定希望在旷野中遇到这样的事情。纳奇兹古道就是这样一条小径（这里的"trace"，取其"线路"之意），涵盖了从纳什维尔到纳奇兹之间500英里的危险地带。它主要是供密西西比河沿岸的船夫所用，这些人搭乘粗糙木筏运送货物，等卖掉货物之后，他们把筏子拆掉变成木材，再徒步走回去。就算在建筑物更为密集的东部，这样的道路也经常消失在河岸，或者散开变成许多条混乱的岔路，几乎没人听说过路标、地图和其他帮助困惑的旅行者的工具（第一本道路地图集要到1789年才出版）。当杰弗逊从弗吉尼亚州前往费城参加第二届大陆会议的时候，他不得不两次雇用向导给自己指出该顺着哪条岔路走，而这还是美国一条经常有人走的道路。[9]直到19世纪中叶，一吨货物横渡大西洋的运费，仍比陆地运输30英里的费用低。[10]

由于没有道路可言，人们大多只能顺着海岸线在美国境内各地间出行，更多的时候，干脆根本不出行。塞缪尔·亚当斯直到50岁，都从未迈出过马萨诸塞一步，确切地说，他也不曾骑马出过境。这种情况丝毫也不罕见。[11]1750年，整个马萨诸塞殖民地，只有6辆搭载乘客的马车轿厢。[12]在弗吉尼亚，按当时的一种说法，大多数人除了货车，从未见过任何一辆四轮载具，不少人连货车也没见过。[13]

在这样的环境下，美式英语里有特别丰富的词汇来形容淳朴乡土气，大概也就不足为奇了吧。yokel（乡巴佬）这个词的起源不确定（有可能来自德语的Jokel，是Jakob的变体），于1812年进入美式英语。hick，是Richard的缩写，历史更为悠久，可追溯到14世纪的英格兰，在最早期的美国就很常用。其他类似的词包括hayseed、bumpkin、rube（来自Reuben），country jake和jay（最终带给我们jay-walker一词，指代一个不知道怎么穿过城市街道的笨蛋）（这些词都指乡巴佬）。有点叫人吃惊的是，hillbilly似乎直到1904年才进入美语，直到20世纪30年代才普及。到1905年，这些不通人情世故的乡下人（rustics），据说是从the sticks（乡下）来的。该表达来自伐木工人用来形容森林的短语。更近期的还有boondocks（荒山僻野），它是菲律宾语里的“山”，1944年才进入英语。

直到18世纪的最后几年，美国只有几条真正的道路，分别是62英里（100公里）长的费城–兰开斯特收费公路（Lancaster Turnpike，这里收费公路用的是turnpike，这是一个英国词汇，可追溯到1678年，之所以这么叫，是因为道路被一条带刺的棒子，也就是pike，给拦着，只有付了过路费，它才打开供行人通过）；波士顿和纽约之间的波士顿邮政公路；由探险家丹尼尔·布恩开辟的通往肯塔基领地的荒野之路；连接费城和科内斯托加河口的大道（Great Road）。为了在大道上通行而制造的有盖货车，最初叫作freighter（如今是货船的意思）。后来，它们以其制造地宾夕法尼亚小镇科内斯托加为名。巧合的是，这座城镇还以独特的鱼雷形雪茄而闻名。后者很自然地被人叫成科内斯托加雪茄（conestoga cigar），但这个名字很快缩短成了斯托奇（stogy或stogie），并成为在大道来来往往的科内斯托加货车司机们的最爱。[14]科内斯托加货车有一个少见的特点：它把刹车和“懒人板”（lazy boards，一种可伸缩的踏脚板）造在了左手一侧。如果说把它们放在左侧是出于什么特殊的原因，那么这个原因也早就被人遗忘了。由于驾驶员被迫坐在左侧，所以往往喜欢在道路的右侧行驶，这样才能让车的位置靠近道路中央。这似乎就是美国人放弃了英国左侧驾驶习惯的原因。

尽管大多数人听说之后都感到惊讶，但美国的道路，其实到了20世纪才变得常见。美国虽然没有大量的道路，却养成了一个给为数不多的道路起大量名字的习惯。伟大的国道

（National Road）是美国第一条真正的长途公路，也叫作坎伯兰路（Cumberland Road）、大西部路（the Great Western Road）、山姆大叔路、俄亥俄路和伊利诺伊路。它始建于1811年，从马里兰州的坎伯兰，绵延130英里（210公里）到达西弗吉尼亚州的惠灵市，一步步地横跨宾夕法尼亚州、俄亥俄州、印第安纳州，到19世纪中叶，向西最远到达伊利诺伊州的万达利亚，并就此戛然而止，因为它的作用突然被汽船和铁路取代了。过了足足70年之后，这条道路的大部分成为日后的40号高速公路。在这期间，美国的长途公路旅行陷入死寂。

这类公路不仅数量少，相隔遥远，断断续续，而且还危险、缓慢、不舒服。早期的厢式客车（coaches；这个词来自Kocs，是匈牙利的一座小镇，最早制造出了此类客车；它怎样开始指代训练运动选手的人，原因不详——coach也有教练的意思）显然缺乏舒适性，因为看似最一目了然的发明，也即椭圆弹簧，直到1804年才出现，并直到更久之后才普遍用于车辆。最好的道路，叫作木排路（corduroy roads），用砍下的树木并排放置，带来一种像木排似的颠簸效应，很折磨人，但非常罕见。大多数道路只是荒野里草草地清理出来的空地。听起来似乎还行，但请记住，当时的技术无法轻松地移除树桩。就算是在美国公路系统的骄傲——国道上，承建商也可留下高达15英寸（近40厘米）的树桩，只比膝盖略低。想象一下，如果你坐在一辆没有弹簧减震的车厢里，日复一日地在石头、倒下的树枝和树桩上颠簸，就兴许能对19世纪美国长途出行的艰辛产生些概念。

这项事业的一些风味，体现在国道沿途最成功的驿马公司率直的名称上：Shake Gut Line（或可直译为“颠簸内脏路线”。这是一个起名字很花哨的时代。Shake Gut的主要竞争对手是June Bug Line，或可译为“六月虫路线”，因为它的竞争对手预测它的存活时间不会超过6月里的一只虫子，结果证明他们错了。）厢式客车不仅无情地颠簸着乘客，而且还经常翻车。按畅销历史书作家保罗·约翰逊的说法，1829年，“一名男子从纽约前往辛辛那提并返回，他报告说，车厢翻了9次”[15]。

因此，当铁路（以及没那么普及的汽船和运河驳船）开始提供另一种交通方式时，人们蜂拥而至也就不足为奇了。即便如此，早期的火车同样很慢，不舒服，而且危险。车厢与车厢之间只靠简单的链条连接，因此它们不断互相干扰，冲击着无助的乘客。面向前方的乘客要么选择关窗而坐（碰到炎热的天气，这不是个有吸引力的选项），要么承受火烫煤灰的骚扰（它有个滑稽的名字，叫“眼药水”），煤灰源源不断地从火车头（火车头叫locomotive，是1657年发明的单词，形容任何一种运动，1815年首次应用到火车引擎上）往后飘。失火、脱轨和故障随时可能发生，而且，直到19世纪末，就连食物也有风险。乘客可在车站下车，并有20分钟时间给自己的肚子找点吃食——直到1868年，一个新的单词才进入了美式英语，它叫dining-car（餐车）。在荒无人烟的偏远车站，当地的老板们能弄到什么吃的，就给乘客供应什么，很多时候还干脆什么也不供应。内布拉斯加州西德尼的食客经常吃到一种据说是炖鸡的东西，实际上，它的基本成分是草原土拨鼠。[16]有人说，能吃到它们算是幸运的。

尽管仍有上述不舒服的地方，但铁路大受欢迎，并为成千上万的人提供了第一次离开故乡的机会。根据一项估计，到1835年，搭乘火车出行的人，是5年前其他所有出行途径加在一起的人数的50倍。美国铁路的里程数，从1830年几乎没有，到1860年增加至3万英里，比世界其他所有国家的总和还多，[17]到1890年进一步增加至惊人的20万英里。从此以后，铁路出行占据了美国旅行的主导地位，在整整4代人里，“路”（road）的意思指的就是“铁路”（railroad）。[18]美国现在所说的“路”，那时大多叫“小道”（trail），如俄勒冈小道和圣菲小道。

随着火车旅行的到来，毫无疑问，驿马马车立即黯然失色。火车不仅更快，越来越舒适，价格还更低廉。横跨东西海岸的行程要用8天到10天，平均速度约为20英里/小时（在较直的路段，速度还能上升到让人眩晕的35英里/小时）。从奥马哈到萨克拉门托的单程票价是头等舱100美元（外加到全新的普尔曼卧铺车厢花4美元睡一晚的费用），二等舱75美元，三等舱40美元。

普尔曼列车（Pullman cars），最初叫普尔曼酒店列车，以乔治·M. 普尔曼为名，他于1865年设计开发了这种车厢，1868年又发明了餐车。为了给1.2万名工人提供住宿，普尔曼在伊利诺伊州修建了一处模范社区（也叫普尔曼，现在是芝加哥的一部分），工人们住在公司的房子里，在公司的商店里购物，这样一来，挣到手的工资大部分都还给了公司。普尔曼搬运工几乎全是黑人，这不是开明就业实践带来的结果，而是工资太低的副产品。把搬运工叫作“乔治”（不管对方本名如何）的风俗，显然来自普尔曼（他的名字就叫“乔治”）。[19]

逐渐为大众熟知的铁路词汇包括caboose（守车，指列车末尾供列车职工使用的车厢），iron horse（铁马，指蒸汽火车头），cow catcher（排障器），jerkwater town（偏远小镇），to featherbed（担任闲职），to ball the jack（火车全速前进），to ride the rails（不买票搭顺风车），to ride the gravy train（赚外快的肥缺）。gravy train指的是很棒的差事，要么薪资丰厚，要么不怎么劳累。令人惊讶的是，1945年之前，它都不见记录。To featherbed，意味着雇用超过必要数量的工人，同样是新近出现的词汇，1943年之前都没有类似的说法。caboose的历史更为古老，它来自荷兰语里的kabuis，很早以前就用来描述船的多个部分，尤其是后厨，之后才用于列车。jerkwater town通常指的是一个很荒凉的地方，火车要从用一根绳子挂在铁轨边上的水箱里取水。to ball the jack，不顾一切地快速前进，来源不确定。它可能跟high ball有些关系，high ball指的是前进的信号。

另外两个跟铁路旅行有着松散关系的词是bum和hobo（都是流浪汉的意思）。1891年，hobo首次见于华盛顿州埃伦斯堡的一份报纸，但没有人对它的词源提出过具体的解释。有人说，它是homeward bound（前往故乡）的缩写，或是跟问候语“Ho! Beau!”有些关系。“Ho! Beau!”听起来像是针对流浪汉的讽刺，但实际上，它是19世纪铁路工人之间的常见问候，对免费搭顺风车的人来说肯定很熟悉。用bum指代流浪汉，似乎来自德语bummler的简写，后者指的是游手好闲的懒汉。

虽然我们容易认为城市拥堵是我们这个时代的缺点，跟汽车有关系，但早在汽车出现之前，马匹交通就曾堵塞城市。1864年，为维持交通，纽约市建造了两英里长的地下隧道穿过中央公园，并称之为sub-ways（地道）。在英国，subway至今仍指“地下通道”（愤世嫉俗者或许还可以给它加上一重意思：流浪汉的公共住房），但在美国，这个意思只延续了29年，1893年就开始指代新出现的城市地下铁路。[20]汽车大概有其缺点，但至少，它一般不会吸引苍蝇，不会拉出会让你绕着走的东西。进入19世纪颇久以后，马粪都是城市里长久存在的一个大问题，如今的我们几乎无法想象。1900年，纽约罗切斯特的一位尽忠职守的官员计算出，这座城市1.5万匹马所生产的粪便，一年能以深达175英尺（近53米）的厚度，盖满整整一英亩的面积。常年处在不卫生的条件下，兼之任何天气都要辛苦工作，马匹不光吸引苍蝇，也像苍蝇一样短命。在19世纪和20世纪交接的日子，每年有1.5万匹马死在纽约街头，死在芝加哥街头的也有1.2万匹。[21]有时，马匹的尸体好几天都没人收拾。置身苍蝇、粪便和热腾腾的尸体之间，你毫无疑问地知道：这就是大城市。

因此，缆车（cable-car）和有轨电车（trolley-car）的出现不仅仅是福利，更是奇迹。缆车由一位名叫安德鲁·史密斯·哈利代的苏格兰移民完善，他手里掌握着一种对缆车成功运行至关重要的东西：他经营着一家制造电缆的公司。缆车靠夹持地下不断运动的电缆来移动，如果司机希望停下，他会拉起控制器，松开夹钳。如果夹钳出于某种原因无法松开（这种情况似乎出现得很多），缆车就会失控，顺着电缆不可阻挡地往前滚动，卷携一切速度过慢、没能及时从轨道上离开的东西，直到车站收到警报，关闭整套系统。[22]一如你的想象，缆车不够理想。尽管如此，在短期内，缆车还是很受欢迎的。不过，如今在美国，只有旧金山仍然保留了缆车系统，哪怕现行系统仍然没能彻底规避其前身的阴影。1900年，旧金山有110英里的缆车线路、600辆缆车；1980年，它只有一条略长于10英里的缆车线路，外加40辆缆车。

淘汰缆车的是有轨电车（trolley-car），早期有时也拼写为trawley car。有轨电车之所以叫trolley-car这个名字，是因为把车厢（car）连接到架空电缆上的机械是一种troller（控制器），而troller归根结底又来自英语方言的troll，意思是四处移动。跟其他所有竞争系统相比，无轨系统更易于安装，运行成本更低，于是就蓬勃发展起来。有一件事，人们大多忘记了：美国曾经拥有世界上最好的公共交通系统。19世纪与20世纪相接的那几年，柏林拥有全欧洲覆盖面积最大的有轨电车网络，但在美国，它只能排到第22名。[23]到最高峰的1922年，美国有超过1.4万英里的有轨电车轨道。当时全美最大的公共交通系统在洛杉矶——听到这个地名，你或许会感到惊讶*。

* 如今的洛杉矶以公共交通匮乏、没有私人汽车就寸步难行著称。——译者注

有轨电车改变了人们的生活方式，它们开辟了郊区生活。在引入有轨电车的几年里，布朗克斯的人口从不到9万增加到20万。[24]到1902年，仅纽约的有轨电车每年就运送了近10亿乘客。城市变得更大，更繁忙，更令人困惑。故此，在19世纪90年代，两个新词出现了：rush hour（高峰时段）和traffic jam（交通堵塞）。

但有轨电车也带来了享乐的机会，人们第一次能够探索城市里那些自己只听说过的地区。有轨电车公司意识到这种潜力，便开始在路线末端建造游乐园，借此增加收入——比如距离费城市中心12英里的威洛格罗夫公园，现在当然已成为购物中心的所在地。

有轨电车尽管大受欢迎，但却很难赚钱。1921年，美国300套最大的有轨电车系统，投资为15亿美元，总共赢利250万美元——每套仅赢利约8000美元。随着私人汽车拥有量和其他交通工具（如公共汽车，最初也叫无轨电车）的兴起，有轨电车的好运到头了。1922年至1932年间，美国有轨电车的里程数几乎减半。同样是在这10年里，一家名为美国城市线路的公司（是一家由通用汽车公司联合多个石油与橡胶利益集团组成的卡特尔）开始收购电车线路，再把它们变成公交线路。到1950年，它关闭了包括洛杉矶、费城、巴尔的摩和圣路易斯在内的100多座城市的有轨电车系统。这种举动无疑是违法的，该公司最终被以参与刑事共谋的罪名告上法庭，罪名成立。但罚款仅为5000美元，都比不上买一辆新的公交车的费用。

II

虽然人们很想把美国公共交通的整体衰落归咎到一家垄断企业的头上，但真正的罪魁祸首是汽车，或者，更具体地说，是美国对汽车长久以来的沉迷。历史上的任何创新都不曾比汽车更迅速地赢得人们的喜爱，更剧烈地改变世界的样子、行为和运作方式。看看任何一座城市的风景，观察对汽车的需求怎样主宰了我们的世界。如今，制造、修理、销售和保养汽车，占全美所有经济活动的17%到20%。然而，仅仅一个世纪以前，这一时代的奇迹甚至连名字都没有。机动车的历史，或许远比你想得要更久远——早在1770年，一位名叫尼古拉斯·居纽的法国人就造出了一辆名为“法蒂尔”（Fardier）的庞然大物，它以蒸汽为动力，能以高于2英里/小时的速度（比步行慢得多）在巴黎的街道上跋涉。但大多数权威人士认为，第一辆真正的可操作汽车，是德国工程师戈特利布·戴姆勒1884年设计出来的。他按自己的女儿的名字，给这辆车起名叫梅赛德斯。另一位德国人卡尔·本茨，在不知道戴姆勒发明汽车的情况下，几乎于同一时间发明了另一种非常相似的汽车。但事实上，这时候，汽车的概念已在美国获得专利。一位眼光敏锐、名叫乔治·B. 塞尔登的专利律师，早在1879年就颇有先见之明地为一种大型概念运载工具申请了专利，他称其为“道路引擎”（road engine）。塞尔登抢得先机不是因为他是个有天赋的发明家，他甚至连个灵光乍现的修补匠都算不上，恰恰相反，他从未制造过任何能运转的车辆，但他是个机会主义者，他精明地预见，控制这一新兴技术的专利能带来近乎无限的可能性。1879年，“道路引擎”没有筹措到任何资金，他通过各种操纵法律的手段，将专利生效拖延了整整16年，熬到了市场做好起飞准备的时候，从而在接下来的17年里，享受了丰厚的特许权使用费——而在这17年里，他绝对没有对相关技术做任何贡献。（他也没有为专利律师的荣誉做多少贡献。他的专利到期之后，法律很快就做了改动。）

美国人把日后自己生活里的这一核心要素叫作automobile（汽车），纯属偶然中的偶然。此前，人们已经试过数十个其他名字，又逐一抛弃，在此过程中，automobile一步一步挪到了候选名单最靠前的位置。早期汽车的其他名称包括self-motor

（自动车）、locomotive car（机车）、autobat（自动机）、autopher、diamote、autovic、self-propelled carriage（自推进车厢）、locomotor、horseless carriage（无马载具）、motor buggy（机动马车）、stink chariot（臭战车，大概是某位不太喜欢它的人起的名字），以及简简单单、毫无废话的machine（机器）——在颇长一段时间里，它都很像是要成为这种自推动车辆的通用名称。automobile是希腊语和拉丁语元素混合而成的法语词汇，最初仅作为形容词使用，不光用来形容car（“an automobile carriage”，一辆机动马车），也用来形容其他自推动装置（“automobile torpedo”，机动鱼雷）。到1899年，这个词逐渐变成了名词，并很快成为汽车的既定通用术语——当然，也不是没人反对。《纽约时报》生气地说，automobile“一半是希腊语，一半是拉丁语，简直有失体面，我们把它印出来都颇为迟疑”[25]。到这一年快结束的时候，这个词缩写成了auto。car最初用来形容汽车是在1896年，到1910年，它多多少少跟automobile同样普及了。

虽然早期技术开发完全来自德国人，但成为第一代大型汽车制造商的却是法国人，它给我们带来了许多和驾驶汽车相关的词汇：chassis（底盘）、garage（车库）、chauffeur（司机）、carburettor（化油器）、coupe（双门轿车）、limousine（豪华轿车），当然还有automobile。chauffeur指的是船舶上的司炉，故此用于汽车驾驶员，至少带有一种轻微的讽刺意味。limousine原本是来自法国利穆赞地区的一种厚重的牧羊人斗篷。第一批司机因为被迫要露天驾驶，故此穿起了这种外套，随着时间的推移，这个单词便从司机身上转移到了车辆上。到1902年，它成为英语的一部分。[26]

大多数美国人看到的第一辆汽车是由卡尔·本茨设计，于1893年在芝加哥世界博览会上展出的。在这一年结束之前，马萨诸塞州斯普林菲尔德的两兄弟查尔斯·杜里埃和弗兰克·杜里埃造出了美国的第一辆汽油动力汽车，此后，美国就再也没回过头。

历史上没有任何技术的发展，比汽车更快、更夺人心魄。而它在美国的发展，又快得超过了其他任何地方。1898年，全美国只有不到30辆能开动的汽车。短短10年过后，美国不仅有了700辆汽车，还有了700家汽车厂。1899年的前4个月（是的，就是这前4个月），美国投资者为新汽车公司提供了不低于3.88亿美元的启动资金。[27]

这些投资者来自各行各业。约翰·F. 道奇和霍勒斯·E. 道奇在底特律经营一家机器加工车间。大卫·D. 别克制造管道设备。斯图贝克是世界上最大的马车厢生产商。波普、温顿和蓝巴勒最开始都是自行车制造商。数量惊人的第一代汽车制造商来自中西部，尤其是密歇根：奥兹莫比尔汽车公司的创始人兰索姆·奥兹来自兰辛；大卫·D. 别克和亨利·福特来自底特律；通用汽车公司的创始人威廉·杜兰特来自弗林特——这有助于解释为什么底特律日后成了汽车城。除了帕卡德（Packard）、杜森堡（Duesenberg）和科德（Cord）

等家喻户晓的早期汽车品牌，还有几十家如今几乎被人彻底遗忘的公司：探路者（Pathfinder）、马蒙（Marmon）、海恩斯（Haynes）、普利米尔（Premier）、麦克法兰（McFarland）、瑞克（Ricker，是19世纪90年代世界速度纪录的保持者：26英里/小时*）、麦克斯韦（Maxwell）、布里斯科（Briscoe）、列克星敦（Lexington）。许多早期汽车都以探险家的名字命名，反映了这些人物所代表的冒险感：德索托（De Soto）、哈德森（Hudson）、拉萨尔（La Salle）和凯迪拉克（Cadillac，这是一位法国贵族之名：Antoine de la Mothe Cadillac，要不是他走运发现了底特律，几乎肯定会遭到遗忘）。但买家们也可以从无数已经可悲地遭到遗忘的品牌里进行选择：黑鸦（Black Crow）、巴格汽车（Bugmobile）、普通人汽车（Averageman's Car）、丹帕奇（Dan Patch）、皇家邮件（Royal Mail）、孤星（Lone Star）、普利米尔（Premier）、小三角（Baby Grand）、哈普汽车（Hupmobile）、乐可汽车（Locomobile）。

从品牌消亡的角度来看，要想象汽车的成功与辉煌有点不容易。1900年，汽车价格昂贵，不可靠，让人害怕。“你不能让人坐在会爆炸的东西跟前。”一位评论家审慎地说。控制几百公斤重的易怒金属是一项可怕的挑战，事实证明，许多人根

* 这跟蒸汽动力汽车达到的速度比起来，简直算不上什么。1906年斯坦利蒸汽车（Stanley Steamer）曾达到127英里的时速。遗憾的是，蒸汽动力汽车往往不可靠，容易爆炸。[28]

本控制不了。波士顿富有的社交名媛斯图维桑特·费什夫人第一次尝试开车时，一打开发动机就立刻从守在一旁本来是准备协助她的仆人身上碾了过去。仆人茫然地挣扎着站起来的时候，费什夫人又把车往回开，再次轧上他。惊慌之下，她换了挡，第三次把他碾倒在地。此时，费什夫人愤怒地逃回了家，再也没有靠近过汽车。我怀疑那名仆人也没有再靠近过汽车。

20世纪头几年，支持汽车社会需要的所有基础设施——加油站、交通信号、公路线路图、保险政策、驾驶执照、停车场——完全没有。汽车不仅毫无必要，而且，由于几乎没地方可以行驶，也毫无存在的意义。直到1905年，美国才有了短短1英里的铺砌了路面的乡村公路。这样的道路没有路标，是泥土小道，一到梅雨季节就成了沼泽地，在其余的大部分时间，路况也烂得无可救药。在这个国家的很多地方，哪怕有一条泥土小路也很受欢迎。开车穿过内布拉斯加或堪萨斯州，往往意味着穿越没路的大草原。

完成了长途旅行的人，在大众眼中既英勇，也疯狂。1903年，福特汽车公司成立的那一年，佛蒙特州的霍雷肖·尼尔森·杰克逊博士，在名为克鲁克的机械师以及一条叫巴德的狗（在整趟行程中，它跟两位人类同伴一样，都戴着护目镜）的陪伴下，开着一辆两缸敞篷温顿牌汽车完成了首次横穿美国大陆的壮举。他们用了足足65天，不过也因此成了英雄。在大多数情况下，这一时期的汽车根本无法应对这样的挑战。那些试图开车穿越落基山脉的人发现，唯一的办法是倒着开，否则燃料会从发动机里流出去。像样的道路不光没有，也毫无修建的前景。长久以来，联邦政府都拒绝提供公路基金，认为这是各州的事情，而各州同样极不情愿为一股有可能很快消失的风尚提供补贴。1912年，有20个州没在公路建设上花哪怕一分钱。

但公路的缺席并未阻止任何人。到1910年，美国的机动车，已经从1900年的8000辆，跃升到了1910年的近50万辆，到1915年，进一步增加到了200万辆。基础设施开始出现。车牌于1901年首次亮相。4年后，西尔韦纳斯·F. 鲍瑟发明了一种能用的加油泵，并且颇有先见之明地把它叫作Filling Station（不过，20世纪20年代之前，这个词并不常用来指代gas station）。同年，圣路易斯的汽车汽油公司（Automobile Gasoline Company）开办了第一家连锁加油站，而人们已经随意地把gasoline简化成了gas；各地的民众都唱着盖斯·爱德华兹的《坐在我快乐的奥兹莫比尔中》：

Come away with me, Lucille
In my merry Oldsmobile,
Over the road of life we'll fly
Autobubbling you and I.

和我一起走吧，露西尔
搭乘我快活的奥尔兹，
在生命的道路上，我们远走高飞

你我一起开车兜风。

令人兴奋的新词汇出现了。不是所有人都负担得起autobubbling（开车兜风，可追溯到1900年，一个生动但有点短命的词），但很快，大多数人都开始使用road-hog（鲁莽的驾驶员，这个词出现于1893年，原本指骑自行车的人），self-starter（自动起动器，1894年），station wagon（旅行车，1904年），spark plugs（火花塞，1908年），joy ride（开车游玩，1909年），motorcade（车队，1913年），car crashes and blowouts（撞车和爆胎，1915年），to step on the gas（踩油门，1916年），to jaywalk（乱穿马路，1917年），jalopy（破车，1924年），hitchhike（搭便车，1925年）和rattletrap（破车，1929年）等表达方式了。[29]早在1910年，人们就parking in order to neck or pet（意思是，停下车，搂着脖子接吻；neck和pet是搂着脖子接吻之意，这些单词同样可追溯到该时期）。随着时间的推移，出现了一些更加险恶的汽车用语。speeding ticket（超速罚单）在1930年进入美语，double-parking（并排停车）出现在1931年，parking meters（停车计时表）出现在1935年。（第一批停车计时表出现在俄克拉何马州。）

有些词语进入美语的速度太快了，似乎没有人注意到它们来自哪里。jalopy（破旧汽车，早期经常拼写成jolopy、jaloopy和其他许多类似的形式），完全无法解释，它就这么出现了。Tin Lizzie（轻快小车，1915年）和flivver（廉价小车，1920年）

的情形也大致相同。flivver有时用于泛指失败，接着，它跟亨利·福特的T型车挂上了钩。玛丽·海伦·多汉指出，1917年，小说《风雨血痕》里出现了“human flivver”[30]，但它怎样起源，又怎样跟一款与失败绝对没有关系的汽车挂起钩来，反倒因此显得更扑朔迷离了。弗莱克斯纳声称，Tin Lizzie之所以出现，是因为Lizzie是女佣的常用名字，女佣穿黑衣，T型车是黑色的，而且都在星期一展现出最美好的一面。[31]就算真是这样，它似乎也没什么证据。另一种理论认为，它可能跟一种叫“lizard”的雪橇有这样那样的联系。真相如何，没人知道。

1915年美国有200万辆汽车，5年之后增加到了1000万辆。到1920年，光是密歇根州的汽车数量就超过了英国和爱尔兰。堪萨斯州的汽车数量超过了法国。20年代刚还没过一半，美国就将生产世界上85%的汽车，而25年前压根儿不存在的汽车行业，则将成为美国最大的产业。

大部分功劳都可归到一个人头上——亨利·福特——和他那名字有点奇怪的T型车。福特早期的汽车，总是以首字母代称，但这种起名的方式，要么大获成功，要么一败涂地。出于某个没有记录下来的原因，他对字母表的顺序嗤之以鼻。他的前8款车型是A、B、C、F、K、N、R和S，接着，1908年10月1日，他的第一辆通用汽车——T型车最终问世。（到19年后T型车停产时，他并未接着生产U型车，而是又来了一款A型车。）

到1912年，也就是上市仅仅4年后，美国道路上3/4的汽车都成了T型车。[32]通常认为，是福特于1913年向世界推出了移动式“装配线”（assembly line）的概念。虽然这个词可能属于他的创造，但这个设想不是。几十年来，从蔬菜罐头到肉类批发的数十种行业，都使用装配线方法，但一直称它们为“连续处理制造”或“流动生产”。福特只是将这个设想做了调整，以适应规模更大的制造流程。[33]凭借这一革命性方法，以及尽量让T型车保持简单（他有一句脍炙人口的玩笑话，“你想要什么颜色都行，只要它是黑色的”），福特把一辆T型车的生产时间，从1910年的14个工时减少到了1913年的2个工时，[34]随之而来的，当然是价格的下降。第一辆T型车售价850美元，此年上涨至950美元，但这以后，随着福特新颖而超级高效的生产线，以及不断提升的经济规模，车价不断下降。到1916年，一辆全新的T型车的成本仅为345美元。即便如此，这笔钱还是超过了大多数人能弄到手的数目。一种新的融资体系出现了，随之而来的是一连串不祥的新表现形式：分期付款计划（instalment plan），定期支付（time payments），首付1/3（one-third down），分期付款的定金（downpayment），以及通往毁灭的邀请：现在买，稍后付（buy now, pay later）。

第一辆T型车诞生前的一个月，这个行业诞生了一个伟大的名字：通用汽车公司。公司刚成立时叫弗林特道路车辆公司（Flint Road Cart Company），由威廉·克拉波·“比利”·杜兰特创办，在朋友口中，他是个善变的人物，“在情绪、脾气和精神平衡方面都像个孩子”。杜兰特对制造设计一无所知，也不是创新天才。事实上，他甚至算不上一个特别敏锐的商人。他只是勤勤勉勉地积跬步，行千里。他不加区别地并购公司，不光包括汽车制造商，还包括只跟汽车业务擦个边（甚至完全无关）的公司，比如山姆森筛柄拖拉机公司（Samson Sieve-Grip Tractor Company，该公司制造能在崎岖颠簸路面上行驶的拖拉机，农民们认为这种农用机械更像是马匹），以及单人冰箱公司［日后成为“富及第”（Frigidaire）］。他收购的许多汽车厂牌，都鼎鼎大名——别克、奥兹莫比尔、凯迪拉克，雪佛兰；但许多其他厂牌，比如卡特卡（Cartercar）、谢里丹（Sheridan）、斯克利普斯–布斯（Scripps-Booth）和奥克兰（Oakland），从来都很可疑。正如杜兰特所说，他的策略是“把所有类型的车都归拢到眼前”，以求成功多过失败，但情况不见得始终如此。1910年，杜兰特失去了对通用汽车公司的控制权，1916年重新夺了回来，1920年又再次失去。到1936年，经过更多糟糕的投资，他负债近100万美元，只剩250美元的资产，宣告破产。[35]

杜兰特的许多最优秀的手下也觉得他专横得让人无法忍受，带着自己的才干去了别的地方。沃尔特·克莱斯勒离开通用汽车公司，组建了克莱斯勒公司。亨利·利兰和威尔弗雷德·利兰离开后创建了林肯（后来又回到了通用汽车公司）。查尔斯·纳什继续建造纳什漫步者（Nash-Rambler）。还有些人遭到解雇，大多是因为微不足道的逾矩行为。1911年，杜兰特聘请了一位名叫路易斯·雪佛兰的瑞士机械师兼赛车手。

可有一件事，两人都很遗憾，那就是杜兰特受不了抽烟。加入公司后不久，雪佛兰嘴里叼着一支香烟走进杜兰特的办公室，杜兰特立即决定：他对瑞士机械师唯一喜爱的地方就是后者的名字。他解雇了雪佛兰（这以后，雪佛兰立刻跌出了大众的视野，就像是掉进了一口陷阱），但把这个朗朗上口的名字保留了下来，并将之打造成了汽车历史上一个了不起的品牌。（雪佛兰的标志也来自杜兰特，他在巴黎一家酒店的房间壁纸上发现了自己心仪的图案，小心翼翼地揭下了一条，带着它回了家，让公司的艺术部门把它变成了车标。）

随着时间迈入20世纪，有两件事变得清楚起来：美国迫切需要更好的道路，以及，政府不会为它们埋单。这个时期（或许也是历史上任一时期）最杰出的一位实干家卡尔·格雷厄姆·费舍尔打破了这一僵局。他过去是自行车选手和汽车赛车手（他一度在两英里以上的赛程里保持过世界纪录），创办了“印第安纳波利斯500”赛事，是个极其成功的商人，外加一辈子的蛮勇闯劲——他曾在印第安纳波利斯两栋最高的建筑物间骑自行车走钢丝，为自己的商业冒险做宣传。如你所想，费舍尔是个劲头十足的人物。他的财富来自普里斯特奥莱汽车大灯公司（Prest-O-Lites，早期的汽车动能不足，无法负担车前灯，所以它们必须单独购买并供电），但他的名声缘于修建了美国第一条连接东西海岸的公路。

1912年，费舍尔建议花1000万美元修建一条从纽约到旧金山的双车道碎石路面公路，并通过捐赠筹措资金。成千上万的人送来了钱——总统伍德罗·威尔逊本着爱国精神象征性地给了5美元，但亨利·福特拒绝掏一个子儿——到1915年，资金池已经足够动工了。随之而来出现了两个问题。第一个是，这条公路该叫什么名字。一个好名字对于激发公众的支持很重要。费舍尔提出的名字，“东西海岸石头公路”（Coast-to-Coast Rock Highway），虽然贴切，但没什么流传开来的动力。他还考虑了杰弗逊公路（Jefferson Highway）、两大洋公路（Ocean-to-Ocean Highway），还有美国公路（American Road），最终选定了林肯公路（Lincoln Highway）。这个名字有着坚定的爱国主义基调，虽说似乎疏远了不少南方人。第二个问题是，哪怕所有捐款到位，要建成这条长达5454公里的公路也远远不够。费舍尔想到了修建所谓的“种子里程”的点子。他会在两座城镇之间找一段土路，并为其铺好路面。在哪儿也到不了的地方修建一段好路的设想看似奇怪，但费舍尔认为，一旦人们尝到了平稳公路的甜头，他们会迫不及待地享用铺装路面的大餐。很快，整条路线上的城镇都热情地筹集资金，希望自己跟这诱人的种子里程连接起来。一条新的口号出现了：“抢先看美国”（See America First）。

1923年，林肯公路——全世界第一条横贯内陆的公路——正式开通。在接下来的40年里，它每天源源不断地承载着大小车流，鞠躬尽瘁地为沿途数千座小镇，顺着自己宜人的蜿蜒路线，带去了商业活动和更广阔、更鲜活世界的醉人气息。几乎就在一夜之间，它成了美国的主街，一如明信片上自豪的夸耀。

最终，联邦政府决定为州际公路提供资金，只不过，它继续在较低的优先度上考虑这个问题，把任务交给了农业部长，让他有空的时候再做。在联邦资金的支助下，另一些伟大公路相继兴建：从底特律到新奥尔良的杰弗逊公路，从密歇根州贝城到佛罗里达的迪克西公路，以及横跨宾夕法尼亚州的威廉·佩恩公路。迪克西公路是费舍尔的另一招妙计，尽管这里的动机更多地着眼于自身利益，而非爱国精神。20世纪第一个十年的最后几年，费舍尔冒出一个念头：迈阿密海滩（他一度希望把这里称作“林肯海滩”）将成为一处妙不可言的度假胜地。

大众普遍认为这是个疯狂的想法。按当时人的认知，佛罗里达是个虫子遍地的闷热沼泽地，跟任何地方都隔着遥远的距离。但费舍尔设想了一座乌托邦般的城市，靠着他的迪克西公路与外部世界相连。事实证明，在偏远的沼泽地建造度假村，成本高不可攀，但费舍尔坚持不懈，到1926年几乎完成了样板社区：酒店、赌场、高尔夫球场、游艇泊区和罗马式豪华游泳馆（里面有一座有点不协调的荷兰风车），一应俱全。可紧接着刮来一场飓风，把它吹没了。费舍尔还没来得及消化这轮打击，又碰上1929年的股市崩盘，度假屋市场枯竭。迈阿密海滩日后当然取得了成功，但卡尔·格雷厄姆·费舍尔没能享受到这一天。他从无到有地建造起了迈阿密城，可他人生的最后岁月，就住在这座城市一条小道上的一座朴素的房子里。[36]

不知疲倦的费舍尔正在南佛罗里达挑战命运，而几乎就在同时，身在华盛顿的美国农业部长决定为美国的公路带去一些秩序。他推出了统一的道路标志——八角形的红色停车标志，过铁路交叉口的十字路口，等等——并建立了今天仍在使用的州际公路编号系统。南北向公路使用奇数，东西向公路使用偶数，横贯大陆的重要路线以10的倍数结束。路名遭到了无情的抛弃，公路一下子失去了很多浪漫色彩。刚刚在两年前完工的林肯公路，变成了美国30号公路。伟大的迪克西公路成了平淡无奇的25号公路。威廉·佩恩公路变成了22号公路。这些公路里最有名的一条，大概要算66号公路，它没被屈辱地剥夺名字的原因很简单：它从来就没有名字。它兴建于1926年，这时已经进入了“后路名时代”（post-name era）。66号公路的羞辱直到1985年才降临：当时，联邦公路部门把66号公路的盾牌形路标，从其沿途整整3540公里（从芝加哥密歇根大道到圣莫妮卡海洋大道）上摘掉了。一夜之间，这条伟大的公路，就成了一连串支离破碎的二级公路和没有名字的临街道路。

III

你肯定料到，没过多久，汽车行业之外的人就发现，美国人喜欢开车上路的倾向带来了无限商机。20世纪20年代中期，美语里出现了一种新的表达方式：drive-in（免下车，自驾购）。

实际上，免下车体验并不专属于汽车时代。19世纪和20世纪相交的年份，杂货铺之间出现了一股短暂的热潮，为四轮马车提供路边冷饮服务。但靠着内燃发动机的远程机动性，这一概念真正站了起来。现代意义上的第一个免下车服务公认为是Pig Stand（“猪摊”烧烤），是一位名叫罗伊斯·哈莱的人的发明。它于1921年9月在达拉斯和沃思堡之间的公路上开业，大受欢迎，南部各州和加利福尼亚很快就“猪摊”遍布。1924年，一家名叫A&W（来自其创始人艾伦先生和怀特先生姓名的首字母组合）的竞争公司开业。它对美国文化的主要贡献是发明了“托盘姑娘”（tray girls），她把食物送到顾客的车里，免得这些人因为要跟自己的“代孕子宫”短暂分离而产生情绪剧变。[37]

公路沿途很快布满了饭馆、旅馆、小吃店（原文是greasy spoons，直译为油勺子，首次记录于1925年）和其他廉价轻松的服务。20世纪30年代初，有人调查了纽约和纽黑文之间的公路情况，发现平均每260米就有一座加油站，每550米有一座餐厅或小吃店。[38]每条主要公路都有著名的去处，比如位于伊利诺伊州林肯市上的猪臀餐馆（Pig Hip Restaurant），或是附近斯普林菲尔德的舒适狗免下车小吃店（Cozy Dog Drive-In，他们自豪地宣称是自己在1949年发明了美式玉米炸热狗，只不过把它叫作“脆壳卷”），两者都在66号公路上。这类饮食摊点里有几家大获成功，并发展为全国连锁店，如肯塔基州科尔宾迪克西公路上的服务咖啡站（Servistation Cafe），1929年由哈兰·桑德斯（Harland Sanders）*创立，日后演变成了肯德基；或者是1945年创建于伊利诺伊州莫林的奶品连锁店冰雪皇后（Dairy Queen）。

尽管公路沿途饮食场所很多，但它们仍然存在某种令人担忧的不可预见性。1929年，马萨诸塞州一位名叫霍华德·约翰逊的杂货店老板认为，美国司机在饮食上渴望的是安全、可

* 直到20世纪40年代，桑德斯才假扮成除了印第安纳州农场男孩之外的各种模样。但等肯塔基州州长鲁比·拉丰授予他荣誉上校称号之后，他把这个角色铭记在心。他蓄起了山羊胡，自此在服装和举止上都成了南方绅士的样子。

靠、具有稳定性的东西。他想出了特许经营这种更快、风险更低的连锁店筹建方式。到1940年，东部沿海各州出现了125家霍华德·约翰逊餐馆，其中2/3由加盟业主（约翰逊叫他们代理）运营。他的餐馆采用新殖民地居家风格建造，窗户上带百叶，圆屋顶上竖着风向标，还有一扇除了能为建筑带来舒适温馨氛围之外别无他用的采光窗。只有繁忙的停车场和明亮的橙色屋顶（设计用意自然是为了吸引过路司机们的注意）暗示这并不是某个富裕市民的家。约翰逊的主要突破是将餐馆生意标准化。他的操作手册（他称之为《圣经》）对各种细节都做了规定，从每份炸薯条的根数，到杯子里咖啡的高度（倒至距杯沿1厘米处）。这种对细节的痴迷，日后将由更加成功的麦当劳所效法——我们将在第二十章看到。

一如司机们需要频繁摄入食物，他们也需要时不时地有个地方睡觉。20世纪10年代末20年代初，木屋营地（cabin camps）或旅客庭院（tourist courts）开始出现，它们大多是独立的木屋，一般呈半圆形散落，并往往起着“喜欢哦们”木屋（U Like Um Cabins）、舒适院（Kozy Kourt）和幸运骰子（Para Dice，跟“paradise”发音相同，后者是“天堂”的意思）[39]等不识字老乡般亲切的名字。1925年前后，大约有两千家此类旅馆，一般每晚收费2美元至3美元，这样的价格，市中心的酒店根本无法与之竞争。木屋营地和旅客庭院后来又出现了升级版，也叫旅客营地（tourist camps）、汽车庭院（motor courts），后来又有至少一家叫作“autel”，但第一家叫作

“motel”的地方，是加利福尼亚州圣路易斯奥比斯波的101号公路上的里程碑汽车旅馆（Milestone Mo-tel），1925年12月12日开业。（它至今仍在营业，只是名字改成了“Motel Inn”。）这个术语最早出现在几个月前的《酒店月刊》杂志上，在同一篇文章中，motor hotel首次亮相。[40]到了20世纪40年代，汽车旅馆基本上取代了原来几乎到处都是的宿营地。

从一开始，事情就很明显：不是所有来住宿的顾客都是为了好好休息的。警觉心一贯很轻的联邦调查局官员约翰·埃德加·胡佛曾严肃地宣布，美国的汽车旅馆是“约会胜地”和“犯罪温床”。[41]这说得或许有些夸张，但即便旅馆不是温床，它们肯定是有床的。1935年，南卫理公会大学社会学学生做了一项鬼鬼祟祟的研究，记录了达拉斯38家汽车旅馆一个晚上进进出出的顾客，他们发现，两千名顾客大多以假名登记，至少3/4的顾客有可能是在进行非法性交易。（人们不禁要问，剩下的1/4的顾客在干什么？研究人员又如何确定他们不是在进行非法性交易？）“热床”（hot bed）或者“琼斯夫妇那档子事”（‘Mr and Mrs Jones’ trade）能让人赚到大把的票子。据说，有一家旅馆，在24小时里把一间房租出去至少16次，或者说，每隔90分钟就租出去一次（显然，没人想在达拉斯浪费时间）。

到1948年，美国有2.6万家汽车旅馆。很遗憾，它们中很多都破烂不堪，不上档次。田纳西的富裕商人凯蒙斯·威尔逊在一次家庭度假中对汽车旅馆的服务标准大感失望，他决定为此做些什么。1952年，他在孟菲斯的夏季大道开了一家明亮、干净、体面的酒店，单人间4美元，双人间6美元。他小心翼翼地避开了汽车旅馆固有的下流内涵，称之为假日酒店（Holiday Inn）。没过多久，假日酒店每隔两天半就会涨一次价。1954年，霍华德·约翰逊加入了这一行列，很快，希尔顿（Hilton）和喜来登（Sheraton）等大型连锁酒店竞相冲入市场。

但这也是独立经营酒店的黄金时代——在这一行里，它们叫作“家庭汽车酒店”（ma-and-pa motels）。20世纪50年代出现了一波优质的私人汽车旅馆，通常是L形的，多采用整洁的现代风格建造。它们越来越多地提供游泳池、空调、制冰机、自带投币式震动按摩器的特大床，外加各种比顾客自己家更舒适的奢侈品。通常，它们的名字就跟按摩器一样让人放松：沉睡谷（Sleepy Hollow）、好梦旅店（Restwell Motel）、梦之地酒店（Dreamland Inn）、往事感怀旅店（Memory Lane Motel）。

1925年，也就是旅客庭院逐渐变成汽车旅馆的同时，另一种体面的品牌出现在了美国道路两旁：柏马剃须膏（Burma-Shave）的招牌。柏马剃须膏诞生于20世纪20年代初，是一种革命性产品，是第一款真正管用的无刷剃须膏。但在它独特的招牌开始出现在公路两侧之前，它几乎走投无路。它的名字帮不上忙，很少有人能从一个东南亚国家联想到光滑贴心地剃胡子这件事。（它叫作柏马剃须膏，因为它是一种搽剂Burma-Vita的衍生品，而Burma-Vita中含有来自缅甸或至少来自马来半岛的成分。）

1925年，公司的一位旅行推销员注意到，加油站会竖起一块接一块扎眼的招牌，向司机们宣告自己的存在：**加油站，在前方！香烟！饮食！请停此处！**看起来似乎很有效果，推销员便把这个想法告诉了公司的负责人。为了先试试水，柏马剃须膏在公司总部附近的两条明尼苏达州公路旁竖起了招牌。最初的招牌没能造成什么声响。事实上，它们和朗朗上口差之千里。有一块招牌上这样写道：GOODBYE SHAVING BRUSH!/HALF A POUND FOR/HALF A DOLLAR/VERY FINE FOR THE SKIN/DRUGGISTS HAVE IT/CHEER UP FACE/THE WAR IS OVER/BURMA-SHAVE（**再见了，剃须刷！/半磅只要/半块钱/对皮肤好/药师推荐/欢呼吧/战争结束了/请用柏马剃须膏**）。这不仅太过冗长，表达的情感也有些奇怪，因为当时距离第一次世界大战结束已经快有10年了。到了20世纪30年代初，该公司终于发现了自己的强项，它为来来往往的司机提供以下逗趣的娱乐段子：SHAVING BRUSHES/YOU'LL SOON SEE 'EM/WAY DOWN EAST/IN SOME/MUSEUM/BURMA SHAVE（**剃须刷/你很快会看到/朝东走/就在/柏马剃须膏/开办的博物馆**）（**1930**）；HE PLAYED/A SAX/HAD NO B.O./BUT HIS WHISKERS SCRATCHED/SO SHE LET HIM GO/BURMA-SHAVE（**他吹奏/萨克斯/没体臭/但胡子拉碴/于是她让他走了/请用柏马剃须膏**）（**1933**）；HE HAD THE RING/HE HAD THE FLAT/BUT SHE FELT HIS CHIN/AND THAT/WAS THAT/BURMA-SHAVE（**他有戒指/他有房子/但她觉察了他下巴**

上的胡楂／于是没有后文了／请用柏马剃须膏）（**1934**）；WHEN CUTTING/WHISKERS/YOU DON'T NEED/TO LEAVE ONE HALF/OF THEM FOR SEED/BURMA-SHAVE（**修胡须／不留根／请用柏马剃须膏**）（**1934**）。

一如弗兰克·劳森在他那本引人入胜的柏马剃须膏招牌史《路边诗歌》中所说，大萧条时期广告里的幽默感"稀少得几乎成了微量元素"。[42]柏马剃须膏成了例外。它的招牌几乎可以保证吸引来往司机的注意力，平均时间长达18秒——比其他任何类型的路边广告都要长。它们不仅有效地推广了产品，还宣传了公路安全和其他临时性的活动（如推广战争债券），为公司带去了一丝善意的利他主义色彩，比如：DON'T TAKE/A CURVE/AT 60 PER/WE HATE TO LOSE/A CUSTOMER; PAST/SCHOOLHOUSES/TAKE IT SLOW/LET THE LITTLE/SHAVERS GROW（**时速60迈／别转弯／我们讨厌／失去客户；经过学校／请慢行／让小孩子们／长出胡须**）。

光靠公司自己，没法源源不断地作出新诗，它开始举办全国比赛，每份获奖作品将获得100美元。在鼎盛时期，公司每年能收到超过5万份参赛作品。有些作品在当时相当大胆：SUBSTITUTES/CAN DO/MORE HARM/THAN CITY FELLERS/ON A FARM（**替代用品／造成的伤害／大过城里小伙／农场上**）。另一些则显得很恐怖：HER CHARIOT/RACED AT 80 PER/THEY HAULED AWAY/WHAT HAD BEN HUR（**她的战车／时速80迈／横扫过／本赫的所有**）。或者：HE LIT A

MATCH/TO CHECK GAS TANK/THAT'S WHY/THEY CALL HIM/SKINLESS FRANK（**他点燃火柴 / 检查油箱 / 所以他们叫他 / 没皮弗兰克**）。

公司十分谨慎地选择广告牌的竖立位置。它们必须水平、笔直，不跟其他广告牌混在一起。它们完美地适合中西部，但实际上，每个州都有它们的身影，只有4个州例外：亚利桑那州、内华达州、新墨西哥州和马萨诸塞州。广告牌的数量和公司的命运都在1955年达到巅峰。倘若汽车时速在100公里以上，哪怕广告牌隔得再远，也难以看清。它们显得过时了。到1960年，这些广告牌的租金和维护费用每年为20万美元，而且，双车道的公路越来越脱离主流。1963年，最后一块柏马剃须膏广告牌被拆除。美国不再是双车道公路的国家。黄金时代就此结束。

IV

1919年，美国陆军派遣了一队卡车，从马里兰州的米德营横穿国境前往旧金山，只是想看看这是不是一件能做到的事。结论是，做得到，但十分勉强。这趟行程耗时两个月，平均时速不到7英里。负责车队的年轻军官是德怀特·D. 艾森豪威尔。35年后，当上了美国总统的他指定了一支委员会，研究美国运输需求。一如肯尼斯·T. 杰克逊的评论："委员会认为大规模公路系统没有替代品，并建议重新调整国家政策，让汽车和卡车得益。"[43]这其实没什么好奇怪的；该委员会的主席同时还是通用汽车公司的董事。1956年，为响应委员会的敦促，艾森豪威尔签署了具有里程碑意义的《州际高速公路法案》，启动了

42 500英里（接近6.9万公里）高速公路的建设工作，开启了一个全新时代：从这时起，美国将75%的交通资金用于修建公路，而对城市公共交通划拨的资金，只略高于1%。

到1956年，高速公路就已经存在一段时间了。第一条高速公路（某种程度上）是15英里长的布朗克斯河公园大道（Bronx River Parkway），于20世纪20年代开放，当时的限速为每小时35英里。公园大道（parkway）的名字意义重大。有些道路是为中产阶级的休闲驾驶而设计的。商用车辆被禁止（桥梁上的通行高度故意保持在低位，以防止卡车和公共汽车混入其中）。它们的景观非常丰富华丽，被赋予了优雅的曲线和树木繁茂的中间部分，以增强它们的美感。广告牌、加油站和其他路边垃圾被无情地排除在外。它们与其说是高速公路，不如说是森林林间空地，你可以在那里"锻炼"你的车技。

公园大道的建设者是纽约市公园专员罗伯特·摩西，有些讽刺的是，他从来没能学会开车。他主持建设了通往长岛的梅多布鲁克公园大道、亨利亨德逊公园大道，以及穿过塔科尼克河谷的塔科尼克公园大道等道路工程。塔科尼克公园大道建于1940年至1950年之间，可能是有史以来美国最美丽的高速公路，但它是个时代错误。到1950年，美国人已经不再认为驾驶本身有什么好玩的了，相反，他们通过驾驶，前往好玩的地方。这种新的驾驶心态需要一种新的东西：高速公路（superhighway）。

关于美国的"行"，有一个经久不衰的神话，说该国的高速公路以德国的Autobahnen（也是高速公路的意思）为模板，实际情况恰恰相反。希特勒的道路负责人弗里兹·托特博士曾在20世纪30年代来到美国，研究了美国崭新闪亮的公园大道，怀着极大的热情，拖着满满一行李箱笔记回到了德国。大多数人与高速公路的第一次接触是在1939年的纽约世界博览会。当时诺曼·贝尔·格迪斯设计了一场大受欢迎的未来世界展（Futurama exhibit）。它旨在向全世界展示25年之后（1964年）的世界会是什么样子（或者说，通用汽车公司希望这世界成为的样子），展出内容包括大型城镇、城市和乡村模型，它们全由井然有序的多车道公路连接，微型汽车顺着它们轻松、飞快地滑行。这幅画面极有远见。［“Futurama”一词对美国的语言也产生了影响。没过多久，美国的公路两侧就出现了Shop-o-ramas（其实就是商店）、Fisheramas（鱼铺）、一两家Kosherama（犹太餐馆），以及至少一家Striperama（脱衣舞俱乐部）。］

不到一年，随着宾夕法尼亚州收费公路（Pennsylvania Turnpike）的开通，贝尔·格迪斯的愿景变成了现实。这条公路从哈里斯堡以西，蜿蜒260公里到达匹兹堡以东。修建这条公路主要是为了在大萧条时期向失业者提供工作。它于1940年10月1日正式通车，前6个月没有限制速度。花上1.5美元的过路费，司机就能在两个半小时内驶完全程，仅为原先林肯公路上耗时的一半。第一年里，它的蝶式交会口、长长的出入辅道和服务区（这些特征，很快就将在美国各地变得常见），让240万前来体验这一时代奇迹的驾驶员大感惊讶和满足。

宾夕法尼亚州收费公路开通两个月后，3000公里之外，美国的汽车领域又越过了一块里程碑：随着市长剪断彩带，一队汽车满载达官贵人，跃跃欲试（其中3辆车意外地撞了车）地冲上12公里长的阿罗约·塞科公园大道（Arroyo Seco Parkway），第一条真正的免费高速公路（freeway）在洛杉矶开通（当然是洛杉矶！这还有必要说吗？）。尽管有着田园牧歌式的名字，但塞科公园大道完全不是一条风光大道，而是一套目的明确、整洁宽阔的八车道大动脉，设计用意就是让车流高速运动。愉悦悠闲跟它没什么关系。高速公路的时代拉开了序幕。freeway（高速公路）一词由律师E.M. 巴赛特创造，用以区分这种全新的高速motorway和慢吞吞的老式parkway。如同意识到了这一点，阿罗约·塞科公园大道很快就更名为帕萨迪纳高速公路（Pasadena Freeway）。具有讽刺意味的是，它的目的是把购物者们吸引到市中心去，而不是帮助城里人逃往郊区。

传统观点认为，洛杉矶的扩张是战后高速公路系统大范围扩张的结果。事实上，正是因为城市开始蔓延，人们才会认为高速公路是把城中心跟偏远郊区连接起来的实用方法。洛杉矶市区蔓延，是因为它此前曾拥有全美国（甚至全世界）最优质的公共交通网络，拥有超过1600公里的铁路和电车线路。

事实上，至少在最开始的时候，高速公路在西海岸发展缓慢。直到1947年，整个加利福尼亚只有150公里高速公路。这时出现了州参议员兰道夫·科利尔，他来自偏远城镇怀里卡，在加利福尼亚州境内，这是距洛杉矶最远的地方了。40年来，他主导了加利福尼亚州高速公路项目，不仅推动高速公路的建设，还反复阻拦给铁路系统（他称之为“运兔子的”）划拨资金。到20世纪50年代中期，大多数加利福尼亚人除了接受高速公路之外别无选择。今天，洛杉矶所有土地的1/3都交给了汽车，洛杉矶县交通委员会的预算（1991年为45亿美元），比洛杉矶市还要多。[44]

很快，每座城市都必须拥有一条高速公路了，哪怕它意味着割裂旧日的社区，就像波士顿破坏性的市中心动脉（Downtown Artery）一样，或是像切入费尔蒙特公园这样美丽景点的费城斯库基尔高速公路（Schuylkill Expressway，Schuylkill和Sure-kill谐音，所以人们也叫它“绝杀高速公路”）。新奥尔良还一度打算在法国区开通一条高速公路来。

随着高速公路重塑城市，新的州际公路也对原来的两车道公路痛下杀手。如果不是因为第二次世界大战的妨碍，美国几乎肯定会更早地建设出一套高速公路网络。这个想法实际上出自富兰克林·德拉诺·罗斯福，他认为建造全国高速公路系统是终极版的公共工程项目。到了20世纪50年代，艾森豪威尔从中看到它的另一项优势：增强美国的防御能力。桥梁和隧道间隙不是为卡车设计的，而是为运输洲际弹道导弹而设计的。从1956年开始的25年里，美国在州际高速公路上花费了1180亿美元。正如菲尔·帕顿所说，它是“最后一项新政计划和第一项太空计划”[45]。

不到20年，美国现代化的州际高速公路就吸干了数千座小镇的生命力。美国再也不需要（再过不久，就变成了几乎不可能）双车道的传统馈赠了：有着蠢得可爱名字的汽车旅馆（比如，Nite-E-Nite Motor Court，可直译为“黄粱美梦汽车旅馆”；Dew Drop Inn，可直译为“晨露旅馆”，这个名字跟“Do Drop In”谐音，后者的意思是“一定要来看看”）；有着闪烁霓虹灯招牌、偏爱肉丸子和土豆泥的路边餐馆；以舒适乡村小屋风格建造的双油泵加油站。今天，在内布拉斯加州，老林肯公路（30号公路）已几乎无人使用，路面荒草丛生。在怀俄明州的州界，它彻底消失了，全无征兆地掩埋在80号州际公路的白色混凝土之下。跟66号公路、迪克西公路和其他曾经伟大的公路一样，它成了一抹褪色的记忆，多么可悲的损失啊！

第11章

煮点什么：吃在美国

I

对第一批朝圣者来说，新世界的味觉潜力显现得很慢。虽然新英格兰的森林有着丰富的物产（野鸭、火鸡、鹧鸪、鹿肉、野李子和樱桃、蘑菇，各种各样的坚果和浆果），虽然水里有各色的游鱼，可朝圣先辈们什么东西都不愿意尝试，除了自己日渐稀少的库存：咸猪肉（他们叫作salt horse，“咸马”）、咸鱼、咸牛肉、硬饼子（hard tack，一种烘焙得非常硬、几乎不生霉、不受潮的饼干，但人的牙齿也咬不动）、干豌豆、干扁豆。用一位历史学家的话来说，（他们）“几乎宁肯在丰盛中忍饥挨饿，也不愿尝试大地上陌生而善意的果实”[1]。另一位历史学家则说：“第一批定居者来到了一块丰饶之土，可他们在这块土地上差一点就饿死了。”[2]

这里的龙虾多极了，“种植园里最小的男孩也能想捞多少捞多少，想吃多少吃多少”，可几乎没有任何人会这么做。约翰·温斯罗普在一封家信里哀叹，他没法吃自己心爱的羊肉，只能吃些牡蛎、鸭肉、鲑鱼和扇贝这种穷人伙食。定居者完全不吃蛤蜊和贻贝，而是拿来喂猪。他们懊恼地发现，英国小麦不适应新英格兰的土壤和气候。庄稼被黑穗病反复摧毁。在两百多年的大部分时间里，小麦始终是殖民地的奢侈品。就连他们种的第一批豌豆也不成功，原因倒不是因为新英格兰的气候有什么问题，而是他们的耕种经验不足。随着他们的食物库存减少，以及他们在狩猎采集方面的天赋有限，这一小群莽撞、缺乏经验、物资准备不足的移民前景着实暗淡。

好在印第安人出来救了他们。当时新世界的印第安人吃得比任何欧洲人都要好。美洲原住民可享用大约2000种不同的食物，在旧世界，如此多样化的饮食，哪怕是最富有的居民也难以想象。新世界独有的美食包括白薯和红薯，花生，南瓜及其表亲倭瓜，柿子（persimmon，在第一批殖民者的记录里写作“putchamin”），鳄梨，菠萝，可可和香草，木薯（可制成木薯淀粉），辣椒，向日葵和番茄——当然，这些食物并非各地都出名。就连欧洲本已存在的植物，在新世界也常常有着更优良的品种。美国的四季豆更饱满，更厚实，很快就取代了欧洲之前种植的多纤维、难嚼的品种。同样地，欧洲人一看到、一吃过弗吉尼亚肥硕多汁的野生草莓，就很高兴地放弃了此前所知的纽扣大小的黏糊糊的草莓。印第安人的饮食还更为健康。当时，即使是有钱的欧洲人也常沦为坏血病的牺牲品，无助地看着自己的牙齿从海绵状的牙龈上脱落下来。而印第安人却本能地知道，健康的身体需要均衡的饮食。

印第安人根据经验学会了在玉米当中种植豆类，这不仅可以从等量的土地里获得更高的产量，还可以补充玉米带走的氮。相比之下，欧洲人就算在好年景也只能勉强靠土地为生，新世界的印第安人却享受着大地之母源源不断的馈赠。新英格兰单单一个印第安部落，就有足够的粮食盈余，在一年里的大部分光景中养活了100个孤苦无助的来自欧洲的意外访客，这就是有力的证据。

对于殖民者来说，除了不杀之恩，印第安人最重要的礼物是玉米。玉米最开始大概是来自墨西哥中部特瓦坎山谷的一种野草。把一株散乱的野草，变成我们今天所知的营养丰富、颗粒饱满的食物，大概属于美洲遭到欧洲殖民之前所取得的最伟大的成就。玉米几乎可以在任何地方生长，到1620年，玉米成为遍布整个新世界的成熟作物。对于最初的殖民者来说，corn（有玉米的意思，也有谷物的意思）指代各种常见粮食，英国至今如此。于是，殖民者们采用了玉米的西班牙语名称maize（它来自西印度泰诺语mahiz）。由于美洲实际上就只有maize这一种谷物，corn也逐渐变得只指代它了。玉米被驯化了很长时间（差不多7000年），现在完全依赖人类才持续存在。光靠它自然生长的话，单是表面的外皮就能把玉米棒的核心（那是它的种子）给勒死。即便在殖民时期，它也是一种要求极为苛刻的植物，远远超过了殖民者们过去熟悉的作物。第一批殖民者试图像种其他谷物那样靠大范围播种法来种植它，但却困惑地发现它没长出来。多亏原住民告诉他们，玉米的每颗种子要种在土堆里，并加上一点鱼粉肥料，它才能茂盛地生长。

到17世纪初，欧洲已经知道了许多新世界的食物，但英国的早期殖民者不一定知道。有两种新世界食物，第一批朝圣先辈兴许听说过，但几乎肯定没尝过：番茄和白土豆（white potato）。他们在新发现的土地上也没得到一尝滋味的机会，因为在东部沿海地区，这些植物是陌生品种。不过，东海岸的印第安人确实有甘薯（sweet potato），在近两百年里，美国人说起potato，他们指的就是甘薯。

16世纪，白土豆通过西班牙到达英格兰，但因为女王的厨师对烹饪的一贯误解（英国人素以这一点自豪）而遭受严重的挫折，他扔掉了块茎，烹制了叶片。在足足100多年里，欧洲人都严谨地将白土豆视为观赏植物种植，直到他们最终意识到它作为食品的多种可能性。爱尔兰人对它产生了特别的依恋，倒不是因为它的吃法繁多，而是因为它是少数能在爱尔兰土地上繁荣生长的植物之一。在不列颠群岛的其他地方，它基本上仍然不为人知。它在美国殖民地的首次登场亮相是在1719年的波士顿，但直到弗吉尼亚一位名叫托马斯·杰弗逊的农场绅士开始种植白土豆（他把它叫作“爱尔兰土豆”），它才作为食物引起美国人的些许关注。杰弗逊似乎也是第一个尝试炸薯条的美国人，这在当时是一件相当大胆的事情，因为人们普遍认为块茎有毒，而避免痛苦死去的唯一方法，就是将它毫不留情地煮到透熟。直到19世纪，还几乎没人敢以其他方式吃掉它们。这一时期，全欧洲所有的土豆出产，好像都是来自西班牙人当年带回来的两株种子；缺乏遗传多样性，很可能是导致爱尔兰在19世纪遭受毁灭性马铃薯枯萎病的原因，并给美国移民造成了显而易见的后果。顺便说一句，“spud”这个词，来自挖土豆的铁锹，它现在既有土豆的意思，也有小锄头的意思。虽然这个词本身可以追溯到中世纪，但它直到19世纪40年代，才跟土豆产生关联。

西红柿（tomato 来自tomatl，跟许多其他食物的名称一样，这个词来自纳瓦特尔语）在新世界的历史，跟土豆惊人地类似。它经西班牙人之手，从南美洲传到欧洲，被普遍视为有毒的食物，两百年来当成装饰性作物，最终又是靠勤劳的托马斯·杰弗逊将它拯救于寂寂无名。1781年，杰弗逊首次在北美提及西红柿，称之为tomata。直到19世纪，在它原生的土地上，人们却仍把它当成来自异域的危险作物，尽管考虑到西红柿属于茄科作物（野生茄科作物含有不同种类的生物碱，有毒的较多），保持一定谨慎，也不是不能理解。

然而，殖民者很熟悉东部沿海地区盛产的新世界食物：火鸡（turkey）。一种美洲原生鸟类，怎么在4000英里之外得了名字，这个问题确实值得一问。答案是，火鸡首次出现在英格兰的时候，是在“五月花”号启程之前大约80年，但被误以为来自土耳其（Turkey）。它们实际上来自西班牙，是1519年埃尔南·科尔特斯远征墨西哥后带回国的。其他好些欧洲国家在给这种鸟起名字的时候也犯了类似的地理错误。法国人认为它们来自印度（India），于是叫它们“d’Inde”，这就是现代法语里指火鸡的单词dindon的由来。德国人、荷兰人和瑞典人对这种鸟的来历猜得也不对，但错得又特别具体，认为它来自印度的卡利卡特市（Calicut），因此分别叫它Kalekuttisch Hun、kalkoen和kalkon。到17世纪20年代，火鸡在欧洲尽人皆知，只是人们一直以为它来自近东，所以，朝圣先辈们在美洲新大陆上发现它到处都是，不免大吃一惊。另一种美洲原生食物也在语言上遭遇了类似的误解，它叫耶路撒冷洋姜（Jerusalem artichoke），它根本就不是姜，甚至看起来也不像姜，而是一种向阳花，学名叫菊芋（Helianthus tuberosus）的根。而耶路撒冷，是意大利语中向阳花菊芋“girasole”的别称。

在印第安人的耐心指导下，殖民者逐渐熟悉了南瓜（pumpkin，起初通常叫作pompion）和西葫芦（squash，殖民者弄混了，也叫它们pompion）等本土作物，甚至越发喜欢。1623年第二次感恩节盛宴时，朝圣先辈们推出了南瓜派，立刻大受欢迎，但惯例拼写方式要到很久以后才确立下来。直到1796年，第一本美国食谱，还把这道菜叫作“pompkin pie”。（这本书是一本薄薄的小册子，起着令人敬畏的、包罗万象的标题《美国食谱》，又名《烹调食品、鱼类、家禽和蔬菜的艺术，制作馅饼、泡芙、蛋挞、布丁、奶油冻以及各类甜点蛋糕的最佳模式，适应本国及各阶层的生活》，作者是艾米利亚·西蒙斯，一个美国孤儿。）南瓜饼也叫作南瓜布丁（pumpkin pudding），直到17世纪中期，布丁指的都是没有脆壳的馅饼。

印第安人不仅把新的食物介绍给殖民者，还向他们介绍了许多更为有趣的烹饪方式。豆煮玉米、蛤蜊浓汤、玉米粥、玉米片、蔓越莓酱、玉米烤饼，甚至波士顿烤豆和布伦斯威克炖肉都是印第安菜式。在弗吉尼亚州，发明史密斯菲尔德火腿的也是印第安人，而非白人定居者。[3]虽说有着印第安人持之以恒的劝告和帮忙，清教徒仍然固守着基本上彻底平淡无味的饮食。蔬菜和肉食都煮得稀烂，没有调味料，并且在微微有点温热的时候端上桌。等他们终于掌握了豆类的种植，就几乎顿顿都吃豆子，往往还是冷着吃。主餐在中午吃，叫dinner（现在这个词有晚餐的意思）。而supper（晚餐）一词跟汤相关（当时甚至常常拼写成souper，其中soup就是汤的意思），通常真的就是一小盘汤，或许再加上一块面包，大多是在晚上就寝前不久吃。lunch（午餐）是个未知的概念，snack（零食）也闻所未闻。对于早期的殖民者来说，“snack”的意思是被狗咬的一口。

johnnycake（玉米烤饼）有时据说是journey cake（旅行蛋糕）的缩写，所谓的旅行蛋糕，指的是为旅行而准备的食品，但由于这是用玉米制成的饼，玉米饼又明显不是适合出行的食物，这一解释显然无法令人信服。还有人说，它是肖尼蛋糕

（Shawnee cake）的变体。但一如约翰·查尔迪*所指出的，在新英格兰，早在johnnycake出现很早以前，这种饼叫作jonakin或者jonikin，暗示johnnycake是早前某个被遗忘的印第安词汇的通俗变体。[4]另外两种早期美国人熟悉的食物是干肉饼（pemmican）和风干牛肉条（jerked beef）。尽管名字叫jerked beef（直译是"抽搐牛肉"），但制作它不需要抽搐。这个词来自charqui，是一个秘鲁印第安词汇的西班牙变体。虽然jerky在词源上更接近西班牙语原文，但实际上它很晚才进入美式英语。在北美殖民地，jerked beef这个词18世纪初就很普遍了。而jerky一词，直到1850年都无法证实存在。pemmican更加直接，来自克里语的pimikân。

朝圣者们自然也带来了许多旧世界菜肴，其中包括蛋奶果冻（flummery，这是一道用面粉或玉米淀粉制成的甜味菜品，很清淡，如今在英格兰仍可吃到，现在的名字叫blancmange，果味牛奶冻），蜜烤海味碎饼干（dunderfunk，一种蜜糖制成的硬饼碎），牛奶麦粥（frumenty，一种奶糊），玉米薄饼（hoe-cake，另一种软饼糊糊），以及童谣《玛菲特小姐姐》里神秘的混合物凝乳和乳浆（curds and whey）。（据记载，凝乳是牛奶的凝结残渣，乳浆是制作奶酪时产生的水样残留物。）凝乳还用来制作另一道甜味菜肴乳酒冻（syllabub）。

布丁（pudding）指的不是一种甜点（dessert这个词，是当

* 美国评论家。——译者注

时刚从法语进入美式英语的，发音是“duh-zart”），而是范围宽泛的一系列菜肴，包括黑布丁、血布丁，还有速煮布丁（这是一种玉米糊，因为制作迅速而得名）。cranberries（蔓越莓）最初还叫作craberriesberry、cramberries，或者bounce-berries（此处bounce是弹跳的意思），因为你会弹一下它，看看是否新鲜。fool一词，如gooseberry fool（醋栗糖酱）中的用法，指的是凝结的奶油。plum duff（葡萄干布丁）中duff一词，不过是dough（面团）的另一种发音。doughnuts（甜甜圈）是清教徒流亡荷兰期间在荷兰语里发现的，它指的不是现在我们想到的那种中间有个洞的甜饼，而是油炸面团小球——当时，“nuts”指的就是小球。他们还吃doughboys（当时大多拼写成dowboys），这是一种用面粉或玉米粉制成的饺子。

直到1624年，第一批奶牛才到达普利茅斯。在此之前，殖民地的牲畜供给仅包括6头山羊、50头猪和大致同样数量的鸡，而到17世纪30年代，局面得到迅速改善。这一时期，马萨诸塞殖民地的人口超过4000人，可能拥有1500头奶牛、4000头山羊和“无数头猪”。奶牛主要用于制作乳品。很长一段时间，肉类几乎全部是猪肉——在南部，“meat”（肉）和“pork”（猪肉）几乎可以互换使用。

随着时间的推移，普通美国人的饮食即使没有变得更丰盛，也变得更有吸引力了。在当时的环境下，女性把整个生命都投入到筋疲力尽、无休无止的家务劳动当中，从编织、熬制肥皂和蜡烛，到腌泡一切能够保存的食物。故此，不足为奇，高品质的烹饪极度宝贵，用托马斯·杰弗逊的话来说，大多数人只能算得上“蹩脚地喂饱了”。尽管如此，到了18世纪末，几乎每个人的伙食都很丰盛，来自旧世界的访客一般都会惊叹于哪怕最贫寒家庭伙食的分量。对较富裕的家庭来说，菜肴多种多样，按早先的标准，亦可谓颇具异国情调。弗农山所保留的食谱，出自乔治·华盛顿的母亲之手，向我们讲述了彼时食物的丰富性，以及它们好玩的拼写和发音，尤其是“mushrumps”（如今的拼写应为mushrooms，蘑菇）、“hartichocke pie”（如今的拼写为artichoke pie，洋蓟派）、“fryckecy of chicken”（如今的拼写为frickey of chicken，炸鸡）和“lettice tart”（如今的拼写为lattice tart，格子馅饼）。

到了独立战争时期，主餐在下午2点到4点之间吃，而且吃的顺序会让今天的我们感到有点奇怪。典型的一顿饭可能包括咸牛肉配土豆和豌豆，接下来是烤蛋或煎蛋，鱼和沙拉，还有各种甜品、布丁、奶酪和糕点，所有这些就着大量的酒水冲下肚子（今天，我们大多数人要是喝那么多酒，恐怕都没法从桌子旁站起身来）。[5]肉吃得很多，会叫欧洲来客们惊讶地张开嘴巴。到19世纪初，美国人平均每年吃掉近180磅的肉，比一个世纪后的人多吃48磅，但由于难以保鲜，新鲜肉类仍很少见。就连城里人也常在院子里养鸡，并在大街上放养一头猪。进入19世纪颇长时间后，纽约的游客还在埋怨百老汇大道一路上的流浪猪造成了交通拥堵。即便是在温度适宜的北部，到了夏天，肉也用不了一天就会变质，牛奶会在短短一小时内凝结。不管是穷人还是富人，腐烂的食物都是他们每天要面对的危险。在华盛顿举办的一次晚宴上，一位客人颇有些刻薄地提到，将军发现自己盘子里雪莉蛋糕的奶油明显不太对头，小心翼翼地把它推到了一边，不那么谨慎的玛莎（华盛顿的夫人）却兴致勃勃地把它盛到了盘子里。冰激凌是更保险的选择。它首次被人提及，是在18世纪40年代的美国，当时，马里兰州州长宴请的一位客人好奇地记下了这东西，并说“吃起来最为美味”。

多亏了托马斯·杰弗逊的一丝不苟（人们或许可以说他有记录保存强迫症，整整8年，他一边帮忙建立一个新国家，一边还腾出时间来跟踪了华盛顿集市上37种蔬菜的首次亮相和最后一次出现），他为我们留下了殖民地时代一名农夫的完整生活史，虽说他一点也不够典型。我们之前已经在西红柿和土豆的例子中看到，杰弗逊对食物有着不知疲倦的尝试精神，他种植了大多数美国人从未听说过的植物，包括茄子、西洋李、皱叶甘蓝、甜菜、花椰菜、莴苣（endive）、菊苣（chicory，他称之为succory）、西兰花、芹菜和一种叫作密生西葫芦（cymling）的倭瓜。让他陷入无尽绝望的是，他始终种不出茎长得足够粗、能酿出可口葡萄酒的葡萄。[6]

别的种植户不太爱冒险，但会以数量来补足。比较讲究的家庭通常会为就餐者提供8种到10种鱼或肉、5种蔬菜、6种甜点，并附之以大量的红酒、波特酒、朗姆酒、啤酒或者马德拉白葡萄酒。入住白宫的第一年，杰弗逊光是在红酒上就花了

2800美元——比当时许多人一辈子见过的钱都多。

对农民来说，食物几乎完全是自己家种植的。迟至1787年，在新英格兰，哪怕是一个家境富裕的自耕农，在所有外部购物上的花销，大概每年也不超过10美元。这里头可能包括一些茶或咖啡，大量的盐和若干糖蜜，但在所有其他方面，他和家人都是完全自给自足的。

到19世纪中期，许多美国人吃得好到能提供一些新鲜的话题让外国评论家大惊小怪了。《泰晤士报》的一名记者惊奇地记录下一种"典型的"美式早餐："黑茶和烤面包，炒鸡蛋，新鲜的春鲱鱼，野鸽，猪脚，吐司里夹两只知更鸟，牡蛎。"而且，他还暗示，这是一顿分量较轻的便餐。[7]如果你对是不是真有人吃这样的早餐感到有所怀疑，绝非你多心：并不是人人都这么吃。大部分城市居民吃得很差，部分原因是他们的薪资菲薄，不足以吃得更好，还因为他们听到的大部分医学建议都指出，大多数新鲜食物都很危险。直到19世纪中叶，公认的民间智慧仍认为，要是有人不谨慎地吃了苹果、梨，或是其他几乎任何一种植物性农作物，都会迅速地死于伤寒、痢疾或霍乱。[8]霍乱流行期间，市议会经常禁止销售水果和沙拉，但即便在相对安全的时期，大多数人也认为，把各种植物性食物（煮熟的土豆例外）喂给体弱多病、易受传染的人——尤其是孩子（他们当然最需要维生素）——太鲁莽了。于是，就连富裕家庭，也免不了要染上跟营养不良相关的疾病。

大众还普遍认为牛奶是危险的，这当然也有一些理由：它很快会变质，又采用完全不符合现代卫生标准的方式处理和盛放。几乎每个家庭都有过这样的故事：某个家人喝了受污染的牛奶之后，死于“牛奶病”或“震颤病”*。

随着19世纪的推进，饮食演变成两个阵营——少数人吃得好，大量的人吃得差——阶级对立也在不久后浮出水面。纽约显贵马丁·范布伦1840年被赶下总统职位，主要因为他有一位辉格党反对者发表了著名讲演，攻击范布伦在白宫提供草莓、花椰菜和芹菜等太过精致、娘娘腔的食物。（但范布伦随后间接地实现了报复：接替范布伦就任总统的是暴躁的威廉·亨利·哈里森，在就职典礼上，哈里森拒绝穿大衣，感染了肺炎，仓促地过了世；他在总统位置上只待了30天，大部分时间还处在失去意识的昏迷状态。）

19世纪只有寥寥几种新食物进入了美语词汇，其中包括pretzel（椒盐卷饼，1824年）、pumpernickel（裸麦粉粗面包，1839年）、liverwurst（肝泥香肠，1869年）、tutti-frutti（蜜饯，1876年）和spaghetti（意大利面，1880年）。但美国人进食的方式发生了改变，尤其是，他们开始在外进餐。19世纪20年代之前，外出就餐是一项几乎专为旅行者保留的活动。人们虽然可以到酒店和小酒馆吃饭，但除此之外并无专门的消遣性公共饮食场所，也没有词汇用来形容它们。接着，到1827年，一个新词和概念从法国传入了美式英语：restaurant（餐馆）。

---

* 也叫软乳病，指饮用变质牛奶后中毒，发生痉挛。——译者注

就在同一年，两位瑞士出生的兄弟乔凡尼·德尔–莫尼科和毕德罗·德尔–莫尼科在纽约市的巴特里区开了一家咖啡糕点店。这家小店经营得颇为成功，到1831年，他们邀请侄子洛伦佐加入。虽然洛伦佐年仅19岁，没有餐饮经验，但天生就是个厨房大师。他并不负责烹饪，而是负责购买食材，他会赶在黎明前到达市里的主要集市，获得最好和最新鲜的食材。如今这是一种常规做法，但在当时闻所未闻。他将德尔–莫尼科兄弟的糕点店改造成了美国顶级餐厅（实际上是一系列的餐厅：德尔莫尼科牛排馆经常搬家，有时会同时在4个地方经营），它为美国餐厅带来了一种当时都缺乏的优雅氛围。采用了没有连字符的新名字之后，这家餐厅向美国人介绍了许多不熟悉的菜肴，从朝鲜蓟和蛋黄酱（mayonnaise，最初是以地中海中部梅诺卡岛的码头Mahón为名的）[9]，到白烩小牛头，还发明了若干新菜式，比如著名的龙虾纽堡（lobster Newburg，最初叫作lobster à la Wenburg）。lobster à la Wenburg这个名字是为了纪念一位受人尊敬的主顾本·温伯格，后来，他在报刊上跟人发生了一些不合时宜的争执（但具体是什么事情并未说明），让自己丢了大脸，这道菜也突然更名。另一道德尔莫尼科创作的菜品，chicken à la Keene（奶油鸡丁）也发生过类似的转变，它以一位名叫福克斯霍尔·基恩的人为名，但随着时间的流逝，变成了chicken à la king（原因似乎无人留意）。

受德尔莫尼科的启发，餐厅在美国各地如雨后春笋般冒了出来。到19世纪70年代，仅纽约就有超过5000家餐厅，其中许多餐厅，如镀金之家、路易斯·谢里和吕肖，其标准可与欧洲最好的餐厅媲美。伴随着新餐厅的出现，新的菜肴也出现了，比如华尔道夫沙拉（Waldorf salad）和班尼迪克蛋（eggs Benedict，也叫火腿蛋松饼），都是19世纪90年代在华德福酒店创造的。班尼迪克蛋设计之初是想缓解某个叫塞缪尔·班尼迪克（Samuel Benedict）的人的宿醉，虽然以我之见，宿醉的人怎么能面对漂浮在荷兰酱汁里的荷包蛋并觉得它具有醒酒作用，实在是个谜。[10]

对于许多移民，尤其是意大利人来说，要想在新世界立足，餐厅生意是条颇具吸引力的途径。小吃店（trattorie，一种家庭经营的餐馆）成为每一座大城市街头的特色，其中一些还发展成了著名的餐饮机构，比如纽约的里昂妈妈和萨尔迪，芝加哥的克里斯莫。不过，大多数小吃店都很小，就跟纽约斯普林街上的罗姆巴迪一样，这家店如今已经遭到了历史的遗忘，只不过，它早期的一位店东在1905年冒出了个不同寻常的点子，向美国人介绍了一道他们如今百吃不厌的菜肴：比萨饼。[11]

许多“经典”意大利菜肴其实是在新世界创造的。奶油脆皮烤鸡（Chicken tetrazzini），也即意大利面奶油酱里的鸡，以意大利女高音路易莎·泰特拉齐妮为名，但是在纽约发明的。凯撒沙拉（caesar salad）来自墨西哥城市蒂华纳，它由一位名叫凯撒·卡迪尼（Caesar Cardini）的餐馆老板创造。故事是这样的，一天深夜，一群饥肠辘辘的客人来到店里，他用剩余食材拼凑出了这种沙拉。春蔬意大利面（fettuccine primavera）诞生于纽约餐厅“圆环”的厨房。酪小牛肉（veal parmigiana）、蛤蜊意大利面（clams Posillipo）、意大利奶油面（fettuccine Alfredo），甚至意大利细面条（spaghetti）和肉丸（meatballs）都是为满足美式口味而设计的产品。“到20世纪50年代，”一位作家说，“来自意大利的游客，根本认不出来这些意大利–美式食物。都灵来的一位商人，兴许会仔细阅读芝加哥一家意大利餐厅的菜单，但却无法辨认出任何一道菜品。”[12]

许多其他深受喜爱的“外国”食物，其来历也差不多。俄国人没听说过俄罗斯调味酱，一如法国人没听说过各种美式法国调味酱。奶油浓汤（Vichyssoise）不是在法国发明的，而是来自1910年的纽约；利德克兰兹干酪（Liederkranz cheese）并不是来自德国、奥地利或者瑞士，而是来自1892年的纽约门罗。（Liederkranz这个名字，意思是“歌之花环”，用以纪念当地一支合唱社。）香辣肉酱（chilli con carne）从新世界引入西班牙之前，在西班牙闻所未闻。索尔兹伯里牛肉饼（Salisbury steak）与英国的大教堂之城没有关系［它的名字来自美国人J.H. 索尔兹伯里博士］，瑞士牛排（Swiss steak）没有一丝一毫的高山血统。杂碎（chop-suey，来自粤语的“杂碎”二字）出自19世纪末的旧金山，但这个词本身直到1903年才见诸报刊。福饼（fortune cookie）出现在20世纪20年代的洛杉矶。年代更为靠近的是炒面（chow mein），它首次出现在1927年，但“chow”（有“食物”之意）这个洋泾浜单词可追溯到1856年，语气略微更强的“chowchow”（有“中式酱菜”之意）首次记录于

1857年。[13]

随着美国日益城市化，人们改为在晚上吃主餐。为了填补早餐和晚餐之间的空白，出现了一种基本上纯属美国的新现象：午餐（lunch）。16世纪末，英语里就出现了lunch和luncheon（常常也拼写为lunchon、lunchen、lunchion或者lunching，都是午餐的意思）。最初它们指的是一块食物（如a lunchen of cheese，一块奶酪），有可能来自西班牙语里的lonja（指火腿的一片）。长久以来，英国人认为这个词十分粗俗，只适合用人的厅堂。然而，在美国，“lunch”是个体面的词，擅长抓住机会的餐厅老板们意识到，每天有数百万白领员工需要简单、快速的廉价食物，为满足这一需求，大量新设施涌现出来。在很短的时间里，美国人就有了diners（路边餐馆，1872年）、lunch counters（午餐柜，1873年）、self-service restaurants（自助餐厅，1885年）、cafeterias（自助食堂，19世纪90年代）、automats（自动贩卖机，1902年），以及short-order restaurants（快餐餐厅，1905年）。

上述过程始于1872年罗得岛普罗维登斯，当时，一个叫沃尔特·司各特的人，在马车上装着三明治、煮鸡蛋和其他此类食品，停靠在《普罗维登斯日报》编辑部外面。由于镇上的所有餐厅晚上8点都关门了，没有竞争对手，因此他的生意十分兴隆。不久，这样的马车遍布各地。到45年后斯科特退休时，光在普罗维登斯，他就有50家竞争对手。很奇怪的是，人们把这种马车称为lunch wagons（午餐车）：它们明明直到黄昏才出现，并不供应午餐。等居民们开始抱怨自己房子外面有卖吃食的，各地的城市都颁布了禁止餐车的法令。于是，午餐车经营者想到了新的点子：把货车开到空地上，取下车轮，把它们叫成餐馆——毕竟，餐馆开在哪儿，并无法令限制。到20世纪20年代，好几家公司都开始大规模生产闪闪发光、专门设计的餐馆，美其名曰“diner”（路边餐厅，餐车式简易餐馆）。从商业角度来看，餐车是个动人提议，购买和维护的费用都很低。你可以在几个小时内将它们架设到任何水平地面，如果没人来买，你可以把它们装回平板卡车，搬到别处去。一辆餐车要是能占据好位置，每年可赚取高达1.2万美元的利润——这在20世纪20年代是笔大钱。有关美国人的吃，还有一个流传更为悠久的传说，认为餐车是由老旧火车的餐车车厢改造的。其实完全不是，它们只是看起来像那样而已。

第一个被称为cafeteria（自助餐厅，不过业主将其拼写为cafetiria）的地方，开张于19世纪90年代初的芝加哥。这个词来自古巴西班牙语，直到1925年仍然多按照西班牙语发音，重音放在倒数第二个音节上。事实证明，cafeteria大受欢迎，甚至引发了一波采用类似形式构词的热潮，虽说持续时间不长：washeteria（自助洗衣房），groceteria（自助杂货店），caketeria（自助蛋糕店），drugeteria（自助药店），bobateria（自助烫发店），beauteria（自助美容院），chocolateria（自助巧克力店），shaveteria（自助男士修容店），smoketeria,（自助吸烟房），hardware-ateria（自助五金店），garmenteria（自助服装店），furnitureteria（自助家具店）——甚至，还出现了形容殡仪馆的casketeria，以及有些重复冗长的restauranteria。

automat（自动贩卖机，就是一台自助的机器，把所需零钱放进槽口后，可从后方小窗取得食物）不是一项美国发明，而是来自瑞典。其实，1902年两位创业家霍恩和哈达特在费城安放第一台自动贩卖机，创立了一个利润丰厚的小帝国之时，自动贩卖机在瑞典已经出现半个世纪了。

luncheonette（便餐厅，有时也写成lunchette）在1920年前后进入美式英语，并反过来助推了一场以-ette结尾构词的风尚：kitchenette（小厨房）、dinette（小餐车）、usherette（女引座员）、roomette（小房间）、bachelorette（未婚少女）、drum majorette（军乐队女指挥），甚至parkette（处理违规停车的女交警）和realtyette（房地产女经纪）。[14]

在这些场所工作的女服务员和hash slingers（侍者，这个美式英语单词可追溯到1868年），针对自己端上桌的食物、吃这些食物的食客，发展出了一套神秘、诙谐的庞大术语库。在20世纪20年代，如果你想到便餐柜台后面工作，你需要知道“Noah’s boy”（直译为“诺亚的男孩”）是一片火腿（因为Ham是诺亚的儿子之一），“burn one”或“grease spot”指的是一份汉堡。“He’ll take a chance”（他想赌一把）或者“clean the kitchen”（清理厨房）的意思是（客人）点了一份杂碎，“Adam and Eve on a raft”（筏子上的亚当和夏娃）指的是吐司上来两个荷包蛋，“cats’ eyes”（猫眼）是西米露，“bird seed”（鸟种）是麦片，“whistleberries”（汽笛莓）是烤豆子，“dough well done with cow to cover”（牛肉裹熟面团）是“要一份黄油吐司”的复杂说法。等太久没上的食物，据说是“growing a beard”（长出了胡须）。自此以后，不少此类短语已经进入主流，尤其是BLT指代“bacon, lettuce and tomato sandwich”（培根、生菜和番茄三明治），“over easy”和“sunny side up”都是形容鸡蛋的，前者指蛋煎两面，后者指煎一面；“hold”指“不要加”，如“hold the mayo”，意思是“不加蛋黄酱”。

外出就餐（通常是快速的、廉价的、高油高脂的），成为城市工人的习惯，对供应商来说，也是一桩大买卖。1910年至1925年间，美国的餐馆数量增加了40%。1925年，一个肚子饿了的纽约人，可以在1.7万家餐馆中做出选择，这是10年前的两倍。[15]就连药店也加入了这一行列。据估计，在20世纪20年代初，一家普通的药店，卖苏打水占了其生意量的60%。[16]在事实上他们变成了兼职卖药的餐馆。

随着19世纪的推进，美国人的饮食变得越来越鲜活，不可避免地引起了那些认为感官享乐必然导致堕落的人的警觉。这时出现了一群道德至上的人，有男有女，都怀着宗教般的热情，认为吃不对的食物会导致国家道德精神的崩坏。有人甚至成立了“克制饮食协会”，这个名字就透露了他们最终有可能会做出什么样的举措。还有些人选择了差不多能维持日常生活所需的食物，这其中的典型人物是可敬的西尔维斯特·格雷厄姆。他认为吃番茄酱和芥末酱等同于失去理智，相信吃肉会使人荷尔蒙激荡，让男人占柔弱女人的便宜。很多人对此信以为真——到19世纪中叶，美国上下不光遵循他的食谱，还有成千上万的人住在格雷厄姆严格执行其膳食戒律的寄宿公寓。接下来是霍勒斯·弗莱彻，他向全世界宣扬每一口食物应咀嚼32次的观念。虽然他本人并不是营养学家（他是个贸易进口商），但这并不妨碍他在1903年出版了一本畅销书《营养学基础》，传播自己的理论。

但美国长久以来把食物和道德正直联系在一起的信念高峰，是因为一位信奉基督复临安息日教派的医生，名叫约翰·哈维·凯洛格。1876年，他接手了位于密歇根州巴特尔克里克濒临倒闭的西部健康改革研究所，并将之更名为医疗和外科疗养院。不过，没过多久，所有人都把它叫成“巴特尔克里克疗养院”，或者更简单的“凯洛格疗养院”了。他推出了一种奇怪而又风行一时的治疗方法。当然，“奇怪”和“风行一时”这两者之间或许并没有什么联系。

体重不足的患者被捆在床上，腹部压着沙袋，每天强迫进食多达26顿。院方不允许他们做任何消耗体力的事情。就连牙齿都是护工帮着刷，以免他们不必要地消耗卡路里。[17]高血压患者只能吃葡萄（每天多达14磅），不能吃其他任何东西。其他患有不太容易识别疾病的人，被绑在轮椅上连续数月，并喂食实验性食物，如面筋薄饼和“一种被称为‘酸奶’的保加利亚牛奶制品”。凯洛格本人也有着怪得无以复加的习惯。他喜欢一边坐在马桶上（或是围着草坪骑自行车兜圈子），一边对肉食和手淫之恶（显然是其中一个导致了另一个）发表长篇大论的控诉。尽管有这样的怪异之处（很可能也正是因为有这样的怪异之处），凯洛格的“健康圣殿”（他喜欢的叫法）蓬勃发展，并发展成巨大的建筑群，拥有电梯、客房服务和自带管弦乐队的温室等豪华设施。泰迪·罗斯福、约翰·D. 洛克菲勒，都是他热情而富有的主顾。

在生命的大部分时间里，凯洛格安静地沉迷于发明一种薄片状的早餐谷物。一天晚上，这种工艺潜入了他的梦里。他匆忙穿着睡衣冲进厨房，煮了一些小麦，把它卷成条状，放进烤箱里烘焙。所得产物不仅美味，而且非比寻常，毫无疑问地有益于你的身体。凯洛格医生的患者简直百吃不厌。这其中有一名年轻的患者叫C.W. 波斯特，在疗养院里无精打采地过了9个月（而且还待在轮椅里，对他的病况而言，这么做毫无必要），之后突然信奉了基督教科学主义，仓皇逃离。波斯特还趁机带走了凯洛格医生发明的麦片（显然，他出走的时候很看好麦片的商业潜力）。由于无法从凯洛格手里获得授权，他决定自己动手尝试，在极短的时间里，就成了全美国最富有的人之一。波斯特的发明包括葡萄果仁（Grape-Nuts，这是个好玩的名字，因为它既不包含葡萄，也不包含果仁）和波斯特烤玉米（Post Toasties，1908年前也叫Elijah’s Manna，直译是“以利亚的玛纳”，意译可作“我的主啊”）。

等镇里人明白早餐麦片很容易制作的时候，模仿者风起云涌。没过多久，全镇的人似乎都在从事这桩生意了。到19世纪与20世纪交接的时候，巴特尔克里克至少有44家公司生产早餐麦片，包括Grip Nuts、Hello-Billo、Malt-Ho、Flake-Ho、Korn Kure、Tryabita、Tryachewa、Oatsina、伊甸园食品、橙肉（Orange Meat，和葡萄果仁一样，它不包含名字里暗示的成分）。[18]这些产品，无一例外地作为健康食品销售。*每包葡萄果仁里包含一张名叫“健康之路”的示意插图，解释每天一份烤小麦和大麦颗粒怎样叫枯竭的大脑和神经细胞恢复活力，构成强大的红色血液。在那段令人极其兴奋的短暂时期，财富就摆在桌上，等人攫取。一位名叫D.D. 马丁的卫理公会传教士在厨房炉灶上做了一份健康糊糊，称之为“Per-Fo”，旋即以10万美元的价格卖出了配方。好玩的是，在巴特尔克里克，只有一个人没能拿着凯洛格的发明发家致富：这就是凯洛格本人。直到1907年，他终于把玉米片推上市场，这才开始靠着自己的发明获得名气与财富。

宣传自己有益健康的特点，成了各类食物的主题。莫克西公司（Moxie）以碳酸饮料闻名，成立于1885年，起初叫作波士顿莫克西神经食品公司。同年，胡椒博士（Dr Pepper）创立，起这个名字不是因为它朗朗上口，而是因为它听起来十分健康。有一段时间，除非食品能积极应对一系列的人类弱点，否

* 和此后的麦片相比，它们的确很健康。凯洛格1953年推出的“糖脆”（Sugar Smacks），含有56%的糖。

则根本没指望能卖出去。桂格燕麦片（Quaker Oats）声称可以缓解紧张，疏通便秘。弗莱施曼牌酵母（Fleischmann’s Yeast）不仅能安抚受损的神经，松弛肠道，还能快速解决消化不良、皮肤病、蛀牙、肥胖以及一种听起来吓人但其实含义模糊的疾病——“倒胃”。弗莱彻曼公司一直坚持这些笼统的主张（有时甚至还往里头加更多的噱头），直到1938年被联邦贸易委员会勒令停止，理由是任何一个说法都找不到一丝证据支持。[19]

在这样的背景下，美国人反而对垃圾食品产生了一定的热情。“junk food”（垃圾食品）一词直到1973年才进入美语词汇，但这个概念早就存在，它始于食物史上的一项重大突破：一种可食用的固态巧克力的开发。

虽然巧克力是新世界的食物（玛雅人和阿兹特克人对可可豆视若珍宝，把它当成钱），但它用了很长时间才成为美国饮食的核心环节。独立战争前不久，它才在殖民地美国为人所知，当时只是一种饮料。起初，chocolate（巧克力）有着浓厚的异域风情，拼写和发音都各式各样：chockolatta，chuchaletto，chocholate，chockolatto。到18世纪末，它才固定下来，跟印第安那瓦特语最初的xocólatl形式接近。巧克力来自可可树（cacao），不知为什么，翻译成英语时变成了“cocoa”（最初发音为3个音节：co-co-a）。[20]到19世纪40年代，英国发明了巧克力棒，30年后，瑞士发明了牛奶巧克力，但两者在美国都未流行，直到1903年，米尔顿·斯塔夫利·好时为世界带来了售价5美分的好时巧克力棒。（此后的67年里，它的价格一直是

5美分，只不过，为了拉平成本，巧克力棒的体积缩了水。第二次世界大战后的25年里，巧克力棒越来越小，到1970年，当它看起来薄得就像饭后吃的口香糖时，巧克力棒又重新变大变厚，价格也相应提高。）

跟很多美国企业家的情况一样，米尔顿·好时生来并没有什么成功的福相。他接受的正规教育在小学4年级结束，人生快过半时才突然靠着焦糖（这种全新的感官享受，在19世纪末横扫全美）意外致富。此前的数十年，他一直是个苦苦挣扎的小型糖果生产商。

1900年，他以100万美元的价格卖出了焦糖生意（这是一个10美元都算得上是一笔丰厚的周薪的时期），并将注意力转向了仍然相当新颖的牛奶巧克力的制作流程。这桩新生意迅速大获成功，不到3年，他就得以在自己的出生地宾夕法尼亚州中部的德里彻奇附近，着手建立自己的模范社区，还把街道命名为巧克力大道和可可大道。好时想过将新城起名为Ulikit（和“you like it”谐音，也即“你喜欢”）、Chococoa City（巧克可可城）和“Qualitytells”（质优），但最终，他决定使用“Hersheykoko”（好时可可）。但出于如今不详的原因，邮政当局拒绝支持该名称，他无奈选择了更加平凡，但无疑也很恰当的“好时”一名。除了世界上最大的巧克力工厂外，好时还拥有若干公园、一个可划船的湖、一座博物馆、一家动物园、一支专业冰球队，以及常规的银行、商店和办公室等。好时把这座小镇当成私人领地。他漫步在街道上，到处观察偷懒的市政工作人员（如果有，他会立刻解雇），并亲自（带着某种自以为是的敏锐）审查当地放映的电影。不过，他还参与了大量慈善工作，其中最著名的是修建了全世界最大的一家孤儿院，但只收养男孩，女孤儿要另找别处；还向孤儿院捐赠了自己的大部分财产，大约6600万美元（按今天的币值等于17亿美元）。

第一根真正的糖果棒（第一根包含了巧克力成分的糖果棒），是1905年推出的松鼠牌（Squirrel Brand）花生棒，但糖果棒的黄金时代是20世纪20年代。在那忙碌的10年，诞生了好几款经典之作：1920年的“噢，亨利！”（Oh Henry!）和“鲁斯宝贝儿”（Baby Ruth），1923年的“牛奶路”（Milky Way，此处指糖果棒的名字，并非指“银河”）和“舔手指”（Butterfingers，同上，这个词还有“笨手笨脚的人”之意），1925年的“好棒先生”（Mr Goodbar），1930年的士力架（Snickers）。“鲁斯宝贝儿”最初叫“甜心糕”（Kandy Kake），并不像传说中那样是以著名棒球运动员贝比·鲁斯（Babe Ruth）为名的——1920年，贝比·鲁斯才刚刚加入纽约洋基队，距离真正成名还颇有一段时间；相反，这种巧克力棒是以格罗弗·克利夫兰总统的女儿为名的。这个漂亮宝贝儿的确抓住了美国人的心，并得到了“鲁斯宝贝儿”的亲昵绰号，但那已经是20多年前的事情了，所以，一款糖果棒选择以她的绰号为名，真的有点奇怪。尽管如此，它大概也并不比“噢，亨利！”更奇怪。后者来自一个新面孔的年轻人，他在芝加哥乔治威廉姆森糖果工厂向年轻女工们打趣，使得女工们不断地回应："噢，亨利！"

这10年间，美国还涌现了其他数百种糖果棒：大宝贝儿（Big Dearo）、胖艾玛（Fat Emma）、坚果奶球（Milk Nut Loaf Nut Loaf），以及有趣的蔬菜三明治（Vegetable Sandwich）。蔬菜三明治由巧克力覆盖的蔬菜制成，出售时庄严保证"不会便秘"。你大概猜得到，美国的孩子们在买巧克力棒的时候可不会考虑便秘不便秘，它很快就从市场上消失了。照我猜想，鸡肉晚餐糖果棒（Chicken Dinner candy bar）同样没什么成功的卖相，它叫这个名字，据说是因为能产生热气腾腾的烤鸡晚餐带来的幸福感。虽然很少有人能在想象上把5美分的巧克力花生卷跟一顿均衡的伙食联系起来，但鸡肉晚餐糖果棒卖得很好，一直存活到了20世纪60年代。好玩的是，这些产品在当时并不叫"糖果棒"。candy bar一词，直到1943年才有了书面记录。

20世纪20年代，还见证了其他许多备受喜爱的零食诞生，包括美国饮食的中流砥柱，如1920年诞生的好心情雪糕（Good Humor bar），一年后出现的"爱斯基摩派"（Eskimo Pie也是一种雪糕），1924年的炫彩冰棒（Popsicles），1926年的牛奶巧克力豆（Milk Duds），以及1928年的泡泡糖（Dubble Bubble Gum）。泡泡糖是弗兰克·H. 菲勒发明的，他先前发明的另一种泡泡糖Blibber-Blubber是失败之作，能溶解在嘴里，却会牢牢地粘在其他所有东西上，吹爆了之后还会粘在脸上——但他之前还发明过芝兰口香糖（Chiclets），并靠它发了财。

然而，所有这一切，跟一种从20世纪20年代阴影中走出来，并常年最受欢迎的大众饮食比起来，都相形见绌了。我指的当然就是汉堡包了。

没人知道第一个汉堡包是在哪儿制作的。人们一直认为它是从德国汉堡传到美国的，一如法兰克福香肠（frankfurter）来自法兰克福，博洛尼亚香肠（baloney）来自意大利博洛尼亚一样。可这种想法忽视了一点：任何传统菜肴里都没有汉堡包这种东西。考虑到汉堡包在美式饮食中的核心地位，汉堡包在什么时候首次出现、为什么叫这个名字的证据十分不确定，但世面上并不乏各种相关的传说。在这件事上，威斯康星州的西摩和纽约的汉堡是最为顽强的竞争者（但它们并不一定是汉堡包真正的源头），两者都声称1885年汉堡包诞生在自己这里。西摩将这项发明归功于查尔斯·纳格林，并明确宣称自己是“汉堡包之家”，如果有人问，纳格林为什么选择要用汉堡包纪念一座遥远的德国城市，支持者往往就接不上话来了。从表面上看，纽约汉堡的主张更合乎情理，其支持者认为，汉堡包是弗兰克·梅切斯和查尔斯·梅切斯两兄弟的妙手创作，1885年，他们在伊利县市集上将它开发出来。

遗憾的是，针对这两种说法，词源证据表明，汉堡包这个名字（如果并不是这道菜的话）出现得比它们要早。有证据表明，早在1836年或1837年，德尔莫尼科牛排馆的菜单上，兴许就出现了“汉堡牛排”的字样。无可争议的首次记录，可追溯到1884年2月16日的《波士顿日报》，它随意地写道：“我们把鸡煮一煮。等它冷了，我们把它切碎，充当汉堡牛排里的肉。”和很多初次引用的情况一样，上下文清晰地表明，这时候，这道菜已经尽人皆知了。不过，引文也表明，这是一道跟我们今天所知不同的菜，它里头有牛肉切块（而非磨好的牛肉馅），并且是冷着吃的。可以肯定的是，1889年，汉堡牛排（Hamburg steak）被普遍叫成“汉堡包牛肉”（hamburger steak，第一次提到是在华盛顿州沃拉沃拉的一份报纸上，表明这时候全国已经都在吃它了）。接着，到1901年，这个说法缩短成了汉堡包（hamburger），并且，它指的是烤架上煎烤的一块碾碎的牛肉饼。

但它仍然不是三明治。相反，它是一块碾碎的牛肉，无遮无拦地端上来，用刀叉切着吃。没人知道是谁头一个想到把它夹在圆面包里，而且此事基本无法证明，哪怕提出相关权利主张的人仍然不少。其中之一是康涅狄格州纽黑文的路易餐馆，它声称自己在1900年发明了真正的汉堡包。不过，一些纯粹主义者不接受路易餐馆的说法，理由是它使用的是烤吐司（而且至今如此）而非圆面包。与此同时，路易斯维尔的凯林餐厅声称自己在1934年创造并命名了第一个芝士汉堡包（cheeseburger），我毫不怀疑，全美国还有其他许多地方会提出类似由衷的主张。不管怎么说，我们可以有把握地说，我们现在所知并喜爱的汉堡包，在1910年前后，到处都有人吃，人们也都知道它叫这个名字。早些时候，快餐厨师大多把汉堡包视为一种消耗质量可疑、不新鲜肉类的便捷方式。因此，在消费者看来，这种东西需要谨慎对待。直到1921年，随着堪萨斯州威奇托两位企业家的崛起，汉堡包才首次迈出了赢得尊重的第一步。这两位企业家，一位是前保险公司高管，名叫E.W.“比利”·英格拉姆，另一位是快餐厨师沃尔特·A. 安德森。他们想到了一个绝妙的点子：向全世界提供使用新鲜肉制成的美味汉堡包。请注意，不必使用太多的新鲜肉。他们的蒸汽炸汉堡包作价5美分，个头不大。英格拉姆和安德森设法从1磅碎牛肉里挤出了18个汉堡包，每个汉堡包所用的牛肉不到1盎司。尽管如此，人们很快就涌向他们用天然面石料混凝土建成、形状模糊荒谬、有点像是城堡样子的小隔间。他们把这地方称为白色城堡，并且解释说，白色象征着纯洁和干净，城堡暗示了永久和稳定。

安德森和英格拉姆引入了3项新奇元素，锁定了成功，从此以后还成为快餐服务的标志。他们的菜单上提供有限的菜品，方便快速上菜，让厨师专注于做自己擅长的事；他们把餐馆打扫得一尘不染，让顾客对其卫生情况产生信任感；他们采用了一种独特而扎眼的建筑设计，隔着几条街都能立刻认出来。不久，全美各地都出现了白色城堡，还有一大批热切的模仿者——白色塔楼、白色钻石、皇家城堡和白色皇冠——其中一些甚至营业至今。快餐时代降临了，尽管要再隔30年，人们才会这么称呼它。fast food（快餐）这一表达最早出现于1954年。takeout food（外卖食品）出现得更晚；它第一次见诸书面记录是在1962年。[21]

在我们暂时告别手持食物之乐以前，需要提及20世纪初语言上的另外两个新词汇。一个是hot dog（热狗）。H.L. 孟肯为它下了一个令人印象深刻的定义："塞满屠宰场垃圾的套筒。"早在19世纪初，热狗就是美国生活场景的一部分了，但当时的名字叫frankfurter（法兰克福香肠）或wienerwurst（维也纳香肠，到1867年出现变体形式wienie）。现在这个名字来自20世纪初一位名叫T.A."塔德"·多根的流行漫画家，他画了一幅画，内容是长长的圆面包里夹着一条腊肠狗，一举为这个词打开了局面。此外，当时"Hot dog!"这一短语代表喜悦或赞许的叫声，正风行全国，对热狗的流传度也大有帮助。

多尔根创造推广过一连串的热门短语，包括cat's pyjamas（好极了），yes man（好好先生），skiddoo（走开），you said it（你说得对），drugstore cowboy（小流氓），以及yes，we have no bananas（直译是"是啊，我们没有香蕉"）。最后一个说法，是他从一位意大利水果贩那里听到的，并用在了漫画当中。它成了一个全国性的热门短语（有人感到好奇，它当真找得到合适的使用语境吗），并很快放到了随便抄袭了《我梦见我住在大理石大厅》的歌曲里，轰动全国。[22]［让人吃惊的是，有大量词汇都是通过连环漫画进入美式英语的。heebie-jeebies（焦虑的心情），hot mama（辣妈），hotsy-totsy（妙极了），bodacious（胆大妄为）和horsefeathers（胡说八道）是W.B."比利"·德贝克在连环漫画里创造或推广的。Hooligan（阿飞）靠着漫画《快乐阿飞》（*Happy Hooligan*）流行开来。keeping up with the Joneses（与人攀比）这一短语来自漫画家I. 巴彻勒1911年创作的一套连环漫画。《大力水手》推广了goon

（呆子）和jeep（吉普车）等说法。］

差不多就在热狗进入美语的期间，另一种备受喜爱的零食一举成名：甜筒冰激凌。它的发明通常可以追溯到1904年的圣路易斯世界博览会。按一个故事（类似的故事有很多可供挑选）所说，大广场上并排站着两个小贩，一个卖华夫饼，一个卖冰激凌，他们发现，如果能把各自的产品组合起来，不光可以形成一款吸引人的便携小吃，还可不再提供卫生盘子和勺子，减少了麻烦，也减少了成本。对这个故事来说，有一点很遗憾：1904年，甜筒冰激凌已经存在了。此前的10年，一位名叫伊塔洛·马尔吉奥尼的意大利裔美国人取得了一项专利。甜筒冰激凌兴许是在世界博览会上流行开来的（但这一点本身并不确定），但并不是现场发明的。不管怎么说，“ice-cream cone”（冰激凌甜筒）一词在1909年之前未见于通用记录。

II

接下来说说喝酒。有关美国清教徒一个极为持久的误解是，他们发誓断绝酒精。实际上，他们喜欢喝好酒，甚至连不怎么好的酒也喜欢喝。美国初期颇受欢迎（尤其是在婚礼和其他大型社交场合）的一种烈酒，叫蛋诺酒（sack posset），这是一种混合酒，用任何趁手的麻醉品（通常是艾尔啤酒或者葡萄酒）跟凝固了的牛奶混合制成，这或许可以解释为什么如今没人再这么喝。顺便说一句，sack posset这个名字中的sack跟麻袋没关系，它是拉丁语siccus的变形，意思是“干燥”。

如果说，殖民地时代的美国人在吃的方面不喜欢冒险，那么，他们很乐意到任何地方去寻找饮料。酒精饮料包含了不少国际血统，其中，julep（草药酒，冰镇薄荷酒）来自阿拉伯语里的julab；sangria（桑格利亚酒，在18世纪的美国常常叫作san garee）来自西班牙语里的“血”；toddy（棕榈酒）来自印地语的tare或tari，是一种棕榈树汁液；beer（啤酒）来自德语里的beor（它又来自拉丁语里的bibere，意思是“喝”）。

早期的殖民者特别喜欢把各种古怪的成分混合起来（比如在牛奶和啤酒里打个鸡蛋），并用各种各样的名字来形容所得结果：mum（玛姆酒）、perry（梨酒）、switchel（甜酒）、metheglin（蜂蜜酒）、egg pop（蛋黄酒）、balderdash（胡搅酒，这个词日后演变出了“胡言乱语”的意思）、chery bounce（樱桃甜酒），许多种的flips（菲利普酒）和cock ale（鸡汁麦芽酒）。最后一个名字（鸡汤和啤酒的神奇混合物），有时被视为鸡尾酒的来源。虽然说鸡尾酒无疑是一个美语词汇——它首次为人所知是在1806年纽约哈德森的一张报纸上——但它跟鸡汁麦芽酒的相似之处大概只是巧合。鸡汁麦芽酒从来不是一种流行饮料——就算是在冒险时代，也没什么人认为把鸡汤放进大酒杯里会有独特的吸引力——而且两个词之间也没有已知的联系。那么，鸡尾酒（cocktail）从何而来呢？根据弗莱克斯纳的说法，cocktail一词“几乎可以肯定”演变自法语的coquetier或egg-cup（蛋杯），出处是新奥尔良的一位药剂师用蛋杯来分配药剂。另一些评论家更欠缺想象力，认为它跟公鸡尾巴有些关系，至于为什么公鸡尾巴暗示了一种酒精饮料，就不得而知了。还有一种显然是出自幻想的稀奇理论认为，鸡尾酒是为墨西哥国王奥克特尔八世的女儿发明的。她的名字叫索奇特尔（Xochitl），西班牙语译成Coctel（考克特尔，跟cocktail谐音）。[23]这个词还跟塞拉利昂的克里奥尔语中的kaktel有着惊人的相似性（但显然只是巧合），kaktel的意思是蝎子，也就是尾巴上长有毒刺的那种生物。要说鸡尾酒指的是这种烈酒有能力让人把尾巴翘起来，据我所知，任何权威人士似乎都没考虑过这种可能性。就在鸡尾酒首次出现在美国饮酒语境中的差不多同一时期，它在英格兰用来形容喂马的混合物。在诞生之初，鸡尾酒并没有半点现在与之相关的精致生活的意味。19世纪20年代，人们这样形容一顿肯塔基州的早餐："three cocktails and a chew of terbacker"（三杯鸡尾酒，猛嚼烈烟草）[24]。

在18世纪的大部分时间里，美国的主要烈酒是朗姆酒，rum（朗姆酒）一词来自rumbullion的缩写，后者的词源完全不清楚。到该世纪末，一种新的饮料——bourbon（波旁威士忌）——迅速取代了它。波旁威士忌是1791年威士忌起义的副产品，当时联邦政府对国内的黑麦威士忌课以重税打压。为了避税，大约两千名酿酒人逃往肯塔基（当时，它还不是美国的州，这些商人希望能免受苛税影响），并在当地建立蒸馏厂。他们碰到黑麦歉收，便把玉米作为权宜之计，结果发现它能带来一种罕见的顺滑饮料。他们以自己定居的县名作为这种饮料的名称，尽管事实上，它并不是我们现在所知的波旁酒。要等到19世纪20年代之后，酒厂才开始使用橡木桶来进行陈酿，此一过程为波旁威士忌带来了令人愉悦的颜色和香味。虽然肯塔基州至今仍有一个波旁县，但该州的波旁威士忌无一产自该地（至少从法律上看没有）。光是说这种酒大受欢迎，根本无法表现它的诱人程度。到19世纪30年代，普通成年美国人每年饮用6加仑波旁威士忌——是今天的24倍以上。

saloon作为“饮酒场所”的词义，要到1848年才见诸记录，奇怪的是，saloon-keeper（酒馆主人）一词却可追溯到18世纪。[25]它来自法语的salon，最初指的是任何大厅或其他公共聚会场所。bootleg（私酒）于1855年首次使用，来自美国西部。根据迪拉德的说法，大胆的商人把酒精装进一种扁瓶，藏在靴子里，非法卖给印第安人。[26]我找不到理由来反驳这一点，但在我看来，用这种方式能运输的酒量太少，不太值得花这么大的功夫。大货车里肯定还有更宽敞的地方用来私藏酒精。我怀疑，这个词兴许只是个比喻。

rotgut（劣质酒精），经常缩写成rot，可追溯到1819年。喝酒喝得太多的人，会出现jitters（颤涌）或者shakes（抖动）。有一段时间，烈酒也叫作jitter sauce，太喜欢喝酒的人叫jitterbug。1934年，美国歌手凯比·卡洛威用它来指代一种跳舞音乐，复活了“抖动”的那一层词义（jitterbug现在特指吉特巴舞）。常年酗酒者面临着沦落到贫民窟（skid road）了结一生的前景，skid road（直译为“滑动路”）这个词来自西部的伐木营地，那里把原木放到一种同名滑轨上往下传送。最终，这个词传到了伐木营地附近的棚屋区，东部人听错了，按照发音写成了skid row（贫民区）。[27]

为了应对美国人当中愈加严重的酗酒倾向，19世纪早期出现了一场强有力的禁酒运动，并带来了一个新的单词：teetotal。没有人知道这个词的来源，但跟之前一样，各种说法倒是有很多。听起来最合理的是，这只是一种开玩笑的方式，强调“total abstinence”（全面禁酒）中的“total”。它最初似乎出现在1827年的纽约禁酒大会上，到19世纪30年代，英美两国都很常见。

booze（豪饮）一词直到1890年才见诸记录，出现在《韦氏词典》里。这很令人吃惊，因为自乔叟时代起，这个词就一直存在，只是谈不上体面。我们可以假设，早在1890年之前，美国就在用它，只是不见于印刷品中。Manhattan（曼哈顿鸡尾酒）、highball（掺了苏打水的威士忌）、hangover（宿醉）、daiquiri（代基里鸡尾酒）和gin rickey（金利克鸡尾酒）在19世纪90年代首次得到认证。daiquiri来自古巴的代基里，当地制作了一种强力朗姆酒。gin rickey的名字显然是为了纪念某位利克上校，但除此之外，故事模糊不清。同样模糊的是衍生出来的Tom Collins（杜松子果汁酒）。按孟肯的说法，这种饮料以一位“杰出的调酒师”为名，但他并未对这位绅士的身份提供进一步的线索，叫人好生着急。

有一段时间，饮酒术语渐渐出现得少了，但在1920年1月16日，3个不祥的词语突然铭刻到了美国的意识当中：《美国宪法第十八修正案》、《沃尔斯泰德法》（也叫《全国禁酒法》）和禁酒令。第一个是宪法修正案，使得整件事有了可行性；第二个是制定惩罚条款的法律；第三个是业内的通用说法。考虑到酒精对美国人习惯的影响，禁酒令很容易就变成了法律。正如作家弗雷德里克·刘易斯·艾伦所说："这个国家不仅心甘情愿地接受了它，而且，还心不在焉地接受了它。"[28]许多人，包括参与禁酒运动的不少人，都认为禁酒令只会影响烈酒，啤酒等温和品种是安全的。他们错得多么离谱呀！

新法令对餐饮行业产生了破坏性影响，尤其是高档餐厅。没有了酒吧收入，许多餐厅别无选择，要么关门，要么屈从于偷偷提供私酒的诱惑。1921年，德尔莫尼科牛排馆遭受了一次致命羞辱：一名便衣特工参加了下午的舞会，舞会上提供了比茶要烈性点的饮料，一场闹哄哄的突然搜查就此降临。该餐厅最终于1923年5月21日放弃战斗，此时离它的百岁生日只差几天。全国各地数十家著名餐厅也都沦入相同的命运。

沮丧的葡萄酒酿造商只好改为生产无害的葡萄浓缩汁，当然，几乎没人想要这个。后来，他们发现，在酒瓶上贴上醒目的标签，并用粗体字宣称"警告：本容器内液体将发酵变为葡萄酒"，这么做完全不违法。他们还提供分步骤的说明，解释粗心的消费者会怎样"无意"地将这种有益健康的饮料转化为一种能让其双腿颤抖的东西。这样一来，他们恢复了镇定，重振了财运。被宪法修正案排除在外的宗教仪式用圣餐酒同样显示出了销量上的奇怪飞越，有些人讽刺地暗示，这些酒并不全都进了虔诚信徒的胃——或者说，大部分都没有。1925年至1939年间，美国的葡萄酒销量其实还增加了3倍，加利福尼亚的葡萄园从禁酒前的不到10万英亩扩大到了近70万英亩。[29]

像禁酒令这样能导致大规模虚伪行径、引来大范围蔑视的法律很少。人们不光继续喝酒，而且喝得比以往任何时候都更多。禁酒令颁布前，纽约有1.5万家合法酒吧；到禁酒令结束时，它有了3万多家非法酒吧。由于非法饮酒场合广为人知（这相当奇怪），底特律有不少于2万家非法经营的酒吧。波士顿比较原始，只有4000来家非法酒馆，但已是禁酒令颁布前整个马萨诸塞州合法酒馆数量的4倍。几乎没有人认真对待这套法律。1930年，一名记者向众议院司法委员会做证说，他参加了底特律一家旅馆举办的热闹聚会，席间见到了密歇根州州长、底特律警察局局长，以及4名巡回法庭法官，他们大肆喝酒，享受一群裸身大跳性感肚皮舞的年轻女士的款待。（hootchy-kootchy，肚皮舞，是这个时代涌现的另一个新词语，演变自更早前的coochee-coochee。）她们甚至连丁字裤（G-strings）都没穿，因为脱衣舞娘们要到1936年才知道这种极简服饰。虽然G-strings一词通常被认为源自小提琴上的G琴弦，暗示它多么细，但实际上，它的血统比之还要高贵。在19世纪，它形容印第安人用来拴裤子的皮绳，拼写为geestring（而geestring是对一个更为复杂、现在已遭人遗忘的印第安词语的民间翻译）。

这就是禁酒令（更准确地说，《沃尔斯泰德法》）的生效范围了：这是一项没有牙齿的法律。国会拨款500万美元来执行这项法案，只雇用了1520名特工保护美国的边境，禁止走私贩入境——每12英里长的边境线上，就有一个人把守呢。[30]有一个流传甚久的有趣说法是，赫伯特·胡佛总统坚决捍卫禁酒令，说它是一项“崇高的实验”。事实上，他称之为“一项重大的社会和经济实验，动机高尚，意义深远”，两者完全不是一回事，而且最终也远未得到大范围认可。他并未赞扬禁酒令本身，而仅仅赞许了那些将禁酒令强加于美国人的动机。事实上，在1928年的选举活动中，胡佛发表此番言论的时候，禁酒令已成为一场明眼人都看得出来的灾难。

虽说禁酒令兴许给饮酒者造成了不便，但它丰富了美国英语的词汇库。bootlegger（私酒贩子）、speakeasy（非法酒吧）、hip flask（扁平小酒壶）及其他不少跟非法行为相关的说法，成为常用语言的一部分。Real McCoy（直译是“真正的麦考伊”，引申为地道的威士忌，后再度引申为高质量的东西）这个表达也是在这一时期出现的。虽然通常认为可追溯到更早的时期，但它是在禁酒令实施期间广为人知的。没有人知道这个麦考伊是谁或者是什么东西——有人说它是一个当时很出色但现在已遭到遗忘的私酒贩子的名字，还有人说它跟中国澳门贩运来的鸦片有些关系——但没有任何书面证据对具体的某个说法给予支持。

禁酒令更阴险的一面是还给gangster（在19世纪初，它原本指的是政治团体的成员，而不是犯罪团伙）、moll（一个古英语单词，指女孩，它演变出黑帮成员情妇这一含义，出人意料地流行开来）、racket（另一个可追溯到1812年的英语单词，指的是名声不好的事情，但随后它在英国败落，1927年在美国复活，指花天酒地的生活）等单词带去了新的含义。此外，汽车对犯罪分子以及其他所有人都愈加重要，这些从getaway car（逃跑用的车）和to be taken for a ride（上当受骗）等流行说法中可以反映出来。

这一时期，和葡萄酒酿造商比起来，啤酒酿造商的日子不怎么好过。无奈之下，他们转而生产一种起着跟啤酒近似名字的软性饮料产品，比如Howdy（好迪）、Chero-Cola（切洛可乐）和Lithiated Lemon（锂化柠檬水，最终变成了7-Up，“七喜”，因为它装在7盎司的瓶子里）。

在美国，软性饮料早就是一种古老的传统，1825年或1838年（看你采信哪一种源头）首次以香料苏打水的形式出现在费城。在整个19世纪，根汁汽水、沙士汽水、姜汁啤酒、云杉啤酒等其他无酒精饮料越来越受到欢迎。然而，直到1886年，亚特兰大药剂师和专利医学家约翰·施蒂特·彭伯顿（他早期还有另一些不怎么出名的发明，包括百花止咳糖浆和法国红酒可乐）在自家后院的一口铁桶里，放入可可坚果、古柯叶、咖啡因和其他类似靠不住的调味品，用一柄来自旧船上的木桨加以搅拌，并把混合出来的东西叫作“可口可乐”，美国才有了它最具精髓的软性饮料。

他的会计弗兰克·罗宾逊是一位擅长花体书法的人，绘制了可口可乐迄今为止仍在使用的斜体字标识。彭伯顿认为自己的发明不是令人耳目一新的解渴剂（虽说这是外面的世界喜欢它的地方），而是有效的宿醉解酒剂，以及上半身其他疾病的补品。[31]（他甚至谨慎地暗示这是一种强效壮阳药。）唉，可惜，彭伯顿未能看到可口可乐的真正潜力。在1887年，他按照一笔短视而精确的金额283.29美元，卖出了公司2/3的权益。真正把可口可乐当成赚钱饮料利用起来的，是另一位亚特兰大药剂师阿萨·坎德勒。19世纪和20世纪交接的关头，他以2000美元的价格从新主人那里购买了这种配方，并且通过精明的营销，将这笔投资转化为财富。到1919年公司再次出售时（卖给了亚特兰大的一支商人财团），坎德勒2000美元的投资，已经增长到了2500万美元。

如此的成功自然引来了无数的效法者，很快，美国消费者就能尝试各种竞争品牌了，包括Co Kola、Coke-Ola、Coke、Koke、Klu-Ko Kola、Afri-Cola、Okla-Cola、Carbo-Cola、Sola Cola、Pepsi-Cola（百事可乐），甚至Celery-Cola（芹菜可乐）。许多品牌不仅模仿了可口可乐的名字和斜体标识，还复制了它造型独特的瓶子。可口可乐将它们全部告上了法庭。到1926年，可口可乐发起了不少于7000次诉讼来保护自己的商标，有一场官司甚至打上了最高法院。它不仅摧毁了几乎所有的挑战者，而且在1930年，赢得了“Coke”（可乐）这一替代名称的独家使用权，成为全世界唯一一款拥有两个名字的成功产品。[32]

它没能打败的一家竞争对手是百事可乐（Pepsi-Cola），由科尔贝·D. 布拉汉姆于1898年发明，名叫Pepsi是因为制造它的本意是用来治疗消化不良（dyspepsia）。尽管百事可乐在成长期间经历了两次破产，但因为它的多元化策略，百事公司如今的规模其实比可口可乐更大——百事集团拥有必胜客和塔可钟（所以你在这两家店里找不到可口可乐），而且很好地意识到自己不能像可口可乐那样调整配方：1985年，可口可乐公司推出了新可乐，带来了灾难性后果。（营销灾难可谓是可口可乐的传统。它曾经推出过可口可乐风味的雪茄，其结果跟它大肆吹嘘的新可乐别无二致。）

尽管偶尔遭受挫折，但长久以来，可口可乐始终是美国文化的象征（这一地位，百事可乐从未企及）。早在1950年，它就为美国文化冲击全球创造出一个单词：Coca-Colonization（可口可乐殖民）。今天，可口可乐（Coke）在195个国家销售，而且据说是英语中第二个全世界都知道的词语，仅次于OK。那就让我们跟随OK，回到19世纪，开始下一章的内容吧。

第12章

奢侈品的民主化：购物在美国

1846年，纽约一位名叫亚历山大·斯图尔特的爱尔兰移民在百老汇开了一家名叫“大理石织品宫”的店，为世界带来了一个全新的现象：百货公司。在此之前，从未有过一家商店尝试过在同一屋檐下汇集这么繁多的商品。公司生意兴旺，很快就覆盖了百老汇的整个街区，并拥有两千名员工。可就算这样也还不够。1862年，斯图尔特搬迁到附近的一幢八层高的建筑物，并将其更名为A.T. 斯图尔特铸铁宫。它成了当时世界上最大的百货零售企业，而且保持了这一地位许多年。

随后出现了许多其他类似的商场，芝加哥的菲尔德·利特联合公司（后更名为马歇尔·菲尔德公司），波士顿的乔丹·马什，费城的约翰·沃纳梅克，底特律的哈德森，纽约的梅西、霍沃特、罗德&泰勒。

我们不知道人们何时开始称它们为百货公司（department

store）的。这个词直到1893年才出现在印刷品上（《哈泼斯杂志》），但从语境来看，很明显，它已得到广泛使用和理解："相较于纽约最优秀和最大的百货公司，它们（布鲁克林商店）不落下风。"[1]

可以肯定的是，百货公司改变了数百万城市美国人的购物体验。用"宫殿"（Palace）来形容这些新机构，几乎不算夸张。它们不仅提供了前所未有丰富的商品，还能让消费者感受到从前根本不知道的舒适、豪华和兴奋。促成这一切的是三件事：铸铁建筑的发展，带来了建筑内部更开放的内部空间；安全电梯的问世，让商店能够往高层扩展；更重要的是，美国人民生活的日益繁荣富裕。

与之前的零售商店相比，这些新的"大巴扎"（bazaars）通风而宽敞，设施惊人地齐全。几乎从一开始，它们就拥有餐厅、茶室、休息间和其他便利设施，消费者无须再去其他任何地方。早在19世纪50年代，斯图尔特的百货商店就以时装表演和管风琴演奏会款待购物者。一如数百万人的啧啧称赞，你可以在商店里消磨一整天。但百货商店真正精彩的地方在于，它们是第一批向所有人开放的大型商业企业。用爱弥尔·左拉的话来说，它们把"奢侈品民主化"了。[2]一个秘书或职员，有可能在城里生活了一辈子，但从没走进过时髦的酒店或餐厅，从没见过音乐厅或歌剧院里面是什么样子，也不曾斗胆进入时尚的女士帽店。但这样的人，可以到百货商店里体验到同等令人陶醉的优雅和享受，跟上层阶级（carriage trade，也就是足够富裕、能搭乘自家交通工具前来的人）置身于同样的空间。

百货公司让数百万人首次见证了这个时代的奇迹，如乘客电梯（passenger elevator，世界上第一台固定的安全电梯，1857年安装在纽约霍沃特百货公司）、电力照明、公用电话和自动扶梯（自动扶梯新颖得让人头晕目眩，一些商场会在扶梯上方安排护士，照料那些因为搭乘了自动扶梯而感到头晕的人）。到20世纪之初，百货商店几乎提供无穷无尽的服务。它们设有邮局、图书馆分馆、失物招领处、美发沙龙、屋顶花园、急救站、信息局、“针对神经紧张顾客的安静室”，甚至还有自己的店内广播电台。它们会缝上丢失的纽扣，包扎伤口，照料走失的孩子，回答任何问题——而且全都免费。有些还举办讲座、音乐会和戏剧。大多数百货商店都会展示新产品。购物成为一种社交体验。

到1900年，马歇尔·菲尔德公司每天为多达25万名顾客提供服务，并成为芝加哥最大的雇主之一，拥有8000名员工。费城的沃纳梅克每天24小时都在接收订单。它的“水晶茶室”可同时接待10 000名顾客。美国已经张开双臂投入了炫耀性消费（这是1899年社会学家索斯丹·凡勃伦在《有闲阶级论》中创造的一个术语），自此以后对它的需求愈加迫切。

对百货公司的现代形态，有一个人贡献最大，他就是威斯康星州的哈里·G. 塞尔弗里奇。1879年，他在马歇尔·菲尔德公司担任理货勤杂员，并很快获得晋升。他采取的第一批措施就包括，把货物从高货架上取下来，放在柜台和桌子上，让顾客能够从近处看并触摸到，像批评家说的那样，顺手牵羊

（shoplift，这绝不是一桩新鲜事；1680年，它就进入英语的词汇库了）。塞尔弗里奇的许多其他创新包括划分特价区，年度促销，礼品券，提醒顾客在圣诞节前还剩下多少可购物的日子，让一楼的展示窗户整晚亮着灯，鼓励爱在晚上兜风的人浏览、方便其次日购买，以及现在很普遍的做法：把香水和化妆品部门放在一楼的主入口处，为环境氛围增加讨喜度，充当吸引路人的磁石。

从马歇尔·菲尔德公司退休后，塞尔弗里奇前往英国，50岁时创办了以自己名字为名的伦敦百货公司。尽管大多数英国观察家都确信，这样一桩粗鲁且浮夸的商业活动在伦敦永远不会成功，但它不仅蓬勃发展，还让牛津街成为伦敦首屈一指的购物大道。塞尔弗里奇对自己的商店专注得入迷。他关心一切，从销售员所用的铅笔够不够尖，到他们的牙齿质量怎么样。1914年，他去度了一次假，证明了他对工作的奉献精神。星期六早上，他搭乘火车离开伦敦，第二天中午到了瑞士一家酒店的溜冰场。他兴致勃勃地滑了4个小时，收拾好冰鞋和长袜，又搭乘火车回到伦敦，星期一早上8点就坐在了自己的办公桌前。这就是他对度假的态度。

但到1918年，他的妻子去世，他内心的某种东西砰然断裂。他开始去夜总会，迷上了一对叫多莉姐妹的匈牙利裔美国歌舞表演明星，忽视了自己的生意。他在蒙特卡洛买赛马、赌博、大手大脚地输钱；他包租飞机给多莉姐妹的小狗买冰激凌和鸡胸肉；他在英格兰南部海岸汉普郡的海克利夫买下一座城堡，还打算在附近修建一座有250个房间、价值1500万美元的庄园。

10年之间，他将800万美元挥霍一空。遗憾的是，这些钱并不都是他的。因为无法偿还他欠自己商店的债务（10年来，他和多莉姐妹在商店里想要什么就拿什么，从没想过要付费），他从塞尔弗里奇百货商店的董事会不光彩地退休，获得每年25 000美元的养老金（后来降至12 000美元，后又降至8000美元），而且店方希望他用这笔钱偿还200万美元的债务。他失去了自己的房子和劳斯莱斯，住在帕特尼的一间小公寓里，外出搭乘公交车。1947年5月8日，他一贫如洗地过世，近乎完全遭到遗忘。类似这样的故事，我们之前听说过多少回？

更成功守住了自己财富的是弗兰克·W. 伍尔沃斯。塞尔弗里奇把特价商品区视为副业（从本来卖不出去的商品里赚钱的有用之道），伍尔沃斯却想到了另一个点子：开办一家只销售特价品的商店。1879年，他在纽约州由提卡开办了第一家伍尔沃斯商店。每样东西都售价5美分或10美分——这种做法在当时简直叫人难以置信。该商店立即大获成功，到1900年，伍尔沃思拥有59家商店，年销售额超过500万美元。到1913年，他有钱得能够拿出1350万美元的现金在纽约修建伍尔沃斯大厦。[3]这时候，各地的人们都会在廉价柜台（bargain counters，这个用法最初出现于1888年）或五分十分店（five and tens，也叫five and dimes ，1905年出现的短语，一种只卖5美分或10美分商品的店铺）购物了。

实际上，还不能说是“各地”。20世纪初，美国仍然基本上是一个农业国家。务农家庭和小城镇居民渴望像其他人一样消费和购物，多年来却苦于找不到接触途径。1872年，一家正式名称叫作农业保护者协会、别名叫作格兰其（Grange，这是一个古英语单词，在次元上跟grain相关，指代农庄）的组织，开始为会员提供邮购服务。它同样大受欢迎，到19世纪90年代，它的目录包含24 000多件商品，为数万名农村消费者带来了新的选择和可能性。格兰其最终演变成蒙哥马利–沃德公司，与此同时，又逐渐为美国历史上最成功的一家公司所取代：西尔斯罗巴克公司。

西尔斯罗巴克创办于1886年，以最初的两位合作伙伴理查德·西尔斯和阿尔瓦·罗巴克为名。不过，后者1893年卖掉股份退出。西尔斯简直是瞬间崛起的。1900年，它的规模已经超过格兰其；1906年，它的生意兴隆到要雇用2000名工人来处理每天收到的900份订单。业务量如此庞大，使得铁路、电报公司和邮局都在西尔斯的芝加哥总部开设办事处。[4]如果你想到西尔斯公司创办之初并不怎么珍惜自己的商誉，这种成功就更叫人啧啧称奇了。在一则早期广告中，它宣传一款特价为1美元的缝纫机，但购买的客户实际只收到了针线。[5]1899年，它在广告中宣传说，在接下来的60天内，一张豪华软垫沙发和两把配套的椅子，售价仅为95美分。数万人寄去了订单——并收到了三件玩偶用家具。

尽管西尔斯耍过这样的花招，人们仍对它投以无限的热爱。农村地区尤其如此，当地人依靠西尔斯购买从鞋子到缝纫机等各种东西。20世纪初，你可以从该公司购买一款汽车（品牌名当然是“西尔斯”），甚至一座房子及全套家具。每年两次收到西尔斯的商品目录，是农村人家一年中最兴奋的时候。北达科他州一座镇上的人深为西尔斯公司着迷，干脆把社区更名为西罗可（Seroco，跟Sears Roebuck & Co的缩写谐音），要不是有美国邮政局的阻挠，他们会改得更加一目了然。

从1885年开始的1/4个世纪前后，美国零售业的另一个重要组成部分——品牌名称得到了改进。虽然一些持久的品牌名可以追溯到更早的时期［1866年的史密斯兄弟止咳药水（Smith Brothers Cough Drops），1867年的艾禾美牌小苏打（Arm & Hammer Baking Soda），1878年的象牙香皂（Ivory Soap）］，但19世纪末20世纪初的几年，见证了一连串知名产品的诞生：可口可乐（Coca-Cola，1886年），屋仔糖浆（Log Cabin Syrup，1887年），杰迈玛姨妈薄饼脆（Aunt Jemima pancake mix，1889年），脆燕麦（Shredded Wheat，1892），同笑乐糖果和爆米花糖（Tootsie Rolls and Cracker Jack，1896年），吉露牌果冻（Jell-O gelatin，1897年），百事可乐（Pepsi-Cola，1898年），无花果软饼（Fig Newtons，1900年），动物饼干（Animal Crackers，1902年），玉米片（Post Toasties，1904年），绅士牌干焗花生（Planters Peanuts，1906年），新奇士水果（Sunkist fruit，1907年），救生员薄荷糖（Life Savers，1911年）。

在很大程度上促成了这一切的是可靠包装的发展，比如国家饼干公司的专利In-er-Seal（经常被人误拼）包装，不仅确保了食品的新鲜，还让制造商得以从盒装、桶装等批量销售方式转为提供个性化小包装。很多时候，包装事关成败。诗人哈特·克兰的父亲克拉伦斯·克兰1911年发明了救生员薄荷糖，用一位药剂师朋友的制丸机将它们冲压出来，但由于薄荷糖很快会在纸包装里变质，还会吸收包装纸密封所用的胶水的味道，它们成了赔钱货。等到一位纽约商人买下公司，开始用锡纸包裹薄荷糖，救生员薄荷糖才一飞冲天。短短十多年的时间里，该商人最初的1500美元投资就增值到了330万美元。

随着食品和其他家用产品使用独立包装，更便于运输，想出新的销售方式就只是时间问题了。1916年，田纳西州孟菲斯市的克拉伦斯·桑德斯想到了一个新主意，并以自助服务店（Self-Serving Store）的名义申请了专利。

美国第一家知名连锁百货店是1859年创办的大西洋与太平洋茶叶公司。顾名思义，它起初是一家茶叶进口商，但早在1865年就囤备有杂货。据当时所知，到第一次世界大战爆发，A&P在全美各地拥有2000多家商店。[6]不过，它们是老式商店，需要店员们从高高的货架上取下顾客所需的物品。

克拉伦斯·桑德斯开办在孟菲斯的商店改变了这一切。他把它叫作小猪扭扭商店（Piggly-Wiggly）。有人问他起这么奇怪的名字，他回答："因为它能让人好奇呀！"顾客通过旋转门进店，拿起一个篮子，选择商品，最终到达“结算与检查”柜台，商品接受“清点”与包装。《纽约时报》的一名记者显然对这一革命性概念大感兴奋，描述了一位顾客怎样“漫步在一条又一条的走道，两侧都是货架。搜集要买的物品，离开时付款”。商店这么做的动机，不是为了给顾客提供方便，而是为了应对第一次世界大战引起的员工短缺。然而，它很快就发现，购物者们喜欢能够亲手试捏面包、拿起汤料罐头，这一下，自助购物的设想一飞冲天。

1923年，桑德斯在炒股时失去了对小猪扭扭商店的控制权，他将自己剩下的人生投入一桩更加雄心勃勃但最终竹篮打水一场空的计划里。该计划名叫“Keydoozle Markets”（匙多市场，Keydoozle读作“key does all”，意思是“钥匙能做一切”），是一种自动杂货店，顾客把钥匙插入样品产品旁边的钥匙孔，进行选择。在幕后，荒唐地安装着咔咔作响、摇摇晃晃的机械传送带，将商品分类、运输、包装、做好被携带回家的准备，送到收银台。这套系统从来不曾真的运转起来，而且再没有人听说过克拉伦斯·桑德斯。[7]

桑德斯的商店有一个重要方面，较之旧式杂货店毫无进步。它们很小，通常不超过140平方米，只有三四条通道。创办第一家真正超级市场的功劳，一般会给予迈克尔·库伦，1930年，他在纽约州牙买加区开办了一家“grocery warehouse”（杂货仓库），也叫“food market”（食品市场）——他对这两个名字使用得很随意。它不是美国第一家大型食品店。早在

1923年，旧金山就有一家名为水晶宫的杂货店，可停放4350辆汽车，*零售空间达到6300平方米。然而，库伦提供了若干成为业内标准的功能：晚间营业、自助服务、粗糙的广告，还有在店名中写上一个拼写错误的单词的近乎无法抵挡的冲动。他把这家店叫作“King Kullen”（金库伦）。第一家在店名中使用“supermarket”（超市）一词的公司似乎是辛辛那提的“Albers Super Mkts., Inc.”，1933年注册。[8]就在这10年间，一种给购物者带来方便的设备开发出来，帮助他们应对越来越多的候选商品：购物手推车。虽说休斯敦有一家杂货店多年来一直为顾客提供附带了篮子的儿童车来方便其管理采购的物品，但1936年，俄克拉何马城一位名叫西尔万·戈德曼的店主才最终发明了现代购物车。他把它叫作basket carrier（篮式载体），让批发购买成为可能。（起初，客户似乎不太愿意使用新工具。于是，戈德曼不得已雇用了6个人整天推着购物车假装购物，其他顾客终于开始效法。）

光从数字来看，超市的起飞相对较慢。直到1955年，全美36万家杂货店中，95%是街头小店（mom and pop corner），或是名为“superette”的中型商店。虽然大超市（supermarket）只占杂货店的5%，但其销售量占据了美国食品销售量的一半。[9]而如今，在大多数社区，不光街头小店、小超市的好日子所剩无几

---

* 尽管这个数字看起来太大，但至少大多数零售史都是这么说的。许多现代购物中心也容纳不了这么多辆车。

（不过，也有少数几家出人意料地生存下来，比如檀香山威基基海滩上的A-1小超市），面包店、肉品店、熟食店和各种其他商店也都生存维艰。

超市不仅改变了美国的购物方式，也改变了美国的饮食方式。随着外出工作的女性越来越多，方便食品发挥了越来越重要的作用。一家叫“Birds Eye”（鸟眼，这古怪的名字来自马萨诸塞州格洛斯特的一位博物学家，名叫克拉伦斯·伯宰，他在户外冰钓时偶然发现了速冻食物的潜力）的小公司开发出了冷冻食品。1930年，第一批鸟眼冷冻食品上市，只是没叫这个名字，而叫作“frosted foods”（直译是“结霜食品”），因为当时的人认为，“frozen”（冷冻）暗示肉是过期或者腐败的。但它很快就发现，人们看到“frosted”更加困惑，他们拿不准这是指部分冷冻，还是说食物上覆盖着某种结冰，于是，公司把名字改成了“frozen food”（冷冻食品）。鸟眼公司的第一批结霜/冷冻产品包括18种肉类、3种海鲜、2种蔬菜和3种水果。用广告里的吹嘘话来说，突然之间，1月中旬，美国的家庭主妇们买到“6月间的豌豆，翠绿得如同下个夏天看到的那么漂亮”[10]。

冷冻预制食品出现在第二次世界大战爆发之前。焗豆是第一代产品（虽然说起来似乎不大像），但很快，你就可以买到更多新颖菜肴了，比如炸鸡和龙虾纽堡。第一批冷冻晚餐于1945年生产，供军队使用，一年后以“Strato Meals”（直译是斯特拉托餐）这个让人毫无食欲的名称向公众推出。1954年，斯万森父子公司推出“TV牌冻餐”，风靡全球。[11]但在这之前，其实已经有另一家早期竞争对手生产出了“冰箱晚餐”（Frigidinners）。

郊区的兴起不仅促成了超市遍地开花的现象，还带来了另一个事物的发展，没有了它——购物中心（shopping mall），数百万人的现代生活将变得无法忍受。

各种各样的商场，已经存在很长时间了。第一家商场始于欧洲的拱廊（arcade，来自意大利语的“arcata”，指“拱形”），最早的是1819年伦敦的伯灵顿拱廊，紧随其后出现了布鲁塞尔的圣休伯特拱廊街和米兰的大教堂式艾曼纽二世回廊，马克·吐温觉得后者让人沉迷，说自己余生都能快活地住在里面。它大概至今都是全世界最美丽的购物中心。这股时尚很快蔓延到大西洋对面。19世纪30年代，从罗得岛普罗维登斯的韦伯塞特拱廊开始，大多数美国大城市都有了一两家可供吹嘘的拱廊式购物中心。

拱廊在美国零售业始终没成过大气候，充其量只能算是一个偶然的特色。对大多数美国人来说，购物暗示的是去百货商店，或是设立在市中心办公楼底层的小店。通常，这些小买卖赶过一些语言时尚。如我们所见，“cafeteria”（自助餐厅）一词就带来过许多类似形式：baketeria（自助面包店）、bargainteria（自助特价商品店）、camerateria（自助照相馆）。20世纪20年代到30年代，-teria让位给了-orium，如suitatorium（西装店）、shavatorium（男士修容店）、corsetorium（女士内衣店）、hairitorium（美发店）、shoetorium（鞋店）、pantatorium（男士裤装店），甚至hot-dogatorium（热狗店）。紧随其后的短暂风潮是-rama（Shop-a-Rama等）和-ette（washerette，superette，drugette），到了20世纪50年代，人们对奇怪词尾的迷恋终于走到尽头。

随着郊区的不断发展，商家自然而然开始到来。不久，每个住宅区都有了一排小买卖，比如理发店、街边杂货店，或是药店，伫立在流行的有轨电车站旁，这就是购物中心的原型了。这类早期郊区商店的聚集区有着不同的名字，如shopping strips（购物地带）、string streets（步行街），或taxpayer blocks（纳税人街区，之所以这么叫，大多是认为它们只是聊胜于无的临时性建筑，希望有一天它们能带来足够的收入，支付土地税，修建起更宏伟的建筑来）。

于是，形状各异（条状、三角形、方形等）的零食商集合点扩散开来，而到底是谁在美国建造了第一座真正的购物中心的问题，却始终没人能解答。早在1907年，巴尔的摩一位名叫爱德华·H. 鲍顿的商人就建造了一个有6家商店的商业区，离主街稍有点距离，门前有停车空间，日后成为罗兰公园购物中心。《国家史迹名录》承认建于1916年、位于伊利诺伊州森林湖的市场广场是第一座规划性的购物中心。[12]还有些人把这一荣誉送给堪萨斯城的乡村俱乐部广场，由J.C. 尼克尔斯于1922年建造，是一处巨型住宅项目的一部分。它是第一个包含了专供行人走动区域的此类场所，尽管它的布局严格遵循传统，商店面向街道。达拉斯的高地公园购物村建于1931年，商店背向街道，首次完全分隔开了购物者和路过的司机。除了罗兰公园购物中心之外，大多数早期的购物中心既不叫shopping center，也不叫mall，而是有着更为温馨的名字，它们大多会加入“square”（广场）或“village”（村）一类的词汇，比如高地公园购物村、郊区广场（建于1928年，位于宾夕法尼亚州阿德莫尔），以及汉普顿村（1941年建于圣路易斯）。

然而，购物中心基本上是一个属于20世纪50年代的现象。到第二次世界大战结束时，美国只有8座购物中心，到1949年底也不超过12座。到了1950年，北门中心在西雅图开办，次年购物者世界在马萨诸塞州弗雷明汉开办，闸门一下打开了。购物中心逐渐随处可见。它的发展速度快到1956年《商业周刊》发表头条报道：《购物中心太多了》，并惊慌地指出，美国在1956年仅仅两个月里开办的购物中心就比此前8年还要多。[13]mall作为“购物中心”使用，迟至1967年才首次见于记录。这个单词的来历很奇怪。它来自16世纪和17世纪欧洲流行的一种游戏。在意大利，它叫palla a maglio（球到槌）；在法国，叫pallemaille；在英格兰，它成了pall-mall（但发音是“pell mell”）。游戏内容是顺着一条林荫小巷敲打一颗木头球，让它从铁环里穿过去——有点像是高尔夫球和槌球的早期混合体。到了18世纪中期，它不再流行，但这个名字仍然保留在了伦敦的两条街道上：帕摩尔街和与它平行的摩尔街（Mall，按理说也应该读作“mell”，但并不是）。摩尔街尤其容易让人联想到贵族漫步。到1784年，mall在美国词典里找到了一个位置，指代任何一块适合巡视的绿地，这是个流行的词语，尤其指华盛顿特区中心的标志性草地。

购物中心布局和氛围的设计者不是一个美国人，而是维也纳人维克多·格鲁恩。1938年，他从被德国吞并的奥地利逃出，抵达美国时口袋里只有8美元。不到12年，他已成为美国顶尖的城市规划师之一。讽刺的是，格鲁恩原本并不是想创造一种更高效的全新购物方式，而是想在美国重新创造出欧洲城市中心轻松惬意的咖啡馆社交氛围。按他的设想，购物中心（他更喜欢叫"购物城"）是邻居们聚会的地方，是社区的焦点，人们可以散散步、见见朋友、喝喝咖啡、吃吃冰激凌，购物只是顺带之举。格鲁恩确信自己设计的是一套可以让郊区慢下来、驯服汽车的体系。他错得是多么离谱啊！

"我们必须敏感地观察中欧广场市集里丰富多彩、兴奋刺激、商业繁忙的城市场景，才能理解全新购物城中的开放空间能为社区生活做出什么样的贡献。"1960年，格鲁恩在《美国购物城》一书中写道。[14]他将购物中心"系统化"，想出了密集设立商店的主意，鼓励人们从这一家散步到那一家。他的目的是让购物者从汽车里走出来，用脚走路。他坚持要在"战略点"安排公共聚会场所——有着长凳、喷泉、一两件雕塑的开放空间，鼓励社交互动和社群感。

1956年，英国小说家奥尔德斯·赫胥黎创造了一个社会迫切需要的词：spending spree（消费热潮）[15]，随着明尼阿波利斯郊区伊代纳南溪谷中心的建设，格鲁恩的乌托邦愿景有了切实的形体。该购物中心耗资2000万美元，是世界上最大的购物中心，也是那个时代的商业奇观。它有4万平方米的封闭式购物区域，72家商店，18万平方米的停车场，可容纳5200辆汽车，让美国几乎所有大报和杂志的记者都啧啧惊叹。一时间，它成了模范，为美国几乎所有其他购物中心所克隆。在南溪谷之后，格鲁恩又设计了其他类似风格的购物中心——靠近底特律的北兰德和东兰德购物中心，明尼阿波利斯附近的南兰德购物中心，圣何塞的山谷集购物中心，加利福尼亚州圣利安卓的海滩集中心，以及同样在加利福尼亚的雷东多海滩南滩购物中心。

购物中心的设计成为一门科学。商场规划师开大会时，大力传播雷利零售引力法则（本质上也就是能让人们走动起来的商店搭配）、最佳位置等时线（购物中心的最佳位置是类似高速公路立交桥的位置）等新概念。没有人再想过鼓励人们溜达、社交的初心。购物中心摆放的长椅没有靠背，这样人们就不会赖着不走，小吃摊的桌子故意设计得非常狭窄，人坐上10分钟就会产生不适感。格鲁恩曾希望人们就着咖啡闲散地坐着，读报夹里内容经过精心挑选的报纸，或是在喷泉旁下象棋——可惜，这些愿景从未实现。

购物中心不仅改造了城镇，往往还卓有成效地创造了城镇。20世纪40年代末，新泽西州帕拉默斯是一个垂死的小社区，没有高中，更无市中心可言，几乎没有任何产业，没有办事处。接着，两座购物中心（梅西公司的花园州广场和美国联合百货公司的卑尔根购物中心）沿着4号公路修建起来。10年间，帕拉姆斯的人口增长了4倍多，达到2.5万人，其零售额从500万美元猛增至1.25亿美元。伊利诺伊州绍姆堡发生了差不多同样的情形。1956年，它只有130人。接着出现了两件事：奥黑尔成为芝加哥的主要机场，拥有超过18.5万平方米零售空间的伍德菲尔德购物中心开业。到1978年，绍姆堡的人口已经增加到5万人，到21世纪初，它成为伊利诺伊州仅次于芝加哥的第二大城市。[16]

随着购物中心的蓬勃发展，市中心走向消亡。在1948年至1954年之间，这是美国战后经济繁荣的高峰期，全美13座最大城市的市中心零售商平均流失了1/4的生意。[17]随着商店和办公室逃往郊区，一个又一个市中心变得了无生气。底特律的哈德森百货商店年销售额从1953年的1.53亿美元跌至营业最后一年的4500万美元，成为汽车时代的受害者（有些讽刺的是，正是汽车为底特律带来了财富）。1981年，哈德森关门结业。[18]1983年，西尔斯关掉了自己设在芝加哥州街上的旗舰店。放眼美国各地，市中心幸存下来的百货公司大多是因为自身的骄傲或当地减税优惠，极少是出于商业逻辑。

到20世纪80年代初，美国有2万个大型购物中心，把持了零售业的60%以上。它们雇用了8%的劳动力（900万人），销售额达到5860亿美元——占美国国民生产总值的13%。[19]到1992年，购物中心的数量几乎翻了一番，每7个小时就有一家新的购物中心出现。美国景观中有3.7亿平方米属于购物中心，其中2/3建于过去20年之内。[20]购物中心不光有数量上的增长，类型上也不断演变。有一种被称为大型区域中心，也就是说，它的购物空间至少达到3.7万平方米，超过了大多数的市中心。到1990年，这一类购物中心就有近2000个。还有一种类型叫超级中心（power centers，这个名字似乎有些不太吉利），是非封闭式开发项目，通常会围绕中央停车区修建成U形，并至少有一个类别的杀手级商店，比如以大批量特价销售特定类型商品的、阻止附近一切竞争对手的“玩具反斗城”或“电路城”。

到购物中心购物，已成为美国人最大的休闲活动。明尼阿波利斯的“美国购物中心”是全美最大的购物中心，拥有40万平方米的密集型消费空间（不过，跟全世界最大的购物中心——加拿大的西埃德蒙顿购物中心比起来还有相当大的差距，西埃德蒙顿的购物面积多达48万平方米），在营业第一年吸引的消费者，就比大峡谷景区还要多。[21]到20世纪90年代初，美国人每个月在购物中心平均花费12个小时，比除了睡觉、吃饭、工作和看电视之外的几乎所有活动都要多。[22]

那么，掀起这一股浪潮的维克多·格鲁恩结局如何呢？他为自己释放出来的力量大感震惊，逃回了维也纳，在失望中于1980年逝世。

第13章

家务事

如果说，英国人不喜欢美国人对英语的用法，那么，他们对后者的习惯更是厌恶得无以复加。贯穿整个19世纪，在一本又一本的书里，英国人对美国人的生活和习惯都表现出一种奇怪而不友好的成见，比如威廉·科贝特的《居美一年》，哈丽雅特·马蒂诺的《美国社会》，狄更斯的《美国手记》，弗朗西斯·特罗洛普的《美国人的家庭礼仪》，弗朗西丝·赖特的《美国的社会观和礼仪》，托马斯·汉密尔顿的《美国人和美国礼节》。

“至于乘客，”托马斯·汉密尔顿用他一贯的文风写道，“真相迫使我这么说，我还从未见过人类阴暗面里如此令人厌恶的东西。他们的道德和举止都甚是可憎。”[1]威廉·科贝特说：“当地人天生游手好闲，想靠着欺骗来过活。”弗朗西斯·特罗洛普几乎厌憎美国的所有东西，她认为，美国人“普遍缺乏良好的举止和优雅的行为”：

> 餐桌上一点礼节都没有了，拿取食物凶猛，吃的时候狼吞虎咽，措辞和发音奇怪而粗俗；痰迹随处可见，一片污秽中，人绝对没法保护自己的裙子；用刀进食的可怕方式，简直要把整个刀刃都吞进嘴里似的；饭后用小刀掏牙缝的习惯更加可怕，我们很快就意识到，围在自己身边的不是来自旧大陆的将军、上校和少校；那一小时的晚餐绝非享受。[2]

美式餐饮习惯的匆匆忙忙和不讲究，是个不变的主题。1856年，旅行家伊莎贝拉·露西·伯德指出：“我不能不提到美国人吃饭是多么快。我才刚送出汤盘，我的邻座就已经吃完了一顿品种多样的丰盛晚餐，并且频频起身。”

罗伯特·路易斯·史蒂文森，一般而言是个有同情心的观察者，在内布拉斯加州的北普拉特却大吃了一惊：同行的就餐者请另一个人传一罐牛奶，后者却火冒三丈地转过来说，只有服务员才传东西。“我只是请你把牛奶递给我一下呀。”头一个男人怯懦地说。第二个人喊道：“递？见鬼！我又不是拿钱做这档子事的；服务员才是。你应该在餐桌上讲讲文明，上帝呀，看来我得教教你！”让史蒂文森，也让那个没喝到奶的家伙大感宽慰的是，那人并未把威胁付诸现实，这顿饭在沉默中结束。[3]

咀嚼烟草并把多余的汁液朝着接近黄铜痰盂的方向吐过去，这种普遍的美式习惯也引来许多评论。狄更斯在《美国手记》里写道，国会两院“都铺着漂亮的地毯；但因为每一位可敬的议员都无视配备痰盂的存在，以及围绕痰盂从各个方向飞来、意在改进上次吐痰准头的痕迹，让地毯的状态，沦落至不堪描述”（事实上，他这就是在描述）。

可以肯定的是，这里头也不乏说对了的地方。美国人往往缺乏某种优雅。1797年，日后当上法国国王的路易·菲利普，在一次美国之旅中沮丧地说，他找主人要一口夜壶，主人告诉他没有，但请他不妨随意使用窗户。[4]就算美国人努力想变得更体面，也常常流露出对社会习俗的一定误解。一名名叫纳撒尼尔·特雷西的初级军官，负责招待一队法国军官访问团，他隐约听说了法国饮食习惯的独特性，就派人到附近的沼泽地里抓了一口袋青蛙，整只地煮熟，让它们漂在汤面上，径直端了出去。

直到晚近时候，美国人才普遍熟悉了已经在欧洲出现很久的一种东西：叉子。在此之前，新世界的食客们吃饭使用刀子（通常末端有两道分叉，用来戳肉）和勺子。因为他们大多使用右手来切割食物并将之送到嘴里，所以，他们养成了让世界其他地方都觉得好玩的习惯：在进食过程中频繁把叉子从左手换到右手。[5]但即便迟到19世纪40年代中期，很多美国人仍在为如下概念挣扎，因为当时最畅销的礼仪指南《良好行为的艺术》通过提醒做了无声的承认：“如有可能，餐刀绝不要放进嘴里。”

话虽然这么说，欧洲人自己的礼仪手册，比如法国大部头也会指点读者：“如果手指非常油腻，先拿一块面包擦一擦。”[6]这不免叫人怀疑他们在自己的就餐沙龙上秉持什么样的标准。

可以肯定的是，直到大约19世纪40年代，美国的卫生和社会成熟度还普遍滞后。用一位历史学家的话来说，哪怕进入19世纪颇长时间以后，普通美国人的生活“实际上还处在中世纪”。[7]按照现代标准，大多数美国人都非常贫困。1800年对特拉华州农民进行的一项调查发现，只有16%的人拥有一座谷仓，只有一半的人拥有一匹马。一个连马都养不起的农民，不太可能在卫生方面有过多的投入。尽管有几个跟清洁相关的词，在美国和英格兰首次出现的时间相当接近——bathing-house（澡堂）出现于1760年，bathing-room（浴室）出现于1791年——但前后语境总是清晰地表明，这些都是只有特别富裕的人才享受得起的奢侈品。

哪怕对中产阶级来说，进入19世纪颇有些年头之后，沐浴仍然是一种新颖体验。刚翻入19世纪，伊丽莎白·德林克在日记里提到，她28年来头一次洗澡，而且，她记录这件事所用的语气表明，隔上1/4个多世纪洗一次澡，也没什么特别奇怪的。[8]直到19世纪20年代，bath-tubs（浴缸）才开始商业化生产，不过，在诞生之初的50年里，它们名叫bathing-tubs（浴桶）。1870年，“浴缸”一词才在马克·吐温的一则小说里出现。

大约在浴缸首次成为商品的时候，马桶拉开了它进入室内的缓慢而漫长的征途。起初，它一般安装在一个与浴室分开的小房间里，通常按英国风格叫作“water closet”（抽水马桶）。不过，等约翰·昆西·亚当斯在白宫里安装了第一个马桶之后，出现过一阵非常短暂把它叫成“昆西”的风尚。1836年，bathroom（卫生间）一词首次见于记录，但有趣的是，1880年都找不到toilet paper（卫生纸）这个词。washroom（洗手间）也于1880年首次出现，并在1900年变成了更为委婉的restroom（更衣室）。

如果说，在追求文明舒适方面美国起步较慢，那么到了19世纪40年代，它已经快步超越欧洲和世界其他国家。讽刺的是，这时候，英国对美式生活的批评恰恰最为尖锐。百货商店和餐馆为美国中产阶级带去的民主化奢侈和便利程度，欧洲的同等人群未来50年都无法享受到。在欧洲人搭乘火车只能盼着自己有个大膀胱或者路程稍微短些的时候，美国的火车已经变得更舒适、更迅速，还配备了洗漱间。它的城市晚上有了更好的照明。最重要的是，美国在酒店质量上也开始脱颖而出。

从指代过夜的地方这一词义来看，hotel是个不折不扣的美式单词。在法国，hôtel指的是一栋宏伟建筑（比如hôtel de ville，意思是“市政厅”），但早在18世纪，美国人就用它来形容旅馆了。[9]美国第一家大酒店是建于1826年巴尔的摩的城市酒店（City Hotel）。3年后，波士顿的特里蒙特屋（Tremont House）开业。不久，富丽堂皇的酒店遍布全国各地——纽约的阿斯特屋（Astor House），辛辛那提的伯内特屋（Burnet House），新奥尔良的圣查尔斯（St Charles），纳什维尔的麦斯威尔屋（Maxwell House）。

这些场所引领了各种舒适设施的发展——集中供暖、弹簧床、电梯（纽约的第五大道酒店是第一家安装了电梯的酒店，那是在1859年），到19世纪末，还出现了电力照明和电话。一如电梯促成了百货公司的出现，它们也改变了酒店。此前，较高楼层的客房必须打折出租，因为很少有客人希望拖着行李箱上下好几段楼梯。可突然之间，有了电梯，楼上的房间反而可以高价出租了。奥的斯电梯公司的销售文案极具说服力地宣传说，客人现在可以“享受纯净凉爽的空气，更广阔的视野，免受各种噪音、灰尘和废气的影响”[10]。哪怕是最挑剔的外国观察家，也很少能找到对美国酒店的抱怨之词。安东尼·特罗洛普（英国小说家特罗洛普夫人的儿子，本身也是个小说家）深为所动，把自己一本旅行书的一整章都用来描述这一新世界的最奇妙创新。[11]

较之欧洲，美国普通百姓家里也更好地配备了炉子和人工照明等便利设施，只不过，美国气候太过严峻，使得哪怕较富裕的阶层也难以达到舒适的目标。1866年1月，商人乔治·坦普尔顿·斯特朗感叹说，就算家里的炉子和壁炉全都烧着，也没法让自己家里的温度升到3摄氏度以上。[12]即便如此，这类事情也是相对的，外国观察家总爱评论说，美国人的家里暖和闷热得叫人没法忍受。英国驻马萨诸塞州总领事带着默默的好奇指出，在较为讲究的美国房子里，“地窖里有巨大的炉子，不管白天还是黑夜，都通过气孔和管道朝每一个房间发散着热蒸汽”，“热得几乎能叫访客窒息”。[13]

夏天也会同样难以忍受。当时不光没有摆脱酷暑的实用方法，城镇里还缺少适当的卫生设施，再加上还有大量的马匹和其他动物，这就意味着苍蝇、蚊子和其他昆虫多得叫今天的人难以想象。不过，食物总算能够保存了。到19世纪40年代，许多中产阶级家庭享受了冰盒（icebox，这是一个首次记录于1839年的美语单词）带来的好处，制冰产业非常庞大。到19世纪中叶，仅波士顿每年就出货15万吨冰，有些甚至远销至印度和中国。

改善照明始终是当务之急。直到18世纪末，照明仅限于使用牛脂蜡烛和鲸油，但两者效率都很低：100支蜡烛才能制造出跟一颗现代灯泡同样的亮度来，大多数家庭根本负担不起。19世纪初，一等夜幕降临，美国家庭就几乎完全隐入黑暗了。对中产阶级来说，1783年的阿尔冈煤气灯（阿尔冈是发明它的瑞士人之名）让亮度得到了明显改善，它强度大，闪烁少。接下来前进的一步来自加拿大人亚伯拉罕·格斯纳，1858年，他发明了煤油，一年后，石油也出现了。[14]

但真正带来巨大转变的还要数瓦斯。一开始，瓦斯用于街道照明——早在1815年，巴尔的摩已经先于巴黎和柏林拥有了瓦斯灯——但瓦斯本身的污垢、气味和挥发性，意味着它无法安全地用于家庭。这一点，要到美国南北战争之后才得到解决。而一等它们得到解决，瓦斯便席卷全美国。每一盏瓦斯吊灯（gasolier），能提供跟十来支蜡烛同等的亮度。据估计，到1895年，普通中产阶级家庭的照明，已经比19世纪中叶要好上了20倍。[15]可即便瓦斯经过清理，变得更加稳定，它仍然很脏，而且危险。它散发出令人不快的，甚至还可能致命的烟雾，必须使用特殊的通风口，才能让空气变得干净。哪怕是在通风条件最好的房屋，瓦斯灯所渗出的碳酸和烟雾仍会极大地影响书籍、窗帘、壁纸和柔软的家具，对住户的眼睛、肺和衣服也有百害而无一利。

人们真正需要的是电力，不仅是为照明，更要能驱动大量其他设备。只要有技术能让这些设备变得实用，富裕的美国人就愿意购买。电力出现之前，节省劳力的设备总有一种隐隐约约的荒唐气质，最明显的是一种原始的真空吸尘器，由两口风箱构成，用户要把它们像鞋子那样穿起来。随着用户笨拙地在房间里走动，风箱制造出抽吸动作，可用来清扫灰尘和碎屑。如你所想，这玩意儿并不太管用。类似的还有19世纪60年代发明的地毯清扫车，它更简单、更安静，用起来也不太费力。前电力时代还有一种产品，它包括用一块用瓦斯加热的铁和一台名叫“水巫”的设计精巧的装置，可以给水加压，制造商吹嘘说，它不仅可以为地毯吸尘，还可以用来吹干头发，按摩疼痛的肌肉。[16]

1882年，托马斯·爱迪生开始以商业形式提供电力，家庭用电终于可行。到1885年前后，纽约市200户最富裕的家庭已经享受到了5000颗灯泡［爱迪生公司所起名称是“electric lamps”（电灯）］带来的照明。如此的大手笔，只有最富裕者才能承受。一颗灯泡售价1美元（相当于普通工人半天的薪水），一小时要花20美分的电费。[17]倒也不是所有人都喜欢家庭用电。科尼利尔斯·范德比尔特夫人花了数千美元，对墙壁、地板和天花板做了破坏性大改造才安装好供电，但听说它兴许引起了一场小火灾之后（而这个说法还很可能是错的），又下令把每一寸电线都全部拆除。[18]

然而，户外的情况截然不同。几乎在一夜之间，美国成为世界上最明亮的国家。到19世纪90年代，百老汇因其耀眼的灯光（几乎都是广告产品）被称为“不夜城”（Great White Way）。人们从各地来到纽约看曼哈顿海滩和酒店的灯彩，其中包括全世界第一块闪光招牌。这块招牌高15米，宽近25米，灯光会逐行点亮，然后有节奏地闪烁，接着重新开始循环。看起来，这是现代技术的奇迹。实际上，它是屋顶一座小棚子里的男人手动操作的。

1910年，百老汇有了一块可称为电气工程奇迹的招牌。它在诺曼底酒店的屋顶上又增加了7层楼的高度，整合了20 000颗彩色灯泡，能呈现30秒钟战车比赛的画面，细节复杂，有噼啪作响的皮鞭、扬起的灰尘。观众兴奋地前往围观，为让行人和交通移动起来，以免曼哈顿陷入停滞，政府专门为该地区派去了警队。[19]跟它差不多让人迷醉的，还有纽约科尼岛月神公园里的灯光。游乐园里，20万颗灯泡拼成了种种装饰图案，装点了塔楼和尖塔的轮廓，把公园变成午夜仙境。[20]哪怕是现在看它的照片，也不负美誉。

1896年，电力已经成为生活中广为接受的一部分，人们亲切地称它为“juice”（果汁）。但电费成了拦路虎。1910年，只有1/10的家庭拥有供电。不过，到1930年，70%的美国家庭（大约2000万户）拥有电力，比世界其他地方的总和还要多。要不是农村地区的电气化耗费了太长时间才完成，这个比例还会更高。迟至1946年，仅有一半的美国农场有电。（但当时也只有1/10的农场拥有室内冲水马桶。）

随着电力的普及，电气产品开始进入市场。1889年，胜家推出了第一台电动缝纫机。电风扇出现于1891年，电熨斗出现于1893年，电动吸尘器出现于1901年，电炉（有时也叫无火炉）出现于1902年，电动洗衣机出现于1909年，电烤箱出现于1910年，电动洗碗机出现于1918年。到1917年，美国的一家之主已经可以选择多达50类的家用电器，而且，他们迫切地这样做着。当年，美国人在家用电器上花了1.75亿美元。[21]在此后10多年的时间里，这一数字每年增加24亿美元。[22]

快速变化的全新电器市场，往往给小公司带来了茁壮成长的机会。在通用电气公司拒绝了自动洗衣机的构思后，一家名为奔德士、从没有制造家用电器经验的小公司接受了这个主意，并在10年内成为美国最大的家用电器制造商之一。通用汽车公司旗下的一家小型子公司富及第也碰到了同样的情况，它看到了家用冰箱的潜力，成功地抓住了机会，让自己的名字几乎成为冰箱（refrigerator）的代名词。[23]冰箱的设想可能是新的，但“refrigerator”这个词却不是。它早在自1611年就在英语里出现了，自1824年以来，一直是icebox的同义词。[24]

相当令人惊讶的是，冰箱属于最后一批普及的电器。富及第1918年开始生产，但第一批冰箱样子笨重，价格昂贵。最便宜的型号售价900美元，相当于一辆好车的价钱。直到1921年，美国只生产了5000台冰箱。可随后它就腾飞了。到1931年，美国每年生产100万台冰箱，到1937年，也就是大萧条最严重的时期，这个数字接近300万台。[25]

但没有哪款产品能比无线电更成功。radio（无线电，也有电台、收音机的意思），一开始以radio-receiver（无线电接收器）的形式，于1903年进入美式英语。更早些时候，还有若干专门的形式，如radio-phone（无线电话，1881年）和radioconductor（无线电导体，1898年）一类。直到1921年，《纽约时报》以wireless telephony（无线电话）来称呼这种激动人心的新媒体。另一些人称之为loud-speaking telephone（扬声电话）或简称为wireless（无线）。一家顶尖的高尔夫俱乐部迪克斯穆尔在球场周围安装了无线电扬声器，好让会员星期天早上能一边打球，一边听到教堂的晨礼。俱乐部把这套系统简称为telephone（电话）。对于普通公众而言，通信和娱乐手段意义上的无线电直到1922年才进入美语，至于它应该发音成rādio还是rădio，人们用了差不多10年才拿定主意。

迟至1920年，美国所有的无线电接收器都是自制的。一台矿石收音机（crystal set）无非是若干电线、一口燕麦盒子、一副耳机，外加一块矿石罢了。最早的商业收音机体积庞大，价格昂贵，信号调谐难得叫人抓狂。无线电的重大突破是1921年7月2日的登普西-卡彭铁尔拳赛——这有点奇怪，因为它其实并未涉及无线电传输，虽说照理是应该有的。

如今很难想象，在20世纪20年代，一场类似重量级拳击比赛这样的活动规模会有多大，但登普西-卡彭铁尔拳赛大得很不一般，《纽约时报》把前13页幅面几乎全拿来报道它（不过，它还是在头版上找了个小小的空间，提及了第一次世界大战的正式结束）。比赛前一天，头版头条《无线电话将拳赛告知时代广场》一文指出，在新泽西赛场内，会有一名接线员对着"无线电话发射器"讲话，他的话会立刻传送到若干城市，以及聚集在时代广场纽约时报大楼外面的人群。虽然标题里使用了"radio"这个词，但文章里没这么写。拳赛当天，一万人挤在时代广场上，但由于技术上的困难，无线电发射器并未使用，取而代之的是一台自动收报机。即便如此，人群里的大多数都认为他们正收听着来自新泽西州的神奇无线电现场直播。[26]即时的远距离口头通信概念令人振奋，很快，各地的人们都在呼唤要拥有收音机。（顺便说一下，登普西在第4轮击倒了卡彭铁尔。）

从1922年开始的短短的3年内，超过400万台收音机售出，平均价格为55美元。而1922年，每500户人家里只有一家拥有收音机。到1926年，这一比例变为1比20，到1929年，市场就几乎彻底饱和，家家户户都有了收音机。销售额从1922年的6000万美元增加到1929年的近8.5亿美元。[27]无线电爱好者通过专业杂志、组建俱乐部进行交流，交换技巧，传播各类相关词汇，比如regenerative circuits（再生电路）、sodion tubes（钠离子电子管）、Grimes reflex circuits（格兰姆斯反射电路）、loop aerials（环形天线）、rotary sparks（旋转式火花）和neutrodynes（中和式高频调谐放大器）。制造收音机的公司似乎在一夜之间变成了庞然大物。在一个令人兴奋的年头，美国无线电公司的股票从85.25美元，涨到了549美元。1928年，一家名为摩托罗拉的小公司发明了汽车收音机，人们甚至可以在汽车里收听广播了。[28]

第一批广播公司是使用莫尔斯电码的业余无线电运营商，但到了1910年，各地都出现了实验性广播电台。宾夕法尼亚州东匹兹堡的KDKA于1920年由威斯汀豪斯公司开设，是美国第一个真正的广播电台。不过，人们有时也会认为这一荣誉应该颁给圣何塞工程和无线学院运营的一家没有呼号的电台，1909年它开始定期向设在当地酒店大堂里的接收器传送新闻报道和音乐。这家电台后来搬到了旧金山，并成为KCBS。大多数早期的电台都非常业余。KDKA的音乐表演，来自总工程师的小儿子们（不算特别有天赋）。威斯汀豪斯架设的另一家早期电台，纽瓦克的WJZ，在西屋一家工厂女洗手间挂了个隔帘就开始播音了，显然，这是因为那儿是整栋大楼里最安静的地方。这些早期的电台大多功率都很低，可这么说还太过轻描淡写了。许多发射器使用的功率，比一颗灯泡还要小。[29]

然而，到了1915年前后，广播电台就越来越专业了，甚至还产生了第一批名人，比如KDKA的哈罗德·W. 埃林。出于如今看起来莫测高深的原因，埃林和大多数广播员养成了在晚间广播中穿燕尾服的习惯，哪怕明显没人能看得到。[30]

1926年，美国无线电公司、通用电气和威斯汀豪斯公司共同组建了全国广播公司（National Broadcasting Company，NBC，它实际上包含两套网络，一套叫红色网络，另一套叫蓝色网络）。一年后哥伦比亚广播公司（简称CBS）诞生。起初，为了给无线电带去更高的价值，人们做出了一些努力。20世纪20年代和30年代初期，政府为教育电台颁发了202张许可证，但到1936年，其中164家（约占80%）已经关闭，或转为商业电台。用一位无线电历史学家沉重的话语来说："在付诸应用的关键前20年形成期，无线电频谱只有最为有限的机会展示其提升人力资源的能力。"[31]

如果说，无线电提升人力资源的能力没能得到充分利用，那么，等到电视上了路，前者就更没什么好比的了。我们大多数人认为电视是相对较新发展起来的东西，但其实，从实际应用来看，它几乎跟无线电是同龄人。只不过，电视花了更长时间才得以制造。早在19世纪80年代，人们就知道在理论上制造一台可运作的电视需要些什么，但当时尚未发明出必不可少的真空管和电子管。[32]"television"这个词的历史可以追溯到1907年，不过，在早期，它有过各种各样的名字：electric eye（电眼），iconoscope（映像管），electric telescope（电望远镜），televisor（电视），或是radio vision（无线映像）。

跟其他技术不同，电视是来自不同地方多位发明家的工作结晶，他们包括美国的赫伯特·艾夫斯、查尔斯·詹金斯和费罗·法恩斯沃斯，英国的约翰·罗杰·贝尔德，俄罗斯的鲍里斯·罗辛。第一台电视机（第一台能播出一些画面，不仅仅是轮廓和阴影的电视机），由查尔斯·詹金斯1925年在华盛顿展示。4个月后，苏格兰人贝尔德展示了一台类似的模型，但多出了声音。

电视并未引起太大的公众关注，直到1927年4月，贝尔电话公司在纽约展示了自己的新系统，情况才有所变化。一块仅5厘米高、7厘米宽的屏幕（比一包香烟略小）上，播出了美国商务部长赫伯特·胡佛的简短讲演，接着是来自新泽西州惠帕尼AT&T工作室的一些娱乐节目：一个杂耍喜剧演员先讲了些爱尔兰笑话，接着变成黑脸，讲了些“黑”笑话。可悲的是，他的笑话并未得到记录。（奇怪的是，从一开始，人们就本能地认识到这是一种为琐碎八卦而生的媒介；1928年，贝尔德在伦敦展示第一次彩色播放时，观众们看到的是一个男人反复伸出舌头的画面。）

《纽约时报》把第一页的大部分篇幅和第20页的几乎整版内容都用来介绍这一盛大活动，文章标题为：

FAR-OFF SPEAKERS SEEN
AS WELL AS HEARD HERE
IN A TEST OF TELEVISION

LIKE A PHOTO COME TO LIFE

HOOVER'S FACE PLAINLY

IMAGED AS HE SPEAKS

IN WASHINGTON

电视测试中

可看见远方的说话人

并听见声音

就像照片有了生命

胡佛在华盛顿讲话

他的脸清清楚楚

在此地显示

记者惊叹地说："（观众）听到了每个音节，说话人嘴唇的动作和他表情的变化，在屏幕上闪现……有着完美的保真度。"尽管如此，他认为电视的前景令人怀疑。它的未来，"如果真有的话，想来应该主要是用在公共娱乐上，在事发瞬间，超级新闻短片就闪现在观众眼前，此外还有在摄影棚里拍摄、声音画面同时通过电波传送的戏剧和音乐剧"。[33]

1928年，贝尔德在伦敦附近的一家摄影棚，向纽约哈茨代尔的另一家摄影棚进行了第一次跨大西洋广播，次年，在纽约的斯克内克塔迪，名字冗长的W2XCW成为全国第一家“定期广播的电视台”，只不过，它每星期只播送3套时长为30分钟的电视节目——大多是一个身份不明的人讲话、发笑或抽烟的镜头，当然了，几乎没人看。到1929年底，美国有了26家电视台，但只有大企业扶持的电视台，纽约的W2XBS（后演变为WNBC），才能在20世纪30年代生存下来。由于大萧条期间缺乏市场，1941年前，政府又拒绝商业广告的播出，美国并未出现太大的产业推动力。

很多人第一次看到电视，是在1939年的纽约世界博览会上。《纽约时报》和如今一样缺乏预见性，预测它永远不会成为广播的有力竞争对手，因为“人们必须坐下来，眼睛一直黏在屏幕上；普通美国家庭没时间用在这事上”[34]。

1939年，第一批电视机也开始向公众发售，只是仍然没有太多可看的东西（跟英国不同，这时候的BBC已经在庆祝自己诞生10周年了）。在战争年代，美国仅有5座城市（纽约、芝加哥、费城、洛杉矶和斯克内克塔迪）的9家电视台，区区7000台可以收看极少节目的电视机。在1944年的秋天，周三和周六晚上，美国完全没有电视可看。周四只有哥伦比亚广播公司（CBS）广播，内容包括15分钟的新闻、1小时的本地节目，还有半小时名为《米修斯去购物》的表演。到了星期天，美国观众可以观看杜蒙实验室的《毛骨悚然》，之后是《欧文·肖恩的电视工作室》，不然就什么也没的看了。[35]

随着战争的结束，美国电视终于获得解放。到1947年，美国家庭电视机的数量猛增至17万台。同年，一档名为《玩偶电视剧场》的节目首次亮相。一年后，它更名为《豪迪·杜迪》，电视终于有了第一款热门节目。

迟至1949年，广播电台仍能产生5000万美元以上的利润，而电视则亏损2500万美元。[36]但随着20世纪50年代的到来，电视掀起了一股全国性狂潮。早在1951年，广告商就趁着这股热潮大赚其钱。麦格雷戈运动服饰公司在《生活》杂志上刊登了整版广告，向时髦人士宣传全新的运动装系列“Videos”，其中包括两面穿的“正反夹克”“三折外套夹克”“杜鲁辛休闲夹克”，以及配套的“杜鲁辛休闲长裤”，据说是专为在电视前穿着设计的。很快，世界各地的人都在购买折叠托盘桌，这样他们就可以站在电视机前吃“电视晚餐”了。美国逐渐迈上了通往沙发土豆（couch potatoes）之国的道路，尽管“沙发土豆”一说还要等很多年才会出现。（它的第一次出现可以追溯到1980年12月30日《美国银行家》杂志的一场讨论里，但从前后语境来看，它已经很流行了，至少在加利福尼亚州是这样。）[37]

到1952年，电视机数量猛增至1800万台，是5年前的105倍。1953年1月19日这个星期一，对电视来说是个重要的日子，这一天，露西尔·鲍尔在全国的电视上生下了“小瑞奇”（顺便说一句，同一天，她生下了真正的戴斯·阿纳兹，日后他也成了演员）。全国为此心醉神迷，几乎没人注意到当天下午，德怀特·艾森豪威尔当上了总统。[38]

第一批电视网由NBC、CBS、ABC（从NBC的蓝色广播网络发展而来），以及现在基本上被遗忘的杜蒙实验室（20世纪30年代到40年代的一家顶尖电子公司）运营。杜蒙实验室作为电视网挣扎了许多年，到1955年，它只有两套节目播出；1957年彻底出局，不过，公司本身更名为Metromedia，仍然以电视联播网和广播电台的形式延续。

很多早期的电视节目都是从广播里搬来的。《独行侠》、《霹雳警长》、《天空之王》、《与媒体见面》、《女王一日》、《停止音乐》和《荒野大镖客》一开始都是广播剧，只不过，过渡到视觉媒体，往往需要改变演出阵容。矮胖的威廉·康拉德在广播里扮演《荒野大镖客》里的探长马特·狄龙，但到了电视上，就换成了身材更为苗条的詹姆斯·阿尼斯。还有一项更为生动的调整，热门广播节目《64美元问题》改编到电视上之后，奖金金额提高了1000倍，这反映出电视行业突然暴涨的惊人财富。这个节目不仅很热门，还成为一时之现象。海军陆战队上尉理查德·S. 麦库欣赢得64 000美元的奖金之后，故事上了《纽约时报》的头版。这不可避免地招来了大量竞相仿效的智力问答节目，《多托》、《21》、《滴答哆》、《听歌说名字》（一名早期参赛者，海军少校约翰·格伦，说出了25首歌的名字，赢下了15 000美元），以及直接照搬的衍生节目《64 000美元大挑战》。几乎所有这些节目都要依靠结束时的套路：获胜选手必须推迟到下一星期再决定是接受目前的奖金，还是继续进入下一轮（有可能一分钱都拿不到），借此确保观众们急切地回归。

麻烦的是，参赛者有一种恼人的倾向，也即在节目后半段答错问题，从而断绝了下一周出现更令人兴奋的回归表演的可能性。为了解决这个问题，若干节目的制作人同时想到了一个简单的权宜之计：作弊。每个星期，他们都会为选定的参赛者（其中包括新泽西来的一位受人敬重的牧师）提供正确答案，使得比赛结果更容易预测。遗憾的是，制片人未能预料到，一些参赛者才刚尝到少许成功的滋味就被制片人决定出局，会变得无比气恼。一个名叫赫伯特·斯坦普尔的人告发了《21》的制作人，说对方让自己“故意认输”，随后，其他几档智力竞赛节目的参赛者也羞怯地承认，自己事前收到了答案。这些节目差不多就这样收场了。尽管如此，《64 000美元大挑战》却表现出了奇怪的持久性。

无独有偶，20世纪50年代的繁荣时期，还出现了另一项了不起的电器突破：家用空调。空调已经存在了很长时间。1902年，它由康奈尔大学的一位名叫威利斯·开利的20岁新人开发。一如我们在其他地方已经见过的类似情形，开利并未称之为空调（air-conditioner），而叫它空气冷却设备（apparatus for cooling air）。4年后，北卡罗来纳州一位名叫斯图尔特·克莱默的纺织工程师发明了一种对织物加湿（而非冷却）的设备，同时创造出了“空调”一词。[39]

到20世纪20年代，空调广泛用于特殊场合，如医院和电影院，但它售价可观，还需要超级大的管道，有效地妨碍了大多数家庭和办公楼使用它。哪怕到了20世纪40年代末，一套家用空调机组［开利称之为大气柜（Atmospheric Cabinet）］还跟立式钢琴一样大，运行时发出的噪声大，费用高，倒也没辜负它庞大的体积。1951年开发出了小型窗式机，空调行业起飞了。1952年，家用机组的销售额从几乎为零飙升到2.5亿美元，而且一路绝尘而去。如今，光是运行空调所耗的电费，美国人每年就用掉250亿美元，比一些国家的国民生产总值还高。

窗式空调首次亮相3年后，另一款耐用的家电——微波炉，来到了世界上。第一台微波炉名叫“小范围雷达”（Radarange）。它体积庞大，重量超过300公斤，需要大量复杂的冷却装置，并且无法很好地烹饪食物。更名为微波炉之后，1955年，泰潘生产出了第一台消费型号，但到20世纪60年代后期，随着进一步的改进和零件的先进小型化，大多数美国人才逐渐熟悉了这一产品和字眼，再加上美国女性日益操劳，它才最终成为一款适合家用的设备。[40]

随着小工具和小家电的种类愈加繁多，到20世纪60年代，几乎所有日常家务，都无须调动哪怕一块肌肉的力量来完成：不管是开罐头、刷牙，还是榨橙汁、烤火鸡。然而，家用电器非但没有走向通用化，表现出更强的创新性，大多还越变越复杂了。连搅拌机都有一大堆令人眼花缭乱的按钮。其中一种有不少于16个按钮，用户可以在近乎无限的排列组合里选择激活，但套用一位高管的坦率言辞来说，它“除了掼奶油之外干不了别的”。给按钮起名字，不光构成了营销挑战，也是一项语言挑战。苏珊·斯特拉瑟在家务历史书《永远干不完》中引用了某位制造商的话，后者回忆说：“我们8个人坐了整整两个晚上，试着找出由5个字母构成的单词，每一个字母听上去要比前一个音调更高。”[41]

反常的是，这么多节省劳力的装置，却并未转化为更多的闲暇时间。普通的“不上班妈妈”（non-working mother，这真是个过分不准确的称呼），此时花在家务劳动上的时间跟50年前一样多：每星期大约52个小时。[42]虽然她有无数器具带来的方便，但它们所提高的生产率，被现代住宅更大的面积、活动范围更广的生活方式（她的曾祖母可不会开着家庭旅行车载着孩子到处跑，那一代人需要的日用杂货说不定还可以直接送上门）、更严格的家庭清洁卫生标准给抵消掉了。

从任何意义上看，闲暇其实都是一个现代概念。直到1847年，sightseeing（观光）才进入美式英语，vacation（休假）是在1878年，而且此时两者都只是少数富人的消遣。对于数百万普通人来说，休假是一辈子难逢的放纵，只有在honeymoon（蜜月，或bridal tour，新婚旅行，直到1900年前后人们都这么叫它）时才能体验。从1546年开始，英语里就一直有honeymoon这个词，但最初只代表结婚的第一个月。大约到19世纪中叶，它才跟离开家乡去旅行联系到一起。

周末是一个更晚近出现的概念。weekend（周末）这个词是

1879年在英格兰创造的，但直到20世纪30年代才进入普通美国人的词汇库。20世纪初，大多数人每星期工作6天，干足60小时，因此，诸如周一至周五和周末等说法，对他们没有特别的意义。人们通常认为是亨利·福特确立了5天40小时的工作周制度，但实际上，它是1923年由钢铁行业推出的。福特于1926年跟进。美国的大部分行业直到大萧条时期才赶了上来，当时，由于需求下降，缩短工作周成为一种便捷的应对方式。[43]不过，到20世纪40年代初，朝九晚五已经成为工作日的标准，而“nine-to-fiver”（有固定工作的人，或朝九晚五的白领人士）见诸记录要等到1959年。

今天，按照一些研究所说，自从40小时的工作周成为标准以来，美国人比以往任何时候都更加努力工作——或者说，工作时间更长。据朱丽叶·B. 斯格尔的《过度劳累的美国人》，自从1973年以来，[44]人们的闲暇时间少了近40%，被迫加班、找兼职，或是表现出热心投入职场的样子，以免沦为重组、提前退休、强迫过度、建设性解聘、技能组合重新配置（或其他40来种裁员的委婉说法，来自1991年《经理人招聘新闻》总编辑的报告）的受害者。[45]（其中，数字设备公司Digital Equipment Corporation采用的非自愿方法，或许是最叫人不寒而栗的。）

据计，在整个经济体中，美国人的平均年工作时间比20年前增加了163个小时。男性工作超过98小时，女性工作不少于305小时。[46]对于在职母亲来说，负担特别沉重，如果把清洁、烹饪和儿童保育包括在内，她们平均每周要工作80个小时。

毫不奇怪，近来出现的几乎所有与工作和职场相关的新字眼都是消极的：workaholic（工作狂，1968年），three o'clock syndrome（3点综合征，也就是在下午3点左右昏昏欲睡的倾向，1980年），information overload（信息过载，1985年），sick building syndrome（病态建筑综合征，一种在设计糟糕的环境下产生的全身不适感，1983年《工业周刊》中首次提及），time squeeze（挤时间，1990年），等等。

根据斯格尔的说法，普通美国成年人在处理完工作和家务之后，每星期只有16.5个小时的闲暇时间——考虑到其他研究显示普通美国人每星期还投入28个小时以上看电视，花3个小时在购物中心，大概还得想办法找至少几个小时吃东西、社交、男欢女爱，斯格尔的说话显得很有点可疑。

可以肯定，跟几乎其他任何发达国家相比，美国人每天工作更长时间，每年还工作更多天数。主要是由于假期缩短、国家法定节假日少，美国制造业员工每年平均比法国或德国制造业员工多工作8个星期。[47]

多亏了这些人辛勤地工作，美国全国人均生产的商品和服务，比1948年翻了一倍。至少在原则上，全国每个人每天只工作4小时，或是每年只工作6个月，就可保持与我们父母一代人相当的生活水平了。然而，美国没人把生产力上的增益用到更多的休闲上，这在发达国家中几乎是独一份。取而代之，美国人选择了购物。[48]

第14章

使劲卖：美国的广告

I

1885年，一位名叫乔治·伊士曼的年轻人，在纽约罗切斯特成立了伊士曼干板和胶片公司。[1]这是一件相当大胆的事情。伊士曼年仅31岁，是一家银行的初级职员，舒舒服服地领着微薄的15美元周薪。他没有商业背景，但热衷于摄影，并且愈加坚定地相信，要是有人能开发出一种技术性不强的简单相机，而不是当时市场上那些烦琐、设计复杂、体积巨大的东西，注定能发大财。

伊士曼孜孜不倦地工作了3年来完善自己的发明，与此同时，他靠着为商业摄影师制作干板来维持生计。1888年6月，他造出了一款简单得不得了的相机：一口朴素的黑盒子，只有

16.5厘米长，8.3厘米宽，侧面有一个按钮，一个往前卷胶卷的销子。伊士曼称这台设备为“侦探相机”。“侦探”是关键。此前一年，夏洛克·福尔摩斯问世，这个名字暗示它小巧简单，使用时不会引人注意，就像侦探希望的那样。[2]

这台相机没有取景器，也无法聚焦。摄影师（在当时叫photographer或photographist，用了一段时间，第一个词才成为固定形式）把相机端在面前，按下侧面的按钮，指望一切都好。每卷胶卷可以拍摄100张照片。等一卷胶卷都曝光了，焦急的主人才把整台相机送到罗切斯特进行显影。最终，他收回相机，重新装好胶卷（假设一切顺利的话）——100张圆形小照片，直径为6.35厘米。

通常一切不会进行得太顺利。伊士曼最初使用的胶卷是纸制的，纸张容易撕裂，在曝光充分显影之前必须小心地从感光剂里拿出来。直到新泽西州纽瓦克一位圣公会牧师，65岁的汉尼拔·古德温发明了赛璐珞（celluloid）胶卷——那是一个真正的业余发明家的时代——业余摄影才成为一桩可靠的事业。古德温牧师并没有把自己的发明叫作胶卷（film），而是叫“摄影薄膜”（photographic pellicule），而且，一如往常，他花了数年时间跟伊士曼展开了昂贵的法律斗争，却没能获得应有的承认或经济回报。最终等到古德温过世好几年之后，法院才勒令伊士曼向继承该专利的公司支付500万美元。

1888年，伊士曼将相机的名称改为“柯达”（Kodak）。这是个奇怪的选择，因为它毫无意义，然而在1888年，没人会给产品（尤其是成功的产品）起一个毫无意义的名字。由于当时的英国专利申请要求对行业和品牌名称做详尽解释，我们得以知道伊士曼是怎样产生起名灵感的。他在专利申请中清晰地总结道："第一，它很短。第二，它没有发音错误的可能性。第三，它跟这一行里的任何东西都不像，它不可能跟这一行的任何东西产生关联，除了柯达。"[3]4年后，整家企业也更名为伊士曼柯达公司。

尽管相关费用甚为可观（一台柯达相机售价25美元，每卷胶卷售价10美元，显影包括在内），但到1895年，10万台柯达卖了出去，伊士曼变成了一个非常富有的人。（他一辈子都是单身汉，跟母亲住在一处有37个房间、配备12个卫生间的豪宅。）不久，世界各地的人们都在谈论snapshots（快照），它最初是英式英语里形容射击的，指匆匆射出的一击。它的摄影词义由英国天文学家约翰·赫舍尔爵士创造，positive（正片）和negative（负片）的摄影词义也是他为世界带来的。[4]

从一开始，伊士曼就确定了3项关键战略，日后，它们成为几乎所有成功消费品公司的标志。首先，他迎合大众市场，认为从大量的人那里赚点小钱好过从少数人那里赚大量的钱。其次，他还表现出强迫症式的不懈追求，要让自己的产品变得更好、更便宜。在19世纪90年代，大众普遍认为这样的方法是在发疯。如果你有一款成功的产品，你就狠命地从它身上榨油水。如果竞争对手拿出了更好的东西，你就收购他们，或者试着用冗长的专利战或其他欺凌手段来打压他们。但你绝不会创造新的产品线来淘汰自己现有的产品线。伊士曼却这么做了。整个19世纪90年代后期，柯达推出了一系列越来越便宜好看的相机——1896年的“牛眼”型号，仅售12美元；还有1898年著名的超薄折叠式口袋柯达；到1900年，他生产出了最经典的型号：小盒子布朗尼，售价仅为1美元，胶卷每卷15美分（虽说每卷只能做6次曝光）。最后，伊士曼最与众不同的地方还在于他用在广告上的手笔奢侈得叫人窒息。仅在1899年，他就花了75万美元用于广告，这在当时闻所未闻。此外，广告本身也很好：简短干脆，诱人，值得信赖，叫人安心。“You press the button, we do the rest”（你按下按钮，剩下的我们来做），这是公司的第一条广告词，把产品的缺点表现成了优点。你没法自己装载或卸载胶卷？别管它。柯达会替你做。1905年，它又推出了另一条经典广告词：“If It Isn’t An Eastman, It Isn’t A Kodak”（倘若不是伊士曼，那就不是柯达）。[5]

柯达的成功并未逃过其他商人的法眼。在底特律，亨利·福特将大众营销的理念带到了汽车行业，让T型车变成了一台几乎人人都买得起的汽车。然而，他未能遵守伊士曼的第二条规则，他从T型车上榨油水的时间太长了，福特的接班人用了数十年时间来纠正这个错误。然而，另一些人则看到了稳步提升和改进的美德。AT&T和威斯汀豪斯等公司建立了研究实验室，不断开发新产品，哪怕它有可能取代原有的产品。更重要的是，人人都开始打广告了。

迈入20世纪，广告已成为一种成熟的现象。早在18世纪初，美国报纸就开始刊登广告，杂志随后跟进。（1741年，本杰明·富兰克林刊登了第一条杂志广告，寻找一名逃奴的下落。）[6]到1850年，第一家广告公司“美国报纸广告公司”成立，不过，它的业务是购买广告空间，而不是构思创意宣传活动。第一家符合现代意义的广告公司是费城的艾耶父子广告公司，成立于1869年。advertise（广告，广而告之）原本带有广播或传播新闻的含义。因此，一份19世纪的报纸起名为《广告人报》，它的意思是自己有很多新闻，而不是很多广告。到19世纪初，这个词的词义有所扩展，指传播提供某种商品或服务的消息。如果报纸公告上说，“乔斯·帕克，帽商”，那么，它其实是在宣布：如果有人想买帽子，那么，乔斯·帕克有。从“说服公众去获取他们原本没有想到要买的东西（也就是他们根本不知道自己需要的东西）”这个词义上说，广告是属于当今时代的现象。

到19世纪90年代，到处都出现了广告——报纸和杂志上，广告牌（billboard，这是1850年出现的美式英语）上，建筑物的两侧，有轨电车上、纸袋上、火柴盒（此物发明于1892年，3年之内，被广泛用作广告载体）上。

打从一早开始，广告商就发现了找到好口号的重要性。象牙香皂的“纯度99.44”可追溯至1879年。施利兹自1895年以来一直宣称自己是“让密尔沃基成名的啤酒”，而亨氏番茄酱的“57种变化”则于1年后推出。莫顿盐业的“盐如雨下”（when it rains, it pours）可追溯到1911年，美国花店协会的“以花传心声”（say it with flowers）首次使用于1921年，麦斯威尔咖啡（这个名字来自纳什维尔的麦斯威尔酒店，是最初提供这种咖啡的地方）的“滴滴香浓，意犹未尽”（good to the last drop）从1907年以来就陪伴着我们了。[据说，这句广告词来自泰迪·罗斯福，他说咖啡“good to the last drop”（喝到最后一滴都香浓），一个促狭鬼机智地问道：“So what's wrong with the last drop?”（那最后一滴出了什么问题？）广告中文翻译作“滴滴香浓”，失去了这种冷笑话般的言外之意。]

有时候，好的广告口号需要多花些时间琢磨。起初，可口可乐形容自己是“让人心旷神怡的饮料”（the drink that makes a pause refreshing），但到1929年，它才意识到，“心旷神怡那一刻”（the pause that refreshes）更简洁，更令人难忘。广告口号可以对产品的成功产生重大影响。一开始，伍德伯里洁面皂宣传自己能有效清洁“明显的鼻子毛孔”（conspicuous nose pores），后来才想出了广告词“你喜欢触摸的肌肤”（The skin you love to touch），赢得了数百万人的心。[7]广告宣传口号的妙处在于，它无须准确即可发挥效果。亨氏从来不曾真正拥有“57种变化”的产品。这抓耳朵的广告词的出现，仅仅是因为该公司的创始人H.J. 亨氏认为自己喜欢这个数字的声音。他没有太多地考虑真实性，只是直接把这句口号贴在自己生产的每一种产品上，而1896年时，亨氏的产品已经远远不止57种。有一段时间，该公司试图将其产品安排成57种随意划分的门类，但到1969年，它完全放弃了这个主意，也放弃了这句广告词。

早在20世纪初，广告商就发现了营销的另一个持久特征：giveaway（赠品，它差不多从一开始就叫这个名字）。消费者很快就熟悉了这种抵挡不了的诱人观念，也就是说，如果他们购买了特定的产品，就有望获得奖励——赢得奖品的机会，获得免费的书籍（表面上似乎致力于改善人的福祉，但巧妙地植入了制造商产品线里的某种产品），获得免费样品，或是返还几毛钱的闪亮硬币。此类营销的典型是20世纪初的《生命问题烹饪书》，自称能帮助餐点变得充满活力，但消费者收到的书是一本112页的食谱，全部涉及使用“碎麦”。许多食谱带着一种绝望气质，尤其是“碎麦饼干果冻苹果三明治”，以及“菠菜奶油碎麦吐司”。事实上，几乎所有内容都是把某种日常食物舀到一片碎麦上，再起一个夸大其词的名字。尽管如此，该公司还是向热心的消费者分发了不少于400万份的《生命问题烹饪书》。

但是，20世纪广告的重大突破来自识别和利用美国消费者的阿喀琉斯之踵——焦虑。最先掌握这种形式的是金·吉列，第一把安全剃刀的发明者，也是20世纪初最无情的广告人。吉列早期的大部分广告都以他本人为主角，他蓄着毛茸茸的牙刷胡，头发油亮，看起来就像是讽刺漫画里的巴黎服务生，而不是商业领袖。他先就安全剃须刀的简易和便利性简单地说上几个字：“简洁吗？相当简洁！”（Compact? Rather!）接下来，他把读者拖入问题的核心：“使用我的剃须刀，你再也不必遭遇其他男士经常碰到的危险：你的脸无须接触其他人用过的刷子、肥皂和理发店配件。”

这是一种全新的商品销售方式。吉列的广告实际上是在告诉你，有一种产品，你从前从没想过自己需要它，但如果你不用它，很可能会沾染一些你压根儿不知道存在的面部疾病。事实证明，两者结合起来，没人抵挡得了。虽然吉列剃须刀的零售价高达5美元（相当于工人平均周薪的一半），但它们卖出了数百万套，金·吉列成了大富之人。（不过，唉，只维持了一段时间。跟同时代的其他许多人一样，他越来越沉迷于人类完美性的观念，花费了大量的精力来编写令人费解的哲学书籍，起着类似《人类漂移》这样的书名，最终失去了对公司的控制权和自己的大部分财富。）[8]

到了20世纪20年代，广告商精心锤炼了这门艺术，消费者随手拿起一本杂志，很难不被以下令人不安的问题轰炸：“你说英语时会犯这样的错误吗？”“你的头发经得起仔细审视吗？”“等你的客人告辞时，你会为邀请他们前来感到抱歉吗？”（为自己缺乏社交礼仪而感到羞愧。）“大自然忘了在你脸颊上染上些玫瑰红吗？”“今年圣诞节，你家里会有一台维克托牌手摇留声机吗？”*20世纪20年代实在是个焦虑时代。一则广告描绘了一位前高尔夫冠军，“现在成了一位失落的旁观者”，因为他忽视了自己的牙齿，搞砸了自己的职业生涯。斯科特纸

* 20世纪20年代最著名的广告并没有提出任何问题，但确实也瞄准了读者的焦虑：“我坐下时，他们笑了。但当我开始演奏……”1925年，它首发于美国音乐学院。

巾发起了一场营销活动，画面里展示了一个一脸落寞的商人坐在公园的长椅上，并伴以大胆的标题："严重的社交阻碍——这些麻烦，来自粗糙的卫生纸。"在图片下方，文字解释说："据纽约一家大医院的著名专科医生估计，65%的40岁以上的男女，患有某种形式的肛肠疾病。'其中的一大原因，'他说，'是使用了劣质卫生纸。'"几乎没有任何事不会叫人闹心。一则广告甚至问道："你能安全地购买收音机吗？"痛苦的肠道是最常见的目标。肝病泻盐的生产商警告说："我们急急忙忙地参加会议，冲进聚会。我们整天都候命待发。我们运动太少，吃得太多。因此，我们把食物在体内保留太长时间，这往往会损伤自己的身体机能。如果出现这种情况，毒素就形成了——这就是自体中毒！"[9]

除了害怕自体中毒，美国消费者还面临着其他新创造或者重新发现的疾病的连番攻击：齿龈脓漏（pyorrhea）、口臭（halitosis，1921年开始由李施德林漱口水推广）、运动脚（athlete's foot，也即中文的"香港脚"，这个词由脚癣灵的制造商于1928年发明）、角质层死皮（dead cuticles）、脚指疥（scabby toes）、缺铁性贫血（iron-poor blood）、缺乏维生素（vitamin deficiency，维生素1912年就已发明，但这个词并未进入一般性美语词汇，直到20世纪20年代，广告商意识到它听起来科学味十足，而且能让人产生担忧）、胃下垂（fallen stomach）、烟草所致的口臭（tobacco breath）、头皮屑（dandruff）和牛皮癣（psoriasis），而等到下一个10年，科学为美国人鉴别出了最可怕的个人疾病——体味（body odour）。这个词由卫宝肥皂的制造商于1933年发明，体味带来的社会后果太可怕了，很快就有了缩写“BO”，而且提起它的时候，人们还会压低声音。

美国实验室里穿着白大褂的技术人员不仅识别出了这些新的状况，而且似乎还同时提供了相应的治疗方法（太神奇了）。在这个忙忙碌碌、带些神经质的10年里，新发明或大受欢迎的产品包括：护甲油卡泰克斯（Cutex，用于那些角质层死皮）、维克斯薄荷软膏（Vick’s Vapo Rub）、吉力多（Geritol，维生素类产品）、轻泻剂泻如坦（Serutan，广告里的画外音总是带着一种莫名的安慰语气说，“Natures spelled backwards”，意思就是把“natures”一词反过来拼写，就得到Serutan，似乎这么做能带来一些药用价值）、乐爽洁面霜（Noxzema，读作“knocks eczema”，意思是抗击湿疹）、白宫痔疮乳霜药膏栓（Preparation H）、妙莲眼药水（Murine eyedrops），以及爽健足部护理（Dr Scholl’s Foot Aids）。*那是个不折不扣的神奇时代——你甚至可以通过吸烟来治愈老烟枪咳嗽，只要你抽的烟是古德格尔兹牌（Old Golds），因为该厂商的广告宣传骄傲但完全不靠谱地吹嘘它们“一整车里也没有一声咳嗽”。（直到1953年，烟草巨头L&M还在广告里说，自己的香烟“恰为医生

* 没错，真有一位爽健医生，他名叫威廉·爽健，是位真正的医生，真诚地投身于呵护足部健康的事业，在他的故乡，印第安纳州的拉波特，人们至今仍以他为荣。

推荐”。)

到1927年，在美国，广告成为每年15亿美元的产业，而且，广告人地位崇高，不仅受邀策划广告活动，甚至要给产品起名字。例如，一位名叫亨利·N. 麦金尼的广告人，想出了凯兹鞋（Keds shoes）、卡柔糖浆（Karo syrup）、美登高黄油（Meadow Gold butter）和全国饼干（Uneeda Biscuits，其中Uneeda与“you need it”谐音）。[10]

产品名称往往会倾向于特定的发音。早餐麦片大多以-ies结尾（Wheeties，Rice Krispies，Frosties）；洗衣粉和洗涤剂一定是严肃的单音节词语（力士Lux，快洁Fab，汰渍Tide）。产品名称以什么结尾，大多可以用来判断它开发于什么年代。因此，20世纪20年代和30年代初的产品通常以-ex结尾（抗热玻璃派热克斯Pyrex，护甲油卡泰克斯Cutex，面巾纸舒洁Kleenex，玻璃清洁剂稳洁Windex）；而那些以-master为结尾的产品，大多暴露了自己诞生于20世纪30年代末40年代初的事实（搅拌机Mixmaster，吐司机Toastmaster）。[11]诞生于1932年的地板蜡Glo-Coat也预示着美国商界对谐音奇怪又长情迷恋的开端，1935年出现的果汁ReaLemon，1947年的掼奶油Reddi-Wip，以及此后的其他上百种产品，从免下车餐馆Tastee-Freez到玩具反斗城Toys“R”Us，还有品牌名称里带Kwik（quick的谐音）、E-Z（easy的谐音）和U（you的谐音，如While-U-Wait）的无数种产品，都是这一迷恋的延续。20世纪40年代后期出现了一阵以-matic结尾的短暂时尚，因此有汽车制造商起名为Seat-O-

Matics和Cruise-O-Matics，甚至还出现了叫Ezy-Matic Corners的床单。一些公司跟特定类型的名字挂上了钩。例如，杜邦特别喜欢以-on结尾的单词。这种做法始于nylon（尼龙）——这个名字是凭空创造的，跟它的化学性质毫不相干——接着又出现了Rayon（人造丝）、Dacron（涤纶）、Orlon（奥纶）和Teflon（特氟龙）等多种产品。不过，近年来，该公司放弃了这种做法，转而进入了或许可以称为“Star Trek”（美国的电视剧《星期迷航》）的阶段，为旗下的各种化合物起了带有“星际”味道的名字：Tyvek（特卫强无纺布）、Kevlar（凯夫拉合成纤维）、Sontara（胜特龙纤维）、Cordura（考杜拉防撕裂尼龙布）、Nomex（诺梅克斯纤维）和Zemorain（耐高温纤维）。

对拥有它们的人来说，这些名字的意义非同小可。如果说美国企业为我们带来了更多的焦虑。那么，以下的想法或许能让我们稍感安慰：为了保护产品名称，企业本身也承受着令人焦虑的折磨。

就保护品牌名称方面，存在一条残酷的悖论。每家企业自然都希望创造一种主导市场的产品，但如果该产品在市场里占据了太强的地位，那么，品牌名在公众心目中就跟产品本身没有区别了——人们开始要一瓶“膳魔师”，而不是“膳魔师牌保温瓶”——那么，品牌名就成了通用名称，所有者有可能会失去商标保护。这就是为什么广告和标签经常会插入一句听起来微微有些偏执的话：“塔巴斯科是麦克汉尼公司生产的品牌辣椒酱的注册商标。”这也是为什么可口可乐公司看到下面这段话（节选自约翰·斯坦贝克的《啼笑姻缘路》）会有些哭笑不得：

> 'Got any coke?' another character asked.
>
> 'No,' said the proprietor. 'Few bottles of Pepsi-Cola.
>
> Haven't had any coke for a month...It's the same stuff.
>
> You can't tell them apart.'[12]

> "有可乐吗？"另一个人物问道。
>
> "没有，"老板说，"只有几瓶百事可乐。
>
> 已经一个月都没有可乐了……都是一样的东西。
>
> 你根本分不出来。"

人们搞不太清楚专利（patents）与商标（trademarks）、商标与商品牌号（trade names）之间的区别，这也是可以理解的。专利对产品名称及其制造方法保护17年。因此，从1895年到1912年，除了碎麦公司之外，没有人能够制作碎麦。由于专利要求制造商泄露其产品的秘密，使得竞争对手有了山寨的机会，公司有时会选择不去申请专利的保护。可口可乐就从未申请专利。[13]商标实际上是一种产品的名称，也即它的品牌名。商品牌号是制造商的名称。所以，福特（Ford）是商品牌号，福睿斯（Escort）是商标。商标不仅适用于名称，还适用于徽标、图纸和其他此类符号及描述。例如，米高梅的狮子，就是商标。

与专利不同，商标在美国享有无限期保护。

很长一段时间，人们认为这种永久性给所有者带来了不公平的优势。因此，美国直到1870年才颁布第一部商标法，比英国晚了近100年，而且，就算到了这时候，最高法院仍以违宪为由驳回了这一法律。直到1881年，美国公司才开始享受永久性商标保护。今天，在美国注册的商标数量已超过100万件，并且每年增加约3万件。

优秀的商标具有几乎无法估量的价值。看似无敌的品牌名，偶尔也会衰落，褪去光彩。Pepsodent（白速得牙膏）、Oxydol（奥克多洗涤剂）、Sal Hepatica（肝病泻盐）和Burma-Shave（柏马剃须膏）都曾一度把持过消费者认可的制高点。然而，大多数时候，一旦产品在市场中占据主导地位，就很难废黜它了。22个在1925年拥有顶尖品牌的公司，其中19个至今仍拥有这些顶尖品牌：饼干里的纳贝斯克（Nabisco），早餐麦片里的凯洛格（Kellogg's），胶卷里的柯达（Kodak），油漆里的宣伟（Sherwin Williams），水果罐头里的德尔蒙（Del Monte），口香糖里的绿箭（Wrigley's），缝纫机中的胜家（Singer），肥皂里的象牙（Ivory），汤中的金宝（Campbell's），剃刀中的吉列（Gillette）。历史悠久的品牌名，具有一种自我延续的力量。1991年《经济学人》杂志上发表了一篇文章指出："在食品搅拌机类别中，哪怕通用电气公司已经有20年不再制造这种产品，消费者仍然把它排在第二位。"[14]

成熟的品牌名称价值极高，每年在美国推出的16 000种新产品中，只有大约5%使用全新的品牌名。其余的产品均是在现有产品上做改进：如汰渍（Tide）的亮白洗衣液（Bleach），纯果乐（Tropicana Twister）的轻盈果汁（Light Fruit Juices）。某些类型的产品存在明显的品牌过剩。据统计，美国有220种品牌早餐麦片。据一项国际商业调查所说，1993年，世界上最有价值的品牌是万宝路，价值估计为400亿美元，略高于可口可乐。其他十大品牌包括英特尔、凯洛格、百威、百事可乐、吉列和帮宝适。雀巢和百加得是唯二进入前十的非美国企业，突显了美国在品牌世界中所占的主导地位。[15]

企业投入了大量的精力到品牌名称的选择当中。通用食品公司审查了2800个名字，才决定使用Dreamwhip（可直译为"美梦一掼"）。[16]（为了理解这个比例有多离谱，不妨试着给一款人造掼奶油想10个名字。）福特考虑了超过2万个可能的汽车名称，才最终选择了埃德塞尔（Edsel）——此事证明，这类考量也并不见得总能带来回报（埃德塞尔是福特历史上极为失败的一款车型）。标准石油公司在选中埃克森（Exxon）之前也筛选过差不多数量的名字。不过，有时，最成功的名字来自一瞬间的奇思妙想。沃什伯恩·克罗斯比公司（后来被通用磨坊公司收购）的一位高管灵光一闪，想到了贝蒂妙厨（Betty Crocker）这个名字，他选择贝蒂是因为感觉这听起来健康真诚，Crocker则是为了纪念新近去世的一位好同事。一开始，这个名字只用于为客户提供建议或往来通信的签名，但到20世纪50年代，贝蒂妙厨微笑而自信的面孔，出现在超过50种食品上，她的忠实粉丝可以买到她的食谱，甚至到通用食品公司总部参观她的“厨房”。

企业还投入更多的精力，寻找人们购买某一品牌的原因。广告商和市场研究人员创造出了诸如联合分析技术（conjoint analysis technique）、个人驱动模式（personal drive patterns）、高斯分布（Gaussian distributions）、分形（fractals）和其他类似的深奥词汇，以求洞悉美国人购物习惯里的每一个潜意识癖好。例如，他们知道，搬到新地址的人里，有40%也会改变所用的牙膏品牌；到超市购物的人，平均每次采购会做出14个冲动决定；62%的购物者会买更贵的蛋黄酱，哪怕他们认为便宜的品牌同样出色；但只有24%的人会对冷冻蔬菜表现出同等不理性的忠诚度。为保护品牌名称，需要对语言和拼写细节给予一定挑剔的关注。厂商通常希望把品牌名当成形容词而非名词使用，也就是说，品牌名之后应该跟上它是干什么的解释：比如舒洁面巾纸，Q-Tip棉签，吉露牌果冻，山咖牌无咖啡因咖啡。某些类型的产品（尤其是汽车）可免除此一惯例，这就解释了为什么通用汽车不必做“凯迪拉克自动驾驶汽车”一类的广告。在上述各例中，品牌名不得明确描述产品的功能，尽管可以带有些暗示。因此，美黑防晒霜叫Coppertone（官方中文名是“水宝宝”，tone有时可以指“肤色”）可以接受，叫Coppertan（或可译作“美黑黑”，因为“tan”就是美黑的意思）就不行。

这种情况，怪异得不止一点点。制造商拼尽全力让自己的产品成为家喻户晓的词汇，接着，又尽其所能地在广告里暗示并非如此。在商标法明确之前，广告商积极鼓励公众将其产品视为通用名词。柯达邀请消费者“随时柯达一下”（Kodak as you go），冒着引发歧义的风险，把品牌名变成了动词。它现在绝不会那么做了。美国膳魔师产品公司更进一步，以可观的成本吹嘘“膳魔师家喻户晓”（Thermos is a household word）。溜溜球（Yo-Yo）最初的制造商唐纳德·邓肯公司弄丢了自己的商标保护，部分原因是宣传文本里对待大小写太过随意。“万一你不知道溜溜球是什么……”（In case you don’t know what a yo-yo is...此处使用了首字母小写的“yo-yo”）一则广告里写道，从商业的角度上暗示溜溜球不是邓肯公司的。邓肯公司还犯了一个基本的说明错误：“如果不是邓肯牌，它就不是溜溜球”（If It Isn’t A Duncan, It Isn’t a Yo-Yo，此处使用了首字母大写的“Yo-Yo”），表面上，它似乎是个合理的主张，但实际上，法庭认为，这是在邀请读者把溜溜球视为通用词汇。[17]自此以后，柯达不再说：“倘若不是伊士曼，那就不是柯达。”（If it isn’t an Eastman, it isn’t a Kodak.）

由于这种混乱，以及企业偶尔缺乏严谨，数十种产品失去了商标保护，其中包括阿司匹林、油毡、溜溜球、热水瓶（此处的热水瓶是thermos，也即上文提到的“膳魔师”，膳魔师是该公司后来注册的中文商标）、玻璃纸、镁乳（一种泻药）、油印机、羊毛脂、赛璐珞、干冰、自动扶梯、碎麦、煤油和拉链。它们都曾经自豪地拥有资本价值，堪为一笔财富。

II

1941年7月1日，纽约电视台WNBT-TV中断正常节目，未加解说，播出了一只嘀嗒走动的宝路华手表。在60秒钟里，手表神秘地走动着，而后画面消失，恢复为正常节目。它内容不多，但却是第一部电视广告片。

“commercial”（广告片）这个词和相应的概念在此之前都已稳稳确立。1922年8月28日第一部商业广告片（从一开始用的就是这个词）于纽约WEAF广播电台播出。时长为10分钟或是15分钟，具体取决于你采信的消息源。商业电台并非一炮而红。在头两个月，WEAF仅售出了价值550美元的播出时间。但到了20世纪20年代中期，赞助商不仅蜂拥着购买播出时间，还按产品名给广播节目起名字，比如《幸福时光香烟全剧》，《A&P杂货店吉普赛人》，《力士剧场》，等等。[18]电台网络对广告主阿谀奉承之极，到20世纪30年代初，许多电台网络都允许赞助商对节目从艺术到制作上全盘控制。不少最受欢迎的节目实际上都由广告代理机构编写，而且这些广告机构极少错过在剧本里正面提到赞助商产品的机会。

随着20世纪50年代电视的兴起，广播时代的做法毫不费力地转移到这一新兴媒体上。广告客户将自己的名字插入节目的标题中：《德士古明星剧院》，《吉列体育》，《切斯特菲尔德静音时光》，《美国钢铁时光》，《卡夫电视剧场》，《雪佛兰秀》，《美国铝业时光》，《福特明星庆典》，《迪克·克拉克比奇纳特秀》，以及令人瞩目的组合《力士–施利兹剧场》（似乎暗示香皂和啤酒的舒适共存）。有一档节目的正式名称叫《凯撒–弗雷泽经销商为您呈现的凯撒–弗雷泽神秘冒险》（*Your Kaiser-Frazer Dealer Presents Kaiser-Frazer Adventures in Mystery*），标志着广告商在节目中所占优势地位达到歇斯底里的巅峰。[19]赞助商不再撰写节目内容，但确实对节目行使着毫不含糊的控制权，其中最著名的例子是，1959年《90分钟剧场》播出了《纽伦堡审判》，赞助商美国天然气协会设法删除了剧本中所有提及“毒气炉”和“用毒气毒死犹太人”的地方。

20世纪40年代末的商品爱起听起来具有科学味的名称，而20世纪50年代的商品则越来越多地依赖秘密成分。格利姆牙膏（Gleem）含有一种叫作GL-70的神秘炼金术。消费者从来没有得到GL-70是什么的些微暗示，但按广告的说法，它不仅可以消除引起异味的细菌，还可以“除去它们的酶”*。

爱写错别字的问题也缓缓侵入了广告，令不少人感到沮丧。温斯顿宣传自家旗下的香烟说，“温斯顿的味道，就是香烟该有的味儿”（Winston tastes good like a cigarette should），西德尼·J. 哈里斯等全国性报刊专栏作家都发表文章，极为痛苦地感叹这世界到底怎么了：每一个受过教育的人都该知道，应该写成as a cigarette should。但坏榜样还是确立下来了。到1958年，福特在广告里说，你可以搭乘雷鸟敞篷车“光滑出行”（广告里写作travel smooth，而正确的写法应该是travel smoothly）；Ace Combs（一款梳子）的制造商鼓励买家“帅气一梳”（广告里写作comb it handsome，正确的写法应为comb it handsomely）。这股趋势延续至今，出现了诸如“连裤袜，穿起来真舒服”（广告中写作“pantihose that fits you real comfortable”，正确的用法应该是comfortably），以及其他无数让人想起来就难受的语法错误。

我们或许会对20世纪20年代广告里的种种胡说八道［吓唬人们会“倒胃”（fallen stomach）、“脚指结痂”（scabby toes）］一笑置之，但实际上，这种创造性的操纵方式仍在继续，只是进入了稍微复杂的层面。1990年，《纽约时报》报道

---

* 出于研究的目的，我写信给格利姆的制造商宝洁，询问GL-70是什么，但公关部门显然认为，我竟然想知道自己整个童年都往嘴里塞的东西到底是什么，真是个怪人，因此拒绝回答。

了这样一则故事：一位广告文案接到任务，要给某假想中的护手霜构思出能给人留下深刻印象的标签。她创造了一听就很健康、很吸引人的“含氧保湿剂”（oxygenating moisturizers）说法，并在文案中提及“微小的氧气泡，将水分释放到你的肌肤”。广告完成后移交给了护手霜公司的研发部门，高层要该部门拿出一种与文案匹配的产品来。[20]

如果我们落入了这种商业操纵的圈套，那我们就只能怪自己。起初，肯德基炸鸡将“超爽脆”鸡肉（‘Extra Crispy’ chicken）与“原味”鸡肉（‘Original’ chicken）一同销售，且价格一样，销售情况令人失望。但当广告代理商说服它把“超爽脆”宣传成高端品牌，并提高价格后，销售量飙升。为了赚钱，皮草行业也投入了同等程度的口头催眠。对那些喜欢用死动物覆盖自己的人来说，染色麝鼠皮是一种非常好的皮毛，但这个名字显然缺乏风格。解决方案是改名为“哈德森海豹皮”，至于材料里不包含半根海豹毛，没人在乎。好听的名字带来了飙升的销量。

罔顾真相是美国广告尤其明显的特征。20世纪70年代初，雪佛兰为当时的主力车型Chevelle推出了一系列广告，声称该车具有“109项优势，以防它未及年老先过时”（109 advantages to keep it from becoming old before its time）。调查后发现，这109项自吹自擂的功能包括后视镜、倒车灯、平衡车轮以及其他许多公众眼里对任何车型都属基本配置的东西。可没关系：销量飙升了。大约在同一时间，福特不甘示弱，以低于正常价格250美元的价格推出了“限量版”水星王（Mercury Monarch），为达成这一目的，它从标准车型里取消了价值250美元的设备。[21]

这些狡猾的手法，使得广告内容管理法规收紧了吗？几乎没有。1986年，威廉·卢茨在《两面话》中转述，恒康人寿保险公司发起了一场广告活动，“两个真实的人在真实的环境下”（real people in real situations）极为坦率地讨论了自己的财务困境。事后，一名记者要求与这些真实的人交谈，公司发言人承认他们是演员，“从这个意义上讲，他们不是真正的人”（in that sense they are not real people）。[22]在1982年的总统竞选期间，共和党全国委员会播放了一则电视广告，称赞里根总统为联邦工作人员增加了生活津贴：“哪怕那些顽固守旧的人竭力阻止他这么做，而这些事，就是我们选他当总统、希望他去做的。”有人指出，事实上，生活津贴增加是自1975年以来的法律强制规定的，而里根曾3次试图阻止法律执行。一位共和党官员回答说：“从什么时候开始，连广告也得讲究准确了？”[23]这话说得没错。

从语言学的角度来看，当今广告商面临的最为有趣的挑战或许是要在日益多元化的社会中销售产品。西班牙语就很麻烦，不仅因为它在广泛分散的地区使用，而且它的口语形式多种多样。在纽约，红糖是azucar negra，在迈阿密是azucar prieta，在得克萨斯州的大部分地方是azucar morena，而在其余所有地方又是azucar pardo[24]——这还仅仅是一个词。还有其他很多词也形式多样，令人困惑。因此，几乎很难避免因为不小心说错了话产生的尴尬。

在主流的西班牙语中，bichos的意思是昆虫，但在波多黎各它指的是睾丸。如果一家杀虫剂制造商承诺要为bichos带去死亡，波多黎各的消费者即便不惊慌失措，也多少会感到不明所以。一家面包制造商也可能碰到类似的情形，它称自己的产品为“un bollo de pan”（在主流西班牙语里意味着面包），却发现这对讲西班牙语的古巴裔迈阿密人来说意味着女性的私处。鸡肉商柏杜把自己的口号“嫩鸡肉，硬汉烹”（It takes a tough man to make a tender chicken）翻译成西班牙语，它的雄性气概一下少了几分：“美味鸡肉出自感性男子”（It takes a sexually excited man to make a chick sensual）。[25]

没关系。销量飙升最要紧。

第15章

电影

1877年出现了一连串因果相继的事情。起因是，铁路大亨利兰·斯坦福和一位生意场上的熟人在斯坦福加州种马场的阳台上，就着酒精闲聊到一个问题：一匹马在疾驰的时候，会不会在哪个瞬间四个蹄子全都离开地面？斯坦福认为肯定有——也可能没有，历史在这一点上并没有明确的答案——总之，他跟朋友打了个价值2.5万美元的赌。麻烦的是，不管你多么仔细地观察奔马的腿，你都无法判断（我们或许可以假设，当你在阳台上喝了好几杯酒的时候尤其难）这匹马是否曾有哪一刻暂时悬了空。斯坦福决定找出答案，他叫来自己的总工程师约翰·D. 艾萨克，后者又去向摄影师埃德沃德·迈布里奇（Eadweard Muybridge）求助。

迈布里奇这带有异域风情的名字是他自己起的（他的真名平凡许多，叫Edward Muggeridge），此人是个颇有成就的风光摄影师，不过，在1877年，他的名声主要是这么来的：他卷入了当时轰动一时的案件，涉嫌杀害了自己妻子的情人，最终却又无罪开释。艾萨克和迈布里奇顺着一条赛道架设了24台照相机，借助绊线拍摄了马疾驰而过的一系列照片。这带来了两个后果。第一，它证明，毫无疑问，一匹疾驰的马确实会四蹄腾空，而且出现这种情形的机会很多；第二，它标志着电影摄像的开始。[1]

在18世纪末，出现了一类可运动影像（Motion pictures）。通常，它们包括剪影轮廓，绘制在圆盘或圆柱上的图片，或是其他此类简单设备，通过背光和旋转，将运动画面投射到墙或屏幕上。尽管很原始，但这些早期设备都有着科学味十足、令人印象深刻的名字：费纳奇镜（phenakistoscope）、动画影像镜（animatoscope）、留影盘（thaumatrope）、幻影盘（phantascope）、频闪仪（stroboscope）。受到它们语言创造力的启发，迈布里奇自己造出了一台投影仪，叫它“动物实验镜”（zoopraxiscope）。没过多久，其他类似设备也涌入市场：妙透镜（mutoscope）、立体放映镜（kinematoscope）、立体运动照相（kinematograph）、影戏机（theatrograph）。

所有这些设备都存在某些缺陷，主要的问题在于，它们靠的是把静止照片按顺序串在一起，这个过程要么需要大量的照相机，要么就要对主体的运动做精心编排。人们真正需要的是运动摄影。托马斯·爱迪生认为自己能发明它，至少说，能找到那个能发明它的人。他把这桩任务交给自己手下一位名叫

W.K.L. 迪克森的苏格兰年轻人。迪克森（他后来创办了比沃格拉夫电影公司，属于第一批好莱坞电影公司）研究了竞争对手的机器，考虑了问题，并在短时间内设计出全世界第一套完整的运动影像系统（为此，他可能要算真正的电影之父）。摄影机叫kinetograph，投影设备叫kinetoscope（下文译作电影镜），由此制成的电影是kinetophones。（我特别提到它们，因为电影历史书籍时会把它们弄混淆。）迪克森想出的所有东西并不特别新鲜，从本质上说，他是把现有技术做了整合，只不过方式极为巧妙。

爱迪生并未预见到观看电影将成为一种共享的公共体验，而是认为这是一种家庭娱乐系统——而且，它的主要目的，是为他新近发明的留声机提供附带的额外用途。一些早期的电影甚至自带声音。（拖慢有声电影进展的不是同步问题，而是放大问题。）他对整件事能否成为流行时尚感到有些怀疑，因此没有信心再为最终成本掏出150美元购买国际专利。[2]

迪克森新系统的首次公开演示于1894年4月14日在纽约百老汇举行。尽管入场收费25美分，但人们为了得到一窥这一奇妙“西洋镜”的机会，围着街区排起了长队。[3]［发明或许是新的，但peep-show（西洋镜）这个词不是；它最早用于1861年，指的是立体放映镜的观众。］投影设备循环投射50英尺的胶卷，每段表演的持续时间不超过1分钟，有时甚至短至16秒，显然限制了叙事潜力。记录运动图像的摄像机重达226千克，足足跟现代的冰箱一样大，进一步阻碍了冒险场面。所以，第一部活动电影拍摄的是简单的娱乐：快速的杂要表演，屁股着地摔跟头，跳舞的熊，以及（令人意外惊喜的）一段生动的短片，名叫《弗雷德·奥特的喷嚏》（弗雷德·奥特是爱迪生的员工），它是历史上第一部有版权的电影。

电影镜的缺点是一次只能由一个人观看。由于不愿意或无法看到它的潜力，爱迪生未能先发制人，当各路人马开始竞相寻找能让电影成为共享体验的投影系统之时，他很快就败下阵来。竞争对手的系统在各地如雨后春笋般冒出来，尤其是爱迪生未能锁定专利，故不存在版权问题的欧洲发展得更为兴盛。这期间有一段疑云重重的历史：1890年，一位名叫路易斯·艾梅·奥古斯汀·雷·普林斯的发明家，展示了一套开发完备的系统，能把移动胶卷投射到屏幕上，让受邀潜在的观众大感兴奋和惊讶。巴黎一度为之震撼。这场广受好评的表演过后没多久，普林斯莫名其妙地离开了自己的家，再也没人见过他。另一位巴黎发明家让·勒鲁瓦随后展示了一套竞争系统，再次大受好评，但他也同样神秘地消失了。[4]

直到1895年，都没有人解决任何胶卷投影的问题。紧接着接连出现了三套可行系统，全都是独立开发的。其中一套是卢米埃尔兄弟发明的放映机（cinématographer）。英语和法语里指代电影的单词，都是从它演变出来的，比如cinematography（电影摄制艺术）、cinematographer（电影放映员），以及更晚期的cinerama（宽银幕立体电影）。这个词早期偶尔也可见于美国，虽然通常拼写为kinema。与此同时，在德国，斯科拉达诺夫斯基兄弟开发出了bioskop（也是放映机的意思），之后变成了美式英语bioscope。在英格兰，罗伯特·保罗发明了theatrograph或animatographe（影戏机），它在技术上和其他两套同样成熟，但未能流行开来，便很快退出了竞争。

终于，爱迪生醒悟过来：电影游戏里是有钱可赚的。由于未能发明自己的投影系统，他做出了次优选择——买下了一套投影系统，并说是自己发明的。这套系统实际上出自托马斯·阿马特之手。爱迪生发明的唯一东西就是它的名字：vitascope（维太放映机）。阿马特的系统以爱迪生的kinetophone为基础，但做了大幅改进。改进之一是增加了一个小卷轴，让胶片多了一个回路。它因袭了发明者莱瑟姆兄弟（奥特威和格雷格）之名，叫作莱瑟姆环（Latham loop），看上去不重要，但却改变了电影的历史。莱瑟姆环出现前，没法播出超过一分钟的电影，因为胶片常常破损。莱瑟姆环减轻了胶片的拉力，从而得以制作出超过100英尺的胶片。有着剧情的真正电影，首次成为可能。

这一新奇迹的第一次公开展示是在1896年4月23日，以附加噱头的形式，在第34街和百老汇街科斯特与比亚尔音乐厅现场表演的间隙登台亮相。[5]由于没有足够的电影可以播放，爱迪生非法复制了卢米埃尔兄弟的部分早期作品。[6]“motion picture”（电影）一词出现于1891年，但最初用得不太多。最早的电影叫life portrayals（生活写照），或mechanically reproduced theatre entertainment（原样照搬戏剧娱乐），但到1896年底，人们开始叫它们moving picture（活动图片），到20世纪初，便缩短成了如今随处可见的movie（不过，直到20世纪20年代初，人们有时仍称之为movie plays）。摄影的人叫作camerists。直到1905年，才出现了“cameraman”（摄影师）一词。

第一部真正的电影（第一部有故事线的电影）是埃德温·S. 鲍特的《火车大劫案》，他从新泽西州帕特森的爱迪生制作室的普通勤杂工和摄影师做起，到后来当上了制片部门的负责人。《火车大劫案》全长11分钟，包含14个场景，不仅在复杂的编辑和节奏方面具有革命性，而且在内容上同样具有革命性。它既是第一部真正的电影，又是第一部西部片［western，不过，这个词在1928年之后才推广开来；在此之前，它们叫牛仔电影（cowboy movies），或者枪战片（gun operas）］；它是最开始探索暴力犯罪刺激的电影。[7]它引发了一时轰动。现在很难想象它带来的兴奋感和奇妙感。当电影中的一个角色冲着摄影机扣动扳机，许多观众喘着气蜷缩起了身子。（如果你回过头想一想自己第一次看3D电影的反应，可能就显得这没那么荒唐了。）有几名观众甚至昏了过去。它成了当时人人都必须去看的东西之一。

几乎一夜之间，电影就从一时狂热变成了克制不住的冲动。到1905年，全国各地的人们纷纷涌向商店剧院（因为这类剧院一般开在空置的商店里）或5分钱小剧场（Nickelodeon），观众花上5分钱，即可享受半个小时的空想幻境。自1888年以来，Nickelodeon一直用来形容小孔成像的西洋镜，不过，第一家专门修建的电影院（在匹兹堡）标榜自己不是nickelodeon，而是Nicolet。在Nicolet开业的两周内，从早上8点到午夜，人们都络绎不绝地前来观看埃德温·S. 鲍特充满感官刺激的《火车大劫案》，经营者每星期可获得1000美元的净利润。

到1906年，美国各地共有上千家5分钱小剧场，到1907年，发展到了5000家。按照当时的设计，电影的播放速度是每秒16帧画面，但5分钱小剧场的经营者很快发现，如果把播放速度稍微加快，可以放入更多的节目。数百万人对去小剧院上了瘾。到1908年，纽约市的电影院（movie theatre，这个词出现于1907年。1914年，它跟movie house的词义合并）每天有20万人入场，连法律要求关闭的星期日也照常运营。许多不看电影的人认为这种现象令人担忧，甚至有些反感。部分原因是一些节目略带淫秽色彩——1894年，爱迪生推出第一家电影包间还不到两个星期，一些极具创业精神的投机分子就拿出了一部名叫《激情热舞多洛丽亚》的西洋镜小电影。按照现代标准，它并非特别上不得台面，但必定是通往《弗雷德·奥特的喷嚏》的一步阶梯；另一部分原因在于，电影吸引了大量低阶层移民（对这部分人来说，语言问题让他们没有办法获取其他偏口头形式的娱乐方式），而任何能让低阶层移民感到愉悦的东西，按定义都可堪怀疑。但此外，还有一些不那么具体的原因——认为去看电影不道德、助长闲散风气的模糊感觉——当局经常对早期电影院进行突如其来的清洗，1908年，纽约市长乔治·麦克莱伦武断地下令关闭全城所有的550家电影院，除了他不喜欢之外没有任何真正的理由。[8]

就连“movies”这个词，也开始带上了一丝讨人厌的色彩。1912年，一家名为埃森内的制片厂邀请粉丝们提出更好的名字。获奖作品是photoplay。它从来没有成为电影的代名词，但成了一本非常成功的杂志的名称。[9]［好莱坞对movies一词的有趣轻视，反映在它最引以为豪的机构夸张至极的头衔上：the Academy of Motion Picture Arts and Sciences（电影艺术与科学学院），此处“电影”一词用的是Motion Picture。］

随着电影愈加走向成熟，它们发展出一整套行话来描述新的制作技术：close-up（特写，1913年）、pan（摇镜头，1915年），fade-in和fade-out（淡入和淡出，1918年）、dissolve（叠化，1920年）、trailers（预告片，20世纪20年代初）、captions（字幕，1907年）、subtitles或titles（对白字幕，1913年，也就是时不时地插入电影以解释行为的对话或解释框）。有些电影对白使用得太过频繁，成了美式英语的习惯用语，尤其是“comes the dawn”（黎明将至）和“meanwhile back at the ranch”（这一短语的字面意思是“与此同时，回到牧场”，但可以用在多种语境下，有时可以表示“回过头来看看内部情况”的意思）。[10]trailers（预告片）的得名，是因为在早期，它们是正片之后的trail（尾随）。还有其他许多电影词汇来自舞台。slapstick（闹剧）是个杂耍术语，形容的是两根棍子一起在台下敲打，以强调舞台上屁股着地的跌倒（pratfall，其中prat是形容屁股的旧俚语）。ham actor（蹩脚演员），1875年首次见于记录，指的是不得意的演员用火腿脂肪而不是冷霜来卸妆的做法。很快，二流演员就变成了hamfatter，到1902年，进一步缩写成ham。grips，指的是背景移动员，最初也是戏剧术语。之所以这么叫，是因为他们在移动背景的时候要抓住道具和布景。

到1925年，电影不仅成为美国最受欢迎的娱乐形式，还成为全国第五大行业，来自各地的人都梦想在好莱坞大放异彩。一个尘土飞扬、名不副实、跟电影制作从来没有太多关系的南加利福尼亚小村庄，怎样成为娱乐产业的大本营，不可磨灭地铭刻进了大众意识？这个故事要花些功夫来好好讲一讲。

让我们从名字开始吧。好莱坞（Hollywood，直译是“冬青树林”）从来没有过一棵冬青树，甚至算不上有过很多树。起初，它名叫卡汉加谷地（Cahuenga Valley），是哈维·亨德森·威尔考克斯夫妇拥有的一座牧场所在地。而好莱坞这个更为浪漫的名字，来自威尔考克斯夫人有一次在回东部的旅行途中，跟火车上的一位陌生人聊天，他们迷上了后者的夏季度假屋Hollywood，于是决定给牧场改名。这是1887年，一般而言，事情可能就这样了。好莱坞会成为半干旱地区一处寂寂无名的地产，等着被洛杉矶吞噬。

1908年到1913年，却发生了另一件事。许多小型独立电影公司开始搬到南加州，其中包括塞力斯公司、内斯特电影公司、比沃格拉夫电影公司和马克·塞内特的启斯东工作室（它最终推出了早期默片电影时代风行一时的“启斯东警察”系列）。这些公司迁来的部分原因，是受南加州的天气吸引，它可以全年拍摄，无须太多昂贵的照明。（早期的“摄影棚”主要是在露天拍摄，就连室内场景，也是在有背景但没有屋顶的舞台上拍摄的。所以，叫它们“摄影棚”不免有点名不副实。）更重要的是，它们还试图逃避电影专利公司的法律和实际威胁。电影专利公司是托马斯·爱迪生手下8家制片厂组成的联营财团，多年来，它一直试图获得对电影业务的垄断控制，并制定了越发激进的策略，鼓励竞争者加入财团，支付高昂的许可费。它对试探性谈判的设想，是派去一群手持棒球棍的暴徒。因此，两千里之外的西海岸显得颇具吸引力。

只有一家制片厂是真的在好莱坞当地成立的，那就是1911年的内斯特电影公司。当地人对突然出现的摇摇欲坠的好莱坞布景、样子浪荡的演员们大感不安，于是制定了一项法令，禁止成立更多的制片厂。因此，好莱坞本身从未真正拥有过电影产业。此后几年在当地拍摄的制片厂全都来自别的地方——卡尔弗城、伊登代尔、博伊尔高地、伯班克、圣莫尼卡，以及除了好莱坞的任何地方。迟至1913年，塞西尔·B. 德米尔在日落大道和藤蔓大街相交处的一家摄影棚拍摄《红妻白夫》时，好莱坞都是一个真真正正的乡下村落。[11]好莱坞大道（Hollywood Boulevard）尚未得名，实际上还是一条土路。尽管如此，到1915年，好莱坞已成为电影行业的一个通用术语，邻近社区竞相要跟电影的魔力扯上关系。艾凡豪和展望公园联合起来改名为东好莱坞，兰克斯海姆成为北好莱坞。[12]不甘示弱的劳雷尔伍德，转型成了影视城（Studio City）。

比弗利山是南加州让我们大多数人自动联想到电影，以及大把电影明星（movie stars，这个词出现于1919年）的另一个地名，它同样来自类似的异想天开。1907年，一位房地产开发商，用自己位于马萨诸塞州比弗利的家乡之名，给占地3200英亩的住宅开发区起了“比弗利山”的名字。20世纪20年代，玛丽·毕克馥和道格拉斯·范朋克结婚并搬进比弗利山一座名叫匹克菲尔的豪宅之后，明星们就爱上了这里。

1917年，电影专利公司被宣布为非法卡特尔（非法企业联盟），勒令解散。但这已经没什么关系了，此时，拥有电影行业的只有好莱坞（从这里开始，我将它作为通用术语来使用）了。有一点很奇怪，那就是这种最美国的现象，几乎完全是由非美国人创造的。除了马克·塞内特和玛丽·毕克馥（他俩都是加拿大人），早期的制片厂由一小群生活背景惊人类似的男人经营：他们都是东欧的犹太人，贫穷，没接受过教育，在相似的年头离开欧洲（19世纪80年代），靠着最卑微的买卖在新世界站稳脚跟，随后突然（似乎是出于本能地）在20世纪最初的10年里放弃了此前的职业，抓住了5分钱小剧场行业带来的机遇。

事情太过奇怪，但请想想看：米高梅电影公司的路易·B. 梅耶是来自立陶宛的废品商人；名角电影公司（派拉蒙的前身）的阿道夫·朱克出生在匈牙利，先当过门卫，后来做了皮货商；高德温电影公司（日后与另外两家公司合并为米高梅）的塞缪尔·高德温来自华沙，是个卖手套的；环球影业的创始人卡尔·拉姆勒是德国人，在威斯康星州奥什科什经营着一家服装店；威廉·福克斯（William Fox，真名叫Wilhelm Fried）是匈牙利人，创办福克斯电影公司之前曾在服装行业工作过；20世纪电影公司（后跟福克斯合并）的创始人约瑟夫·申克是俄罗斯出生的露天剧场演员，兼药剂师；华纳兄弟（阿尔伯特、哈利、杰克和萨姆）来自波兰，曾从事各种各样的卑微工作。没有任何一个人跟娱乐行业有联系。然而，在20世纪的最初几年，仿佛是为了回应一个突然植入的信号，他们全都移居到纽约市，投入了5分钱小剧院生意——有些人成了小剧院的店东，有些人拍摄、制作电影。在20世纪的第二个10年里，另一个信号似乎进入了他们的脑袋：他们成群结队地前往好莱坞。

有关塞缪尔·高德温和米高梅，存在一些可以理解的混淆。尽管高德温（Goldwyn）的名字就插在米高梅（Metro-Goldwyn-Mayer）的中间，但高德温从未参与过后者。1924年，他把自己的公司卖给了大都会制片厂和路易·梅耶，并惊讶地发现后者保留了自己的名字——不过，这一招也是从高德温本人那里学来的。高德温电影公司不是因高德温而得名，而恰恰相反，是高德温以这家公司为名。他的真名是舒缪尔·哥尔贝菲斯，但他在美国的最初30年里，叫自己——也许不太明智——塞缪尔·高尔德费什（Samuel Goldfish，Goldfish也有金鱼的意思）。高德温（Goldwyn）来自制片厂两位创始人名字的混搭：塞缪尔·高尔德费什（Samuel Goldfish）和埃德加·塞尔温

（Edgar Selwyn）*。直到1918年，他厌倦了人们老拿自己的名字开金鱼缸的玩笑，才以公司的名字改了名。被米高梅收购后，他被迫要上法庭，赢得继续以高德温之名拍摄制作电影的许可。

说高德温从未完全掌握英语的微妙用法，算是非常温和的评价了。尽管许多归结在他头上的表达方式出自传言［例如，他从未跟某自命不凡、听说了一条内幕消息就想拍电影的导演说过，“如果你想发消息，去找西联电报啊”（If you want to send a message call Western Union）］，但他的确说过，“我处在脓肿的边缘”（I was on the brink of an abscess），“先生们，请把我包含在外”（Gentlemen, include me out），以及“你咬了那下金蛋的鹅的手”（You've bitten the hand of the goose that laid the golden egg）。有人提醒他，他刚买下版权的一部百老汇作品“是一出尖酸刻薄的剧目”（a very caustic play），他立刻还嘴说：“我才不管它会破费多少钱呢。”（I don't give a damn how much it costs.）**还有一位亲密的朋友发誓说，有一回，两人在海滩散步，朋友说：“看那些海鸥（gulls）。”高德温停下脚步，严肃地回答说：“你怎么知道它们不是男孩呢？”（How do you know they're not boys?）***他还在弄混名字上别具天赋。他总是把莫文·勒罗伊（Mervyn LeRoy）叫成“大话精”（Moiphy）·勒罗伊，把普利斯顿·斯特奇（Preston Sturges）叫作普利斯

* 也即“Goldfish”和“Selwyn”各取一半。——译者注

** 此处是暗指高德温把“caustic”听成了“costs”。——译者注

*** 此处是暗指高德温把“gulls”听成了“girls”。——译者注

顿·鲟鱼（Sturgeon），还把他一辈子的老对头欧内斯特·菲戈特（Ernst Fegte）叫成"肥基特"（Faggoty）。[13]

不光电影制作公司的负责人是外国人，在电影这一标准美式媒体里工作的导演、作曲家、艺术总监、乐手和演员往往也都是外国人。例如，1938年的电影《罗宾汉历险记》，主演是澳大利亚人埃罗尔·弗林和英国人巴塞尔·雷斯伯恩，导演是匈牙利人迈克尔·柯蒂斯，配乐是捷克人埃里希·沃尔夫冈·科恩戈尔德，场景设计是波兰人安东·格罗特。再想想早期红极一时的好莱坞巨星名导的背景：约翰·福特（John Ford，出生时叫Sean O'Fearna）是爱尔兰人，葛丽泰·嘉宝是瑞典人，查理·卓别林、阿尔弗雷德·希区柯克、加里·格兰特和斯坦·劳莱是英国人，威廉·惠勒是阿尔萨斯人，比利·怀尔德是匈牙利人，弗兰克·卡普拉是意大利人（至少是出生在意大利），弗雷德·金尼曼、埃里克·冯·施特罗海姆是奥地利人，恩斯特·刘别谦是德国人。从来没有哪一个行业，在构成上如此国际化，在产出上又如此美国化。

随着岁月的流逝，制片厂不断地成立又改组。互助（Mutual）、信实（Reliance）和基石（Keystone）三家合并为三角电影公司（Triangle Film Corporation），尽管它拥有美国三大顶尖导演（分别是D.W. 格里菲斯、马克·森内特和托马斯·H. 因斯），但还是很快就破产了。RCA和基思–奥菲姆（Keith Orpheum）连锁剧院联手组建了雷电华电影公司（RKO）。约瑟夫·申克的20世纪电影公司和威廉·福克斯的福克斯电影公司合并为20世纪福克斯公司。还有更多制片厂惨遭淘汰：明星、比沃格拉夫、通用电影甚至爱迪生公司。但是，好莱坞本身不断壮大，为世界送去了各种充满魅力、冒险和道德确信感的独特美式风格的电影。

如果明星们自己没有改名，制片厂往往会为之代劳，让他们更整齐地融入好莱坞这个令人愉悦的同质化天堂。改名可以为了任何原因——名字太闷，太异国情调，缺乏异国情调，太长，太短，太种族，太犹太。一般来说，必须说，制片厂的老板知道自己在干什么。毕竟，谁能想得到约翰·韦恩原名叫马里恩·莫里森，朱迪·加兰叫弗朗西斯·格姆，玛丽·毕克馥叫寒酸的格拉迪斯·史密斯？斯潘格勒·艾灵顿·布洛是一名初中木工教师的名字，把它改成罗伯特·泰勒，你就有半只脚踏上明星路了。阿奇·里奇做个卖杂货小伙子的名字可能算说得过去，但如果你想要一个迷住全世界的男人，那就必须是加里·格兰特。多丽丝·卡佩尔霍夫是个爱吃巧克力、帮你照看小弟弟的180斤胖姑娘；多丽丝·黛是跟橄榄球队四分卫约会的性感女神。就连莫蒂默老鼠，自1923年诞生后仅4年，也改名为米奇了。

在电影的最早期阶段，明星们不必改名，因为影迷们根本不关心。直到20世纪20年代，还根本没有演员表这种东西。玛丽·毕克馥多年来一直人称“小玛丽”，弗洛伦斯·劳伦斯是“比沃格拉夫女郎”。接着，制片人意识到，某些面孔，甚至某类电影拍摄风格会吸引观众，他们就开始在演职人员表里大肆宣传特色演员以及导演，甚至摄影师了。第一个为了提升光环（aura）［sex appeal（性魅力）直到20世纪40年代才开始普遍运用］而改名的女演员，据说是来自辛辛那提的西奥多西娅·古德曼。为了找到一种更符合她异国情调、肤色偏黑外表的角色，1914年，威廉·福克斯的公司里有个人用“Arab”（阿拉伯）和“death”（死亡）这两个单词玩弄文字游戏（天知道为什么是这两个词），想出了蒂达·巴拉。很快，所有制片厂都掌握了这一招。下面列出了一部分使用别人的名字获得不朽的明星（他们的本名在右侧）。

鲁道夫·瓦伦蒂诺 （Rudolph Valentino）	鲁道佛·德昂东瓜拉 （Rodolpho d'Antonguolla）
琼·克劳馥 （Joan Crawford）	露希尔·勒苏尔 （Lucille Le Sueur）
艾尔·乔尔森 （Al Jolson）	阿萨·约尔森 （Asa Yoleson）
伯特·拉尔 （Bert Lahr）	伊赛多尔·拉合姆 （Isidore Lahrheim）
保罗·穆尼 （Paul Muni）	穆尼·维森弗洛伊特 （Muni Weisenfreund）
吉尔伯特·罗兰 （Gilbert Roland）	路易斯·安东尼奥·达莫索·德·阿伦佐 （Luis Antonio Damoso De Alonzo）
劳伦·白考尔 （Lauren Bacall）	贝蒂·让·帕斯克 （Betty Jean Perske）

托尼·柯蒂斯 （Tony Curtis）	伯纳德·舒瓦茨 （Bernard Schwarz）
杰克·本尼 （Jack Benny）	本尼·库波尔斯基 （Benny Kubelsky）
芭芭拉·斯坦威克 （Barbara Stanwyck）	露比·斯蒂芬斯 （Ruby Stevens）
维罗妮卡·莱克 （Veronica Lake）	康斯坦斯·奥克莱曼 （Constance Ockleman）
苏珊·海沃德 （Susan Hayward）	伊迪斯·玛瑞纳 （Edyth Marrener）
弗雷德里克·马奇 （Fredric March）	弗雷德里克·比克尔 （Frederick Bickel）
唐·阿米契 （Don Ameche）	多米尼克·阿米西 （Dominic Amici）
雷德·巴顿斯 （Red Buttons）	阿伦·舒瓦特 （Aaron Chwatt）
埃德·温 （Ed Wynn）	以赛亚·埃德温·利奥波德 （Isaiah Edwin Leopold）
茂文·道格拉斯 （Melvyn Douglas）	茂文·海森伯格 （Melvyn Hesselberg）
柯克·道格拉斯 （Kirk Douglas）	伊苏尔·达涅洛文奇·德米斯基 （Issur Danielovitch Demsky）
李·科布 （Lee J Cobb）	里奥·雅各比 （Leo Jacoby）
琼·哈弗 （June Haver）	琼·斯托夫纳 （June Stovenour）

丽塔·海华斯 （Rita Hayworth）	玛格丽塔·卡门·卡西诺 （Margarita Carmen Cansino）
金格尔·罗杰斯 （Ginger Rogers）	维吉尼亚·马科麦斯 （Virginia McMath）
米基·鲁尼 （Mickey Rooney）	小乔·约尔 （Joe Yule, jun.）
简·怀曼 （Jane Wyman）	莎拉·简·福尔科斯 （Sarah Jane Faulks）
约翰·加菲尔德 （John Garfield）	朱利叶斯·加芬克 （Julius Garfinkle）
琼·阿利森 （June Allyson）	艾拉·杰斯曼 （Ella Geisman）
丹尼·凯耶 （Danny Kaye）	大卫·丹尼·凯明斯基 （David Daniel Kaminsky）
斯特林·海登 （Sterling Hayden）	斯特林·雷尔耶 （Sterling W. Relyea）
洛克·哈德森 （Rock Hudson）	罗伊·舒尔 （Roy Scherer）
赛德·查里斯 （Cyd Charisse）	图拉·爱丽丝·芬科利娅 （Tula Ellice Finklea）
特洛伊·多纳胡 （Troy Donahue）	梅尔·约翰逊 （Merle Johnson）
安妮·班克罗夫特 （Anne Bancroft）	安娜·玛利亚·以塔力诺 （Anna Maria Italiano）
杰瑞·刘易斯 （Jerry Lewis）	约瑟夫·勒维奇 （Joseph Levitch）

迪恩·马丁（Dean Martin）	迪诺·克罗塞蒂（Dino Crocetti）
泰布·亨特（Tab Hunter）	安德鲁·亚瑟·科勒姆（Andrew Arthur Kelm）
维吉尼亚·梅（Virginia May）	维吉尼亚·琼斯（Virginia Jones）
W.C. 菲尔兹（W. C. Fields）	W.C. 杜金菲尔德（W. C. Dukinfield）
克利夫顿·韦伯（Clifton Webb）	帕米利·霍伦贝克（Parmelee Hollenbeck）
多萝西·拉莫尔（Dorothy Lamour）	多萝西·考米尔（Dorothy Kaumeyer）
海蒂·拉莫尔（Heddy Lamour）	海德维格·基思勒（Hedwig Kiesler）
沃尔特·马修（Walter Matthau）	沃尔特·马塔康斯凯亚斯基（Walter Mattaschanskayasky）
鲍里斯·卡洛夫（Boris Karloff）	威廉·帕拉特（William Pratt）

另外，别问我，我也不知道为什么有人觉得鲍里斯·卡洛夫比威廉·帕拉特好。

1926年，两个新术语进入了美式英语：福克斯制片厂的工作室的Movietone和华纳兄弟的Vitaphone，有声电影上路了。两者都应用了音乐和声音效果，但还没有语音。talkies（有声电影，早期通常也叫作speakies）要等到来年《爵士歌手》的上映，尽管演员只在某些部分说话了。第一部全说话的电影是一部名为《纽约之光》的黑帮片，1928年问世，不过，声音再现的质量不怎么样，所以同时也配备了字幕。有了声音，电影不仅变得更受欢迎，制作起来也更加复杂了。

随着电影行业在20世纪20年代和30年代的演变，人们创造了更多的词汇来描述好莱坞制作的电影类型——cliffhanger（惊险片、紧张片），weepy、sobby、tearjerker（都是催泪片、哭片之意），spine-chiller（恐怖片），western（西部片），serial（系列片），指代各种类型片里的角色。一个经常哭泣的角色是tear bucket（泪桶）。闹剧中的女演员是finger-wringer（戏精，也即感情表演得夸张过火）。恶棍当然是baddie（坏人）。许多电影术语，特别是cinemaestro（电影大师）和cinemactress（电影女演员）等混合词汇，以及laff（笑，laugh的不规范写法）和pix（照片，pics的缩写）的不规范拼写，要么是出自电影行业宝典《综艺》的原创，要么被该报推广普及。许多单词只是昙花一现。oats opera（燕麦歌剧）指代西部片，clicko指成功，bookritic、eight ball形容失败，诸如此类的词语刚出现就没了下文。其余几十个在更广阔的世界里流行开来，尤其是whodunit（推理小说）、tie-in（搭售）、socko（大卖座）、rave（影评）、flopperoo（轻佻女子）、palooka（差劲演员，这个词的来源不明）、belly laugh（捧腹大笑）、newscaster（新闻播报员）、to scram（滚开）和pushover（容易击败的对手）。

在幕后，设备发展得越来越复杂，也带来了一系列新的说法：scrim（电视或电影光源灯的散光耐热粗布）、flag（标记）、gobo（镜头挡光板）、skypan（大面积照明用的大锅灯）、inky dink（黑色吊球）、century stand（带夹子的直立灯架）、flying rigs（飞行吊索）、match box（火柴盒）、lupe（放大镜）和其他专业装置。gobo是一种黑色屏幕（似乎没有人知道它为什么这么称呼），skypan是大灯，inky dink是小灯，match box是更小的灯。scrim是一种漫射光源的东西。这些复杂的设备，带来了奇怪和有趣的职位头衔：focus pullers、juicers、Foley artists、gaffers、best boys、supervising drapes、inbetweeners、wranglers、post-punch supervisors、swing-gangs等。gaffer［是“god father”（教父）的变体，最初是用来讽刺地形容老年人］是首席灯光师。best boy是首席灯光师的助手。juicer指的是那些把电器设备搬来搬去的人。Foley artist负责声音效果；他为击打加上“嘭”，为反弹开的子弹加上“咻咚”的声音。它因一位最伟大的录音师杰克·富利而得名。supervising drape负责窗帘、地毯和其他此类无生命物体。inbetweener是动画师的助手，也即在主要动作帧之间绘制过渡帧的人。swing-gangs是那些在一夜之间建造或重建背景的人。wranglers负责对付动物，或者任何活的生物。至少有一部电影的演职人员表里出现过“Cockroach wrangler”（蟑螂放养人）的字样。你很快就会明白，头衔往往比工作内容本身更能给人留下深刻印象，post-punch supervisor这个头衔尤其如此，他的职责基本上就是看管照片拷贝工作。

既然有这么多新奇的职业参与在内，如今的演职人员表越来越长，似乎永远放不完，也就不足为奇了。迄今为止，最长的演职人员表来自《谁陷害了兔子罗杰》，它播放了足足6分半钟。电影努力向763名创意艺术家、技术人员和其他贡献者表示了敬意，而且提及兔子杰西卡的配音演员凯瑟琳·特纳，她主动放弃了出现在演职人员表里。

为决定电影明星在宣传资料上的排名顺序，要投入大量的精力和情感：名字是否要在标题之上，它是否要比标题更大，大百分之几，等等。保罗·纽曼和史蒂夫·麦奎因联合出演《火烧摩天楼》时，为决定哪一个人排在领衔位置，经纪人和制作方展开了旷日持久的谈判。最终的决定是，纽曼的名字排在左边最高的位置，但比麦奎因略低，这种做法被后人竞相仿效并详细论述，甚至成了电影海报和广告宣传册的标准模板。1956年，奥托·普雷明格宣布《金臂人》是“奥托·普雷明格作品”，震惊了好莱坞。此举可谓创下一时之先河，以前还没有谁曾表现得这样大胆，而在这以后，不这么做的人反倒成了另类。偶尔，导演对经后期制作的电影非常不满，要求删除自己的名字。导演协会确定了一种惯例，把这种没人要的电影放到纯属虚构的艾伦·史密西名下，故此，他“执导”了诸如《鬼发烧》《学生闹翻天》《浪子归来》《摧花杀人王》等经典作品，惠特尼·休斯顿的一部录像，还有其他二十几部作品。[14]不过，电影演职人员表的巅峰，毫无疑问来自1929年拍摄、由道格拉斯·范朋克和玛丽·毕克馥主演的《驯悍记》，它包含了一句话："威廉·莎士比亚作品，额外对话由山姆·泰勒执笔。"[15]最大胆的致敬词，或许要算1974年的电影《地铁惊魂》，电影内容是劫持了一辆纽约地铁，它在结束语里这样说："本片摄制工作未经纽约交通管理局任何协助。"

如果不顺带提及一下奥斯卡和这些金色小雕像的得名来历，关于好莱坞词典的讨论恐怕不能算完整。不管是在哪一个创意领域，很少有哪个术语，能从词源学上找来这么多的不同解释。听起来最有板有眼的故事，大概要算下面这个：小金人得名自玛格丽特·赫里克，她是电影艺术与科学学院的图书管理员，在看到小金人的设计原型时说，"呀，这叫我想起了叔叔奥斯卡"（顺带一提，奥斯卡叔叔的姓是皮尔斯）。[16]但必须承认，还有其他许多类似的故事可供选择。可以肯定的是，裸体男子高举长剑站在胶卷上的形象，起源自米高梅艺术总监塞德里克·吉本森的涂鸦，第一尊小金人于1929年颁发。

1949年，经过将近半个世纪接连不断、看似不可阻挡的成功，电影观众在一年里从9000万人降到7000万人，震惊了好莱坞高管。随着20世纪50年代的展开，美国人放弃了电影院，投入了自家电视机的舒适怀抱，情况显得愈加可怕。绝望中，制片厂试图充分利用一切能召唤出的优势。其中一种优势是颜色。早在1917年，一位叫赫伯特·卡玛斯的博士发明出彩色印片法（Technicolor）工艺，彩色电影就有实现的可能了。第一部彩色电影是米高梅公司1922年拍摄的《海逝》。但这一工艺很贵，故此很少使用。1947年，只有大约1/10的电影是彩色片。到1954年，已经有一半以上的电影是彩色片了。好莱坞电影公司还禁止旗下的影星出现在电视新媒体上，拒绝电视网访问自己的电影库，直到它们逐渐意识到，老电影在电视上播放能赚钱，锁在保险库里不赚钱。

但电影行业还需要开发一些新的技术，某种电视无法抗衡的重磅炸弹。1952年9月，一种名叫全景电影（Cinerama）的惊人新工艺被推向了世界——至少，是被推向了纽约百老汇剧院的观众。它采用弧形屏幕，立体声响和3台投影机，为观众提供了搭乘科尼岛过山车或提心吊胆飞速穿越大峡谷的身临其境感。人们很爱它。但是全景电影存在一些难以解决的缺点，最突出的是，3台投影仪所投射画面的交叠处会出现令人分心的颤动线条，以及能使用此种工艺的影院太少。要把影院改造得适合播出全景电影，需75 000美元，大部分影院都负担不起。还有一个问题是，这一工艺本身并不适合叙事性表演，而且，专门拍摄的全景影片很少，只有《这就是全景电影》《全景电影假期》《海上冒险》，它们的主要内容就是一连串的惊险刺激。1962年，为挽救这一工艺（投入了大笔资金在大屏幕和投影系统上的影院所有者自然希望它们能付诸使用），相关方孤注一掷，拍摄了两部叙事电影，《西部开拓史》和《童话世界》，但问题是，你不得不转动头部来跟上被60英尺屏幕分隔开来的人物对话，对此，观众们欠缺热情。

全景电影诞生的同一年，3D电影也问世了。第一部作品名为

《非洲历险记》，很明显，这是有史以来最糟糕的电影之一。这一工艺要求观众戴上特殊的宝丽来眼镜，屏幕上略微重叠的图像就会融合成三维整体。最初，它名叫自然视觉（Natural Vision），而且在短期内风行一时：光是1953年，就制作了69部采用自然视觉技术的电影——数百万观众蜂拥而至，为了不怎么靠得住的惊悚刺激（比如驳船撑竿插到自己脸上，还有一个令人特别难忘的场面，是剧中人似乎要吐在观众脸上），观看《黑湖妖潭》《飞沙河袭击》等剧情片。这一工艺起初看起来大有可为，许多相当重要的电影，尤其是希区柯克的《电话谋杀案》，都是用3D技术拍摄的，但这股时尚太短命了，以至大多数电影都只以正常的宽银幕形式发行。

不久之后，要想看一部不包括某种听起来就令人印象深刻的新技术工艺的电影，已经几乎不可能了。远景银幕（Vistarama）、超宽银幕（Superscope）、自然银幕（Naturama），甚至香味电影（AromaRama）和气味视觉（Smell-O-Vision）接踵而至。你或许猜到了，后两者是影院每隔一段时间就朝室内泵入合适的气味。问题在于，气味往往会徘徊良久，并以令人困惑的方式混合起来，而且，坐在离气味发散装置最近位置的观众，隔一阵就会被湿乎乎的各种味道包围，他们可并不太满意。

全景电影首次亮相一年之后，20世纪福克斯电影公司推出了一种更为复杂，但噱头味少很多的工艺，叫作CinemaScope，只需要使用一部带特殊变形镜头的摄影机就能实现。第一部CinemaScope影片是《圣袍》。CinemaScope电影屏幕的宽度大约是普通电影屏幕的两倍，并略微弯曲，以提供一些深度错觉。[17]仅仅两年后的1955年，全世界已有超过2万家电影院安装了这种CinemaScope系统。[18]好莱坞电影重振旗鼓了。

第16章

追求快乐：运动与嬉戏

长久以来，新英格兰清教徒生活给人留下的印象是：没有太多乐趣可言。“在沉闷的日常工作中，人们表情阴郁，始终恪守着严肃的礼仪，又没有游戏可供排解。”1929年，历史学家约翰·艾伦·克劳特表达了这样的传统观点。[1]

但实际情况跟这完全不一样，他们并不反对快乐。他们抽烟，喝酒，跟所有人一样喜欢游戏和比赛，特别是跟身体挑战相关的游戏，比如竞走和摔跤，或是像射箭那样需要磨炼的必备技能。英克里斯·马瑟把消遣称为“重大的责任”，哈佛学院不光准许，还积极鼓励学生们参加“合法”游戏。[2]此处“合法”是个关键词。他们一度禁止过掷铁环套圈、九柱戏、保龄球、女子板球，甚至沙狐球。涉及骰子和纸牌的游戏想都不要想。玩耍、娱乐、“跳舞和嬉戏”以及“其他狡猾的科学”，也同样让他们嫌恶。五朔节花柱被砍倒，就连圣诞节也被取消了。吸烟只在规定范围内才能接受。康涅狄格殖民地制定了一项法令，禁止居民在街上肆意“抽烟”，也不得在“田地和树林中抽烟”。[3]礼拜日，不允许进行任何类型的娱乐活动。就连外出散步也在禁止之列。实际上，静静地坐着也会给你招惹麻烦。一对不幸的夫妇没犯任何严重的行为不端，只因为“被人看见在主日一起坐在一棵苹果树下”，就被扭送到地方法官面前。[4]

奇怪的是，加尔文派的教条本身并没有这一套。众所周知，加尔文自己就会在礼拜日下午兴致盎然地玩儿上一局保龄球。从清教徒在前往美洲之前的经历看，没有任何迹象暗示朝圣先辈们会如此大刀阔斧地打击游戏取乐。

要理解为什么新英格兰出现了这样的局面，有必要重新审视有关清教徒的两个常见概念。第一个概念是，认为清教徒是为了实现宗教自由而前往美洲的。事实上，他们几乎从没想过什么宗教自由。他们曾在自己的土地上遭受了多年的迫害，热切地渴望有机会在美洲建立起一套同样不宽容的制度。第二个错误概念是，认为拓殖新英格兰是出于虔诚的冲动。事实上，贯穿早期殖民史，清教徒都是极少数。早期的朝圣先辈受美洲所吸引，不是出于宗教热情，而是出于对美好生活的向往。1630年至1640年来到马萨诸塞殖民地的1.6万名移民中，只有1/4是清教徒。[5]就连在“五月花”号上，不信教的“陌生人”也比“圣徒”的人数要多，前者61人、后者41人。这两点，都对清教徒的心理状态产生着巨大影响。从一开始，他们就对新世界中的道德权威形象有一种嫉妒的占有欲，于是，对任何有可能挑战自己光辉形象的活动，他们都表现出神经质般的关注。

但除此之外，他们讨厌闲散也有着实际的原因。在蛮荒中建立社区是一项必须加以严肃对待的事业，人们没有太多闲暇工夫。然而，许多非清教徒定居者表现出一种令人烦恼的倾向：一碰到任何方便的借口，就放下工具玩耍起来。因此，1621年的圣诞节（差不多恰好是登陆后的一整年），总督威廉·布拉德福德碰到一群不虔诚的“陌生人”“当众在大街上玩耍；有人在投铁环，有人在玩沙狐球”，他暴躁地把这些玩耍用具给没收了。他生气不光是因为他们在庆祝一个自己教派不承认的节日，更是因为他们肆意浪费了本该投入确保众人生存的工作中的时间和精力。

这种担忧绝非新英格兰地区独有。在弗吉尼亚殖民地，定居者不怎么把自己的福祉和安全放在心上，常让外人大感震惊。托马斯·戴尔1611年带着补给品抵达时，发现居民正濒于死亡，却还在玩保龄球。不久之后，弗吉尼亚议会颁布了与新英格兰非常相似的限制性法律，宣布赌博、喝酒喝到失去自制能力、未能恪守安息日，甚至衣着“过度”等行为均非法。这一切不是因为想要帮助人们穿过通往天堂的狭隘道路，而是羸弱不堪的社区需要秩序和纪律。

如果清教徒认为庆祝活动符合秩序，也会很高兴地松弛下来。第一次感恩节盛宴持续了整整3天，除了大吃大喝之外，还有石头球（规则类似槌球）等游戏，以及跑、跳、摔跤、射击和投掷比赛。

直到17世纪末，普利茅斯殖民地才开始定期庆祝感恩节。在新英格兰的其他地区，它直到1780年前后才成为年度传统。对整个国家来说，要到1863年林肯总统颁布法令，感恩节才成为固定假期。林肯选择的日期是8月6日。次年，这日子又被随性地移动到了11月的最后一个星期四，从那时起，它总算固定下来。不过，大萧条岁月里有一段很短的时间，人们把它提前了7天，好让商家能额外多享受一个圣诞购物周。[6]

同样，圣诞节在美国也有个不稳定的开头。1659年，他们彻底禁止圣诞节，直到19世纪，在新英格兰地区，圣诞节仍受到大范围打压。[7]部分是出于这种传统断过代，如今圣诞节的庆祝方式，来自许多地区习俗的杂糅。

送礼物的环节，就跟圣诞节没有内在联系，而是借鉴自荷兰。从中世纪开始，荷兰人就在12月6日的圣尼古拉斯日向孩子们赠送礼物。圣尼古拉斯是个来自小亚细亚的神秘人物，他有过许多善意的行径，比如把3袋金子送给3名有可能沦落风尘的年轻姑娘。随着时间的推移，3袋金子演变成了3颗金球，并通过一些复杂的逻辑跳跃，最终跟典当行业挂上了钩。到18世纪末，美国从荷兰借鉴来了圣尼古拉斯和他随身携带的礼物，只不过日子转移到了最靠近的圣公会假期12月25日。同一时期，圣诞老人的形象（在今天是完全世俗化的），奇特地跟圣子联系在一起，故此才有了那与众不同的名称：克里斯·克林格（Kris Kringle跟Christkindlein发音类似，后者就是荷兰语里“圣子”的意思）。

圣诞树和送贺卡的做法来自德国（大多归功于维多利亚女王的德国配偶阿尔伯特亲王），并逐渐在19世纪成为圣诞节传统的一部分。美国第一次提到圣诞树是在1846年。圣诞颂歌（carols，在词源上与合唱“choral”有关）、槲寄生、冬青和圣诞柴*都来自英国，基本上是前基督教时期传统的遗迹。（yule本身就是从前的撒克逊日耳曼语，显然是为了纪念一个遭到遗忘的异教节日。）

美国人对圣诞节以及怎样庆祝它的态度，长久以来摇摆不定。一方面，早在1867年，为了应对购买礼物的狂潮，梅西百货公司在圣诞节前夕便延长营业到午夜时段。另一方面，装扮圣诞树的做法很晚才发展起来，到了1880年，一家装饰品制造商才得以说服伍尔沃斯百货公司买了不到25美元的库存。（不过，10年之后，伍尔沃斯便将订单提高到了80万美元。）[8]

美国没有正式的法定节假日，许多人或许会感到意外。公布假期的特权，一直是各州的保留项目之一。总统可以在获得国会同意的情况下宣布“法定公共假期”，但它们仅仅针对哥伦比亚特区和联邦雇员，在其他地方没有正式的效力。

虽说狂欢作乐很少得到美国官方的祝福，但它们一般都找到了私下的宣泄渠道。早期殖民地的总督几乎在各地都尝试打压民众投身于放纵享乐的冲动，但成功的时候并不太多。只要

---

* yule log，庆祝圣诞节的原木形大蛋糕。——译者注

有心寻找，斗鸡、斗狗、斗熊、放肆喝酒和赌博都暗中存在，甚至不仅仅是在零散的节庆日子。赛马也很受欢迎，特别是在弗吉尼亚州，只不过，地面平整、能保护隐私的合适场合不太容易找到。詹姆斯敦郊外有一条1/4英里长的路段，特别适合赛马。作为大受欢迎的地下赛马场，它甚至导致了一类全新赛马品种——夸特马——的诞生，这种马缺乏耐力，但能在短距离里全速冲刺。[9]赛马日后为美式英语库带去丰富的词汇，包括frontrunner（领跑者）、inside track（内圈赛道，引申为有利地位）、to win by a nose（险胜）、sure thing（十分有把握的事）、also-ran（失利者）和bookie（赛马赌注登记人），不过，有一些词汇要等上一阵才得到普遍接受。例如，bookie在1885年之前就不见于书面记录。[10]

在阿巴拉契亚地区，一种性质特别野蛮的摔跤（wrestling，或wrassling，乱斗）一早便流行开来，直到20世纪，它仍然野性十足，大受欢迎。住在这一地区的许多人都来自英格兰北部，那儿是坎伯兰和威斯特摩兰摔跤的故乡，据说，这种格斗可追溯到维京时代，至今仍然受到英国湖区及周边地区乡村狂欢和其他此类集会的欢迎。格斗时，两名男子以站姿抱在一起，偶尔低声呼喝，夹杂着更长时间的策略静止（在此期间，观众免不了会想，他们难道是不小心睡着了吗？），并努力将对方摔倒在地。在英格兰，这过去是，如今也仍然是一项绅士运动。可到了肯塔基州和弗吉尼亚更粗犷的环境下，坎伯兰和威斯特摩兰摔跤演变成了一种进攻性更强的运动。对手们留起长长的指甲，挫尖牙齿，以便更好地给对手造成伤害。只要参与者赤手空拳，任何动作都可以做：扯头发，戳眼睛，撕咬，碾压气管。

费舍尔讲述过一个两名男子打斗的故事（如果你见不得血腥，最好是赶紧跳到下一段）。打斗中，赢家一早就用拇指把对手的眼睛挖了出来，锁定了优势。据一位在场目击者说，"受伤的那人大声咆哮，但并未抱怨"，而且还拒绝中断比赛。直到对手再次咬下他的鼻子，将他的耳朵扯了下来，他才终于得出结论，光是脸部受重伤已是最好的结果，还是早点认输为妙。[11]

自然，这类野蛮赛事上有大量的金钱易手。尽管存在清教徒道德观念，但美国人从一开始就对打赌表现出无法抑制的冲动。早期的赌博为我们带来了许多词汇，如今已变成一般性的俗语。tinhorn，意思是自命不凡、声名狼藉，来自投骰子（chutter-luck，或者chuck-a-luck）或者双骰（hazard）游戏中用来装骰子的金属圆筒。pass the buck是一种赌博习惯，用传递鹿角刀（buckhorn knife）的方式来跟踪轮到谁出牌或下注，因此，从词源上看，它跟指代美元的口语"buck"没有关系。美国人对赌博的喜爱，还把"bet"（下注）带进了更宽泛的语言。如you bet I do（你可以打赌，我肯定会做），you bet your life（你可以拿命来赌），等等。从19世纪初开始，外国观察家就注意到这是美式口语的一个显著特点。马克·吐温讲过一个西部客的故事，这人被迫要把乔·托勒的死讯告诉他的遗孀。"乔·托勒住在这里吗？"西部客问道。托勒的妻子给出了肯定的回答。西部客道："我跟你打赌，他不在了！”（Bet you he don't!）[12]

美国独立战争时期，最受欢迎的纸牌游戏是惠斯特（whist，这个词的来源不明，但可能跟whisk有关）、布拉格（brag，之所以叫这个名字是因为要想打得好，就得虚张声势吹牛皮）和姆金斯（muggins，自此以后，这个词就指代容易受骗的人，或是命运的受害者）。但到18世纪末，它们让位于法罗（faro），这种牌戏1713年在英国首次出现。faro是pharaoh（法老，一套法罗牌里有一张法老；后来，它演变成了红心K）一词的变体；法罗在装备、得分、下注和词汇上都复杂得令人生畏。每张派出的牌都有一个含义模糊的名字。第一张叫苏打，第二张叫输家，依次类推，最后一张牌叫抵押（hock）。自此以后有了from soda to hock（从头到尾），以及to be in hock（负债累累）等表达方式。[13]计分是用一种像算盘式的设备，它名叫“case”，据说，open and shut case（情况一目了然）的表达方式就是这样来的。to break even（收支相抵）和to play both ends against the middle（脚踏两条船，首鼠两端）也起源自法罗，筹码叫作“chip”（以前叫check）也一样。因此，大多数跟筹码相关的表达方式，to cash in one's chips（把筹码兑成现金）、to be in the chips（很有钱）、a blue-chip investment（蓝筹股），都来自这款已经被人遗忘的牌戏。[14]

渐渐地，扑克（poker）又取代了法罗。围绕扑克一名的起源，存在许多争议。看似最可信的猜测是，它来自一款名为Pochspiel的德国游戏，弃权的玩家们要叫Poche，发音是

"polka"（扑尔卡）。[15]也有人认为它也许跟poke或puck［英语方言词汇，意思是击打；冰球运动所使用的的"冰球"（盘子型黑色硬橡胶）由此得名］有些模糊的关系；也可能是北欧丹麦语里的pokker，意思是"魔鬼"，英国民间传说里的puck（一种顽皮的小精灵）便起源于此。不管怎么说，在美式英语里，pocker一词首见于1848年。在最初的时候，这种纸牌游戏也经常叫作poko或者poka。

扑克为主流英语带去了许多词汇，包括deal（交易，发牌）、jackpot（累积赌金）、penny-ante（小额赌博）、to stand pat（打定主意）、just for openers（抛砖引玉，开场白）。jackpot的来源不明，jack或许指的是扑克里叫这个名字的那张牌，或是指代金钱的俚语。但jack也是个很流行的构词元素，比如jackhammer（手提钻）、jackknife（折叠刀）、jackboot（长筒靴）、jackass（蠢货）、jack-in-the-box（玩偶盒）、jack-o'-lantern（南瓜灯）、jack-of-all-trades（多面手）、jackrabbit（长耳野兔）、jackstraw（稻草人）、jackdaw（寒鸦）、jackanapes（傲慢自大的人）、lumberjack（伐木工）和car jack（汽车千斤顶）。何以如此？原因很难说得清，有可能，jackpot的情形也一样。就目前所知，这些单词里的jack无一包含任何特定含义。人们显然只是喜欢它的发音。

根据迪拉德的说法，扑克里用ace、deuce和trey来代表一、二、三，是受了新奥尔良法语赌客们的影响。就"trey"一词而言，他的意见可能是正确的，但前两者从中世纪（甚至可追溯到诺曼时代）就普遍在英国使用。ace的最终源头是拉丁语里的as，一种货币基本单位，而deuce来自拉丁语里的duos，即“二”。然而，新奥尔良的法语赌徒确实带给了我们另一个广为人知的赌博术语：to shoot craps（投骰子）。在新奥尔良，英语里叫hazard的游戏叫作crab，随着时间的推移，它演变成了crap（骰子）。这个词义，跟用它指代“粪便”的俚语没有语源上的联系。keno（基诺游戏）来自法语的quine（意思是“5个一套”），是宾果游戏的一种早期形式，曾经十分流行，不过，除了这名字，它再没有留下其他语言遗产。

19世纪90年代初从中东和俄罗斯地区传入美国的桥牌，有着更大的语言影响力。“bridge”一词其实跟横跨河流那种桥没有关系。它来自俄语的birich，是街头公告员的头衔。桥牌桌上带给全世界的表达方式包括bid（出价）、to follow suit（出同花牌）、in spades（程度很高的）、long suit（长牌）和renege（出牌违例）。[16]

就在桥牌在美国逐渐流行开来的同一时期，还诞生了另一种本土赌博设备：老虎机。早在19世纪90年代，美国就开始生产各类老虎机，1910年，一家叫米尔斯新奇公司的企业推出了一种口香糖自动售货机，它使用3个随机旋转的滚轮来分配不同口味的口香糖。这3种口味分别是樱桃、橙子和李子——直到如今，它们都是老虎机屏幕上使用的符号。每个轮子还附带一根横条，上面分别写着“1910”“水果味”“口香糖”，倘若三者同时出现，就会带来丰厚的奖品，就跟今天一样。也跟今天一样的地方是，任何一行里要是出现了柠檬，都意味着完全没有奖品，从这时起，柠檬有了不可取、扫兴之物的含义。后来，制造商意识到这款老虎机可使用比口香糖更高的赌注，很快便改为派发现金奖励，一时风头无两，四处开花，让人简直要以为赌博合法了。不过，迟至20世纪50年代，才有人把老虎机称为“one-armed bandits”（直译为独臂匪徒）。[17]

部分是为了应对赌博的普及，1843年，一位名叫安妮·阿伯特的虔诚新英格兰年轻人发明了一种健康的替代品：棋盘游戏。象棋和跳棋等棋盘游戏固然数百年来就存在于几乎所有文化，但从来没有人设计过一款让玩家顺着代表现实世界路径前进的竞技娱乐。阿伯特认为游戏不仅仅是娱乐，也有助于高尚的生活。她给自己的游戏起名《幸福大厦》，要求玩家在棋盘上行进，追求“永恒的救赎”，避开一路上诸如伪证、抢劫、粗鲁、醉酒、负恩等陷阱。1843年，出现了使用骰子来让棋子顺着路线前进的新颖设想，它不光让阿伯特赚了一大笔钱，还激发了一大群模仿者。

其中有个年轻人，叫米尔顿·布拉德利，1860年制作了他的第一款热门游戏《人生之旅棋盘戏》。它同样有着昂扬的道德情操，显然受到了阿伯特“游戏要升华人生”的启发（甚至可以说是模仿了阿伯特）。不过，布拉德利最原创的招数还在于，他设计出一种方法，把8种单独的游戏（其中包括棋盘戏、象棋、西洋双陆棋和多米诺骨牌等）完整地放进了一口便携的小盒子，在美国南北战争期间，这套游戏在士兵中成了大热门。

创意更强的是乔治·斯文顿·派克，他是美国游戏行业第二大公司“派克兄弟”的创始人。派克出生于马萨诸塞州塞勒姆一个受人尊敬但却渐趋衰败的家族，他喜欢棋盘游戏的设想，但比起日后的救赎，他觉得奖励会更叫玩家产生即刻的满足。1883年，年仅16岁的他创作了一款名为《银行业》的游戏，游戏的目标是一路投机，走向财富。一种全新的游戏风格就此诞生，击中了美国人的想象力。正如作家彼得·安德鲁斯所说：“不是最虔诚的玩家收获来世最大的快乐，而是最聪明的玩家获得今生最多的金钱！”[18]

派克和两个兄弟携手将这一家族企业建成了全世界最大的游戏公司。派克自己发明了超过100款游戏——或者，说得更确切些，发明了同一游戏的100多个不同变体。它们几乎始终围绕近期吸引大众想象力的某件世界大事或技术突破展开。他最受欢迎的作品包括《克朗代克大冒险》《派克胜者为王》《摩托赛车》《古巴之战》《围攻哈瓦那》《菲律宾战争》。（事实证明，对游戏玩家来说，死亡和破坏几乎跟累积一堆幻想中的财富同样不可抗拒。）

但为该公司锁定财富的游戏，不是派克或其他跟公司有关系的人发明的。它是大萧条初期，由宾夕法尼亚州日耳曼敦的失业推销员查尔斯·达洛发明的，他在自家厨房餐桌上铺开的一张油布上勾勒了原型。他把这款自己设计的游戏叫作《垄断》（也译作《地产大亨》《大富翁》）。1933年，达洛把游戏提交给派克兄弟公司，希望该公司能够大规模生产。派克兄弟的高管尽职尽责地尝试了游戏，但不为所动。他们得出结论，它有“52个基本错误”，最重要的是，游戏里没有终点线，没有明显的终极目标。围着棋盘绕了一圈又一圈的设想，让他们觉得非常荒唐。此外，抵押贷款和可变租金的业务太叫人糊涂了。一言以蔽之，规则太复杂，游戏玩起来太花时间。他们认为，这样的游戏铁定卖不掉，便礼貌地拒绝了他。

达洛并不气馁，自己制作了若干套游戏，带到费城沃纳梅克百货商店，并在店里引发了一场小小的轰动。派克兄弟公司得知此事后，决定试试看。头一年，《垄断》就卖出了游戏世界里前所未有的100万套，自此以后一直是美国最畅销的棋盘游戏。达洛对这款游戏的信心得到了验证，退休到乡下买了庄园，一边种兰花一边数钱玩儿。

《垄断》在20世纪30年代初演变成一股狂潮（craze），但craze自19世纪20年代以来就成为美国生活的一种特点了，当时，这个词不知怎么地产生了“一阵突如其来的大范围狂热”的意思。（在这之前，它表示某种东西破了或者裂开。）狂潮的奇怪之处在于，一般而言，它们发源自别的地方，但却席卷美国，人们的激情和热心让它们显得天生就属于美国。19世纪的轮滑狂潮就是一例。轮滑是荷兰发明的一种消遣玩物，1863年引入美国。

欧洲人在鹅卵石铺就的街道上上下下地颠簸抖动，美国人却建起了巨大的轮滑宫殿，比如芝加哥赌场和旧金山奥林匹克俱乐部里巨大的旱冰场。这些地方有着抛光的白蜡树或枫树硬木地板，能同时容纳多达1000名旱冰爱好者。它们大多自己拥有交响乐团，听众能在歌曲的伴奏下，表演最新在美国发明的花式动作，比如费城扭、里士满翻滚、尖桩篱笆和“轮上公子”。

同样的情形也发生在自行车上。1869年英国人J.I. 斯塔森创造bicycle一词之前，两轮人力车已经有过各种各样的名字：velocipedes（脚蹬两轮车）、dandy horses（“洋马儿”）、draisines（脚踏车）和boneshakers。boneshakers（可直译为“颠断老骨头”）尤为贴切。早期的自行车使用的是木质轮胎，有木制座鞍，而且还要在不怎么光滑的水泥路面上骑行。早期的车型要么是靠顺着地面推脚，要么是靠复杂的踏板机制来提供动力。大多数都没有刹车。简言之，它们既不安全也不舒适，但非常受欢迎。

没过多久，各地的人们都陷入了骑车狂热。自行车很快就形成了一套独特的复杂术语。极富活力的玩家者们酷爱scorching（疾行）或者freewheeling（惯性滑行；有时，喜欢追逐语言潮流的人会使用freeling这一缩略说法）。自私自利、不顾其他人的骑手叫作road hogs（“道路猪猡”）。这种人很擅长吓坏其他道路的使用者［有一种流行的自行车型号甚至就叫Surprise（惊吓）］，一些地方通过了法律，要求骑手不光要在接近马匹时放慢速度、下车，还得把马领到安全的地方再继续骑行。[19]

到1882年，人们就亲切地把脚踏车叫作bike了。1885年，辛辛那提的一家扑克公司受到启发，想靠着这股狂热赚些钱，这就是自行车牌扑克的由来。到了19世纪80年代中期，自行车运动已经很受欢迎了，但1888年，苏格兰人约翰·邓禄普发明了充气轮胎，轻型车架、手刹、变速齿轮和安全链条也相继出现，自行车运动的人气更上了一层楼。

骑车受欢迎，很大一部分原因在于它是极少数允许女性也参与的激动人心的活动之一，不过，一些权威人士担心，它可能叫人激动得过了头。《佐治亚州医学和外科学杂志》认为，女性不适合骑车，因为腿部的运动以及鞍座对骨盆带来的压力，必然会唤起“年轻女性迄今为止尚未认识到的感受”[20]。《车手》杂志辩护说，骑车对女性是一种健康的活动，但却为女读者们多加了一条不祥的警告：“换内衣之前别想坐到饭桌旁。”

到1895年，1000万辆自行车挤满了美国的道路，制造商生产着各种各样的车型，并起着“快来买我”的快活名字：比如Sociable（交际花）、the Quadrant（天象仪）、Rudge Triplet Quadricycle（拉奇三联四轮自行车）、Coventry Convertible Four in Hand（考文垂敞篷四轮骑行车）。这股狂潮看似势不可当，但不到10年之后，大多数人都把自行车收拾起来，把所有的心思都投入另一种最美国的激情上了：汽车。

20世纪头20年是狂热世界相对平静的时期，但一到了20世纪20年代，美国就把流逝的时间缺少的狂热给补上了。在那活力十足的10年里，舞蹈马拉松、坐旗杆比赛（冠军是个叫埃尔文·“沉船”·凯利的家伙，他在巴尔的摩一根高高的旗杆顶上，晃晃悠悠地坚持坐了23天又7小时）、选美比赛、东西海岸赛车、东西海岸赛跑［著名的Bunion derby（“大脚趾外翻德比”）］，还有小型高尔夫（miniature golf），相继吸引全国的注意力。

小型高尔夫（最初叫作“矮高尔夫”）诞生于1927年，当时，一位名叫加内特·卡特的开发商在田纳西州了望山上建造了“仙境”度假酒店，并增加了一座带机械障碍的迷你沙丘。他本打算把它当成儿童乐园，但出乎他的意料，成年人很快把孩子们赶跑，自己玩了起来。他意识到此事必定有戏，便创办了一家公司，叫“汤姆拇指高尔夫”，开始制造标准迷你球场。在短短3年内，美国各地建立了2.5万座汤姆拇指高尔夫球场。[21]

另外3种娱乐进入了这一时期的美国家庭，也进入了美语词汇库。其中一个词是麻将（mahjong或mah-jongg），来自中国的牌戏，1922年开始横扫全美。麻将（在普通话里也叫“麻雀”，是这种牌戏里最重要的一种花色），在时髦人士（smart set，这个短语大致跟麻将在美国的兴起是同一时期）中最为流行。人们会花500美元买一副麻将牌，比一辆福特A型汽车还要贵。有些人甚至把房间重新装修成中国风格，购买丝绸长袍供自己和客人穿上，帮助大家感受中式氛围。过了10来年，如果不知道南风和红中之间的区别，或者未能理解“碰！”（Pung）、“吃！”（Chow）、“推倒和了”（Broke the wall）的呼喊，你简直就没法进入社交界。[22]

相比而言，占卜板（ouija）没那么时髦，但影响力一点儿也不小。（ouija这个名字是法语和德语中表示yes的词混合而成。）占卜板发明于19世纪（具体是在何年何地，各方说法差异颇大），信徒将手放在小指针上，小指针可在整个占卜板上滑动，选出字母和数字来回答问题。到20世纪20年代，它在美国掀起了一轮热潮，《巴尔的摩太阳报》甚至任命了一位占卜编辑。占卜板在20世纪40年代渐渐失宠，但偶尔也会重回大众视线。1956年，女富翁海伦·道·佩克的子女们惊恐地发现，她把可观的财富留给了某个叫约翰·盖尔·福布斯的人，而且，海伦显然对福布斯一无所知——因为这个名字是她40年多前在一场占卜板活动上得知的。好在符合条件的这个人没找到，海伦的子女们得以保住遗产。[23]

事实证明，20世纪20年代家庭娱乐三重奏的最后一个组成部分最为持久：填字游戏（crossword puzzle）。填字游戏最初叫作word-cross，1913年由《纽约世界报》聘请的一位英国人发明，但1924年之前，它并未大范围流行起来，直到小型出版公司“西蒙和舒伯特”出版了一本填字游戏书。跟麻将和占卜板一样，它迅速成为全国热潮，巴尔的摩和俄亥俄铁路公司甚至会在乘客舱里放字典，为填字上瘾的旅客提供方便——但和前两者不同，它的受欢迎度从未减弱。今天，填字游戏仍然是美国除了看电视之外最受欢迎的静坐娱乐。

跟填字游戏、占卜板和麻将吸引美国注意力大约同一时期，棒球运动成为家喻户晓的全国性消遣，虽说在这个世纪的大部分时间里，它本就享受着这样的地位。

没有人知道棒球最初是在哪儿、从什么时候开始玩的。按照一般的说法，这种游戏演变自英国儿童游戏绕圈圈（rounders）。棒球和绕圈圈确实有着无可置疑的相似之处：两者都有击球手击球，接着绕着跑垒道冲刺跑——但棘手的地方是，《牛津英语词典》1856年前都没有收录过“rounders”这一词条，而到了这时候，棒球早就既是一项运动，也是美式生活里牢牢确立的一个名字了。（似乎没有人探讨过绕圈圈从棒球衍生出来的可能性。）

可以肯定的是，棒球的前身可以追溯到“五月花”号之前。16世纪以来就在英格兰流行、截至19世纪在美国也很常见的板球（cricket），似乎是所有球棍击球类游戏的祖父，*在接下来的两个世纪里，英国和美国都出现了许多板球的衍生后代，比如tipcat（或kitcat）、stick ball、one old cat、two old cat、three old cat，以及base或base-ball。它们全都涉及相同的原则：用球或桨板棍击球，赶在球被防守方接住或飞出球场边界之前，穿越既定的路线。第一次提到棒球的是一本英国（不是美国）童书，名叫《小主人汤米和漂亮小姑娘波莉的游戏书》，1744年出版于伦敦。[24]但此时的击球游戏已经在美国扎根了。美国第一次提到球棒（bat）是1734年，而且，贯穿18世纪，有许多引文提及球类游戏及其器具。例如，引发波士顿大屠杀的部分原

---

* 板球（cricket）这个奇怪的名字来自一个古老的法语单词criquet，用来形容球撞击木头所发出的清脆响声。cricket还有蟋蟀之意，它同样是来自criquet。

因是，英国军队里有人以恫吓的姿态挥舞一根tipcat游戏用的球棍。驻扎在福吉谷的士兵，1778年也会以“玩棒球”的方式打发时间。[25]

到19世纪初，美国的球类运动似乎已经基本上固定为一种通用形式，名叫“town ball”，并分为两个类似的版本：马萨诸塞版和纽约版。棒球术语多样化的词源，比如innings（棒球比赛里的回合或局）、shortstop（游击手）和out-fielder（外野手），暗示现代棒球并不是直接来自任何特定的运动，而是借鉴和吸收了多种游戏里的元素。问题是，是谁把这些不同的元素融合成了一种统一的游戏呢?

传统的答案是阿布纳·道布尔迪。按照大卫·哈克特·费舍尔的说法：“道布尔迪似乎在1840年前编纂了诸多套规则中的一套。”费舍尔指出，道布尔迪并没有发明棒球，但又补充说：“跟一些修正派的意见不同，他与棒球的联系也并非虚构。”[26]

事实上，这的的确确纯属虚构。

道布尔迪的传奇，归根结底来自亚伯特·古德威尔·斯伯丁，他是位出色的球员和精明的商人，但搞历史却有些不辨真伪。短暂但杰出的棒球职业生涯过后，斯伯丁在芝加哥开设了一家体育用品商店，成为世界上最大的运动器材制造商之一。到1903年，他变得非常富裕，是球迷们眼里如天神般的权威人物。

同一年（这也是第一届美国棒球世界大赛举办、莱特兄弟第一次试飞、福特A型车发明的那一年），受人尊敬的《棒球指南》一书编辑亨利·查德威克编撰了一部棒球简史，把它的起源追溯到了绕圈圈和板球。想到棒球有可能不是一项纯粹美国的发明，有着爱国热情的斯伯丁倍感屈辱。此事酝酿了两年之后，他在1905年指定了一支六人委员会来调查这个问题。该委员会由国家棒球联盟主席A.G. 米尔斯领导，他碰巧是前不久刚去世的阿布纳·道布尔迪的老朋友，两人有着长达30年的友谊。1907年，委员会发布了一份报告，言之凿凿，却毫无证据地声称，棒球是1839年由道布尔迪在纽约库珀斯敦创造的。有人要求米尔斯透露细节，米尔斯说，他是从"一位可敬的绅士"阿尔伯特·格雷福斯那里听说这个故事的，并且毫不怀疑地接受了格雷福斯的说法。（没多久，格雷福斯就进了疯人院。）

任何人只要稍微调查一下这件事，就知道这个故事站不住脚。一方面，道布尔迪1839年并不在库珀斯敦，而是在西点，此外，他的家人1837年也离开了库珀斯敦。道布尔迪死后留下了67本日记，没有一次提及棒球。最后，如果米尔斯的故事真的靠得住，那么，在两人30年的亲密友谊里，难道道布尔迪居然没想过要向米尔斯说一声，是自己发明了米尔斯赖以谋生的运动吗？[27]

到此为止，如果说棒球真的要说有个发明人，那么，他应该是纽约尼克博克俱乐部的球员亚历山大·卡特赖特，1845年，他根据纽约版town ball形式拟定了一套规则。卡特赖特的游戏设定，在核心上跟今天非常类似。它规定球队为9人，有钻石形状的内场，球垒之间相距90英尺。三振出局，三次出局后结束球队的击球时段。

但在细节上，卡特赖特的版本跟它的直系后代们充满了差异。首先，只要外野手能在球飞行中或在球落地后第一次弹跳时接到球，或是在对手跑动时用球击打之，就能让对手出局（毫无疑问，在各种出局方式中，这种做法能让外野手获得最大乐趣）。球员要到19世纪90年代才会戴防护手套。在那之前，他们赤手接球，有时也用帽子接球。投手所站位置，比如今更靠近击球手，他采用下手投球，而且，在击球员（batter，这个美式说法来自1824年）找到自己喜欢的那记球之前，必须不停地投球。迟至1887年，投手仍必须把球投到击球手要求的地方。[28]

batter最初也叫作striker，1856年后成为batsmen。catcher（捕手），有时也叫catcher-out，站在本垒板后方50英尺处，并且，在19世纪90年代捕手面罩开发出来之前，他们都小心翼翼地站在贴近犯规范围的最边上。裁判（umpire，在棒球语境下第一次提及是在1856年）同样会顺着第一垒的边线，安全地站在（经常也会坐着）外面。在当时，裁判的判断力比现在还靠不住。重要的比赛也有更高一级的裁判（referee），他们的任务是对裁判进行判断。（顺便说一下，和带电粒子一样，umpire起初跟在不定冠词之后时，开头会加一个n。这类单词还有不少。在中古英语中，an umpire得写成a noumpere，an apron则是a napron。）

制服也十分不同。例如，卡特赖特的尼克博克俱乐部以白色衬衫、蓝色长裤和草帽为制服，球员们看起来不像敢拼敢抢的运动员，而像莫奈画作《草地上的午餐》懒洋洋的唯美主义者。事实上，很多时候，球员们也的确更像是唯美主义者。早期的球队是专为上流阶层服务的兄弟会组织，这就是为什么直到今天我们都把棒球队叫成“俱乐部”。通常，比赛是社交聚会之后举办的活动。之后出现了两件事：俱乐部之间的竞争变得更加暴躁和激烈，比赛在大众中传播。很明显，体力劳动者大多比股票经纪人和初级管理人员享有力量和耐力上的某些优势。起初，工人们在他们自己的联盟里打球，在波士顿公园，工人们常在早晨5点开始比赛，以免妨碍球员的工作时间。不久后，绅士队开始悄悄招募工人，充当付费的编外“枪手”。随着hippodroming（收人钱财在比赛里投球）、revolving（为更高的报酬跳槽到其他球队）等词进入棒球用语，这项运动逐渐失去了道德的光环。

1859年，美国国家职业棒球员协会成立（由于所有俱乐部都来自大纽约地区，所以这称号里的“全美”显得颇具雄心），号称坚持业余主义和绅士行为。可惜它两者全无。早在1860年，布鲁克林精进队就花钱买进了快球投手吉姆·克赖顿，纽约同好队则每场比赛收取10美分的入场费，并在球员里分配售票收入。公平竞争也不见得总是存在。至少，曾有一支球队的老板让他的狗吓跑了一名追逐飞球的外野手，左右了一场关键比赛的胜负。

到1869年，美国有了第一支真正的职业球队，即辛辛那提红袜队，他们在这一年中创造了57胜0负1平的纪录，而且比赛时的观众多达1.5万人次。[29]

随着棒球愈加职业化，各种联盟和联合会成立了——包括名字啰唆冗长的“联盟联合会”。1877年，第一个真正的大联盟——国家棒球联盟成立。[30]紧随其后的1901年，美国联盟成立，尽管它的前身是过去的西部联盟。早期的职业球队包括费城运动家队、特洛伊海马队、布鲁克林大西洋队、底特律狼獾队、华盛顿奥运会、哈特福德深蓝队和克利夫兰蜘蛛队，后者1899年创造了职业棒球队有史以来的最差战绩纪录：20∶134。光是纽约，就有同好队、高地人队、哈雷姆队、哥谭队、帕特南队和鹰队。通常而言，名字里的地名意义不大。哈特福德队在布鲁克林打了1877年的赛季。如果一支球队在奖旗夺冠赛（pennant race，叫这个名字是因为比赛最初真的是为了争夺奖旗）里出局，那么，到赛季结束时，也就没必要去参加各地巡回赛了。就算对手现身，也不值得劳心。在1881赛季的最后一场比赛中，特洛伊海马队只有区区12名观众。

球队不停地成立改组。许多球队销声匿迹。另一些球队演变出了新的身份——有时是一连串新身份。1876年，现在的芝加哥小熊队叫作白袜队（后来这个名字由同城的竞争球队把持），在1905年最终正式固定为小熊队之前（1887年至1905年间），使用过一大堆正式非正式的绰号：小马队、黑袜队、孤儿队、牛仔队、骠骑队、新兵队、巴拿马队，轻风队和国民队。布鲁克林队的一支球队最初叫自己新郎队，因为它有4名球员在同一年夏天结婚，但最终，它的名字演变成了道奇队，或者，说得更具体些，叫Trolley Dodgers，“电车闪避者”。这个名字不是指球员，而是指勇敢的球迷们跨过一辆接一辆的电车线路，安全到达球场。匹兹堡艾利根队（Pittsburgh Alleghenys）变成了更押头韵的匹兹堡海盗队（Pittsburgh Pirates），尽管这在地理上并不合适。波士顿食豆人队变成了波士顿勇士队。波士顿红袜队在改回本名之前，也叫作朝圣者队或萨默塞特队。

世界棒球锦标赛（World Championship Series）始于1884年，到1889年缩短为世界系列赛（World Series）。这是个言过其实得近乎荒唐的名称。大赛不光并非全球性质，甚至谈不上代表美国。1903年，世界大赛没有华盛顿特区以南或圣路易斯以西的大联盟球队参加，这种局面到20世纪50年代航空出行快速发展、促进西部球队外出才得以改观。[31]

棒球在19世纪的漫长青春期里产生了巨大的词汇量。有一些说法沿用至今：walk（表示“保送上一垒”）和goose egg（鹅蛋，代表“零分”，1866年）、double play（双杀，1867年）、bullpen（牛棚，棒球场中投手上场前暖身的区域，1877年）、bleachers（外野看台，1882年）、raincheck（比赛延期，1884年）、southpaw（左撇子，左利手的投手，1885年）、charley horse（肌肉痉挛，1888年）、fan（球迷，19世纪90年代）、doubleheader（同样两支球队在同一天内连续比赛两场，双重赛，1896年），以及表示“合作”的to play ball（1901年）。但这些例子微不足道。详尽的清单可以罗列好几页。光是击球，就足足记录下了上百种说法：Texas Leaguer、squib、nubber、banjo、stinker、humpie、drooper等。[32]

只有少数时候我们才知道这些术语的根源。southpaw（左撇子运动员）一词是《芝加哥时报》的查尔斯·西摩创造的，因为投手在芝加哥古老的西区棒球场面朝西投球，因此左撇子会将投掷臂放在自己的南面。bleachers（露天看台）归功于另一位芝加哥体育作家，用来指代那些坐在看台没有遮阳顶棚部分的观众，因为他们会被太阳晒得脱了色*。[33]孟肯将charley horse追溯到巴尔的摩金莺队一个叫查理·埃斯佩的球员身上，他走路时“像一匹跛脚马”，但弗莱克斯纳指出，埃斯佩开始打球前6年，这个说法就有人使用了。[34]banjo hit（蹩脚的击打）来自1925年，是泽西城巨人队一个叫斯努克斯·多德的人创造的，显然是暗示击打糟糕的球会发出类似班卓琴的声音。raincheck是票根的另一个名字。如果比赛前5局时下了雨，顾客可以拿出票根，在稍后的比赛里免费入场。这个单词的一般意义“聚会延期”，也由此而来。

其他词汇的来源就不太确定了。bullpen是投手上场坐的热身区域，据说得名是因为当时“Bull Durham”（德拉姆牛）的烟草广告摆放在此处。但这个故事更多地流传自民间传说，并没有任何文献证据。叫bullpen还可能是因为它跟养牛的地方类似。不管怎么说，1877年《辛辛那提问讯报》第一次提到它的

* 被太阳晒得脱了色，bleached by sun，bleach有“脱色”的意思。——译者注

时候，指的不是投手待的地方，而是拦住球迷的一个地方。直到1910年，它才变成了投手的热身区。用fan来指代球迷，据推测来自fanatics（狂热分子）的缩写，但这个结论只是一种猜想。孟肯认为它可能来自fancy，如fancy someone's chances（幻想某人会成功）。无论如何，在早期，球迷不叫fan而叫crank，推测起来大概是因为他们的欢呼声加速了（crank up）*主队的胜利吧。

棒球仍然是美式生活开展创造性文字游戏最肥沃的土壤之一。近年来最著名（也最令人困惑的一面）的新词汇是，用dial 8表示本垒打，用Linda Ronstadt代表一记好的快球。dial 8来自酒店要求顾客拨打长途电话时加拨8的做法。Linda Ronstadt更为复杂，它暗示了这位女歌手演唱的一首歌《蓝色海湾》(*Blue Bayou*)，而一记好的快球"blew by you"（从你身边飞速而过）**，这样一想，它似乎也就没那么叫人摸不着头脑了。

在棒球从绅士消遣变成全国性娱乐的漫长时期，另一项运动逐渐形成，向前者无可置疑的统治地位发起了挑战。我指的是美国人坚持称之为football（正常来说，football是足球，但在美语里指橄榄球）的运动（这是个奇怪的选择，因为橄榄球比赛里踢球的时候很少）。football这个词，打从美洲还无人知晓的1486年就一直存在于英语当中。在早期，它主要表示相邻的

---

* crank，指曲柄，当时的发动机要靠摇动曲柄来启动，故此crank up有加速、启动的意思。——译者注

** "blew by you"跟"Blue Bayou"发音接近。——译者注

英国村庄每年举行的一种比赛，村民们在相隔很远的两点之间踢或铲一个吹胀的动物膀胱。最终，它演变出了两种组织性更强的形式，rugby（英式橄榄球，1864年，一所名叫rugby的英国学校第一次开展了这种运动，因此它因袭了自己诞生地的名字）和soccer（是英国大学的俚语，1891年才出现）。

从橄榄球（football）在美国最早出现时形式看，它不像是一项体育运动，而更像是合法的骚动，跟中世纪英格兰的乡村运动很像。从1840年前后开始，耶鲁大学的新生们跟高年级学生进行一场巨大而无序的推搡比赛，拼抢一颗临时凑合用的球，就成了惯例。观看了一场这样的比赛之后，《纽约邮报》忧心忡忡地写道："男孩和小伙子们互相冲撞，撕下彼此的衣服。眼睛肿胀，脸上乌青，还流着血，衬衫和外套撕成碎片。"耶鲁和哈佛大学校方为此事导致的伤病和混乱大感惊讶，在19世纪60年代禁止了这一做法。

于是学生们把注意力从一年一度的推搡中转移到了英式橄榄球上。起初，他们采用英国的规则，但渐渐地，他们演变出了自己的形式，同时也保留了大部分的术语，比如offside fair catch（越位安全接球）、halfback（中卫）和scrimmage（或写作scrummage，来自英语里形容扭打的方言词汇，现在英式橄榄球的世界里缩短为scrum，意思是列阵争球）。虽然强加上了一定的秩序，但游戏仍然混乱而危险。1878年，耶鲁大学学生沃尔特·坎普提出了几条规则，让这项运动变得更加成熟（坎普在同伴和导师心中似乎有着神明一般的地位，这并非没有理由；

他领导的一支耶鲁球队，曾在一个赛季的过程中，以482∶2的比分领先对手；另一个赛季的比分甚至达到了698∶0）。他提出的主要的几条规则是球队仅限11名球员，每一方都有3次机会（也叫down，档）将球推进5码。所以，赛场每隔5码绘制一条白线，1897年，它激发出用gridiron（原指烤肉的铁丝格子）来形容橄榄球赛场的灵感。

1880年前后，美式橄榄球和英式橄榄球在美国彻底分道扬镳，到1890年，耶鲁大学经常可吸引4万人观看本校的橄榄球比赛。但一些事情仍有待改变。中锋不是用手击球，而是用脚将球踢回四分卫。直到1904年，达阵得分还比射门得分更高。1906年，向前传球都未写入规则。[35]而且，就算到了这时候，还没有人真正意识到这么做的潜力。用到向前传球的时候很少，而且就算真的用出来，也是四分卫向静止的接球者高投一个短传球，后者接过球，转身带着球跑。1913年，美国圣母大学的四分卫格斯·多莱斯和队友克努特·罗克尼想出了跑动中向接球手传球的点子。圣母大学靠着这种方式，以35∶3击败了陆军大学，跻身体育板块的传奇领域。

哪怕经过坎普的改进，美式橄榄球还是危险、暴力十足。1902年，有12名美国球员死亡。1905年，这个数字上升到了71人。更糟糕的是，学校开始聘请职业球员。“有一个人，使用不同的假名，在13年里替9所学校打过球。”佩奇·史密斯指出。[36]

20世纪初，职业橄榄球在矿业和工厂城镇发展起来，球队名称往往反映了当地的行业，如匹兹堡钢人队和绿湾（肉类）包装工队。职业橄榄球的确立过程很慢。直到1925年，纽约巨人队的特许经营权售价仅为500美元。等到20世纪50年代和电视时代到来，职业橄榄球才终于吸引了大批忠诚的追随者。

虽然美式橄榄球孵化出了庞大的内部词汇库，比如T-formation（T阵型，1931年）、play-off（季后赛，1933年）、handoff（递传）和quarterback sneak（四分卫袭进，20世纪40年代初），进入主流英语的橄榄球词汇却少得惊人。为数不多的几个是：blindside（盲侧，引申为广义的弱点）、cheap shot（在美式橄榄球里指粗野犯规行为，后引申为政治上的阴险诽谤）、game plan（行动计划）和jock（指代运动员，它来自橄榄球比赛所用的jockstrap，也即下身护体，归根结底则来自16世纪英国俚语里的阴茎）。[37]

美式橄榄球在大学里崛起的同时，另一项大受欢迎的运动也正逐渐形成。1891年秋天，一位名叫詹姆斯·奈史密斯的加拿大年轻人，加入了马萨诸塞州斯普林菲尔德国际基督教青年会培训学校的工作团队，受命设计一种没有身体接触的室内游戏，不会损害健身房，同时所有球员都有机会参与。他发明的游戏是篮球——不过，1912年之前，如今的basketball一直叫basket ball。奈史密斯在健身房的两头挂起桃子筐，用一个足球来玩。第一场比赛于1891年12月举行，有两支队伍参加，每队各9人，场面不甚精彩。最终得分为1∶0。[38]

作为一项休闲活动，篮球很快流行开来，主要是因为它非常便宜，易于开展。短短3年，就出现了一家公司专门为该运动制作球，许多精妙的打法已经演化出来。例如，1893年出现了罚球（free throw）——第一次出现时名叫fee trial for goal 。1895年，一方有5名球员上场成为标准，但是centre（中锋）、两名forward（前锋）和两名guard（后卫）的名字，直到20世纪20年代才最终固定。到1907年，篮球还叫cage game（笼赛）。篮球选手的别名cager历久不衰，很大程度上是因为头条作者写起来很方便，它的首次出现是在1927年俄克拉何马州阿德莫尔的一家报纸上。

奇怪的是，尽管桃筐很快被球网取代，但直到1912年，还没有人在球网底部切出洞来。这之前，每当一方进球得分，就必须有人爬上梯子，把球拿出来。

很多年里，篮球比赛的得分都很低。1934年，纽约举行了第一次全国邀请赛，纽约大学以25∶18战胜圣母大学，威斯敏斯特大学以37∶33击败圣约翰大学。直到20世纪30年代的跳投（jump shot）、20世纪40年代的勾手投篮（hook shot），以及更重要的，20世纪50年代的快攻（fast break）演变出来，这项运动才得到了真正的发展。

基督教青年会的许多球队，发展成为第一批专业球队，尤其是凯尔特人队，他们成立于1915年，来自纽约而非波士顿。但筹措资金始终很成问题，球队往往被迫采取绝望的权宜手段，避免陷入困境。一支早期球队为了获得赞助，把自己叫作韦恩堡左纳活塞队。它因袭了弗雷德·左纳的名字，如你所想，此人制造活塞。1949年，两个规模较小的联盟合并，组建了全国篮球协会，职业篮球正式起步。和美式橄榄球一样，职业篮球基本上是电视的产物，而且，跟橄榄球一样，它对美式英语的影响微乎其微。事实上，如果你把偶尔出现的几个比喻表达方式，比如slam dunk（扣篮）、air ball（空心球）和full-court press（全场紧逼）给去掉，那就可以说完全没影响。

另一种古老的流行消遣——高尔夫（golf），在语言学上更有趣一些。这种运动，和其他与之有关的表达，都有着苏格兰血统，包括bunker（沙坑）、tee（T形球座）、divot（草皮）、niblick（9号球杆）、duffer（蹩脚的高尔夫球手）、links（沙地）和golf本身。golf可能来自苏格兰方言单词gowf，意思是敲击或打击，但这个词起源不确定，最早的记录见于1457年。从通行的多种拼写方式可以看出，直到相当晚近的时代，“golf”中的“l”才开始发音，之前都不发音。

高尔夫球很早就来到了美国。早在1786年，也即独立宣言发表10年后，查尔斯敦就有了一处自称为高尔夫俱乐部的地方，1795年，萨凡纳又有了一处，尽管没有证据表明这两个地方真的打过高尔夫，自然也没有任何能牵强形容成球场的东西。不管怎么说，到19世纪20年代，两者都不复存在。北美洲第一家真正的高尔夫球场是成立于1873年的皇家蒙特利尔高尔夫俱乐部建造的。而美国的第一家是位于宾夕法尼亚州的、创办于1887年的福克斯伯格高尔夫俱乐部建造的。

虽然这项运动来自苏格兰，但很多术语都是美式英语，尤其是par（标准杆），它可追溯到1898年。标准杆自然是指一个优秀的球手在某一洞上应该得到的分数。在par通行开来之前，人们使用古老的苏格兰单词bogey来表达相同的意思，bogey的意思是鬼魂或精神。它隐含的概念是，每名选手都在和一个假想的幽灵选手比分数。然而，1898年，橡胶高尔夫球发明问世，很快取代了老式的马来树胶球。[gutta-percha（马来树胶），这是个马来语，意思是“布条”。] 由于新球飞得更远，每个洞所需要的平均击打数变少了。因此par逐渐用来指代新的概念性击球杆数，bogey表示原来的击球杆数。随着马来树胶球完全消失，bogey的意思就变成了超一击，超过击入球洞的标准杆数一杆。[39]

birdie（小鸟球）意为少于标准杆一杆，来自19世纪美国俚语，意为优秀。20世纪20年代，birdie和eagle（一个美式单词，意思是低于标准杆两杆）都很常见。[40]同一时期，高尔夫与两种相当古怪的衣物联系到了一起。第一种是knickerbockers（灯笼裤），它是华盛顿·欧文1809年为他的《纽约外史》一书临时生造的词（其实这本书的正式名称是《迪德里克·尼克伯克的纽约史：从世界的开始到荷兰王朝的结束》）。这个词本身先是莫名其妙地跟女性内衣联系在了一起（直到今天，除了北美之外的英语世界，女性内衣在英语世界都叫作knickers）。后来，通过一连串令人眼花缭乱的跳跃，它开始指代20世纪20年代高尔夫球手喜欢穿的短裤。这种短裤要是能延续至今，那就奇怪了，我想，对渴望要成为一流高尔夫手的人来说，它们毫无鼓励作用。高尔夫短裤进一步催生了另一种短命的服饰——

plus four，之所以这么叫是因为它们比knickers长4英寸。[41]

最后，在告别体育世界之前，我们应该提一下近来围绕许多球队给印第安人起绰号导致冒犯所引发的争议。1992年掀起了一场名为“全国反对体育和媒体种族主义联盟”的运动，部分原因就是为了抗议使用Braves（勇士）、Redskins（红皮）和Indians（印第安人）等绰号。美国印第安运动主席克莱德·贝勒库尔认为：“把球队叫作华盛顿红皮，就跟叫华盛顿黑鬼或华盛顿黑皮一样。”[42]

有人为“克利夫兰印第安人队”这一名称辩护，说球队叫这个名字是为了纪念一位美洲原住民路易斯·F.“亚历克斯”·索克雷西斯，他属于佩诺布斯科特印第安人，19世纪90年代，他曾是球队的明星球员，1914年，也就是他去世后的第二年，克利夫兰印第安人队以之为名。但这种说法，在一些活动人士看来并不成立。有人说：“如果是这样的话，他们应该自称克利夫兰·索克雷西斯队。”

几所大学和高中已经把球队的绰号从莫霍克或休伦*改成了别的无伤大雅、不惹人生气的叫法。《波特兰俄勒冈人报》1992年宣称，它将不再刊登与印第安相关的绰号，认为这些绰号可能会“延续刻板印象，伤害我们社会中许多人的尊严和自尊”[43]。

然而，截至本书撰写之时，还没有哪支职业球队认真考虑改名之事。

---

* 莫霍克和休伦均为印第安族名。——译者注

第17章

炸弹和瞎话：政治与战争

I

大约在19世纪20年代，有人指责一位名叫菲利克斯·沃克的国会议员胡言乱语；显然，他确实是在胡言乱语。沃克尔回答说，他是在对自己选区——北卡罗来纳州邦科姆县的民众讲话。几乎在同一时间，他的国会同僚们开始把一切政治上的噱头称为“speaking to Buncombe”（对邦科姆讲话）。不久，这个短语就在华盛顿以外的地方传播开来，缩写为buncombe，还经常被写成bunkum，最终进一步缩写为bunk。它的逆构词debunk（揭穿，驳斥）来得更晚一些，是在1927年。bunkum又进一步带来了hokum（一派胡言），也即hocus（欺骗）和bunkum的合成词。就这样，被遗忘的菲利克斯·沃克尔说了一句蠢话，引出了近半页词典的词条。[1]在此过程中，沃克尔触及了美国政治修辞的一个核心悖论，即：尽管政客们基本上是在spout hot air（满嘴跑火车，这是19世纪40年代出现的一个美式英语单词），但他们也同样在不断地创造新语言。

美国的一些政治术语有着相当悠久的历史。caucus一词源于阿尔冈昆语，意为“顾问”，可追溯到17世纪早期，是现存最古老的美式英语词汇之一。不久之后出现了mugwump（一开始常拼作mugquomp），它同样是阿尔冈昆语，首次见诸记录是在1643年。两百多年来，这个词一直保留着最初的意思，即“酋长”或“领导者”，直到19世纪80年代，它的词义突然发生变化，指代“在政治上特立独行的人”。[经常被引用的定义是，mugwump指某个人，端着mug（杯子）坐在栅栏一边，而把wump（屁股）放在另一边，即政治上的中立派。] favourite son（受拥戴的当地候选人）一词最早由1789年华盛顿使用，他不久之后又创造了administration（行政分支）一词。

但美国政治术语的黄金时代是19世纪。在那个动荡的世纪，有两百来个术语流行开来，而且直到今天仍不失贴切，其中包括：

spoils system	政党分肥制
lobbyist	说客
split ticket	投异党候选人的票
party ticket	集体票

dyed-in-the-wool	彻底的，地道的
office seeker	谋求官职者
dark horse	黑马
lame duck	跛脚鸭
slate	选举中的候选人名单
standard-bearer	旗手，引申为先行者
gag rule	言论限制法规
straw vote	测验民意的测试投票
party machine	政党机器
filibuster	阻挠议案通过的人
slush fund	贿赂基金
gubernatorial	州长候选人
junket	公费旅行
bandwagon	见风使舵
landslide	压倒性胜利
to dodge the issue	回避问题
to electioneer	积极参选
to campaign	开展竞选活动
to gerrymander	不公正地改划选区
to be in cahoots with	跟人共谋
to logroll	互相捧场
to stump	到各地做政治演说
to run	竞选

to muckrake	揭发丑闻
to mend fences	修补关系
to whitewash	粉饰
to keep the ball rolling	继续让球滚下去，引申为让某一活动不停地继续进行下去。之所以这么说，是因为1840年的总统选举活动中，为支持威廉·亨利·哈里森，有人做了一个直径3米的大皮球，并推着到各地宣传，大皮球的球身上印着竞选口号。[2]

这些术语中，最早成为大众用语的是gerrymander。它的意思是“为了让某一政党更受欢迎而重新划分选区”，它可以追溯到1812年，因袭了马萨诸塞州州长埃尔布里奇·格里（Elbridge Gerry）的名字。（不久后，格里在詹姆斯·麦迪逊任总统期间当上了副总统。）格里所属的杰弗逊党为了保持对州议会的控制，在地图上做了一些大胆的操作。画家吉尔伯特·斯图尔特注意到埃塞克斯县下的一个辖区形状模模糊糊的，类似爬行动物，便给它勾勒出了头部和腿部，并把它叫作蝾螈（salamander）。“不，是一只gerrymander！”一个旁观者叫道，于是这个词就沿用了下来。这个词有个遭到忽视的小小方面是，我们都把它发错了音。格里读自己的名字，用的是good中的/g/，而不是gerald中的/dʒ/。[3]

在接下来的10年里，在纽约州首府奥尔巴尼又出现了另外两个经久不衰的政治术语。一是spoils system（分赃制），它的灵感来自“to the victor belong the spoils”（战利品属于胜利者）这一表达方式，虽说有着体面的古典光环，但实际上它最初出自一位本来早就遭人遗忘的纽约议员威廉·E. 玛西之口。[4]二是在奥尔巴尼，大约同一时期，出现了一个迫切需要的说法：lobbyist，指的是在首都到处溜达转悠，寻求路过议员支持的人。（他们只能在国家民众接待厅里转悠，因为闲杂人等不得进入立法院。）

另一些术语挪用自海外。形容政客在政治感情上持左（left）、中（centre）、右（right）立场的习惯，是1840年前后从英国传入美国的，不过英国人也是从法国人那里借来的，它是1789年法国大革命带来的一种副产品。这些说法反映的是法国国民议会的席位安排，按照惯例，总统左边坐的是较为激进的平民，而较为保守的神职人员和贵族则坐在右边。英国和美国并无实际的座位安排来对应这些说法，只不过，事实证明，它们是些方便好用的标签。[5]

同样来自英国的还有dark horse（黑马）和lame duck（跛脚鸭），只不过，在美国接手它们之前，两者都没有政治上的含义。黑马是本杰明·迪斯雷利在小说《年轻的公爵》中创造的。虽然他本人是政客，但他只在赛马的语境里说过这个词。在美国，到19世纪60年代，它扩展到了政治领域。“跛脚鸭”起源于18世纪，当时伦敦股市用它来形容违约的人。1800年前后，这个词传到了美国，但到该世纪中叶，政客们就开始用这个词来形容一个任期已满、正在等待继任者到来的公职长官（如总统、州长等）。从这个词的政治意义上看，它是从美国反向引入英国的，但在英国，它又沾染并保留了无能、无权或软弱的政客的意思。

最奇怪、当然历史也最为复杂的外国挪用词汇是filibuster（海盗，或阻挠议事者）。它始于荷兰语的vrijbuiter，意思是海盗。对讲英语的人来说，vrijbuiter自然会带来freebooter*（海盗，两者的发音在英语里类似）。但是西班牙人的舌头说不溜vrijbuiter，便把它改成了filibustero。接着法国人借用了它，改成filibustier。英国人从其一或同时从这两个来源借用了它，又改为filibuster。因此，到1585年，vrijbuiter为英语带来了两个有着相同意思的单词。freebooter没能继续流传，但filibuster日后充分地参与了美国政治生活。起初，这个词甚至还带着一定的本意，用来形容组建私人军队、以占领中美洲国家为目的的美国人（在19世纪50年代，这是一股短暂却又顽固的风潮。所谓的"昭昭天命"，相当受某些人脑袋的欢迎）。

这些狂妄的激进分子中有个人物叫威廉·沃克。沃克1824年出生于田纳西州，是一位非凡的天才，14岁就以优等成绩毕业于纳什维尔大学，25岁同时拿到了医生和律师从业资质，还找

* freebooter里的boot和鞋子毫无关系，它来自一个古老的德语单词bute，意思是"交换"，booty（赃物）中的boot也是同一出处。

到空闲时间编辑了新奥尔良的一份报纸，卷入了加州淘金热，参与了3场决斗。如果你知道他个头极小，比现代的赛马骑师大不了多少，这些事迹就显得更引人注目了。虽说身材矮小，沃克却显然是个领袖人物。1853年，他招募并武装了45名雇佣兵，和他们一起前往下加利福尼亚，打算夺取当地的矿产资源，同时让当地人民享受到美国文明的好处（不管他们乐意不乐意）。

冒险失败了，但沃克找到了自己的使命。此后的7年里，他把时间用到了征兵和筹集资金上，并开始了一连串雄心勃勃的远征。尽管他取得了一些成功（他曾占领尼加拉瓜大约1年时间），但最终，每次尝试均以失败告终。

1860年，沃克在洪都拉斯遭遇一场惨败，向英国海军投降。出乎他意料的是，俘虏他的人并未像此前历次一样，将他遣返回美国，反而把他交给了洪都拉斯政府，后者火速把他和同伙带去了城镇广场，列队后交由火枪队处决，结果了他们的性命，也结束了这股私人闹革命的风潮。[6]但filibuster一词并未随着他们一道烟消云散。到19世纪50年代中期，国会用这个词形容各种破坏性的辩论战术，到19世纪80年代，这个词的现代含义固定下来，即故意拖延行动，旨在阻挠法案的通过。

要不是美国国会早期对自己的作为表现出明显的遮遮掩掩，还有一些词说不定早就渗透到整个世界了。参议院的辩论一直保密到1794年，此后的几十年里，只有粗略的报道。众议院吸引了更多的关注，部分原因是它在处理问题上更加开放，但更因为直到19世纪，人们还认为它是地位更崇高的议院。要到19世纪，参议院才逐渐有了“高等级议院”的气息，原因也很简单：因为众议院反映了美国人口的增长，开始变得非常拥挤，到1860年，众议院有243名成员，到1880年有了332名议员，与此同时，参议院仍相对小型，因此也对资格的要求更严、更排外。让参议院出名的人，如丹尼尔·韦伯斯特、亨利·克莱和约翰·卡尔霍恩，要是早一代出生的话，很可能会在众议院。[7]

不管怎么说，直到1873年《国会议事录》（是美国国会参众两院的议事实录）终于诞生，公众才享有旁观国会辩论的权利。与人们的普遍看法相反，即使是现在，这份记录也不是对国会所有辩论的完整、逐字记录。发言收入记录之前大多会经过编辑，事实上，记录里有时还包含一些无中生有的发言。用历史学家丹尼尔·布尔斯廷的话来说，它与国会上的实际言论只有“微乎其微的相似之处”[8]。

19世纪对政党来说同样是一个繁忙的时期，因为当时的人们往往会围绕一个议题（如奴隶制或移民）不断地结成或改组同盟。美国的政党实际上可以追溯到宪法起草后不久，主要的两方结成松散的联盟。那些支持宪法的人在某种程度上发动了一场语言政变，自称为联邦党人（Federalists）。事实上，这个词更准确地描述了那些反对宪法并希望恢复《邦联条例》的人。但由于恰如其分的名字被抢了，这个派别就默认成了反联邦党人（Antifederalists），而这不仅是不准确的，且还背上了负面气息。名字听起来更积极的联邦党人是很乐意占这种便宜的。[9]由于背负着误导人的名字，反联邦党人开始自称民主党人（Democrats），有时是共和党人（Republicans），有时又是民主共和党人（Democrat-Republicans）（这当然容易叫人糊涂）。[10]

19世纪，一连串的政党名称短暂地闪烁又逐渐褪去光芒，就像黑暗的礼堂里划燃的火柴。这个比喻不太恰当，因为有一个令人难忘的政党就是这么得名的。我指的是平等权利民主党人（Equal Rights Democrats），他们另一个尽人皆知的名字叫"火柴党"（Loco-Focos），之所以这样称呼，是因为有一回，他们的集会大厅被破坏者弄得陷入漆黑，支持者们则在新型硫黄火柴（locofocos）的帮助下继续活动。[11]同样令人难忘的是"一无所知党"（Know-Nothings）——这名字似乎不太能激发人们对其领导能力的信心。该组织的正式名称叫美国人党（American Party），它不光是个政治实体，也是个秘密组织，按照规定，如果有人询问该党的宗旨，会员必须回答："我一无所知。"不能告诉别人你想做什么，显然很难吸引全国的追随者。尽管有这么明显的缺点，一无所知党在反移民、反爱尔兰、反天主教的狂热人士中却大受欢迎，甚至一度有望超过年轻的共和党，成为美国一支持久的政治力量。[12]

另一些从19世纪繁忙舞台上走过的政党或亚政党（sub-parties）包括：

Butt-enders	屁股终结党
Roarers	咆哮党

Huge Paws	巨爪党
Copperheads	铜头蛇党
Ringtails	浣熊党
Ball-rollers	滚球党
Barnburners	烧谷仓党
Anti-Masons	反共济会党
Free Soilers	自由土地党
Anti-Nebraskans	反内布拉斯加人党
AntiRenters	反佃户党
Pro-Bank Democrats	亲银行民主党
Constitutional Union Party	立宪联邦党
People's Party	人民党

不过，应该指出，这些称呼，好多来自对手的嘲讽，倒不一定是追随者们的自称。

对政党来说，具有分水岭意义的一年是1836年，双方合并成支持和反对安德鲁·杰克逊的两派。支持杰克逊的人自称是民主党人（Democrats）。在反对的一方，国家共和党（National Republicans）、反对共济会党（Anti-Masons）和亲银行民主党（Pro-Bank Democrats）联合起来，重新起名为辉格党（Whigs）——这显然是一个奇怪的选择，因为在独立战争期间，辉格党指的是支持英国的人，故此长期以来都带着一点背叛美国的言外之意。尽管辉格党在英国和美国都有悠久的历史，起源却很神秘。《牛津英语词典》只说它“可能”来自whiggamore，这个词指的是1648年在爱丁堡打击苏格兰叛乱分子的一支远征军队的成员，但并未解释whiggamore的来源。

1836年以后，杰克逊民主党人仍然是民主党人，但辉格党却将面临进一步的动荡和最终的解散。19世纪50年代，该党分裂出一大堆有着各式名字的派别，比如良心辉格党（Conscience Whigs，他们反对奴隶制）、棉花辉格党（Cotton Whigs，支持奴隶制）和烧谷仓党（Barnburners，来自一幅漫画，顽固的荷兰农民想要通过烧谷仓来赶跑谷仓里的老鼠）。1855年，在这场你死我活的争吵中，辉格党以共和党（Republicans）的名称延续下来，这个名字也因此得以保留。两大政党各自的象征——共和党的大象和民主党的驴子——出自漫画家托马斯·纳斯特的手笔，他还赋予了山姆大叔人的形象。[13]

20世纪，新的政治术语在数量上有所减少，但在来源上仍然花样百出。自1900年以来崛起于政治世界，又在更广阔天地里找到了一席之地的词汇包括：smoke-filled room（直译为烟雾缭绕的房间，引申为密谈室）、grass roots（草根）、pork barrel（分猪肉，引申为政治上的分肥拨款）、square deal（广场协议）、new deal（新政）、keynote speech（主题讲演）、off the record（非正式的、不宜公开的）、egghead（理论家或书呆子）、brain trust（智囊团），以及无数个以水门事件为灵感而冒出来的短命“某某门”（-gate）：Koreagate、Lancegate、nannygate、Quakergate、Hollywoodgate和Irangate，就连英国也有

Camillagate。

pork barrel起源于19世纪，在整个19世纪pork（猪肉）都是常见的政治术语，用来指代任何一种可疑的肥缺或者油水（显然是暗指猪肉的肥厚）。到20世纪初，不知什么原因，pork变成了pork barrel，并逐渐指代国会议员设法为自己的家乡州弄到了一笔联邦政府的慷慨拨款。

off the record是1926年由纽约政客阿尔·史密斯创造的。egghead出现于1952年的竞选活动。它的灵感似乎来自阿德莱·史蒂文森*，或者更确切地说，来自史蒂文森圆溜溜的脑袋。到当年晚些时候，它成了指代知识分子的常用词汇。

20世纪还出现了大量来自政治圈的口号和标语，比如泰迪·罗斯福的“温言在口，大棒在手”（speak softly and carry a big stick）、伍德罗·威尔逊的“一小群任性的男人”（little group of wilful men）和“为民主创造一个更安全的世界”（to make the world safe for democracy）、柯立芝的“美国的头等大事就是做生意”（the business of America is business）、杜鲁门的“推脱责任，到此为止”（the buck stops here）、肯尼迪的“别问国家能为你做什么，而是你能为国家做什么”（ask not what your country can do for you, but what you can do for your country）。不过，20世纪一些广为引用的政治用语实际上出自

* 阿德莱·史蒂文森（Adlai Stevenson），美国政治家，以辩论技巧出众闻名。——译者注

虚构。胡佛从来没有说过“繁荣就在眼前”（prosperity is just around the corner），他也从来没有使用过“人人都有肉吃”（a chicken in every pot）这样的表达方式——虽说在1928年竞选期间，共和党在竞选活动里几乎替他这么说过。广告以“人人都有肉吃”为标题，不过正文里承认，这一表达方式本来就很古老，足以视为“谚语”了。

有一个政治圈说法，直到20世纪初才正式存在，它就是白宫（White House）——这可真出人意料。最初的方案只将这座建筑描述为“the Palace”。没人知道从什么时候起，人们开始叫它白宫——但奇怪的是，这个说法似乎在房子被粉刷成白色之前就存在了。从1800年（约翰·亚当斯成为这里的第一位住户）到1814年（英国人洗劫并烧毁了它的一部分），该建筑是用朴素的弗吉尼亚灰毛石修建的。遭到英国人破坏之后，人们决定把它粉刷成白色，以掩盖烟熏留下的痕迹。所以早在1810年，人们就把它叫作白宫，是一件有点奇怪的事。不管怎样，要到1901年，西奥多·罗斯福开始把它印在行政官邸的信纸上，它才成为正式名称。

顺便说一句，白宫成为不可接近的堡垒，也是相对晚近的事情。迟至哈丁时代（1921—1923），公众还可在白宫草坪上野餐，甚至可以到总统办公室外头散步，窥见窗户里的情形。[14]哈丁本人有时还会亲自去白宫前门应门。[15]

II

军事问题也是如此。有一个老笑话是这样说的："亲爱的日记：今天，百年战争开始了。"（Dear Diary: Today the Hundred Years War started.）事实上，直到19世纪，大多数战争才有了我们现在所知的名字。美国革命（The American Revolution）到了19世纪才成为通称，之前，它叫作独立战争，或者是对英战争。南北战争（The Civil War）进行期间，在南方人口里称为"州际之战"，在北方人口中叫作"叛乱之战"。第一次世界大战（World War Ⅰ）等到第二次世界大战之后，才有了现在的名字，原因没什么好说的。[它之前叫作"大战"（Great War）。] 第二次世界大战（World War Ⅱ）的说法虽然用得很普遍，但要到战争快结束时才成为正式用语。罗斯福既不喜欢World War Ⅱ，也不喜欢Second World War。战争之初，他不无夸张地叫它生存之战，而快到他去世的时候，又将之称为暴君之战。其他与“二战”相关的名字还有世界自由战争、解放战争和反纳粹战争。1945年，当时的战争部长亨利·刘易斯·史汀生提出了正式名称的问题，他选择的World War Ⅱ，得到了总统杜鲁门的采纳。[16]

战役，尤其是美国南北战争中的各大战役，也有着许多花样百出的名字。尤利西斯·S. 格兰特参与的不是夏伊洛战役，而是匹兹堡登陆战。在北方，它叫牛奔河之战；在南方，叫马纳萨斯之战。北方的安提坦战役，是南方的夏普斯堡之战；南方的默弗里斯伯勒之战、佩里维尔之战和布恩斯伯勒之战，在北方分别是石头河之战、查别林山之战和南山之战。[17]

战争的语言生产力总是很强的，虽说军事俚语和术语就跟军队本身一样，往往不断地补充着新兵员。因此，战场用词要么多多少少地无限期存在——bomb（炸弹）可以追溯到1582年，grenade［手榴弹，源自pomegranate（石榴），终极词源是西班牙城市名格拉纳达（Granada）］可以追溯到1532年——要么彻底地从词汇表里消失，最后只有军事史学家知道。

美国独立战争期间流传下来的一切，除了第三章已经讨论过的（多为虚构的）口号和流行语，就是一首歌：《胜利之歌》。它是当时最流行的曲调，作战的双方都会唱，只是改成了互相叫骂的歌词。没人知道这首歌是谁、是什么时候最先唱的，只不过，它最出名一版歌词里的嘲讽语气，暗示作者是英国人：

Yankee Doodle came to town,
riding on a pony,
stuck a feather in his cap,
and called it macaroni.

洋基傻小子去镇上，
骑着一匹斑点马驹，
他在自己帽子上插了根羽毛，
叫它通心面条。

如果你想知道为什么洋基傻小子把自己帽子上的羽毛叫作macaroni（通心面条，纨绔傻小子），答案是macaroni是当时对花花公子的俚称。他帽子上的羽毛可能暗指殖民地士兵的习惯，他们通常没有制服，只在帽子里插一根纸羽毛，作为战斗中区分自己人的一种手段。

如我们所见，1812年的第二次独立战争给我们带来了《星条旗》和山姆大叔，还有可同时充当名词和动词的conscript（义勇军），以及两条经久不衰的警句："Don't give up the ship"（绝不弃舰）和"we have met the enemy and they are ours"（我们遇到了敌军，他们是我们的了）。前者来自舰长詹姆斯·劳伦斯

（这是他临死前下达的命令），后者来自海军上将奥利弗·哈扎德·佩里。

直到进入南北战争时期，我们才逐渐有了被广泛使用的严格意义上的军事术语。南北战争期间出现的新词包括KP（kitchen police，炊事兵）、AWOL（absent without leave，擅离职守）、pup-tents（单兵帐篷，最初叫dog-tents），以及出现在流言语境中的doughboy（步兵）和grapevine（小道消息）。

doughboy似乎是在19世纪60年代首次用于指代联邦士兵（最早的援引来自1867年乔治·阿姆斯特朗·卡斯特的回忆录，但从上下文来看，它已经广为人知）。起源完全是个谜。早在殖民地时代，小油炸蛋糕就被称为doughboy，这个词可能表示此种蛋糕的样子跟骑兵制服上的纽扣相似，但这只是一种猜测。无论如何，1870年前后，这个词销声匿迹，直到第一次世界大战才再次流行起来。[18]grapevine，或是grapevine telegraph，指的是谣言的概念性传播媒介，它同样神秘。美国内战期间，这个词广为使用，通常的意思是“完全不可靠的谣言”，但究竟是什么为它带去了灵感，就无从得知了。

我们已经习惯了好莱坞的思维：联邦士兵穿同样的蓝色军服，而南方邦联士兵穿同样的灰色衣服。事实上，在战争的第一年，大多数士兵都穿着本州民兵的制服，颜色多种多样。例如，来自艾奥瓦州和威斯康星州的军队（两者均为北方州），穿着跟南方邦联政府正式制服非常类似的灰色军服，导致战场上发生了数不清的混乱。等北军因为没能朝弗吉尼亚民兵（属于南方邦联）先遣队开火，误以为他们是北方盟友而输掉了第一次牛奔河战役，陆军部才匆忙生产了数十万套标准制服。这些制服采用了回收羊毛纤维的旧工艺生产（俗称shoddy，翻造劣货）。因为工艺差，很容易脱线，shoddy逐渐用来指代一切质量低劣的物品。顺便提一句，大规模生产制服的系统还引入了标准尺码，这一流程在战后转入了平民生活。[19]

南北战争时期的一个传说是，用hooker来指代妓女，是约瑟夫·胡克将军的营地追随者提出的。没错，的确有大批的性工作者跟着胡克的部队在各个战场辗转，她们被戏称作Hooker's Division（胡克师）或Hooker's reserve（胡克预备队），但hooker一词的出现要早于内战。它最早出自1845年，指代纽约的一个街区：Corlear's Hook（也叫The Hook），那里是妓女聚集的地方。[20]

有一个十分古老的词，的确是在南北战争期间引起人们注意的，那就是Mason-Dixon line（梅森–迪克森线）。一个世纪前的1763年，英国测量员查尔斯·梅森和杰里迈亚·迪克森来到美国，绘制了这条线，以解决宾夕法尼亚和马里兰之间长期存在的边界争端。我们往往以为梅森–迪克森线是一条笔直的东西分界线，但它其实有差不多1/4是南北走向的。它成为蓄奴州和非蓄奴州之间的界线，实在纯属巧合。要不是因为这，梅森–迪克森线说不定早已遭人遗忘，而如果真是这样，那将十分遗憾，因为它是那个时代最伟大的科学成就之一。梅森和迪克森不仅是测量员，也是颇有成就的天文学家和数学家。他们在244英里的荒野上精确地画出了一条线，在一定程度上体现了如今不那么容易理解的英雄主义精神和科学研究的细致。令历史学家沮丧的是，梅森在4年绘测工作里所做的仔细记录，曾消失了近一个世纪。后来，在1860年，它们出现在新斯科舍省的一座垃圾堆上（这地方距离人们最后见到它足足有两千英里，没人知道它是如何以及为什么跑到了这里），即将遭到焚毁。[21]

南北战争留下的最后一笔出于巧合的语言遗产是sideburn（鬓角，连鬓胡子），因袭自北军指挥官安布罗斯·E. 伯恩赛德（Ambrose E. Burnside）之名。10年之内，side和burn对调了，但这是怎么回事，为什么如此，没人说得准。

经历了内战期间的短暂创作热潮之后，军事术语沉寂了近半个世纪。1870年到1917年，新出现的词只有下面这几个：roughriders（非正规骑兵）来自美西战争，limey指的是英国水手，leatherneck指海军陆战队员（这么叫是因为，19世纪有10年里，他们穿的制服在领子处有皮革衬里，据说极其不舒服）。[22]

但第一次世界大战全球敌对军事行动的爆发，催生了大量新词汇，其中许多沿用至今。该时期进入日常词汇库的单词或表达方式包括：dog tags（狗牌，指军人佩戴的身份识别牌）、chowhound（吃货）、chowtime（吃饭时间）、convoy（护送）、dawn patrol（拂晓巡逻）、dogfight（混战）、eyewash（无稽之谈）、to go west（上西天，其实它的来源更为古老，但1918年之前并未广泛使用）、stunt（噱头）、shellshock（弹震症，战斗疲劳症）、gadget（小配件）、to scrounge（搜罗）、booby trap（诡雷，恶作剧）、foxhole（散兵坑）、brass hat（高级官员，有权有势的人）、MP（military police，宪兵）、civvies指代civilian clothes（平民服装）、draftee（征召入伍的人）、pipe down（吹哨停工，安静哨，起源于航海中用哨子宣布岗哨变化等）和to swing the lead（逃避分内责任，也有吹牛、说假话的意思）。[23]

来自英国的词汇有：bridgehead（桥头堡）、ack-ack（高射炮）、blimp（小型飞船）、tank（坦克），以及相当出人意料的、指代重伤战斗人员的basket case。blimp来自它的官方名称："Dirigible: Type B-Limp"（飞船：B类-Limp），ack-ack是anti-aircraft（防空高射炮）的俚语缩写，以英国对字母AA的电话代码为基础。

来自德国的有：zeppelin（齐柏林飞艇，以其设计者斐迪南·冯·齐柏林伯爵为名）、black market（黑市，来自德语的Schwarzmarkt），以及指代大号枪械的Big Bertha。按照惯例，德国人用这种枪的制造商克虏伯钢铁公司老板之妻的名字来给它命名，而且会故意略失准确地叫它Fat Bertha（胖伯莎）而非Big Bertha（大伯莎）。克虏伯夫人究竟是如何获得这一荣誉的，没人知道。

与此同时，来自法国的词语有：parachute（降落伞）、camouflage（伪装，十分奇怪地来自法语单词camouflet，意思是"把烟吹到某人的鼻子上"，从语言证据上看，这种消遣似乎是专门针对法国人的）、barrage（意思是"密集的炮火"，来自tir de barrage）。barrage在英语里本就存在，意思是“横跨水道的路障”，但此前的发音是跟disparage押韵的。[24]

有些令人惊讶的是，一旦你剔除如今主要用于历史语境下的Lend Lease（租借法案）、VE Day（欧战胜利日）和Luftwaffe（纳粹空军）等词，第二次世界大战中出现的新词汇要比第一次世界大战中出现的少得多。这些相对较少的、来自该时期且战后仍然使用的词语包括：bazooka（火箭炮）、blackout（灯火管制）、GI（美国大兵）、liberty（指代水手登岸假）、pin-up girl（画报女郎）、Mae West（指代海上充气救生背心）、task force（特遣部队）、jeep（吉普车）、blitzkrieg（闪电战）、flak（高射炮）、fascism（法西斯主义）、gestapo（盖世太保）、kamikaze（神风特攻队）、displaced person（难民）、blockbuster（最初指的是火力强劲足够炸毁整个城市街区的炸弹，后来由娱乐行业借用，意思是“轰动一时的大片”），固定表达the greatest thing since sliced bread（自切片面包出现以来最伟大的东西），以及最重要的fuck一词生猛而创新的用法。最少为人提及的一种分支是snafu，通常说是“situation normal, all fouled up”（情况正常，一切搞砸）的首字母缩写，但你肯定不信。过去类似的说法有很多，比如tuifu（the ultimate in fuck-ups，终极砸锅）和fubar（fucked up beyond all recognition，烂得谁都认不出来）。把fucked作为一般性形容词（this engine is completely fucked，引擎完全坏掉了），似乎同样是“二战”的遗产。

有必要指出，有若干“二战”词汇是外国创造的。blitzkrieg（闪电战）、flak（Fliegerabwehrkanone的缩写，意思是“高射炮”）、gestapo（来自Geheime Staatspolizei，意思是“国家秘密警察”）都显而易见地来自德国。同样来自纳粹德国的还有一个更令人不寒而栗的短语，由“刽子手”海德里希创造的“最终解决方案”（final solution，德语是Endlösung）。法西斯主义可以追溯到战前很久——事实上，早在1919年，贝尼托·墨索里尼就在意大利发起了法西斯（Fascismo）运动——但到战前才逐渐变得明显起来。这个词来自拉丁语fasces，意为“束棒”，暗指罗马帝国用作行刑工具和权威象征的一捆棍棒。[25] kamikaze自然来自日语，它的意思是“神风”，是为了纪念在日本历史早期一场击溃了蒙古人海上袭击的及时台风。

在不太明显的本土词汇中，bazooka（巴祖卡火箭炮）来自流行喜剧演员鲍勃·伯恩斯所用的一种滑稽的舞台道具（一种自制的长号）之名。GI代表general issue，这是印在所有军事财产上的首字母缩写。没有人确切地知道GI在什么时候首次用于形容士兵，但GI Joe的年代可以确定。1942年6月17日，他第一次出现在武装部队报《洋基人》中戴夫·伯格画的一幅漫画里。[26]

作为概念而非单词的Jeep，出现时间略早于美国参与“二战”。1941年珍珠港事件发生之前，美国陆军引进了一种坚固的交通工具，用于穿越崎岖的地形。吉普车（Jeep）其实并不是一种很好的车辆。它笨重，操纵困难，耗油量大，水泵和气缸盖长期漏水，无法连续行驶4个小时以上。但它四四方方的外形和任何地方都能去的性能，立刻为它赢得了大众的喜爱。没人知道它的名字是怎么来的。最常见、似乎也是最可信的解释是，它取自字母GP，即General Purpose（通用）的缩写。问题是，General Purpose从来不属于它的正式名称，也并未出现在任何与它相关的文档中。军方一贯擅长起笨拙的绰号，把它叫作载重1/4吨的4×4卡车（truck, quarter ton, four-by-four）。更令人困惑的是，吉普车的原型车被普遍认为是peep（原因现已不详）。孟肯坚决主张，jeep一词来自E.C. 西格所绘的《大力水手》漫画。[27]没错，1936年3月，漫画里出现了一个叫作吉普尤金（Eugene the Jeep）的角色，但没人解释过这个人物的名字是怎么，或者为什么应用到了一款四驱车上。可以肯定的是，西格在同一时期带给了这世界另一个有用的单词goon（暴徒），它来自漫画中类人猿般的角色。

战争就快结束的时候，无论美军走到哪里，都会出现一句神秘的口号，往往还伴有一张卡通画，画中有一张脸从栅栏或其他障碍物上探出上半截。口号是："Kilroy was here"（吉劳埃在此）。没人知道这个吉劳埃是谁。最常为此遭到指责的人是詹姆斯·J. 吉劳埃，他是马萨诸塞州昆西的一名军事装备检查员，据说就是他用粉笔在一箱箱的装备上写下了这三个著名的单词，而这些装备随后运往了世界的各个角落。另一些人同样言之凿凿，说这是陆军航空运输司令部的弗朗西斯·吉劳埃中士的功劳，此人也有机会将自己的名字写在补给和弹药的箱子上。但各种各样的理论很多。一位极具想象力的学者甚至将其解释为反独裁的“Kill Roi”，或“Kill the King”（杀死国王）。*

第二次世界大战结束后，出现了一种更为引人注目的潮流，那就是军方对缩略语和其他类似缩写的喜爱。20世纪30年代的新政期间，这种做法开始在平民生活中认真实施，当时，TVA、WPA、OPA和PWA等机构——分别是田纳西河谷管理局（Tennessee Valley Authority）、公共事业振兴署（Works Progress Administration）、物价管理局（Office of Price Administration）和公共工程署（Public Works Authority）——成为日常生活的一部分。等世界陷入战争，军方便热情地继承了它，不光设计出像OSRD-WD（Office of Scientific Research and Development, Western Division，科学研究和发展处，西方分部）、ICWI（Interdepartmental Commission on War Information，跨部门战争信息委员会）和JMUSDC（Joint Mexican-US Defence Commission，墨西哥–美国联合国防委员会）等字母汤般的缩略词，还发明了新颖的混合缩略语，比如ComAirSoPa（Commander of Aircraft for the South Pacific，南太平洋空军司令）和Seabees［来自CBs，意思是Navy's Construction Battalion

* 好玩的是，我们太容易忘掉涉及人名的词汇中那个灵感人物的来历了。如前所述，没有人知道“真正的麦考伊”是谁了。同样，大多数权威人士都认为，肯定有一位林奇先生激发了人们创造出形容“未经公平审判就剥夺人生命”做法的单词（也即lynch，私刑处死之意），而这一可疑荣誉的候选人几乎数之不尽。事实上，几乎任何一个在1780年到1850年间，在美国任何地方担任过要职、名叫林奇的人都曾被传言是候选人之一。但没人知道他是谁，没人知道他做了什么导致他恶名不朽。甚至有人提出，林奇可能根本不是一个人，而是南卡罗来纳的一条小溪，当地人喜欢在那里即兴执行死刑。

（海军建设兵团）]。偶尔，这类缩写值得三思。几乎所有人都把美国太平洋舰队总司令（Commander-in-Chief of the US Fleet in the Pacific）的缩写CinCUS念成“sink us”（意思是将我们沉没），等军方意识到这一点，便忙不迭地把它改成了听起来更轻快的ComInCh。[28]

奇怪的是，第二次世界大战没有留给美国人一首令人难忘、传唱至今的歌曲。其他历次战争几乎都留下过，从独立战争的《胜利之歌》，到南北战争时期的《约翰布朗之躯》和《共和国战歌》，再到第一次世界大战时期的《在那边》。相比之下，“二战”时期的大多数歌曲似乎都巴不得人们即刻遗忘。

只有一个类似永久地铭刻在了大众意识当中，只不过，是作为一句口头禅，而不是一首歌。它据说来自一个真实的故事：在珍珠港事件时，防空炮手牺牲后，海军随军牧师威廉·A. 麦圭尔接替了炮手的位置，开始狠揍空中的日本飞机，并大喊出日后的名言：“赞美耶和华，快传弹药来！”（Praise the Lord and pass the ammunition）实际上，这首歌传唱开来之后，困惑的麦圭尔告诉全世界，他从来没说过这样的话，甚至从没发射过防空炮。他就是帮忙抬了几箱弹药。[29]

1945年8月6日，美国总统杜鲁门向全国宣布：“16小时前，一架美国飞机向日本重要的军事基地广岛投下一颗炸弹。那颗炸弹的威力超过2万吨TNT炸药。它是一颗原子弹（atomic bomb）。”这是大多数人第一次听到这个词，但接下来的几年里，许多跟那颗炸裂原子弹相关的单词会越来越常出现在他们眼里：nuclear（核）、fission（裂变）、fusion（聚变）、radiation（辐射）、reactor（反应堆）、mushroom cloud（蘑菇云）、fallout（辐射微尘）、fallout shelter（辐射掩体）、H-bomb（氢弹）、ground zero（原爆点），以及法国服装设计师路易·雷亚尔设计的分体式泳衣比基尼（bikini）（这一点可能出乎许多人的意料），它以美国试爆原子弹的太平洋比基尼环礁岛为名。

在广岛和长崎投下原子弹，标志着一场战争的结束和另一场战争的开始：冷战。冷战或许没有造成太大伤亡，但它仍然是美国历史上持续时间最长、代价最高的战争。毫无疑问，战争对企业有好处。1946年，通用电气的总裁查尔斯·E. 威尔逊甚至呼吁，建立“永久性战争经济”。他多多少少算是得偿所愿。整个20世纪50年代，美国的国防开支超过了其他任何开支——实际上，国防开支几乎跟全国在其他所有事务上的开支总和一样多。到1960年，军费开支占联邦预算的49.7%，超过了英国、法国、联邦德国和意大利国家预算的总和。[30]就连美国的对外援助，绝大多数也是军事方面的。美国在20世纪50年代提供的500亿美元援助中，90%用于军事目的。

为这些巨额支出提供了理由的“冷战”（Cold War）一词，据说是报纸专栏作家沃尔特·李普曼创造的。事实上，1947年，政治家伯纳德·巴鲁克在南卡罗来纳州哥伦比亚大学的一次演讲中首次使用了这一表达，不过，创作这个词的是他的讲演撰稿人赫伯特·贝亚德·斯沃普。[31]从冷战一词还衍生出了另外两个持久的表达：铁幕（iron curtain）和多米诺骨牌理论（domino theory，指连锁反应）。多米诺骨牌理论是报纸专栏作家约瑟夫·艾尔索普在1954年首次提出的概念，它认为，如果一个国家加入了共产主义阵营，其他国家也会效法。而铁幕一词普遍认为来自温斯顿·丘吉尔1946年在密苏里州富尔顿发表的讲演，但实际上，从1819年开始，这个词就用来表示一种想象中的屏障，20世纪20年代开始用于政治语境。

冷战，或者更具体地说是古巴导弹危机，也让鹰派（hawk）和鸽派（dove）这两个说法变得引人注目，尽管它们都已经存在一段时间了。几个世纪以来，鸽子一直是和平的象征，而以鹰指代军事挑衅的用法，来自托马斯·杰弗逊1798年创造的“war hawk”（战鹰）一词。但新出现的倾向是，把这些词语结合起来表示人的黩武倾向。

就战场而言，朝鲜战争（Korean War）推广了许多说法，其中包括：demilitarized zone（非军事区）及其缩写形式DMZ（最初表示沿着三八线划分南北朝鲜的争议地区）、brainwash（是普通话“洗脑”一词的字面直译）、chopper（表示直升机）、honcho（主管、老板，来自日语的hancho，即小分队的队长或班长）和hooch（劣质的烈酒，来自日语uchi，即房子），它最初用来描述士兵藏匿情妇的地方。

这些词语里有几个，在10年之后的越南战争（Vietnam War）中复活了，当然，越战本身也孵化出了不少表达方式，包括free-fire zone（自由开火区）、clicks（指代公里）、grunt

［表示士兵（最初由海军陆战队轻蔑地使用，但陆军很喜欢这一称呼）］、search-and-destroy mission（搜索摧毁任务）、to buy the farm（在战斗中死去）、to frag（蓄意杀死战友，通常是军官用的手榴弹或碎片武器，frag其实是fragmentation的缩写），以及若干来自越南语的生动表达，slope、gook、dink、zip、slant、slant-eye和Charlie，不过这些说法大多早已有之，如今有了新用法，如用Charlie来指代Vietcong（越共），是因为VC的无线电代码是Victor Charlie。

越南战争中，一些更阴险的词汇吸引了世界的关注：Agent Blue（蓝剂）、Agent Orange（橙剂）、Agent Purple（紫剂）和Agent White（白剂）（这些都是落叶剂的类型，defoliant是个新词语，用于清理战场、破坏庄稼、对敌对领土居民做一般性瓦解和动摇），以及napalm（凝固汽油弹），它来自naphthene palmitate（环烷棕榈酸酯），跟落叶剂有着同样的目的和效果。凝固汽油弹虽然最初是在越战期间为人所知，但实际上是在第二次世界大战中发明的。

军方凭着对笨拙缩略语的热爱，在越南重新找到了新的灵感：FREARF（Forward Rearm and Refuel Point，意思是前进、重新武装和加油点）、SLAR（Side-Looking Airborne Radar，侧视机载雷达）、FLAR（Forward-Looking Airborne Radar，前向机载雷达）和ARVN［发音为‘arvin’，Army of the Republic of South Vietnam（南越军队）］。越战时期最叫人瞠目结舌的一个缩略语（虽说报道得不多）是TESTICLES（与“睾丸”一词拼

写相同），是对第二游骑兵营队员素质要求的助记符号，也即teamwork、enthusiasm、stamina、tenacity、initiative、courage、loyalty、excellence和a sense of humour（团队合作、热情、耐力、坚韧、主动、勇气、忠诚、卓越和幽默感）。

但越南战争在表达方面真正实现的特点是，创造了一大堆委婉语、矛盾修饰法，以及其他旨在营造良性有序印象的语言把戏，所以我们说绥靖（pacification）而不说消灭（eradication），说战略撤退（strategic withdrawal）而不说撤退（retreat），说消毒作业（sanitizing operation）而不说整体清除（wholesale clearance），说意外武器输送（accidental delivery of armaments）而不说轰炸了错误的目标（bombing the wrong target），说结束极端偏见（to terminate with extreme prejudice）而不说政治暗杀（political assassination），等等。

海湾战争（Gulf War）尽管短得很有慈悲心，但却有着强劲的语言生产力。它创造的新的词语用法包括：clean bombing（干净轰炸，也即定位精准的轰炸），guest（指代战俘），headquarters puke（指代因职责而无须上前线的低级军官），Nintendo effect（任天堂效应，也就是说通过观看类似暴力电子游戏的轰炸袭击电影，使人对大肆破坏感到麻木），Airwing Alpo（指代战斗机上的口粮），the smart bomb（精灵炸弹）以及mother of all（某某之母，指代最终极的，如“各种坦克之母”“历次战争之母”），等等。[32]

最后，最新出现，同时也最沉痛的一个军事词汇是ethnic

cleansing（种族清洗），意指一个地区部分土著被转移或消灭。它显然是俄罗斯观察员创造的，是前南斯拉夫战争的产物，首次出现在英语里是在1991年7月9日的《泰晤士报》。

第18章

性和其他消遣

1951年，田纳西州纳什维尔“敲击乐酒吧”的老板买了一张真人大小的照片，骄傲地把它挂在酒吧后面。照片上是一位年轻的裸体女郎躺在松软的地毯上。哪怕以当时相对淳朴的标准来看，这也不是一张特别暴露的照片，她只露出了后背。它原本也不会惹出什么事端来，只不过，有一天，一名电工过来干活儿，认出照片中的人是自己老婆，大吃一惊，因为她从没说过自己以前曾给本地摄影师做过裸体模特。

电工把酒吧告上了法庭，没过多久，这件事就在当地，继而在全美引起了轰动。在全国人民的凝视下，法官安德鲁·多伊尔裁定，这张照片作为艺术品是完全可以接受的，但挂在酒吧里作为装饰，“无疑是淫秽的”。他明显十分认真地建议说，城里的画廊或许想要接手收藏。换句话说，如果挂在只有成年饮酒者才能看到的昏暗酒吧里，这幅画是淫秽堕落的，可如果放在任何年龄的人都能看到的公共场所里，则可视为本地名作。[1]而且，似乎没人觉得奇怪。

我提到这件事是想要说明，长久以来，美国对待公德和私德问题的态度，都有点混乱。对此，以及其他许多事情，我们都得把源头找回清教徒身上。早在1607年，“puritanica”（清教徒的）一词就意味着严厉、刻板、狭隘的道德观念，而这一看法，从那时起亦不断被历史文献和文学作品（如霍桑的《红字》、美国诗人朗费罗的《迈尔斯·斯坦迪什的求婚》等）所强化。

毋庸置疑，在清教徒时代，哪怕是最轻微的逾矩行为（有时甚至根本就算不上逾矩），也会受到最严厉的惩罚。在新英格兰，通奸、未婚生子和手淫有时会被判死罪。几乎任何出格的事情，都会招来清教徒的多疑猜忌，激起他们动手惩戒的热情。1651年，马萨诸塞殖民地斯普林菲尔德有个叫休·帕森的人，他老婆抱怨自己的丈夫有时“会在房子里撒豌豆，还让我把它们捡起来”（pease about the Howse and made me pick them up），睡觉时偶尔“会发出震天的呼噜声”（a gablings Noyse），[2]镇上的神父们立刻发现这是巫术，把他吊死在最近的绞刑架上。

但在其他很多方面，殖民地时期的新英格兰并不像我们想象的那样心地纯洁——simon pure这个表达来自1718年苏珊娜·桑利弗的戏剧《娶妻大胆行》，剧中的人物名叫Simon Pure（西蒙·普尔）。“五月花”号朝圣先辈们登陆马萨诸塞殖民地仅仅半个世纪后，波士顿就“遍地娼妓”，其他殖民地中心也通常充斥着探索性自由的机会。1699年至1779年，美国弗吉尼亚州的首府威廉斯堡虽然面积不大，却开了3家妓院（但在如今大受游客欢迎的洁版复制社区，它们却无一有幸整合在内）。[3]

在清教徒眼里，性讨论起来很随意，以至“直到20世纪中期，清教徒的作品都需要大量的编辑删改，方可被认为适合出版”[4]。婚前性行为不仅得到包容，甚至还得到有效的鼓励。打算结婚的夫妇可以申请一种叫作“婚前契约”（Pre-Contract）的东西——实际上就是允许发生性行为的许可证。合衣同床（bundling）或者暂住（tarrying）的有趣习俗，也是清教徒们改进的，尽管这一习俗似乎起源于威尔士，但在英国本土却鲜为人知，直到美国独立战争前后，它一直是英国游客前往新英格兰必看的一大奇观。17世纪的一位观察者对它做了解释：

> 当一名男子爱慕一名年轻女子，并希望娶她，他便向女方父母提出此事；如果父母并不反对，会允许男方和女儿过夜，以便男方向女方求婚。年轻一辈们愿意在一起熬多久的夜都成，之后便一起上床，但不脱内衣，以避免流言蜚语。如果双方都同意，那就成其好事；结婚通告公布，他们毫不拖泥带水地结婚。如果他们合不来，那可能永远也不会再相见；除非，他们撞上一件很少发生的意外：那可怜的姑娘怀孕

了，那么这名男子就只能娶她。[5]

事实上，脱掉的内衣数量多到编年史家想都不敢想，怀孕也不仅仅是“一件很少发生的意外”，多达1/3“合衣同床”的情侣得到了这一永久纪念品。它并不一定标志着一段关系进入了认真的阶段。到了1782年，人们对“合衣同床”都看得稀松平常，甚至有人记录，客人询问年轻的女房东是否愿意和自己一起睡，“纯粹是句客套话”。

尽管从未得到公开支持，但在清教徒新英格兰地区，通奸十分普遍，至少有一个教区印制了表格，让忏悔的过失双方填写姓名，并支付少量罚款。到18世纪70年代，大约一半的新英格兰妇女结婚时便已怀孕。[6]根据一项计算，在阿巴拉契亚和其他边远地区，94%的新娘去教堂时都怀有身孕。[7]

直到18世纪的最后25年，官方对性的态度才随着第一部蓝色法律（blue laws）的出现，带上了主动打压的色彩。按照通常的说法，“蓝色法律”一词起源于1781年的康涅狄格州，因为该州有关个人道德的法律是用蓝色纸张印刷的，[8]不过也有另外的起源说，这是因为教会法令是用蓝色纸张印制的。[9]不管怎么说，没人知道为什么当时的人认为蓝色适合此类法律。更确切地说，我没有找到任何证据表明有人曾经看过印在蓝色纸张上的法律。这或许是出于我们把“蓝色”等同于极端道德正直的奇怪倾向，比如blue nose（直译是蓝鼻子，引申为卫道士）和blue stocking（直译是蓝袜子，女学究）这两个表达方式。据说，“蓝鼻子”一词起源于19世纪新英格兰地区，是对新斯科舍地区渔民的诙谐称谓。这些渔民生活在北大西洋寒冷的海水中，他们的鼻子永远冻得发青。更现实的说法是，它可能指的只是一种与该沿海省份相关的马铃薯。但不管怎么说，这个词怎么跟有着清教徒倾向的人联系到了一起，如今已经没人猜得出来。（两者很可能毫无关系。）

用blue stocking来形容迂腐而高傲的女人，更容易解释。它来自“蓝袜子协会”（Blue Stocking Society），这个名字是用来嘲笑1750年前后在伦敦蒙塔古居聚会的一群知识分子。虽然会众大多是女性，但这个贬义名字的灵感似乎来自一名男性成员——本杰明·斯蒂林弗利特，他爱穿蓝色精纺长袜，而不是传统的黑色丝袜，这种打扮太过新颖，在别人眼里既显得滑稽又略“有伤风化”（risqué）。说到有伤风化，为什么下流笑话叫“蓝色笑话”（在中文语境里是“黄色笑话”）又是一个谜，但它或许跟18世纪的俚语用蓝色表示脸红有关。

17世纪到18世纪的英语用户，不管是不是清教徒，用起belly（肚子）、fart（放屁）和give titty（吸吮）等表达方式来，都不会碰到像他们生活在维多利亚时期的后代的那些麻烦。就连钦定版《圣经》里也包含了诸如piss（撒尿）、dung（粪便）和bowels（大便）等后人觉得不雅的字眼。[10]但随着18世纪让位于19世纪，人们突然对性和身体相关的词汇变得异常敏感，几乎到了歇斯底里的地步。没人知道这种病态敏感是什么时候、为什么爆发的。就跟大多数时尚一样，它就这么来了。1818年，爱丁堡医生托马斯·鲍德勒向全世界送上了适合全家阅读的莎士比亚作品删节版，并由此创造了动词bowdlerize（鲍德勒化，删改）。鲍德勒的修订，除了彻底之外，并没有什么特别的地方。文中哪怕是最为含糊地提及人类的生育能力的地方，例如《李尔王》里的“每一寸都称得上是国王”（every inch a king），也被无情地画去了。他对莎士比亚的净化工作大获成功，乃至立刻动手对吉本的《罗马帝国衰亡史》采取类似处理——当时，《罗马帝国衰亡史》成书不过25年，竟然已经需要仔细清理了。但开启这股时代情绪的，并非鲍德勒的精心编辑，后者只是如实做了反映。

就在鲍德勒着手对经典作品大刀阔斧地修改之前，人们就已经小心翼翼地避免使用诸如腿（legs）、女装衬衫（blouse）和大腿（thigh）这样的会激起情绪的词汇了。到鲍德勒《家庭版莎士比亚集》问世时，belly buttons（肚脐）已经变成了tummy buttons（腹部按钮），breast（胸部）成了bosom（胸衣），underwear（内衣）成了nether garments（下罩袍）或者small clothes（小衣）——日后更变成了不可言说的东西（unmentionables）。

尽管这种做法起源于英国，但却在美国大行其道，很快，禁用词汇的名单就扩大到了数百个。凡是有着不合时宜音节（如cock或tit，前者是“公鸡”之意，引申为男子性器官；后者是“乳头”）的单词，都绝对不可说出口，所以titter（窃笑）、titbit（珍闻）、cockerel（好斗的年轻人）和cockatoo（葵花鹦鹉）等单词（在英国仍可接受），要么从美国的词汇表里彻底失踪，要么改成了净化版本，如tidbit、rooster或roach。至少有一个记录中的coxswain（艇长）被改成了roosterswain。就连bulls（公牛）也变成了male cows。那个世纪还没过到一半的时候，美国“不可言说的词语”清单，已经扩展到几乎所有除头、手、脚踝之外的解剖学特征词汇或跟人体部位有关的服饰词汇了。例如，1850年，编撰《美式英语词典》的巴特利特就认为stockings（袜子，长筒袜）“极其不雅”，并建议用long socks或hose来代替。就连脚趾（toes）也成了丢脸的东西，在有礼貌的人面前绝对不可提起，只要说脚（feet）就行。过了一段时间，脚也变得不可忍受地不体面，所以人们不会提到任何低于脚踝的部位。人们竟然还能继续交谈，这简直是个奇迹。

焦虑笼罩着生活的每一个领域。说有些家庭给钢琴腿套上小短裙，以免访客遭遇道德困境，这或许不足为信，但的确有人用钩针编织的罩子挡住夜壶，以免任何路过的人听到小便者传出不体面的撒尿声。[11]让人尴尬的不仅仅是声音。国外的访客们发现，委婉用语简直长到了让人发神经的程度，而且无比神秘。在美国，光是避免提及一件物品还不够，还必须找到一个不曾稍微暗示它实际功能的词语。美国人不说chamber-pot（夜壶），甚至也不说commode（洗手台），而是开始用looking glass（镜子）来提及这种容器。那些寻求前者，却得到后者的人显然会大感困惑，甚至深为沮丧。

外国游客几乎总会在美国人敏感的浅水滩里搁浅。弗朗西斯·特罗洛普提到过一个例子。有个德国人让一整屋子的人都停下了谈话，然后发现自己被粗暴地赶出了房子，只因为他当着男女同伴的面不知情地说了corset（紧身胸衣）这个词。特罗洛普还在别的地方分享了另一个故事。一个俏皮的年轻人想戏弄女裁缝，叫她说出自己正在做的衣服的名字。年轻的女士红着脸，说自己在做的是一件连衣裙（frock），但那年轻的男子指出，布料不够，女士又改口说做的是围裙（apron）。年轻男子继续施压，她说自己做的是枕套（pillowcase）。最终，姑娘羞愧交加，流着眼泪逃离了房间，始终对这件物品的名字说不出口。那其实是一件女装宽松衬衫（blouse），但对一名男人说出这个字眼，会是“绝对堕落的表现”（a symptom of absolute depravity）。

尤其对女性而言，这种措辞上的苛刻要求不仅荒谬，而且危险。在19世纪的大部分时间，脚踝（ankle）表示女性腰部以下的整个身体，而肚子（stomach）则表示腰部和头部之间的所有部位。因此，几乎任何严重的疾病都没法告知医生。佩奇·史密斯提过一个典型的例子，一位年轻女士乳房上长了东西，却只能对医生说自己肚子痛。[12]

体检几乎是件没人知道的事情。特别是妇科检查，只能作为最后的手段，它通常是在黑暗的房间里，盖上被单进行的。费城的一位医生自夸说：“女人宁愿忍受极度的危险和痛苦，也不愿放弃那些小心翼翼的顾虑，这让她们的疾病没法被完全地诊断出来。”[13]换句话说，死了也比无礼好。考虑到当时医生们对医学的无知，他们袖手旁观说不定也没什么区别。人们十分缺乏女性生理学知识，直到19世纪末期都存在一种普遍的看法：火腿被经期女性摸过就会变质腐臭。（1878年，《英国医学期刊》就此事发表过一篇生动的通讯文章。）[14]无知的不仅仅是男医生。迟至1901年，艾玛·德雷克医生还在一本名为《年轻妻子应该知道什么》的书里告诉读者，怀孕期间，她们可能会体验到不舒服的性兴奋感。她坦率地解释说，这是“某种不自然的情况所致，应该视为一种疾病”[15]。

不足为奇，人们对性的无知叫人瞠目结舌。结婚前夕，未来的小说家伊迪丝·华顿问母亲，洞房之夜自己该期待些什么。“你这辈子见过的绘画和雕像已经够多了，”她母亲结结巴巴地说，“难道没注意到男女有所不同吗？”话题就此打住。[16]

打算从两性指南中寻求启示的人也并不显得多明智。当时最畅销的两本指南是《小男孩应该知道些什么》和《小女孩应该知道些什么》，作者是同一个人：牧师西凡纳斯·史陀（Sylvanus Stall）。尽管这些书的标题起得很棒，史陀却煞费苦心地保证小读者们读完了也依然一无所知。为了应对“孩子从哪儿来”这个不可避免的问题，他建议父母们记住以下兜圈子式的回答。

我亲爱的孩子，你问的这个问题，每一个男人和女人，每一个聪明的男孩或女孩，甚至许多非常年幼的孩子都曾问过自己或其他人——自己从哪里来，是怎么来到这个世界上的。如果你问火车、蒸汽船、电报和电话来自哪儿，那将最为明智，因为我们可以给出最令人满意的答案，回到这些事情的最初，思考乔治·史蒂文森和罗伯特·富尔顿、本杰明·富兰克林和萨缪尔·莫尔斯、格雷厄姆·贝尔和托马斯·爱迪生做了些什么，设计并完善了这些有用的发明。

好了，这下你懂了，我的孩子——它们来自杰出的发明家。可不，史陀接着唐突地切换了话题，就玉米秆和穗展开了讨论，转弯抹角地提到了鲱鱼爸爸鲱鱼妈妈，鸟儿和鸟蛋，橡树和橡子，以及其他类似自然过程，却又丝毫未曾暗示它们到底怎样繁殖。最后，在这令人兴奋的坦白过后，他做了一番简短的布道，以示结束。

对青年男子来说，最大的焦虑来自masturbation（手淫），这个词来自1766年英国一份医学杂志上发表的文章，题为《自慰：论自慰所导致的紊乱》。它的起源令人费解。《牛津英语词典》说，这个词来自拉丁语masturbari，但后来又说这是个“起源未知”的词。动词形式的masturbate（自慰）直到1857年才出现，但那时世界上已经出现了大量听起来令人担忧的替代说法：selfish celibacy（自私的独身）、solitary licentiousness（孤独的放荡）、solitary vice（孤独的恶习）、self-abuse（自渎）、personal uncleanliness（个人不净）、self-pollution（自污）和the thunderous crime against nature（违背自然的雷动之罪）。不管叫它什么名字，有一点毫无疑问：沉溺于此事，会让你永堕深渊。按威廉·奥尔柯特医生所著《青年指南》的说法，那些经不住诱惑的人必将依次经历癫痫、圣维特斯舞蹈症、瘫痪、失明、痨病、中风、“蚂蚁从头部顺着脊柱往下爬行的感觉”，最后死亡。[17]

迟至1913年，美国医学协会还出版过一本书，解释精液的成分精素（spermin）为构建强壮肌肉和有序大脑所必需，男孩若浪费这珍贵的生命灵药，会从“肌肉结实、双眼有神、足智多谋的年轻人”，变成“骨瘦嶙峋、肌肉松弛的娘娘腔”。[18]

对女性而言，无知不仅仅局限于性方面。传统观点认为，女性不应该接触任何有可能让她们脆弱而轻盈的思维产生过重负担的事情。就连托马斯·杰弗逊这样的开明评论家也相信，女性不应该“为政治而皱眉”，也不应该过多地通过书籍和诗歌来激发其敏感的激情；相反，她们应该把自己局限在“跳舞、绘画和音乐”上。[19]

美国第一家真正的女子学校，特洛伊女子神学院的创办人艾玛·威拉德曾回忆为年轻女性提供自由派教育的困难，她说，曾有家长发现一名学生在黑板上绘制人体循环系统图，“羞愧难当”地捂着脸逃出了教室。[20]

如果说，有哪位女性神奇地得到了一点知识，她也不应该向世界分享。一本颇有影响力的手册《父亲给女儿的遗言》告诫年轻读者：“如果你碰巧有些知识，一定牢牢地保密，尤其是不要让男人知道。”[21]1828年，范妮·怀特做了一系列公开演讲，全国的新闻界先是震惊不已，接着勃然大怒。路易斯维尔的一家报纸指责她“违背自然”。《纽约自由问询报》断言她“以无情的暴力挣脱了礼仪的约束”。《纽约美国人报》认定她的行为“已不再是个女人”[22]。你要知道，没有人反对讲座的内容，他们反对，只因为它出自一位女性之口。

哪怕最微不足道地偏离了传统举止，也会遭到报纸的谴责。1881年，《纽约时报》发表社论，声讨女性对俚语的日益偏爱，暗示这是一种危险的道德放纵，并举例说“What a cunning hat”（意为“多么可爱的帽子！”）是个令人震惊的表达方法。[23]

然而（这也是那个时代最令人困惑不解的矛盾之处），就在这些打压潮流四处涌动的同时，许多妇女挺身而出，带着此后整整一个世纪都不曾重现的活力和勇气，要求大众好好倾听自己的声音。1830年到1880年，一股呼吁社会变革的巨大推动力，有如高烧般席卷全美。19世纪的妇女运动，正是在这股力量推动之下产生的。数十种全新的思想抓住了大众的意识，并找到了大量狂热的追随者：乌托邦主义、灵性唯心主义、民粹主义、素食主义、社会主义、妇女选举权、黑人解放、税制改革、食品改革、社群主义、宗教神秘主义、超自然神秘主义、第二次基督复临论、节欲、先验主义。人们沉浸在这些接二连三、有如从袋子里掏出的糖果似的社会未来可能性里。一家组织呼吁“思想自由，爱情自由，土地自由，食物自由，饮料自由，药物自由，周日自由，婚姻自由，离婚自由”。另一家组织，自称“无物主义者”（Nothingarians），团结在这样的口号之下：“没有上帝，没有政府，没有婚姻，没有金钱，没有肉，没有烟草，没有安息日，没有裙子，没有教堂，没有战争，没有奴隶！”就像爱默生1840年在给英国思想家托马斯·卡莱尔的信中所写：“我们这儿有无数的社会改革项目，大家全都有点疯狂了。没有哪一个读书人，背心口袋里没装着一份新社会的草案。”

1843年A. 布兰森·奥尔柯特和部分追随者创办的“果园公社”，是这股全新社会实验精神的典型代表。出于各种流行的原因，果园公社的社员拒绝肉、奶酪、茶、牛奶、咖啡、大米、羊毛衣服、皮鞋和肥料。一名特别狂热的信徒拒绝吃任何往下生长而不“渴望太阳”的根茎作物。这个小团体维持了不到一年。在温暖的天气里，事情进展顺利，但冬天霜冻的迹象刚出现，一切就中断了，社员们回到自己在波士顿舒适的家中。

对女性来说，社会情绪的激荡，为她们带来了第一次参加公开辩论的机会。它开始于一些私人家庭讲座，受众是其他女性，主题是废除死刑和教育。到19世纪中期，女性出现在公共平台上，她们的讲演不光倡导废奴、素食或超验主义，也为自己的利益而声张。

田纳西·克拉夫林和维多利亚·克拉弗林·伍德赫尔姐妹是其中两名最大胆敢言的人，两人共同经营着一家成功的纽约股票经纪公司，出版一份流行杂志《伍德赫尔和克拉夫林周刊》。杂志支持各种各样的乌托邦项目，投身于早期形式的

“曝光”，比如它揭露了牧师亨利·沃德·比彻跟自己教区一位居民的妻子伊丽莎白·蒂尔顿有婚外情。奇怪的是，姐妹俩并未因此攻击比彻，反而称赞他有“无穷的体力”（immense physical potency）和“盎然的情欲”（amativeness）。

伍德赫尔在自由恋爱方面，有着尤其直率的要求——考虑到当时的时代背景，这更令人吃惊。“不管我是想跟一个还是一百个男人上床，只要我想，我就去做。”她怒吼道，“而且，关于上床这件事，不妨好好讨论一下……除非你对自己的性器官很熟悉，你才能像提及其他身体部位一样提到它们，不再满脸通红。”[24]

为了声张自己新找到的独立感，许多女性开始穿灯笼裤（bloomers），这种服装得名自阿梅莉亚·布卢默（Amelia Bloomer），她是纽约北部的一名女邮局局长，顶尖的禁欲讲师。布卢默并没有发明灯笼裤，只是推广了它们。灯笼裤真是再合适不过了。它是一种宽松的裤子，跟现代棒球运动员所穿的类似，而且穿在短裙或罩衫下面，“就像平流层气球底下探出了两条热狗”（like a stratosphere balloon with two hot dogs peeping out at the bottom）。灯笼裤把女性从紧身胸衣的可怕束缚下释放了出来。它端庄高雅，但不出所料，仍招来了巨大的非议。从布道的神职人员到报纸的社论，都痛斥它们不优雅，甚至淫乱无耻。直到很久以后，灯笼裤才用来指代女性内衣。

为了争取妇女选举权，1872年，伍德赫尔以平等权利党候选人的身份参加了总统竞选。（她的竞选伙伴是获释奴隶弗雷德里克·道格拉斯。）不久之后，她搬到了英格兰，嫁给了一位贵族，皈依了宗教，公开放弃了此前的一切。晚年，她花了大量精力试图说服报纸把自己早期言论的存档给扔掉。

但到了这个时候，早有其他人迫不及待地冲出来填补她离开留下的空位了。这些早期女权主义者中有许多人直率地表达了自己的观点，跟我们对当时的认识迥然两样。安吉拉·海伍德发起了一场激烈的自由恋爱运动，把让人们普遍接受“性交”（fuck）这个词，视为自己的中心原则。“为什么她必须在讲座中使用‘generative sexual intercourse’（生殖性性交）说话？”她一遍又一遍地问，“用了3个单词，27个字母，来定义一种……通常用一个4字母单词即可让人人知道含义的……特定行为。”[25]

同样出乎意料的是，最激烈鼓吹自由恋爱、支持其他激进做法的人，并不来自波士顿或纽约，而是在艾奥瓦州、堪萨斯州和伊利诺伊州等地的大草原上。最激进、思想自由的报纸《路西法》，总部设在堪萨斯州的瓦利福尔斯。然而，值得指出的是，就算在最坚定的自由主义堡垒中，性启蒙也是一种偶尔扑朔迷离的特质。哪怕是在这一阵营，人们也普遍认为手淫危险地“稀释了血液，破坏了生命的活力”。在自由恋爱运动中，许多人支持男女之间不受限制的性交，不是因为有什么内在的优点，仅仅是因为它避免了手淫。[26]

简而言之，这个时代比以往任何时代都更令人困惑迷茫。这一边，《纽约时报》批评女性竟然胆敢说“多么可爱的帽子”；另一边，安吉拉·海伍德却公开主张人们说“性交”的权利，我们几乎没法相信自己面对的竟然是同一个世纪同一个国家的人。

在性方面也存在同样的悖论。历史上从没有哪个时代这么粗暴地压制性，然而性又这么唾手可得。据估计，1869年费城有12 000名妓女，芝加哥有7000名。似乎没人对纽约做过估计，但据我们所知，当时纽约市有超过620家妓院。而那些不太喜欢冒险的人，有大量图画和文字色情作品可消遣（色情作品“pornography”，源自希腊语，字面意思是“妓女写作”，1854年创造于英格兰）。

许多与野合相关的术语非常古老。bordello（妓院，来自古法语，意思是小窝棚）、brothel（妓院，来自古英语brēothan，意思是废弃之地）、whore（另一个古英语单词）、strumpet（娼妓）、harlot（妓女）、bawdy house（妓院）和street walker（阻街女郎），全都比清教徒的历史要早得多。在整个19世纪，妓女也常被称为flappers，到20世纪20年代，这个词重新出现，用来指代放荡姑娘（fast girls），以及男女同性恋者（gay women or gays）。gay后来怎样变成了同性恋，我们并不确定，只知道它发生的时间（20世纪60年代末），但似乎没人知道是为什么，或出于什么道理。同样神秘的是同性恋者另一个令人反感的绰号faggot。从恐同的角度来看，这个词是美式英语，1905年首次出现，但除此之外，人们对它几乎一无所知。在英格兰，faggot和它的昵称fag有多种含义，曾经是“香烟”

的俚语，也有感觉疲惫的意思，还表示“火刑处死”。美式用法或许来自学童术语的fag，指的是一个男孩充当自己学长的奴隶，为后者烤面包、拿拖鞋，在适当的情况下，协助他度过青春期这一为性狂热的时期。但叫人迷惑的是，在英国，fag没有半点指代同性恋的迹象，也没有人对这个词如何传到美国提出过令人信服的解释。

在其他与性有关的美式英语中，我们发现了来自19世纪90年代的red light district（红灯区，你可能猜到它是来自妓院前窗点红灯的做法），来自1900年的hustler（皮条客）；20世纪最初几年出现了floozie（荡妇）、trick（接客）、to be fast and loose（处事轻率）和cat house（妓院）。John（约翰，人名，指代妓女的主顾）和call girl（应召女郎）都来自20世纪30年代。[27]

有关滥交和性行为的轻松说法，以及形形色色的“污秽”（smut，这是一个与污迹smudge相关的英语方言词语，首次记录于1722年）场所越来越多，必然会引发激烈的反应。体格魁梧的安东尼·康斯托克对此作了最生动的体现，他是美国历史上最执着于抗击堕落的人物之一。康斯托克早前做过推销员、船务公司职员，接受的教育极为有限（他几乎不能读，也不会写），但他知道自己不喜欢什么——几乎什么都不喜欢，甚至连护裆都不喜欢。他是反堕落协会的创办人和第一秘书，积极游说联邦法律禁止淫秽。难办的是，宪法将此类事务交给各州自行处理。联邦政府只能管理跨州贸易（主要通过邮政完成）。1873年，它通过了《康斯托克法》。虽说有人形容这套法案是“有史以来呈交给国会的最邪恶和荒谬的措施之一”，却仅经过10分钟的辩论就获得通过。同年，康斯托克受命担任美国邮局执法特工，负责执行新法律。他全力以赴地投入了这项工作。

仅仅一年，康斯托克和他的副手们就扣押了134 000磅的书籍，14 200磅的感光底片，近200 000张照片和图画，60 300件各式各样的橡胶制品，31 500箱催情药丸和药水，以及5500包扑克牌。[28]不管堕落在哪里出现，康斯托克都要坚决打压，几乎没有什么能逃过他的铁掌。他甚至下令逮捕了一名女士，只因为她在明信片上昵称丈夫为“spitzbub”（捣蛋鬼）。

到1915年，康斯托克骄傲地夸耀说：他的努力令3600人入狱，15人自杀。在那些惨遭他的热情所践踏的人当中，有一位叫艾达·克拉多克*。她写了一本严肃的文学作品《新婚之夜》，一支不允许阅读这本书的陪审团判定它是淫秽作品。

长远来看，康斯托克的努力基本上只起了反作用。他无情的恐吓，为他的许多受害者赢得了同情，他的努力打压，反倒为他所攻击的东西制造了远超想象的宣传效果。最明显的例子发生在1913年，他把枪口对准了法国画家保罗·查巴斯所绘的一幅平庸画作《九月清晨》，画中表现的是一位年轻姑娘在湖里裸浴。这幅画立刻引起了全国轰动。不到一年，全国几乎每一家理发店和加油站都挂上了这幅画的复制品。

---

* 艾达·克拉多克，19世纪著名言论自由及女性权利的倡导者。——译者注

奇怪的是，《康斯托克法》并未定义什么构成了猥亵、淫秽或不雅的内容。国会很乐意让康斯托克自行判断。直到1957年，最高法院才着手考虑淫秽问题，但除了说淫秽的内容旨在打动“淫乱情欲”，激起“色欲念头”，最高法院并未做出更具有洞见力的判断。实际上，它规定：淫秽是可以辨识出来却无法下定义的——或者，就像波特·斯图尔特大法官所说：“我看到的时候就知道。”[29]1973年，法院将淫秽作品重新定义为“调动淫乱情欲，含有明显冒犯行为，缺乏艺术、文学、政治或科学价值”的作品。地方社区可根据自己的意愿来阐释这些价值观。

关于淫秽的定义问题，出了名的棘手。1989年，美国国家艺术基金会因资助罗伯特·梅普尔索普和安德烈斯·塞拉诺的争议作品展而遭受批评，事后，美国参议员杰西·赫尔姆斯提出了一项法案，禁止联邦资金资助被视为淫秽或不雅的项目。法案做了一次少见的有趣尝试，想要对淫秽内容做一个综合性的定义。“包括但不限于表现施虐受虐、同性恋、剥削儿童，或参与性行为的个人”的画作，“贬低特定宗教或非宗教信徒目标或信仰的内容”，“基于种族、信仰、性别、残疾、年龄或国籍而诋毁、贬低或辱骂一个人、一个群体或一个阶层的内容”，均属被禁主题。美国终于有了一项法案，对淫秽可接受的限度进行了明确规定。只不过，很遗憾，一如批评者们所指，它同样充满漏洞。

除了“包括但不限于”和“特定宗教或非宗教”等开放式短语可能遭到滥用，如果法律真的按照字面意思执行，那么，为莎士比亚的《威尼斯商人》、欧里庇得斯的《酒神的女祭司们》、古希腊喜剧家阿里斯托芬的《云》、瓦格纳与威尔第的歌剧，以及鲁本斯、伦勃朗和毕加索的画作提供资助，通通违法。它甚至会将展示美国宪法定为违法，因为宪法将黑人视为3/5的人（以确定比例代表制）从而贬低了黑人。这项法案遭到否决，取而代之以一项禁止“淫秽艺术”的法案，再次把判断什么构成淫秽交由其他人决定，并相信他们看到的时候就知道。

各州关于淫秽和道德的法律同样倾向于模棱两可（甚至模糊得让人感到荒唐）。关于这些州一级的法律，有两点值得注意：第一，这些法律的侵扰性有多强；第二，这些法律表述的语言表述有多模糊。许多州甚至禁止成年人之间（有时还包括夫妻之间）自愿进行特定性行为。大多数州都有禁止通奸甚至手淫的法律，虽然你可能看不太明白，因为这些法律在行文上含糊其词。其中最常见的一个说法是“反自然罪”（crime against nature）（在加利福尼亚州是“臭名昭著的反自然罪”，在印第安纳州是“令人憎恶作呕的反自然罪”），但它们几乎从来不曾明确指出什么是反自然罪。不知情的旁观者如果认为这指的是砍伐树木或践踏草坪，完全值得原谅。

其他许多州还有法律禁止“自我污染”（self-pollution），但同样没有对什么是“自我污染”给出定义。偶尔，法律会包含一个更明确的术语，如鸡奸或手淫，但这往往反而增加了不确定性。例如，印第安纳州在1905年通过了一项法律，其中写道：“任何人，若勾引、引诱、教唆或协助21岁以下人士自慰或自我污染，都将视为犯了鸡奸之罪。”[30]如果，像法律暗示的那样，自慰和自我污染不是一回事，那么，自我污染到底是什么呢？抽烟？不经常洗澡？不管它是什么，在印第安纳州，至少迟至20世纪50年代，你有可能为此要在监狱里待上14年。

有少数州试图谨慎地在法规中做更明确的表述，但又常常打出个死结来。例如，堪萨斯州制定了一项法律，规定阴道性交形式的通奸为非法，但如果涉及不正常性行为则不违法。可以肯定的是，大多数人都曾经违反过这样的法律。性行为研究者阿尔弗雷德·金赛，一般来说并不是个会拿这类事情取乐的人，但他曾半开玩笑地说，按照从调查所知的情况，印第安纳州85%的人应该坐牢，另外15%的人没有活力。

这里的难题当然在于，不光在性方面，而且在所有事情上，什么样的行为可以接受，都是一个不断变化的概念。就以蓄须为例吧。1840年，美国人太久（差不多有两百年）不留胡子了，马萨诸塞州弗雷明汉一个古怪人物蓄起胡须，竟然招致一群人的攻击，并被拖进监狱。然而，仅仅15年，也就是19世纪50年代中期，美国几乎没有一个男人不留胡子。从1860年到1897年，每一位美国总统都蓄着胡子。或者，想想裙摆的长度。1921年，裙摆开始攀升到小腿肚上，犹他州考虑监禁（不是罚款，而是监禁）裙摆高于脚踝3英寸的妇女。弗吉尼亚（这是令人震惊的另一个极端）提出了一项法案，规定若礼服露出3英寸以上的喉咙即为刑事犯罪。俄亥俄州决定不给女性找麻烦，但它直击问题的核心，凡销售“过度展示或突出女性形体”服装的零售商，均为有罪，要受处罚。[31]他们不止对女性的着装倾泄愤怒。直到1935年，任何胆敢裸露胸膛走上大西洋城海滩的男性，都会因猥亵罪而被捕。[32]

简言之，行为能否接受的标准，不断在变化。一段时间的打压之后，几乎总会跟上一段时间的放纵。1915年，安东尼·康斯托克的去世宣告那个严格限制的时代画上了句号，紧随而来的，就是一段相对放任的时期。裙摆不仅上升到令人错愕的高度，而且，在灵活机动的汽车带来的帮助下，年轻人开始到处参加聚会，大喝私酿酒，搂着脖子亲个没完（necking and petting，这些行为当然早就存在，但直到最近，才有了如此明确的标签）。这一时期还出现了其他一些新创造的词汇：bedroom eyes（色眯眯的眼神）、playboy（花花公子）；tall，dark and handsome（高大黝黑帅）——暴露了一种十年前无法表现出来的坦率。

再也没有什么比电影更好地捕捉到了任“性”妄为的新精神，也没有什么比电影更好地捕捉到了对此不可避免的抵触情绪。1915年到1920年间，在谨慎的开头之后，电影变得狂野大胆（按当时的标准）。制片厂炮制出一连串有着刺激诱人名字的电影，如《处女天堂》《赤热浪漫》《第十四个情人》。[33]一幅海报耸人听闻地承诺观众，电影里“勾肩搭背，亲吻不停，白色的吻，红色的吻，为愉悦发狂的女人们……真相——大胆、裸露、煽情？”[34]就连历史题材的电影也得到了同样的待遇。《特洛伊木马屠城记》在广告里变成了“一位现代女士在公元前的城市”[35]。1918年的电影《男人的世界》包含了短暂的裸体镜头，另有许多电影含有火辣的性暗示，但基本上，最火辣的东西就是电影海报了。

1921年，丑闻掀翻了好莱坞（那一年，谐星罗斯科·阿巴克尔卷入诽谤性的杀人案，导演威廉·德斯蒙德·泰勒疑似死于桃色事件），37个州和数以百计的市政当局气势汹汹地说要拿出各式各样的审查规范.面对这些威胁，好莱坞采取了行动。它成立了一个名为“美国电影制片人与发行人协会”的机构，任命前共和党主席、现任总统沃伦·哈丁手下任邮政总长的威尔·H. 海斯做首届负责人。海斯是个不抽烟、不喝酒的印第安纳州长老会教徒，紧皱的脸上写满了极致的道德正气。（不过，和哈丁政府的其他许多官员一样，他的正直没能涵盖到金融交易上。他快活地接受了数十万美元的非法竞选捐款，并老练地将其洗白。）海斯拿着10万美元的年俸，成了美国电影的道德监督员。

1927年，海斯办公室（也即前文介绍的美国电影制片人与发行人协会的非正式称呼）发布了一份著名的“注意事项”清单。清单中包括11种禁止行为，如“过度或欲念太强的接吻”，以及26种需要特别谨慎处理的行为。1930年，一部更全面的《电影制作守则》取代了它，此后半个世纪里，这部法典一直是电影制作的圣经。法典规定了几条宽泛的原则，如电影应该是健康的，永远不可将观众的同情“放在犯罪、做错事、邪恶或罪恶的一边”，以及许多具体的限制。它不仅禁止在大屏幕上说出几乎每一个常用的带脏字和带种族歧视意味的词语，还禁用了一些非常有用的词语，比如eunuch（阉人）、floozy（荡妇）、louse（虱子，海斯办公室好心地建议使用stinkbug，也即“臭虫”来代替）、guts（肠子、胆量）、in your hat（直译为“在你的帽子里”，它的脏话意味现在已经不太清楚了，但大致和“见你的鬼”“吃屎吧你”类似）、nuts（疯子）、nerts（呸）、cripes（天哪）、hellcat（泼妇）、belch（打嗝），甚至还有virtuous（贞洁的，当时禁止它的原因是，说出这个词，就太过明显地暗示另有某人不够贞洁）。在喜剧里可以使用liar（说谎者），但在正剧里不行；travelling salesman（旅行推销员）可以使用，但不允许出现在涉及农民女儿的场景里。[36]Lord（主啊）必须改成Lawsy，哪怕背景情节事关宗教。有关这部法典，还有一条经久不息的传说：它规定，如果画面中出现男女同床，则男方必须至少有一只脚还放在地板上。它并没有说这样的话。然而，在其他所有方面，它确实都有所涉及。一位电影史学家说：“它禁止展示或提及几乎所有与正常成年行为密切相关的事情。”

就连“it”（它）一词，要是出现在错误的语境下，也会被视为具有危险的暗示性。1931年，海斯办公室命令塞缪尔·高德温把他的喜剧片*The Greeks Had a Word for It*（直译为“希腊人有个词用来形容它”）改名为*The Greeks Had a Word for Them*（直译为“希腊人有个词用来形容它们”）。出于类似的精神，琼·克劳馥的一部电影从*Infidelity*（不忠）改名为*Fidelity*（忠诚）。

3年后，高德温买下丽莲·海尔曼*的舞台剧《双姝怨》的版权，海斯对他说，他完全可以把它拍成电影，只要它不表现女同性恋，而且片名不叫《双姝怨》。**最后，电影的内容变得不再涉及女同性恋事宜，而且片名改成了《三人行》。[37]

偶尔，制片商可以通过权衡来保留一句对白。大卫·O. 塞尔兹尼克拯救了克拉克·盖博的名作《乱世佳人》里那句令人震惊的台词"坦白说，亲爱的，我一点也不在乎"（Frankly, my dear, I don't give a damn）——跑题说一句，原剧本里其实并没有这句台词——但牺牲了"愿你卑鄙的小灵魂永世在地狱里燃烧"（May your mean little soul burn in hell for eternity）。[38]但大多数时候，直到20世纪60年代，电影都异常小心谨慎。

迟至1953年，《绅士爱美人》片中的主角还不能在痛饮时说"干杯"（Bottoms up）。在百老汇舞台剧《七年之痒》中，男主角直接跟人通了奸，但在1955年的同名电影中，男主角汤姆·尤厄尔却只能在危险的诱惑下忍受煎熬。1952年的英国喜剧《船长的天堂》中，亚历克·吉尼斯饰演一名船长，在两座港口都有妻子。直到制片商答应加上尾声，训诫观众不可尝试此种行为，电影才获允在美国放映。[39]就连华特·迪士尼的动画

* 丽莲·海尔曼，美国编剧，女权主义者。——译者注

** 海尔曼最初写剧本的故事取材于苏格兰的两个女老师，因为有一名学生指控两人存在同性恋关系，她们的人生事业都遭到了毁灭。虽然后来两人诉诸法律打赢了官司，但再也无法恢复原本的生活和事业。海尔曼的本意是想要表现未成年人的恶意，但改编成舞台剧之后，主要表现的是两位女同性恋老师的主题。故此海斯提出了这样的要求。——译者注

片，也不得展示有乳房的母牛。[40]

最后，到1968年，由于《电影制作守则》再也无人理会，电影协会放弃了它，推出了一套新的评级系统。最初电影的分级是根据内容的露骨程度由高到低降序排列的，分别是X、R、M和G。M后来被改成了GP，后来还是被改成了PG（Parental Guidance，指普通级，建议在家长陪伴下观看）。成人院线（porno theatres，1966年诞生的美式英语）支持的分级系统，从未获得官方地位。

报纸和杂志没有相当于海斯办公室的监管机构，但由于它们几乎随时乐于执行最严格的自我审查，有没有这样的机构并不重要。1933年，梅毒治疗取得突破，大多数报纸都不知道如何把这消息告诉读者，它们采用了趁手的模糊说法“社交病”（social disease）。不知内情的读者很可能会认为，握手也包括在内。迟至1934年，《纽约时报》仍不允许梅毒（syphilis）或花柳病（venereal disease）一类的字眼玷污自己的版面，哪怕是在进行严肃的讨论。[41]

1943年，在一起轰动一时的谋杀案审判中，丈夫的同性恋身份曝光并成为涉案因素，几乎没有哪家报纸能直白地描述他的隐疾。一份报纸形容该男子有“违背心理天性的迹象”[42]。强奸（rape）的委婉说法一般是“人身攻击”（assault），有个著名的故事（不过，这个故事很可能是杜撰的，它并无文献记载）里说：一名攻击者“不断对受害者拳打脚踢，把她从一段楼梯上扔下去，接着对她施展人身攻击”。

因为社会限制不允许出现哪怕最温和的咒骂，美国发明了花样百出的咒骂委婉语：darn、durn、goldurn、goshdad、goshdang、goshawful、blast、consarn、confound、by Jove、by jingo、great guns、by the great horn spoon（这个说法首次由《比格罗诗稿》提及）、jo-fired、jumping Jehoshophat，以及其他不计其数的说法，但迟至20世纪40年代，哪怕这些谨慎的委婉语也会给人惹来麻烦。孟肯提过一位联邦法官威胁要判律师蔑视法庭罪，因为后者在法庭上无礼地说了一句“darn”。1943年，《时尚先生》杂志因在多期杂志上出现了backside（臀部）、behind（后面）和bawdy house（妓院）等字样，被邮政总长告上法庭。有时候，给自己招惹麻烦，甚至不需要说出冒犯的字眼。第二次世界大战期间，一首名为《元首的真面目》的反德歌曲，因为包含了讥讽的嘘声，而在全国的广播电台被禁播。

电视也有一套自己规定的道德准则。早在1944年，诺尔玛·马丁和埃迪·康托尔唱了一首二重唱，名叫《我们有孩子啦，我的宝贝儿和我》，并配上了一段草裙舞，电视台方面要求摄影师对画面做模糊处理。[43]在早期的一个脱口秀节目中，英国喜剧演员比阿特丽斯·莉莉开玩笑地谈到自己对肚皮舞“no stomach for that kind of thing”（直译是“对此类事情没胃口”，但因出现了“stomach”故此被视为不雅），引起一场小小的丑闻。50年代初，阿肯色州国会议员艾泽克尔·C. 甘辛斯（Ezekiel C. Gothings，“Gothings”这名字真是够虔诚的）在电视上就性和暴力问题举行听证会，事后，电视网采用了自己的一套准则，禁止任何不道德的内容出现在美国的电波中。[44]

因此，1952年喜剧女演员露西尔·鲍尔怀孕了，可怀孕这个词不能出现，于是改成了“她心怀期待”（She was expecting）。审查的范围不光只有性。1956年，罗德·塞林*写了一个剧本，内容是密西西比的一名黑人青年朝着一名白人女子吹了声口哨，就遭到了谋杀。《美利坚的冷酷时刻》的制片人热情地跟进了这个创意——只不过，受害者不是黑人，没有惨遭谋杀，也不生活在南方腹地。

相比之下，书籍表现出了更大的勇气。早在1945年，“性交”（fucking）就出现在了一本名为《奇异的果实》的小说里。小说在马萨诸塞州遭禁。出版商们把该州告上法庭。但辩方律师在法庭上为销售本书辩白时，竟然无法说出这个令人反感的词，故此在事实上承认这个词实在太过肮脏，不适合向公众销售，案子自然以失败告终。[45]1948年，诺曼·梅勒因在《裸者与死者》中写了“pissed off”**，引发一时轰动。3年后，詹姆斯·琼斯的《从这里到永恒》出版，美国有了第一部大量使用“4字母单词”的小说。即便到了这时，编辑们也对哪些字眼能用感到七上八下。他们放过了“fuck”和“shit”（尽管原稿中一半数量的“fuck”和“shit”都被删掉了），但对“cunt”和“prick”画了叉。[46]

---

* 罗德·塞林，美国著名编剧，曾被称为“美国电视史最具影响力的作家之一”。——译者注

** piss直译有“小便”的意思，但pissed off是“生气”之意。——译者注

在这样的背景下，词典编纂者们忐忑不安。20世纪60年代，《韦氏词典》突破了新的领域，收录了一些禁忌词汇，比如cunt、shit和prick，但面对fuck，它失去了勇气。语言学家马里奥·佩在《纽约时报》上抗议词典里省略这个词，但他当然一次也没把讨论的这个词明明白白地说出来。时至今日，美国基本上仍然是一个善用委婉语的国度。哪怕是现在，美国国务院也不允许自己使用妓女（prostitute）一词，它改用的说法是“作风随意的当地女伴”（available casual indigenous female companions）。[47]菜籽（rape-seed）生产商愈加爱用canola来指代自己的产品，以免“rape”冒犯任何敏感情绪，虽然在园艺学的语境下，“rape”来自拉丁语的rapa，指的是“芜菁”。[48]

尽管书籍和电影愈加暴露，但在大多数公共话语领域——尤其是报纸、广播、地方和全国性电视网络——美国可能仍是发达世界中最小心谨慎的国家。在其他地方不会激起评论或过度反应的词语、图片和概念，在美国大多数媒体中仍遭到非正式的禁止。

1991年，《哥伦比亚新闻评论》刊登了一篇报道，事关匹兹堡海盗队经理吉姆·利兰和该队明星球员巴里·邦兹之间一段臭名远扬的短暂争吵。报道调查了来自全美各地的13家报纸怎样处理这两个人用来互相攻击的鲜活字眼。毫无例外地，所有的报纸都用省略号或破折号代替了冒犯性词语，或者把它们换成了程度更轻的说法，比如把“kissing your ass”（直译为“亲你的屁股”，意思是“滚蛋”）改成了“kissing your butt”

（直译为“亲你的臀部”）。对局外旁观者而言，这里有两个特别吸引的焦点：第一，当代美国的报纸读者似乎仍然把“亲你的屁股”看作令人过于不快的措辞；第二，不知道为什么，他们觉得“亲你的臀部”比较得体。更引人注目的是，《哥伦比亚新闻评论》津津有味地品评了这些报纸所感到的不安，但同样没法容忍自己把那些讨厌的词语刊登出来，而是依赖于“F打头的词”（指Fuck）和“A打头的词”（指Ass）这两个含糊其词的指代。

这种过分谨慎的例子并不少见。1987年，《纽约时报》专栏作家威廉·萨菲尔写了一篇关于cover your ass*这个短语的文章，但他自己没脸把它写出来，尽管他毫不犹豫地列出了许多表达上的同义词：臀部、坐墩、后部、尾巴。

同年，一部严肃的文艺片*Sammy and Rosie Get Laid*（中文译名是《睡遍伦敦》，直译是“萨米和罗西上床了”）上映，萨菲尔拒绝在专栏中提及这部电影的名字（《纽约时报》本身也拒绝了一则使用完整影片名称的广告）。萨菲尔解释说：“我不能在这里把片名写出来，因为我是做家族生意的；再说了，大张旗鼓地避免使用那个俚语，挑逗意味反而强烈得多呢。”[49]拜托，他居然好意思这么说？一方面，他希望对我们的微妙感表现出可以理解的体谅；另一方面，他又很乐意挑逗我们——事

* cover your ass，直译为“遮好你的屁股”，引申为不要自曝其短，遮丑。——译者注

实上，他似乎还渴望更强烈地挑逗我们。这种有选择性的自我审查，似乎少说也会让美国报纸面临首尾两端的批评。为了得到启发，我请教了《纽约时报》副总编艾伦·M. 西格尔，负责对该报脏话尺度进行规范的就是他。“我很高兴地说，我们没有明令禁止的表达。”西格尔回答，“从理论而言，只要事关读者理解极度重要新闻进展的关键，任何表达我们都可以印出来。”他说，《纽约时报》在报道水门事件的记录时，使用了shit，在“类似的严肃语境，比如美国大法官克劳伦斯·托马斯性骚扰听证会上”，还使用过ass、crap和dong。

应该指出，这种情况极为少见。从1980年到1993年7月，《纽约时报》上只出现过一次shit（是在旅行作家保罗·鲁索的一篇书评里）。而同一时期，《纽约时报》刊登了总计约4亿到5亿个单词的文章。piss出现了3次（两次出现在书评，一次在艺术评论）。laid出现了32次，但每一次都是在指萨菲尔羞于说出名字的那部电影。butthead或butthole（前者直译为屁头，是蠢蛋的意思，后者直译为肛门）出现了16次，几乎总是在指一个特定的专有名词，如有着有趣名字的流行乐团Butthole Surfers。

西格尔解释说，通常而言，“我们不希望惊吓或冒犯读者，除非理由十分重要，我们才宁愿冒险。社会对抗污言秽语有道屏障，我们不愿卷入拆除它的洪流。我们很受付费客户的欢迎，不管是读者还是广告商，所以，这个问题并非小事。我们的管理层真诚地相信，文明的公共话语是民主社会珍视的价值观，而我们的选择，既可以表达我们对这种价值观的支持，也可以破坏它”[50]。

这种对待语言的美式态度带来了一个后果：很多最为常见的表达，我们往往不知道它们是什么时候出现的，因为它们大多已经在地下流传很久了。甚至一些根本无伤大雅的表达，例如be caught with one’s pants down（被逮个正着），直到1946年才见诸书面（在《星期六晚邮报》上），但人们很可能100多年前就已经在使用它了。[51]类似于fucking-A（不容置疑的、赞同的呼喊）和shithead（辱骂用语，傻瓜、白痴）这种更生猛的表达方式，更加无迹可寻。

根据一项研究，脏话在所有成人对话中所占比例不低于13%，但从学术研究的角度看，这一领域至今仍遭到忽视。近年来此类研究为数不多，有一篇名为《美国的咒骂》，作者是来自马萨诸塞州北亚当斯州立学院的蒂莫西·杰伊，因为系主任的禁止，他不得不将自己的研究搁置了长达5年之久。在一次报纸采访中，杰伊说：“上司告诉我，我不能研究这个领域，不能教授这方面的课程，这不是一个能得到终身教职的良好领域。但我一拿到终身教职，我就恢复了脏话研究。”[52]干得不赖。

第19章

飞机与航空公司

这是个人人都熟悉的故事。1903年12月的一个寒冷日子，在5名当地人的帮助下，莱特兄弟，也即奥维尔和威尔伯，拖着一架看起来很单薄的飞机，来到北卡罗来纳州基蒂霍克的海滩上。威尔伯稳住机翼，奥维尔俯伏在操纵杆上，让飞机顺着一条木制轨道滑行。过了一会儿，飞机犹犹豫豫地升了起来，爬升到四五米高，沿着海滩懒洋洋地飞行了35米，最后在一座沙丘上停了下来。这次飞行只持续了12秒，飞行距离连现代大型喷气式飞机的翼展都比不上，但飞机时代由此拉开了序幕。

人人都知道这是现代科技发展的一件大事，但我认为，迄今人们仍然觉得莱特兄弟本质上是两个灵光乍现的修理工，在自行车店里拼凑出了一套简单的装置，幸运地让它飞上了天。早期飞机栽倒在桥墩下，或是弹射撞到干草堆里，这样的影片我们都看到过。很明显，飞机是一项即将问世的发明。莱特兄弟只不过因为运气好，才第一个完成了这项成就。事实上，他们的成就远远比这要了不起。为了掌握动力飞行，机翼、发动机、螺旋桨和控制机构的设计，必须实现一系列根本性的突破。莱特兄弟的飞机，每一个零件都是革命性的，而且还都是他们自己设计并制造的。

在短短3年的狂热工作中，这两个来自俄亥俄州代顿市的内向单身汉（他们的父亲是联合兄弟教会的主教），变成了世界顶级的空气动力学权威。两人自己动手建造的风洞，比其他任何地方现有的风洞都要领先好几年。他们发现当时没有正式的螺旋桨动力学理论，也没有不同类型螺旋桨的比较研究公式，就自己动手构建出来。在今天的我们看来，飞机是个显而易见的东西，却忘记了莱特兄弟的观念是多么具有革命性。他们掌握了机翼的空气动力学特点之后好几年，都没有任何人稍微跟得上他们的思路。他们用来控制机翼的翘曲装置，不仅在当时是一项重大突破，至今仍“使用于每一架固定翼飞行器”[1]。多年以后，奥维尔说了一句少见的大胆断言，“我相信，我们拥有的弧面数据比所有前人加起来还要多100倍”[2]。

光从他们的出身背景来看，没有任何迹象表明他们将开启一场革命。他们在代顿经营一家自行车店，没有接受过科学训练，两人甚至未能完成高中学业。然而，光是靠着工作，他们发现或自学了大量有关飞行力学和科学的知识，他们在这一领域的认识，超过了其他所有人。正如他们的一位传记作者所写：“这两位未经训练、自学成才的工程师展示了在纯科学研究方面的天赋，让那些以研究飞行问题成名的科学家显得就像是笨拙的业余爱好者。”[3]

他们古怪得离谱。由于虔诚而克制（为庆祝第一次飞行成功，两人简短地握了握手），他们总是西装革履，衣领上浆，打着领带，就连试飞时也是如此。他们一生未娶，兄弟两人一直住在一起。他们经常激烈争吵。据一位同事说，有一次，他们临睡前，为解决某个问题的方法吵得不可开交，第二天早晨，他们彼此都承认对方的想法有道理，于是又开始争论起来，只不过站到了对方的立场上。不管他们的关系多么古怪，这段关系显然成果斐然。

他们最初遭受了许多挫折，尤其是有一年春天，他们回到基蒂霍克，发现自己留在那里的一款很有潜力的机型报废了，机翼所用的法国绸缎蒙布被当地女邮政局长剥去给女儿们做衣服了。[4]基蒂霍克位于北卡罗来纳海岸附近，靠近罗诺克岛上美洲第一座殖民地定居点遗址。那儿的缺点颇为明显：夏天有巨大的蚊子，冬天刮大风，遗世孤立，没办法及时采购原材料、补充零配件。但它也有不少好的地方。这里的风势稳定，总体上有利于飞行，海滩宽阔，没有障碍物，最重要的是，沙丘宅心仁厚（指沙丘松软，一般不会夺人性命，也不会让试飞的飞行器严重受损）。

塞缪尔·皮尔庞特·兰利在科学上有着可靠的声誉，有助理团队，背靠史密森学会、国会和美国军队的支持，人人都期待他完成第一次成功的飞行。他总是从华盛顿附近托马克河上的平台上发射试验飞机，每次尝试都会变成公众围观的盛事。但当他那笨拙的试验飞行器一次次地从平台上跌落，倒栽葱般一头扎进水里，这件事就变得很尴尬。兰利似乎从没想过，凡是在水上发射的飞机，如果不能起飞，那就必然会沉底。兰利忠诚的助手兼试飞员查尔斯·曼利则多次幸运地从沉没的飞机里逃生。

相比之下，莱特兄弟躲过了记者和看客的纠缠，也无须承受资助方的压力。他们可以按照自己的节奏进行研究，不需要给任何人交代。当他们的试验发射失败后，飞机会完好无损地停在一座松软的沙丘上。他们给自己的飞行器起名为“莱特滑翔机”——很奇怪，它起这个名字不是因为能飞，而是因为他们的一款自行车也叫这名字。

到1903年秋，莱特兄弟知道了两件事：塞缪尔·兰利的飞机永远飞不起来，而他们的飞机能。那年秋天的大部分时间，他们都在基蒂霍克（更准确地说，是在基蒂霍克附近的“杀魔山”）准备飞行器，只可惜，他们遇到了一连串的小问题，尤其是螺旋桨。天气也一直不好。（有一天天气很理想，但他们却拒绝试飞，也不做任何工作，因为那天是星期天，也即“礼拜日”。）到12月17日，他们取得突破的那一天，两人已经在基蒂霍克停留了84天，主要靠豆子过活。那天他们成功地完成了4次试飞，高度分别为36米、53米、55米和260米，持续时间从12秒到接近一分钟不等。完成第4次飞行后，他们站在飞机旁边，商量要不要再试一次，一阵风突然把飞机刮了起来，吹得飞机在沙丘上来回颠簸，毁坏了发动机支架和后肋挡边。它再也没能飞起来。

由于这件事远离公众视线，有关他们这一历史性成就的消息，并不是一瞬间传遍世界，而是悄悄流传出去的。几家报纸都报道了这一事件，但对现场到底发生了些什么，往往含糊其词。《纽约先驱报》报道说，莱特兄弟已经飞行了4.8公里，其他大多数报纸在细节上也同样飘忽不定。

许多曾投身于动力飞行事业的人认为，一对没受过教育的代顿自行车制造工完全依靠自己的资源，在他们一再失败的地方取得了成功，这不免太难以置信，所以始终拒绝接受事实。史密森学会仍然对兰利忠心耿耿（兰利曾是该机构的助理秘书），有近40年的时间都拒绝承认莱特兄弟的成就。

* * *

莱特兄弟的家乡代顿对这一消息无动于衷，直到6年后才为兄弟俩组织了一场庆祝游行。莱特兄弟则处之泰然，进一步拉开了与竞争对手之间的距离。到1905年，他们驾驶一架改进型飞机，“飞行长达38公里，完成了种种复杂的动作，在空中停留近40分钟”。飞行时间短，只是因为受到了飞机油箱容量不大的限制。[5]次年，他们获得了专利，但即便如此，仍然未能得到应得的认可。该专利只承认他们“对飞行机器做了某些新颖有益的改进”。

莱特兄弟似乎对缺乏认可感到无所谓。虽然他们并未对试飞保密，但也并未进行公开演示，因此没能吸引到本应丝毫不缺的公众欢呼。实际上，1908年，更具公共宣传意识的格伦·柯蒂斯在纽约哈蒙兹波特飞行了800来米，还有不少人以为这是人类的第一次飞行呢。

1914年，兰利过世很久以后，史密森学会允许柯蒂斯发掘出兰利的飞机，对其进行重大修改，并尝试将它飞上天，以此追溯证明莱特兄弟并不是第一个设计并制造出能飞行的飞机的人。凭借兰利做梦都没有想到的改动，柯蒂斯设法让飞机升空停留了5秒钟，此后的28年，史密森学会便一直宣传这架飞行器“是世界历史上第一架载人持续自由飞行的飞机”——这件事把史密森学会钉在了永恒的耻辱柱上。[6]

原始版的莱特滑翔机在代顿的一座小屋，蒙在防尘罩下待了25年。1928年到1948年，美国没有任何机构愿意接受它，所以，它被送到了伦敦的科学博物馆展出。直到1942年，史密森学会才最终承认莱特兄弟确实是动力飞行器的发明者，而直到兄弟俩完成历史性飞行45年之后，美国才终于永久性地展出这架飞机。

莱特兄弟从没有把自己的飞行器称作airplane，这个词对他们来说本来方便可得，它在美国已出现了近30年，而aeroplane在英国存在的时间更长（1869年，英国的一本工程杂志第一次用aeroplane来形容一种用于实验的翼型）。在最初的日子里，飞行装置并无统一名称。兰利把自己的设计叫作aerodrome，另一些人使用aerial ship或aerial machine的说法，莱特兄弟喜欢“flying machine”一词。但到了1910年，airplane成了美国的标准词汇，而aeroplane成了英国的标准词汇。

飞行和它的相关词汇以惊人的速度起飞。到20世纪20年代，大多数人，不管是否接近过飞机，都对pilot（飞行员）、hangar（机库）、airfield（机场）、night flying（夜航）、cockpit（驾驶舱）、air pocket（气囊）、ceiling（上限）、bakeoff（减轻负荷）、nosedive（俯冲）、barnstorming（旋转）、tailspin（尾旋）、crack-up（爆裂，用来形容坠机的早期词汇）、bail out（救援，跳伞）和parachute（降落伞）等词语很熟悉了。飞行员有时也称为aeronauts，但更一般的称呼是aviator，直到20世纪30年代，它的第一个音节还跟navigator一样，发短音a。

1914年，airlines（航空公司，也可译为航线）进入美语。最初，创办航空公司并不是为了运送乘客，而是用来运送邮件的。泛美航空公司开始在基韦斯特和哈瓦那之间运送邮件。布兰尼夫航空公司的名字来自创办人汤姆·布兰尼夫，它的业务范围覆盖西南地区。其他早期投身这一领域的企业包括联合飞机和运输公司（United Aircraft and Transport Corporation），最终变成了联合航空公司（United Airlines）；皮特克恩航空公司（Pitcairn Aviation），后来演变成美国东方航空公司（Eastern Air Lines）；此外还有达美航空公司（Delta Air Lines），最初是为南方提供喷洒农药的服务。airmail（航空邮件）一词出现于

1917年，一年后airmail stamp（航空邮票）也诞生了。

早期的飞机很危险。1921年，飞行员的平均寿命是900飞行小时。[7]对航邮飞行员来说，情况更糟，因为他们大多要在没有任何导航设备的情况下夜间飞行。查尔斯·林德伯格做过圣路易斯到芝加哥两地间的航邮飞行员，他记得自己曾把性命交托给伊利诺斯州的一个农家孩子，后者每晚上床前都会在自家后院点起一盏100瓦特的灯泡。不足为奇的是，最初40名受雇为政府运送航空邮件的飞行员中，有31人死于空难。林德伯格本人一年内就撞毁了3架飞机。

基本上由于这种危险性，飞行染上了一层如今难以想象的浪漫和刺激色彩。1927年5月，林德伯格在长岛的柯蒂斯机场着陆，为实现历史性的飞越大西洋之旅做准备。那时，全世界正对飞行产生一种狂热，满心欢喜地打算迎接一位英雄。林德伯格正是此人。

此前的几个月里，已经有6名飞行员在尝试飞越大西洋时死亡，而在柯蒂斯机场或附近，还有另外几队飞行员，正准备冒着生命危险追求名声，争夺名为奥泰格奖的2.5万美元奖金。所有其他的团队都至少包括两名飞行员，以及装备良好、动力强劲的三引擎飞机。而现在，这个不知道从哪里飞来（在此过程中，还不小心创造了一项从东海岸飞到西海岸的速度记录）的年轻人，竟然妄想开一架脆弱的单引擎小飞机独自飞越大洋。他有一张带着天真无邪神态的瘦削娃娃脸，这让他成为理想人选，几天之内，美国和全世界都陷入了林德伯格歇斯底里症。

在他抵达的那个星期天，柯蒂斯机场聚集了30 000人，希望能一睹这位25岁的英雄出征前的风采。

单人行动很对林德伯格自己的胃口。当其他团队都忙于解决后勤、储备生存口粮时，他到附近的便餐馆买了一袋三明治，加满了油箱，然后便驾驶名为“圣路易斯精神号”的小飞机悄然起飞。他在1927年5月20日早上7点52分启程，由于飞机装载的燃料太满，他在新斯科舍省境内的大部分行程，飞行高度仅距海面15米高。[8]又因为机头固定着一口备用燃料箱，林德伯格的正前方没有视野。为了看清自己的方向，他必须把脑袋探出侧窗。34个小时之后，当地时间晚上10点22分，他降落在巴黎郊外的布尔歇机场。10万人正在那里等着迎接他。

对法国人来说，他是“那小伙子”（Le Boy）。对世界上的其他人来说，他是“好运林迪”（Lucky Lindy）——他的运气真的很好。就在林德伯格拿到飞机的前一天晚上，一名加油的工人把一根加油管掉进了油箱，因为软管很容易堵塞燃料管道，除了把它取出来之外别无他选。那工人在油箱上开了一个直径15厘米的洞，取出软管，再偷偷用焊锡把洞给补上了。这一切，林德伯格毫不知情。而这补好的洞，竟然撑过了整趟动荡的大西洋飞行全程，不能不说是个奇迹。

林德伯格其实并不是第一个搭乘飞机横渡大西洋的人。8年前的1919年5月，一架美国海军飞机就曾从纽芬兰飞到了里斯本，尽管中途曾在亚速尔群岛停留过。此后不到一个月，英国人约翰·阿尔科克和亚瑟·布朗从纽芬兰一口气不停地飞到了爱尔兰。但林德伯格的飞行距离比他们长2414公里，而且，他是一个人完成的，这对大多数人来说就足够了。事实上，大多数人也不想听人提醒说林德伯格不是飞越大西洋的第一人。一个热门报纸专栏《李普利信不信由你》指出林德伯格之前曾有近20人搭乘飞机（也包括飞艇乘客）飞越过大西洋，结果，报社淹没在近25万封愤怒的抗议信里。

放眼现代历史，从来没有谁像林德伯格一样，迎来了如此迅速而彻底的赞美。等他回到美国，欢庆游行上抛撒的彩带，比第一次世界大战后迎接归国老兵时抛撒得还要多。纽约市为他举办了有史以来规模最大的私人晚宴。当天晚上，就连纽约证券交易所也关闭了。林德伯格引发的这场歇斯底里令人瞠目结舌，连他母亲去华盛顿做美发，都需要25名警察来控制狂热的乌合之众。[9]

林德伯格的单人飞行引发的巨大兴奋和未来潜力，帮忙迎来了飞机搭载乘客出行的时代。两年之内，大多数航空邮件公司都开始运送乘客，其他航空公司，如美国航空公司（American Airways，后改名为American Airlines）、美国国家航空出租服务公司和西北航空公司，也纷纷挤入这一市场。林德伯格本人帮忙创办的航空公司被普遍认为是第一家真正的客运航空公司。该公司成立于1929年，名叫洲际航空运输公司（Transcontinental Air Transport，简称TAT），但通常被称为林德伯格航线。同年7月，洲际航空运输公司使用福特三引擎飞机，开创了全美范围内的第一趟长途客运服务，并由此推出了延续至今的一些概念：flight attendants（空乘人员，一开始只雇用男性）、lavatories（洗手间）、meals on board（机上餐食）和individual reading lights（单人阅读灯）。3个月后，该公司又推出了第一部机上电影。它还做出了一个非常大胆的决定（在当时几乎无法想象）：不携带降落伞。

由于合适的机场少之又少，加上福特三引擎机型一些恼人的局限性，当时的飞机除了最小的山峰，根本没法飞越任何山脉，所以，乘客们的飞行里程只占总里程的2/3。西向而行的旅客，要坐一整晚的火车，从纽约宾夕法尼亚车站前往俄亥俄州的哥伦布。在那里，他们安全地通过阿勒格尼山脉，登上要搭乘的第一班飞机。它的飞行高度约为762米，最高速度为每小时160公里，并需要在印第安纳波利斯、圣路易斯、堪萨斯城、威奇托和俄克拉何马州的威诺卡停留。在威诺卡，乘客们再次登上一列火车，穿过落基山脉，前往新墨西哥州的克洛维斯。在那里，一架飞机正等着途经阿尔伯克基、温斯洛和亚利桑那州的金曼，把他们送往洛杉矶。按现在的标准看，整趟行程冷风阵阵，欠缺舒适，笨拙缓慢，要花48个小时（当然，比最快的火车要快24小时）。为了奖励他们的勇敢，以及他们愿意为一张单程票支付351.94美元的奢侈手笔，每一名乘客都将得到一支蒂芙尼纯金钢笔。[10]

飞机不带增压和通风装置，许多乘客进入高海拔后都呼吸困难。通常，搭乘飞机的经历很难熬，多达3/4的乘客晕机（airsick，这是那个时代的另一个新词）。就连著名飞行员阿梅莉亚·埃尔哈特也曾被人看到憋着气寻找氧气袋（airbag，另一个新词）。对飞行员来说，还有另外一些困难。机组人员带着谨慎的亲切感，将福特三引擎飞机称为“锡鹅”，这是一款很难操控的机型。它在设计上有一个出了名的怪癖，那就是把仪表安装在驾驶舱外的一根机翼支柱上，飞机一旦升空，就容易因为起雾而看不清。[11]

几乎从一开始，洲际航空运输公司就事故连连。服务才开办6个星期，一架飞往洛杉矶的飞机就因恶劣天气在新墨西哥州坠毁，机上8名乘客全部遇难。4个月后，第二架飞机在加利福尼亚坠毁，16人死亡。人们开始开玩笑说，洲际航空运输公司的名字缩写TAT代表“Take a Train”（搭乘火车）。两次坠机事故之间还出现了另一场崩溃：10月29日的黑色星期一，华尔街股市暴跌，标志着大萧条的开始。洲际航空运输公司的潜在市场几近枯竭。

洲际航空公司运营第一年就损失了近300万美元，旋即被西部航空快运公司（Western Air Express）收购，它后来演变为跨大陆及西部航空公司［Transcontinental and Western Air，TWA，到了稍后一个更为豪爽扩张的时代，它才变成了今天的环球航空公司（Trans World Airlines）］。不到一年，它将单程机票价格降到了160美元（不过取消了免费的金笔赠品），引入了第一名女乘务员（她名叫艾伦·丘奇，工作头衔是她自己选的）。

1936年10月21日，也就是林德伯格大胆的飞行短短9年后，泛美航空公司便开通了从旧金山到马尼拉的定期客运航班，以檀香山、中途岛、威克和关岛等地作为中转站加油。

3年后，该航空公司又推出了第一趟跨越大西洋的定期航班，途经亚速尔群岛和里斯本飞往马赛，采用的机型是四引擎的波音水上飞机“泛美飞剪”，可搭载22名乘客。跨洋飞行催生了一个不祥的新词语，叫point of no return（没有返航点，没有回头路），1941年第一次出现在《皇家航空学会杂志》上，很快衍生出各种比喻意义，融入了美语。

要在太平洋地区开展业务，泛美航空公司的后勤工作艰巨得叫人望而生畏。威克岛和中途岛无人居住，所以岛上需要的一切，从煎饼面糊到备用引擎，都必须靠船运输。3座完整的酒店先在旧金山建成，然后分拆，一一运到中途岛、威克岛和关岛，又在当地重新组装。到1940年9月，泛美航空公司已经扩展了太平洋地区的业务，并开始宣传自己的航班只需4天半就能飞抵新西兰。如果时间紧迫，旅行者可以选择在只需要两天就能到达的中途岛休息——“对那些寻求无忧无虑的宁静南部海洋氛围的人来说，此地是理想之选”。广告中避而不谈的是，中途岛只有一堆荒凉的沙子，驻扎在当地的人很少，孤独无聊得大部分时间都用来打老鼠。不管怎么说，过了两年多，中途岛就不再是一个理想的度假地点了，因为它成了太平洋战争里第一场恶战的焦点。

尽管存在风险和不适，航班乘客的数量还是猛增。从1930年到1940年，搭乘飞机出行的旅客数量，从41.7万人次增加到300多万人次。[12]第二次世界大战当然让航空公司的发展暂时停了车，但它也带来了长途飞行技术的巨大进步，等到和平降临，航空公司很快就对其加以利用。到1947年，西北东方航空公司夸口说，他们了不起的“同温层巡航号”飞机，从芝加哥到上海的飞行时间为41小时，从纽约到东京的飞行时间仅为39小时，而且无比舒适。由于不再需要酒店停驻点，这一机型配备了床铺，自然很快就变成了众所周知的“空中卧铺”（Skysleepers）。6年后，泛美航空公司引进了跨大西洋的喷气式飞机，忠诚的同温层巡航号让位给了波音707，床铺也成为过去时。飞机型号不再使用名字，而是用数字来称呼——这对空中旅行的浪漫感来说是个不小的损失。（话虽如此，波音公司从第一架商用飞机就开始使用数字，也即波音247。当时，这一机型只能搭载10名乘客。）

jet travel（喷气式飞机旅行）为美式英语带来了一些新词汇：jet-hop（喷气式飞机旅行，1952年）、jetport（喷气式飞机机场，1953年）、jet set（指乘喷气式飞机旅行的富豪阶层，1960年）、jet lag（飞行时差，1966年）、jet fatigue（飞行倦怠）和jet syndrome（飞行综合征，是jet lag的另一种说法，出现于1968年）。同样是在1968年，一种全新的客机出现，以活跃在一个世纪前的马戏团大象为名。我当然指的是jumbo jet（大型喷气式飞机）。

1970年1月21日，泛美航空公司将这种巨型飞机投入使用，旋即，它就成为航空旅行的一大特色。（第一趟航班从肯尼迪机场飞往希思罗机场，由于引擎故障，晚点了7个半小时起飞。）这款飞机的正式名称是波音747，之所以这么叫，是因为自从707以来，波音的喷气式客机都是按设计顺序递增10来命名的。有趣的是，这款飞机在机头部位的隆起，成为人们一眼就能认出它来的特点，是波音公司因为担心它无法成功而设计的。20世纪60年代初飞机刚设计出来的时候，人们觉得超音速飞机也近在咫尺，很快就会淘汰大型喷气式客机。于是，波音公司决定给747留下可以轻松改装成货机的空间，把驾驶舱放在机头隆起部位，让货物可以一直装载到飞机头部。

历史上最成功的商用飞机竟然以一头马戏团大象命名，显然是桩奇怪的事情。大象江伯（Jumbo）叫这个名字不是因为它大，相反，是因为这头大象叫Jumbo，大块头东西才被叫作jumbo。光是得知这一点，有时候就能叫人吃上一惊。实际上，人们给它起这个名字（jumbo是mumbo jumbo的缩写，这个词的意思是西非巫医，而在英语里，它成了“胡言乱语”的同义词）的时候，它还是头幼象，刚刚来到伦敦动物园。没人知道它会成长为有史以来最大的圈养动物。

大多数美国人熟悉大象江伯，是在1884年马戏团经理P.T.巴纳姆从伦敦动物园买下它，并开始在全美办巡回展览的时候（这桩丑闻激怒了数百万英国人）。巴纳姆的传单上，把江伯描述得异常巨大，有一张传单上还画着一辆马车和几匹马从它的腿间穿过，而且还剩下很大的空间余地。事实上，江伯根本没有那么高。毫无疑问，它是迄今为止测量到的块头最大的大象，但它也不过3.5米上下。（巴纳姆很少费心考虑准确性。他创造的另一个广为流传的说法，“wild man from Borneo”，意思是“婆罗洲的野蛮人”，其实是来自新泽西州帕特森的一个原住民。）[13]

不管怎么说，由于巴纳姆不知疲倦的创意宣传，“江伯”这个名字变得与“大”联系到了一起，没过多久，人们就开始购买江伯雪茄、江伯旅行箱、江伯份的食物，并最终乘坐“江伯”喷气式飞机旅行。江伯在美国的职业生涯不幸而短暂。江伯巡演才刚满一年的时候，1885年9月的一天晚上，它结束了在安大略省圣托马斯的一场晚间演出，正被人牵着走进特制的装载车厢，一辆特快列车却突然抵达，出人意料地撞上了它。这给大象和列车都造成了不可逆转的后果。现场用了160个人才把江伯从铁轨上拖下来。巴纳姆绝不会放过这样的机会，他把江伯的皮肤和骨头分开装裱好，这样就可以同时向两拨观众展示全世界最大的大象，而且还无须任何照料喂养的开销。江伯死后替他赚的钱，比它活着时还要多。

第20章

欢迎来到太空时代：20世纪50年代及其后

1959年，《新闻周刊》心满意足地设想未来（那时的杂志都很喜欢这么做），无比自信地为1979年的幸运家庭主妇展现了这样的场景："枕头里内置的微型留声机播放起70年代酷劲十足的音乐，把家庭主妇唤醒，她打了个呵欠，轻轻按下床头的开关，打开了电子食谱烹饪机，接着起身去洗超声波浴。"

《新闻周刊》的预言家们有很多事情都未能料到，其中一件就是，到了1979年，家庭主妇（housewife）成了濒危物种，取而代之的是工作狂（workaholic）、驾车枪击（drive-by shootings）、快克纯可卡因（crack cocaine）、艾滋病（AIDS）、重复性压力损伤（repetitive stress injury）、交通阻塞（gridlock）、连环杀手（serial killer）一类的字眼。至于超声波浴，我们至今都还没能等到。

如果说，1959年的《新闻周刊》从过分乐观的角度审视未来，我们也很难责怪它。20世纪50年代，生活在美国再美好不过了。第二次世界大战不仅结束了大萧条，为美国戴上了荣誉的光环，还为一轮繁荣程度几乎超出人们想象的经济发展奠定了基础。战争把欧洲和亚洲的大部分地区夷为平地，耗尽了无数国家的财力，摧毁了工业，让数百万人无家可归，甚至没有了祖国，而美国却完好无损。美国1200万归国军人，回到了一个不曾遭到炸弹轰炸的国家。1945年，这个国家拥有了大战开始前并不存在的价值260亿美元的工厂，这些工厂（仅有60亿美元资产不在此列）几乎可以立即转变为生产非军事产品的地方：汽车、电视、冰箱、拖拉机、加工食品、钢梁，只要需要。而且，1945年的美国，拥有所有国家独一无二的财富可供支出，光是战争和储蓄债券，就超过1430亿美元。[1]这一幕，为历史上最大的消费热潮做好了铺垫。

到20世纪50年代初，大多数美国家庭都拥有了电话、电视、冰箱、洗衣机和汽车，很多年后，这些东西在欧洲和日本都没能成为标配财产。美国的人口只占地球总人口的6%，国土面积占世界面积的7%，而在20世纪50年代中期，美国的生产和消费占全球总产出的40%，几乎相当于世界其他地区的总和。[2]特别值得注意的一点是，这一时期的美国几乎完全是自给自足的。在整个20世纪50年代，美国的进口总额不超过国民生产总值的3.2%（gross national product，国民生产总值是个美式英语单词，1946年由经济学家西蒙·库兹涅茨创造，他的研究也获得了诺贝尔奖），直接出口也不超过4.7%。美国成为世界上最富有的国家，而且对世界其他地区也没有太大需求。

之所以会这样，部分原因在于它比竞争对手高效得多。拥有73万名员工的通用汽车公司，1966年实现盈利22.5亿美元，法国、英国和德国的40家最大公司的总利润加起来才能达到这一利润额，而这40家公司总共雇用了350万人。美国公司的规模变得比一些国家还大：1966年，通用电气的销售额超过了希腊的国民生产总值；福特公司成为一个比奥地利或丹麦更大的经济体；IBM的营业额超过了瑞典、比利时或西班牙；通用汽车公司，则比它们所有都更大。

简而言之，战后美国的生活富足、安全、充满无限希望。当时的经济马力全开，就业充分、薪水优厚，商店里摆满了琳琅满目的消费品，其丰富和多样性令其他国家望尘莫及。借用约翰·肯尼斯·加尔布雷斯在1958年作品中说的话，美国真的变成了一个“富裕社会”。地平线上只压着两片乌云。一是核战争似乎迫在眉睫，二是一种离本土更近，但几乎同样令人担忧的现象。我指的是青少年。

毋庸讳言，青少年始终存在，但直到近年来，他们的存在才得到了认可。在过去，很少有人注意到他们，迟至1941年，teen-ager（青少年，但跟今天的teenagers写法略有不同）一词才进入美语。（形容词的teen-age大约在20世纪20年代就出现了，但它并未得到大范围使用。）但在战后的繁荣时期，美国的青少年弥补了失去的时光。从1946年到1960年，美国人口增长了大约40%，随着美国经历一轮大规模的婴儿潮（baby boom，不过，这个词直到1978年才出现，它来自《纽约客》上的一篇文章），青少年的数量增长了110%。[3]

到了20世纪50年代中期，到处都是青少年，简直多到了令人感到不安的地步。在长辈们看来，他们几乎是另一个物种。他们衣着邋遢，独霸电话和卫生间，听着奇怪的音乐，使用令人费解的陌生词汇——wheels、square、daddyo、far out、beat、cool and coolsville、what a drag、bad news、big deal、chick、neat and neato、gone、real gone。他们有特别丰富的词汇来形容那些在文化上跟不上趟的人：loser（失败者）、creep（讨厌鬼）、weirdo（怪人）、square（呆子）、drip（鼻涕虫），以及令人甚感怀念的nose-bleed（流鼻血）。他们会面无表情、语带嘲讽地“哈哈哈哈”，迎接一切愚蠢的笑话，尤其是出自直系亲属之口的愚蠢笑话。他们似乎为自己表现得狂乱失常感到自豪，甚至为这种状态创造了一个词：kooky（乖僻，大概是从cuckoo修改而来）。《无因的反叛》和《飞车党》一类的电影，以及《在路上》和《麦田里的守望者》等书籍，都表现出美国年轻人是叛逆的、随心所欲的、非理性的，甚至可能是危险的。巴尔的摩的著名心理学家罗伯特·林德在一系列讲座中严肃地宣布，年轻人“正遭受一种集体精神疾病的折磨”[4]，还暗示自己说不定也沾染了一丝半点。

一个不祥的新术语，juvenile delinquency（少年犯罪），开始充斥新闻版面，引发热评。1955年的电影《黑板丛林》以青少年犯罪和其他青春焦虑的表现为主题，一时造成社会轰动，美国驻意大利大使克莱尔·布恩·鲁斯甚至发起了一场运动，禁止海外放映这部电影，以免人们对美国产生错误的印象。显然，她不曾想到，这种做法会适得其反，让人们以为美国不再信奉言论自由。对大多数不是青少年的人来说，这部电影的主题曲《昼夜摇滚》，是他们初次体验到所谓的“摇滚乐”，这个词由克利夫兰一个名叫艾伦·弗里德的电台音乐节目主持人所推广。他原本钻研古典长号，进入广播行业之后，向听众们介绍了查克·贝利、胖子多米诺这类新奇歌曲。1951年，他第一次用rock ’n’ roll来指代此类音乐，尽管，在美国黑人中，这种表达出现得更早，最初用于指代性，后来又用于舞蹈。

最重要的是，20世纪50年代的美国青少年与前几代人的区别在于：他们兜里有钱。一位历史学家指出，到50年代中期，“美国1650万青少年购买了大约40%的收音机、唱片和照相机，超过一半的电影票，甚至9%的新车。对经济而言，他们每年对经济的贡献约为100亿美元”[5]。

他们的财富，大部分都来自（还常常回到）那个时代的另一个现象：汉堡包店。它为全国数万青少年提供了就业机会，又为剩下的大部分人提供了可以频频光顾的场所。尽管汉堡包成为美国人饮食的一部分已有半个多世纪了，但在20世纪50年代，它走上了神坛。迟至1950年，猪肉仍然是美国最多人食用的肉类，而且占据绝对的上风，但此后的20年里，情况发生了逆转。到1970年，美国人消耗的牛肉变成了猪肉的两倍，达到每年人均将近45公斤，其中一半都是从汉堡包里吃掉的。饮食习惯的这一改变，免不了要提到有一家与此关系重大的公司：麦当劳。

由公司讲述的故事尽人皆知。通用搅拌器推销员雷·克罗克对一家伫立在加利福尼亚州圣贝纳迪诺沙漠边缘一家小汉堡店竟然需要8台搅拌器（足够同时制作40杯奶昔，比美国其他任何餐厅可能需要的量都更大）深感好奇，决定飞过去探个究竟。他发现了一家小餐馆，由莫里斯·麦当劳和理查德·麦当劳兄弟经营，面积只有370多平方米，但里面的汉堡很好吃，薯条很脆，奶昔也特别浓稠，而且毫无疑问备受当地人欢迎。当时克罗克已经52岁了，在这个年纪，大多数人或许都会考虑怎么放慢生活节奏，但他却在此看到了机会。他买下了麦当劳的名字，开始打造一个帝国。这故事里隐含着这样一重暗示：最初的麦当劳是一家不起眼的、小规模经营的餐厅，坐落在一个偏僻的地方，是雷·克罗克卓越的经营天赋，才使它转型成为我们现在都知道也热爱的、流水线一般高效率的“金拱门”。然而，事情并非完全如此。

1954年克罗克出现的时候，麦当劳兄弟在餐饮界早就是传奇人物了。《美国饭店》杂志1952年曾为他们做过封面故事，人们经常会去拜访两人，了解他们是怎么在这么小的空间产生这么大营业额的。麦当劳一年的销售额超过35万美元（全靠一台忙碌的收银机实现），利润超过10万美元，是全美最成功的餐厅之一。在自传里，克罗克说得好像是在自己出现之前，麦当劳兄弟从未想过特许经营似的。事实上，他去拜访兄弟俩的时候，他们已经有十几家加盟店了。

几乎所有日后与麦当劳连锁店相关的东西，都是由这对兄弟发明或完善的，从炸薯条的制作方法，到大肆宣传汉堡销量的做法。早在1950年，他们就在店铺外树起了一块招牌，上面写着“已售出100多万份”。就连斜屋顶、红白砖墙和整体金色拱门的设计，也是他们想出来的——不是为圣贝纳迪诺门店设计的，而是为他们的第一家加盟店设计的，这家店于1952年在凤凰城开业，比克罗克的出现早两年。

一句话，麦当劳兄弟才是快餐革命的真正英雄，而且，不管按什么标准来衡量，他们都是了不起的人。大萧条年代，他们从新罕布什尔州（也可能是佛蒙特州，来源存在争议）搬到加利福尼亚州，1937年，帕萨迪纳市附近开了第一家汽车快餐馆，但并不卖汉堡包。接下来的1940年，他们在圣贝纳迪诺66号公路的尽头，第14街和E街交叉口的一栋建筑里设置了一座八角形的结构。这是个传统的汉堡包摊档，经营得很不错。

然而，到了1948年，兄弟俩为一种神奇的愿景着了迷。他们停止营业3个月，解雇了店里原有的20名送餐到汽车上的服务员，处理掉了所有的瓷器和银器，并带着一种完全新颖的理念重新开张：顾客必须自己到窗口取餐，店方不再把食物送到车上。他们把菜单上的食物减少到7种：汉堡包、牛肉饼、馅饼、薯片、咖啡、牛奶和汽水。顾客不再自行指定自己想在汉堡包里加什么东西，而是直接拿到成品，并附有番茄酱、芥末、洋葱和泡菜等配料包，自行添加。汉堡包做得更小了，只有50来克，但是价格减半到每个15美分。

这次业务模式的改变搞砸了。生意下跌了80%，原本的主力客户群体——青少年去了别的地方。然而，慢慢地，一种新类型的客户出现了，那就是家庭。尤其是，麦当劳兄弟把薯条和奶昔加进菜单以后，顾客们越发意识到食物很美味，只要区区几美元就能喂饱全家的肚子。没过多久，麦当劳生意火爆，几乎超出了它的承受能力。

随着业务量的增长，兄弟俩不断改进制作流程，让食品生产变得更加精简高效。他们与当地一个名叫爱德·托曼的机械铺老板合作，发明了几乎每一样跟快餐制作有关的东西，从能精确地吐出一小块番茄酱或芥末酱的自动分配机，到可以迅速为24个小圆汉堡包添加酱料的圆转盘。他们引入了专业分工的概念（一个人只制作汉堡包，另一个人制作奶昔，另一个人给汉堡包添加酱料，等等），推出了如今通用的做法：预先做好食物并放在一旁，这样顾客一下订单就可以立刻拿到配餐。

麦当劳兄弟和莱特兄弟有着惊人的相似之处。跟莱特兄弟一样，麦当劳兄弟终身未婚，住在同一座房子里。跟莱特兄弟一样，他们对财富和名望没有特别的兴趣。（麦当劳兄弟倒是有个爱好：每年新款凯迪拉克推出的那天，都买上两辆全新款。）这两对兄弟都一心一意地专注于在自己所选择的领域内达成完美，并且都创造出了某种东西，让其他人从中获得更大荣誉和声望。麦当劳兄弟与莱特兄弟只有一个区别。他们害怕坐飞机，这给他们不断扩张的帝国带来了麻烦。因此，当雷·克罗克提议双方结成合伙关系，由自己负责加盟运营方面的生意时，他们欣然接受。

必须指出，克罗克是加盟店的完美推广人。到1961年，也就是他以270万美元买下兄弟俩全部股份的那一年，麦当劳已经拥有了200家餐厅，公司的业务也逐渐覆盖全国。克罗克取得这一成功，主要靠的是保证圣贝纳迪诺麦当劳兄弟的原始配方，在任何地方都得到最严格的遵守。他对细节的痴迷成了传奇。他规定，麦当劳汉堡的直径必须精确到9.8425厘米，重量必须达到45.3克，脂肪含量必须精确到19%。巨无霸面包平均应该有178粒芝麻。经过多次实验后，他甚至规定，用来分隔汉堡肉饼的蜡纸上应该涂多少蜡。

这种执着让麦当劳大获成功，但同时也造就了一种对创新漠不关心的企业文化。他曾在自传中回忆，他最信任的一群高管提出了微型门店迷你麦当劳的设想，克罗克“气得发狂，我简直想把自己的办公室变成棒球练习场，用棍子狠砸这3个家伙的脑袋”[6]。他解释说，他们错的地方在于竟然胆敢往小处着眼。但别的人要是得出结论认为，他们错在竟然胆敢用脑子思考，也一定不为过。

作为帝国的缔造者，克罗克没有可堪一较高下的对手，但在饮食创新上，他可谓毫无天赋。正如他的一位传记作者所写：“他想要推出的每一种食物——这份名单很长——都在市场上一败涂地。”[7]因此，麦当劳的菜单，基本上不断地证明了创始人兄弟俩的餐饮技能。1954年之后新加入菜单的极少量食物，大多是加盟店经销商发明的，并非出自总部员工，而且，这些新菜品往往也是从其他连锁餐厅的竞品那里获得的灵感。1968年在全美范围内推出的“巨无霸”（Big Mac），由匹兹堡一位名叫吉姆·德利加蒂的加盟店经营商发明并命名，但它跟14年前加利福尼亚州“大男孩”连锁店所推出的双层三明治（三层夹心）神似，甚至根本就以之为模板。麦香鱼汉堡（Filet-O-Fish）是辛辛那提天主教区的一位加盟店经营商想出来的，他想在星期五为顾客提供些吃的，但基本上，麦香鱼汉堡无非是汉堡包里夹了根鱼肉条。吉士蛋麦满分（Egg McMuffin）最初叫作快攻早餐（Fast Break Breakfast），产品原型来自圣芭芭拉的一位加盟店经营商，但它又一次是在效法竞争对手的产品——“玩偶盒”连锁店的炒蛋早餐卷（eggs Benedict breakfast roll）。

尽管如此，麦当劳的模式明显很管用。平均每年，全美96%的消费者，至少光顾麦当劳一次。32%的汉堡、26%的炸薯条、5%的可口可乐以及近1/5的公共场所用餐，都在麦当劳里消耗掉。麦当劳购买的牛肉和土豆比任何其他组织都多，培训的员工也比任何其他组织都多，连美国军队也自愧不如。它是世界上最大的房地产业主。1994年，麦当劳在68个国家开了1.3万家餐厅，每天为2500万名顾客提供服务。[8]自1986年以来，《经济学人》杂志就把世界各大城市巨无霸汉堡的价格，作为比较各国货币相对价值的重要指标。

和当代美式生活里的很多东西（超市、购物中心等）一样，麦当劳是战后两大现象的产物：汽车和郊区。两者一起改变了美国人的生活方式。

20世纪50年代，郊区很难说是个新东西。“suburbs”（郊区）这个词最早可以追溯到1325年，而从19世纪90年代开始，suburbia（郊区）和suburbanite（郊区居民）就成为潮流。在美国独立战争之前，大多数城市都有郊区，如纽约的哈莱姆区、马萨诸塞州的梅德福区，但它们并不是现代意义上的居住社区。直到19世纪50年代，郊区的定义都是“城区范围外，但与城里无区别的地带”。这些社区基本上是自给自足的，很多时候，一些需要排放有毒害物质、不适合市区紧促空间的企业，会在郊区选址。[9]

在殖民地时期的美国，大多数人都拥挤地居住在城市里（而且必须如此）。1715年，波士顿的15 000名居民共用2.83平方公里的土地，到任何地方几乎都靠步行。步行是日常生活中一个无可争议的特征，1791年威廉·华兹华斯创造出“pedestrian”（行人）一词之前，没有哪个词语专门用来形容靠脚走路的人。（有趣的是，pedestrian的另一个词义，也即沉闷的、缺乏想象力的，出现得更早，1716年就流传开来了。）

19世纪30年代出现了蒸汽客轮，人们终于有可能晚上回到位于另一个独立（但必然离得很近）社区的家里了，直到这时，郊区概念才开始扎下根来。客运渡轮改变了一些地方，如纽约州的柏油村、石头角和纽约市的布鲁克林，但船票费用、有限的载客量和缓慢的速度，让它们带来的整体影响十分微弱。美国郊区生活的历史真正到来，是从铁路开始的。1857年，从伊利诺斯州的内伯维尔开始，各地都出现了铁路郊区（railway suburbs）。新泽西州的橙县和西考克斯，伊利诺伊州的橡树园、森林湖河和埃文斯顿，纽约州的斯卡斯代尔，康涅狄格州的达里恩和费尔菲尔德——这些社区连同其他成百上千的社区，都是靠铁路造就或是被铁路所彻底改造的。就连通常跟铁路没有联系的加利福尼亚州，也孵化出了大量此类社区，尤其是圣拉菲和波莫纳。[10]随着铁路郊区的发展，两个新词进入了英语，commute（通勤）和commuter（通勤者），它们都是美国首创，1865年首见于记录。[11]

铁路郊区的日益普及，激发产生了一种全新形式的社区：模范郊区（model suburb）。顾名思义，模范郊区是专门针对富裕人士建造的社区。铁路郊区的发展是漫无目的，带着随意性的，它常吸收现有社区。而模范郊区是从无到有修建起来的，不仅自带体面的住宅区街道，还提供了富裕居民可能需要的一切：公园、学校、购物区，以及最终极的乡村俱乐部（country club）。（1867年始建于波士顿郊区布鲁克莱恩的乡村俱乐部，似乎不光让这个名字保留下来，也为这种郊区社交中心提供了可供效法的榜样。）加利福尼亚州的比弗利山、俄亥俄州的沙克高地和纽约州的森林山，都属于较受尊敬的模范郊区之列。

19世纪快到头的那几年出现了有轨电车，为郊区生活提供了强劲的新动力，也为郊区生活的民主化提供了一条途径。伴随着郊区电车的崛起，城市进一步向乡村扩张，让数以百万计的办公室员工和工厂工人及家属，拥有了获得新鲜空气、宽敞空间和逃离繁忙都市生活的潜在机会。

可即便把这些早期的各类郊区加起来，它们也无非是美国生活的一个边缘特征。20世纪40年代出现的两个因素，共同促成了美国彻底的郊区化。首先是战后立刻产生了迅速兴建廉价住房的需求；其次，20世纪50年代初，汽车崛起。

1945年，数百万年轻人履行了因为战争而延期的婚约，安顿下来组建家庭，美国差不多需要增建500万套新住房。对开发商来说，最简单、最廉价的解决方案是，买下一座城市通勤距离内的一块乡间地皮，往里面塞进数百甚至数千套一模一样的定制住房。掌握这门艺术的大师是亚伯拉罕·莱维特（Abraham Levitt），从1947年开始，他就在东部各州修建了数处以自己为名的郊区小镇"莱维顿"（Levittowns）。莱维特统一制作每一户住宅，并且采用装配线施工技术，以极低的成本修建房屋。在那平均每处住宅售价1万美元的时代，莱维特的房子只卖7900美元（约合每个月65美元，且无须首付），并配备主要的家用器具。

很快，每座城市的边缘地带都出现了住房开发项目。到1950年，1/4的美国人住进郊区。10年后，这一比例上升到1/3。今天，超过一半的美国人住在郊区——比城市、农场和农村社区加起来的人数还多。

随着人们涌向郊区，工作岗位也紧随其后地搬到郊区。从1960年到1990年，在美国35个最大的大都市区，每6个工作岗位中就有5个位于郊区。数以百万计的美国人根本不用在白天进城去工作，相反，他们几乎根本不需要进城去了。从1960年开始的30年里，往返于各县之间的人口数量（也就是说，住在这个郊区，要到那个郊区去工作）增长了两倍，超过270万人。[12]郊区接管了人们的工作。

早在1955年，作家A.C. 斯派克托尔斯基就注意到了这一现象，并创造出exurbia（远郊）一词来形容这种在情感与经济上都独立于孵化出自己的大都市的新社区，但直到1991年，《华盛顿邮报》记者乔尔·加罗写了一本书，名为《边缘城市》，这种生活模式的巨大转型才得到了广泛关注。

按照加罗的定义，要达到边缘城市的资格，一个社区必须有45万平方米以上的办公空间、5.5万平方米的购物区，而且在此地工作的人比住户多。如今，美国有两百多座边缘城市。洛杉矶和纽约各有20来座。几乎所有的边缘城市，都是1960年以后出现的，它们几乎全是没有灵魂、欠缺人情味的地方，散布的购物中心和办公大楼对不开车的人完全不友好。许多边缘城市没有人行道，甚至没有可供行人过街的路口，甚至鲜有通往邻近大都市的最基本公共交通，这使得许多留在衰败内城的人无法前往都市获得工作机会。大约1/3的美国人现在住在边缘城市，多达2/3的美国人在这些地方工作。[13]它们是很有分量的地方，可大多数人（除非他们来自临近地区）几乎从来没听说过。我曾想过，有多少美国人，能对着地图指出沃尔纳特克里克、库卡蒙加牧场、格伦代尔、韦斯特波特广场、梅斯基特和普莱诺的大致位置呢？不管是否出名，它们都是未来的潮流。1993年，美国发展最快的25个社区中，有19个是边缘城市。

如果说，1945年经济适用房是大多数归国老兵头一件最想要的东西，那么，汽车毫无疑问是第二件。

直到1950年，仍有约40%的美国家庭没有汽车，但接下来的10年里，事情发生了天翻地覆的变化：汽车不仅成为现代生活的便利工具，还成为数百万人的生活必需品。从1950年到1980年，美国人口增长了50%，但汽车数量翻了两番，远远超过了美国的家庭总数（因为一些家庭拥有两辆或两辆以上的汽车）。[14]

在战后岁月，伴随着美国自信满满的物质主义新时代风潮，汽车变得更大、更炫、更强劲。这股趋势的幕后推手，叫哈利·J. 厄尔，他是通用汽车公司的资深设计师，对二战期间洛克希德制造的P-38闪电式战斗机深为痴迷。为此，他在1948年款的凯迪拉克汽车上加装了超大号尾翼。次年，原汁原味的舷窗，改了个名字叫“通风口”（venti-port），出现在了别克汽车上。此后的一年，斯图贝克公司生产了一款车身滑溜溜、车头如同子弹的Champion DXL车型，看起来简直就像是飞机。汽车厂商们之间的竞赛就此拉开序幕。到20世纪50年代中期，每一家汽车制造商都推出了巨大的、闪光的、前脸带栅格的、多色调的、到处都是铬合金的、有着巨大尾翼的公路怪兽，并成为那个时代的标志。用一位观察者的话来说，这些汽车一看就像是应该启动点火飞起来。这种风格，如今叫作“前沿风格”（Forward Look）。

这些汽车的名字表明，它们不仅强劲有力，而且几乎无法控制——火穹V8（Firedome V8）、雷鸟（Thunderbird）、暴风雨（Tempest）、彗星（Comet）、狂怒（Fury）、冲锋（Charger）——并配备有完美结合了优雅、舒适和操控轻松等特点的功能。在一段时间里，过耳难忘的新功能成了汽车推销员火药库的一部分。早在1940年，德索托公司就吹嘘自家车型“流畅驾驶，简单传动”（Fluid Drive Simplimatic Transmission），但直到强大的V8发动机（第二次世界大战技术的直接产物）出现，汽车制造商才真正能够提供大量花哨玩意儿，让营销人员有了吹嘘酷炫技术的余地。一些厂家主动暗示自己具备航空特质，1955年的别克就自带RSVP螺旋桨叶（RSVP是Really Sensational Variable Pitch的缩写，意思是“极佳可变力度”）。一如广告中的解释，这种可变力度“就像飞机上的螺旋桨一样，能让你原地加速，在高速公路上安全地大幅提速，这一切，只有亲身体验过的人才能相信”。其他的车型，如雷鸟，则配备有“触发式转矩动力和速度触发式传动”（Trigger-Torque Power and Speed-Trigger Fordomatic Transmission），听起来就像是能够把与之竞争的司机们给干掉似的。第二年，雷鸟又新增了“巡航自动传动”（Cruise-O-Matic Transmission），大概是方便司机能双手握枪吧。

到1956年，厂商宣传的汽车功能，简直就快上天了。克莱斯勒汽车配备了劲飞变速杆、扭矩飞行传动、转矩升空悬挂和超音速挡风玻璃。帕卡德汽车配有全新扭矩级驾乘和双超动力传动系统，而雪佛兰Bel-Air车型则有一种叫作“三涡轮增压滑翔”的提速功能。由于误读了市场，水星公司没有推出什么更酷炫的技术，只有所谓的“梦幻车设计”和“电动座椅”，能记住驾驶员喜欢的位置。因为这种在技术方面迈不开步子的胆怯心态，该公司的汽车销量暴跌，付出了惨痛代价。

这种堆砌技术的顶峰出现在1957年，帕卡德生产了一款145马力超级8型汽车，它配备有除了空姐以外的一切。车载的噱头功能包括“精英可调节座椅”“航空控制盘”“舒适空中通风设备”“控制台案件仪表盘”“按钮控制防皱可折叠车顶”。只可惜，这辆车开起来像台坦克。5年后，帕卡德破产。

讽刺的是，当代汽车的几乎所有进步，盘式刹车、燃油喷射、前轮驱动、扭力杆等，都不是美国发明的。比起真正的研发，底特律更关心的是外表的光鲜亮丽，不出20年，它就会为这一失误付出沉重的代价。[15]

1955年，吹嘘技术和航空造型的大战打得正酣，一辆名字起得蹩脚、造型呆头呆脑、全无派头的汽车进入市场，成为此后40多年商业灾难的代名词。当然，我指的就是那神奇的埃德塞尔（Edsel）。

现在很难相信，当这款汽车问世的时候，福特、经销商和大多数美国人对它抱着多么高的期望。福特公司在创业头20年取得巨大成功后，走上了危险的下坡路，这在很大程度上是因为亨利·福特极不愿意提供六缸发动机，不愿为车型提供少许的曲线和造型。它不仅落后于通用汽车，甚至落后于沃尔特·克莱斯勒的普利茅斯。到了20世纪50年代，福特迫切需要一款成功车型。押注在一辆新的中型汽车上，似乎最为稳妥。通用汽车公司自1927年的La Salle之后，克莱斯勒在1928年的普利茅斯之后，都不曾再推出过中型车。福特最近的一次突破是1938年推出的水星（Mercury）。[16]是时候来上一辆震撼世界的新车了。1952年，福特启动了一个名为“E型车”的秘密项目。

人们非常谨慎地选择名字。福特的广告公司博达大桥列举了1.8万个候选名，福特的员工又增加了2500个建议。诗人玛丽安·穆尔受委托列出了一份名单，并提出了一些令人难忘，但派不上用场的建议，比如Mongoose Civique（直译为猫鼬酋长）、Utopian Turtletop（乌托邦龟背）、Pluma Piluma（羽毛笔）、Pastelogram（粉彩图）、Resilient Bullet（弹性子弹）、Varsity Stroke（校队中风）和Andante con Moto（流动的行板）。

所有这些候选名字，经仔细筛选，变成了一份仅有16个候选词的初选名单。1956年11月8日，执行委员会开会，做出最后决定。经过一番讨论，它将名单缩减为4个讨人喜欢的名字：Corsair（海盗船）、Citation（嘉奖）、Ranger（游侠）和Pacer（步行者）。然后，由于一些争议性很大的原因（其实主要是因为，这款车一败涂地之后，没人希望跟这个选择扯上关系），小组成员选择了一个不在名单上的名字：埃德塞尔。

它因袭了埃德塞尔·福特之名，后者是亨利·福特和克拉拉·福特夫妇唯一的孩子，他的名字又得自亨利·福特最好的朋友。福特公司从前考虑过这个名字，但消费者调查显示，几乎所有人都认为它听起来像是拖拉机或者耕地犁的名字，公司方面便放弃了这个打算。

名字搞砸了还不算，公司接下来还把汽车的设计和生产搞得一团糟。埃德塞尔的首席设计师是小罗伊·A. 布朗。据各方说法，布朗最初的设计本来是稳赢的，*但过多的改动（尤其是安

* 布朗因设计了一款名为Lincoln Futura的概念车而在公司赢得了声誉。它从未投入生产，但最终迎来了更大的荣耀——成为电视版的“蝙蝠车”（漫画超级英雄蝙蝠侠的战车）。

装了会叫人形容成马项圈或马桶圈的散热器面罩之后）让它注定要栽跟头。此外，埃德塞尔的工艺质量不太好。宣传部本打算让75名汽车作家驾驶着同款蓝绿色埃德塞尔从底特律出发，开到各自家乡的经销商那里。但等第一辆埃德塞尔从流水线下线，其缺陷多到逼得福特平均每辆车多花了1万美元（两倍于该车成本），才让它们能勉强上路。即便到了这时，福特公司在上市当天也仅仅准备好了68辆车。[17]之后，埃德塞尔在一场全国电视直播特别节目中首次公开亮相，再一次暴露了缺陷，让节目根本没法播出。

埃德塞尔在当时的所有产品中有着最大手笔的广告费，但公司始终没法把车价降下来。[18]两年零两个月，耗资4.5亿美元，卖出110 847辆埃德塞尔之后，福特放弃了它。埃德塞尔成了历史的一部分。

但不管怎么说，汽车逐渐成为美式生活中越来越强有力的组成部分。到1963年，全美1/6的企业都跟汽车存在这样那样的直接关系。[19]汽车生产消耗了美国20%的钢铁、30%的玻璃和超过60%的橡胶。[20]到20世纪70年代，94.7%的美国通勤员工开车上班。大约有一半的人没有途径接触到任何形式的公共交通工具。不管他们愿不愿意，开车上班成为唯一的选择。事实上，大多数人都乐意自己开车上班。今天，汽车已经成为美国人生活中不可分割的一部分，如果不开车，普通美国人只愿意步行200米。

尽管美国对汽车情有独钟，但在战后岁月，进入一般词汇库的汽车术语并不多。gridlock（原本意思是交通大堵塞，后引申为“僵局”）是其中之一，1971年出现，不过直到1980年才得到普遍使用；1978年，fast lane出现了比喻意义（如life in the fast lane，“快车道上的生活”，意指生活节奏快）；1985年出现了drive-by shooting（开车扫射，驾车枪击）；1988年出现了比喻意义上的jump start（跳跃式启动，如jump start the economy，经济上的跳跃启动）。大概就这么多了。

美国人所驾驶的汽车类型，变化也越来越大。直到20世纪70年代初，除了大众甲壳虫和几款偶然走俏的欧洲跑车外，美国的汽车，绝大多数是美国制造。（例如，1954年，美国售出720万辆新车，其中只有5万辆为进口，比例远低于1%。）但随着日本厂商进入市场，情况发生了变化。在20世纪50年代，“日本制造”是个等同于低劣质量的玩笑话，此刻却带上了一种可靠而高效的“不祥”意味。1970年，几乎没有哪个美国人听说过的日本汽车制造商，到1975年成了家喻户晓的名字。*

十年前还如此不可战胜的美国汽车制造商，突然之间，似乎变得蠢笨得叫人担心。它们继续生产笨重的、往往不可靠的耗油怪物（gas-guzzlers，这个美语单词出现在1969年）；跟日本人采

* 为免万一你会好奇，以下罗列了一些较受欢迎的汽车品牌名的来历：本田，以公司创始人本田宗一郎为名；五十铃，取自五十铃川（Isuzu River）；三菱，在日语里是“三块石头”之意，它是创始人家族纹徽的图样；日产，日语中的意思是“日本工业”；铃木，以创始人铃木道雄为名；丰田，以其创始人丰田佐吉为名，而不是像很多故事里说的那样是因为丰田的早期车型看起来像是“toy autos”（玩具车，英语发音跟Toyota类似，这里是美国人嘲笑当时的丰田汽车质量差）。[21]

用精益生产技术的工厂比起来，美国汽车制造厂人浮于事，员工过剩。到1992年，美国汽车产业每月亏损7亿美元。就算那些爱国情绪最浓、尽量想买美国货的人（buy American，这个表达方式在20世纪70年代末广为流传），有时候也做不到。1991年，一辆庞蒂亚克勒芒小汽车售价20 000美元，其中6000美元去了韩国、3500美元去了日本，德国、中国、新加坡、英国、爱尔兰和巴巴多斯的经销商赚到100美元到1500美元。[22]到1998年，美国的进口总额（主要是汽车，但也有相机、电视、收音机，以及其他很多美国曾经自产自销的产品）已经占到国民生产总值的13%以上。美国的年度贸易差额已经增长到1500亿美元——全国上下每个人平均600美元。

到1990年，美国经济实力下降的感觉，使得民众人心惶惶，有时甚至失去理性。耶鲁大学的一名经济学教授在学生中做了一番调查，问他们更喜欢什么样的局面：是美国经济增长1%，同时日本增长1.5%；还是美国下滑了1%，同期日本下降了1.5%。绝大多数学生投票选择了后者，如果日本能更穷，他们宁可美国穷一点，但不愿两者同时走向繁荣。

早在美国眼睁睁地看着自己的工业优势遭到侵蚀之前，它的技术声望就已经遭遇了一轮同样令人震惊的打击。1957年8月26日，苏联成功发射了一颗名为“斯普特尼克”的卫星（Sputnik，意思是“与地球同行的旅者”），美国上下大为震动。虽说这颗人造卫星只有沙滩球那么大，除了反射光什么也做不了，但没人介意。它是第一颗人类发送到太空的物体。社论作家在极度的焦虑中寻找替罪羊，并大多将之归咎于教育体系（自此以后，这样的抱怨日后得到了不断的完善，还用来解释其他国家的失败）。4个月后，美国匆忙发射了先锋卫星，奋起迎接挑战。[23]不幸的是，从发射台升空只有几米高后，卫星倾覆并爆炸起火。不可避免地，这颗卫星被人们称为“故障特尼克”（Kaputnik）。3年后，苏联发射了载有宇航员尤里·加加林的“东方”号载人飞船，绕地球运行一圈后安全返回，再次让美国丢尽脸面。一个星期后，在美国的支持下，古巴流亡者发动了灾难性的猪湾入侵事件，遭到击溃。美国股票在世界各地暴跌到前所未有的谷底。

美国的回应，跟上面提到的耶鲁大学经济系学生没有太大不同。它开启了地球有史以来最昂贵的科学事业，除了荣耀之外，它完全不知道这么做会带来什么样的结果，只想着赶在苏联之前把人类送上月球。1969年7月20日，尼尔·阿姆斯特朗走出“阿波罗”11号太空飞船，成为第一个在月球上行走的人——目标实现了。美国又回到了顶峰。

太空计划令人兴奋的头一个10年创造了（或者说昂然复兴了）一系列词汇，其中包括reentry（重返、再次进入）、lift-off（发射）、blast-off（升空）、mission control（地面指挥中心）、A-OK（状况良好）、thrust（推力）、launchpad（发射坪）、orbit（轨道）、gantry（发射航天器所用的竖架）、glitch（失灵，故障，第一次出现在意第绪语境之外是1966年宇航员约翰·格伦用了这个词）和astronaut（宇航员）。最有意思的一点是，由于全世界读者对科幻小说的持久热爱，许多太空词汇的出现早于太空时代的到来。人类宇航员进入太空很久之前，我们就有了astronaut（宇航员，1880年）、space ship（太空船，1894年）、space suit（航空服，1924年）、rocket ship（火箭船，1928年）、star ship（星际飞船，1934年）、space station（空间站，1936年）、blast-off（火箭发射，1937年）和spaceman（太空人，1943年）。[24]

太空竞赛确实带来了许多技术副产物，不光包括通信卫星的发展，还包括计算机的发展。如今，在办公室、银行、商店和家庭中，计算机非常普及，人们很容易忘掉它们是多么新近才出现的东西。虽然1872年“computer”一词就问世了（当时指的是一种计算器），但直到1956年，美国拥有的计算机不超过25台。接下来的20年里，计算机的数量成倍增长，但直到苹果公司创办的那一年——1976年，全世界所有的计算机也不超过50 000台。10年之后，一天里生产的计算机也不止这个数了。[25]

首次对计算机展开大众调查的文章之一，是1961年3月《生活》杂志刊登的一篇有关这一新现象的文章，名为《机器正在接管一切》。作者带着欢快而敬畏的语气，提到了一台房间大小的“机器人”（robot，他在整个故事中都使用这个单词）如何改变了俄亥俄州特洛伊市布劳恩兄弟香肠厂的效率。给它放进一叠打孔卡片，告诉它现在可供应哪些部位的肉，这台装置“发出柔和的嗡嗡声，灯光闪烁，一遍又一遍地洗着这叠卡片”。经过36分钟的技术思考，它吐出制作博洛尼亚大腊肠的最佳配方："24磅奶牛肉，24磅食用牛肉，103磅牛臀肉，150磅牛肉片，30磅脖骨肉，24磅午餐肉，65磅颈部杂碎，10磅杂碎，20磅陈肉，再加工。"这就是它力所能及的全部了。它无法处理财会或账单，也无法监控公司的暖气和电力。经过整整36分钟对牛臀肉和颈部杂碎的密集思考，直到第二天它才从精疲力竭中缓过劲来。

现在看来，这样的表现似乎无法给人留下深刻的印象，但就在此前5年，布劳恩兄弟香肠厂还需要花上几百万美元，用一栋单独的建筑来容纳性能足以计算出博洛尼亚大腊肠最佳配方（用多少牛肉片、多少杂碎、多少其他成分）的计算机。而现在，这台计算机只需要50 000美元，真是捡到便宜了。

同一篇文章里还提到了加州格伦代尔市的一台计算机怎样通过预制程序，使用"垮掉的一代"诗歌里最常用的500个单词自行创作出诗篇。这一诗歌流派的代表作是《自动生成的垮掉一代诗歌第41号：昆虫》，内容如下。

All children are small and crusty
And all pale, blind, humble waters are cleaning,
A insect, dumb and torrid, comes of the daddyo
How is a insect into this fur?

所有的孩子又小又执拗
所有苍白、盲目、卑微的水都在净化，

一只昆虫，又笨又热，来自爹地

这昆虫它是怎么钻进这堆毛发的？

记者提到，有几首此类诗歌，曾在洛杉矶一家咖啡馆朗诵给毫不知情的听众，许多人“情绪激动，颇为赞赏”[26]。

虽然计算机相对较晚才进入日常生活，一些与之有关的术语却可以往前追溯50多年。computer bugs（计算机程序错误）可以追溯到20世纪40年代。这个词背后似乎存在字面意义上的解释。1945年，美国海军的一台巨型计算机坏了。操作员困惑不解地寻找原因，最后发现一只蛾子卡在了继电器开关的接点之间。自那以后，每当有计算机宕机，就需要debugging（字面意思是“除虫”，也即调试）。[27]bit（binary digit的缩写，二进位制信息单位，也译作比特）一词大致出现在同一时期，byte（字节，八位元组）可追溯至1964年，而且显然是随意选出来的。[28]同样随意的还有Winchester disk drive（温彻斯特磁盘驱动器，1973年首次见于书面），它不是为了纪念任何人或地方，而只是IBM公司开发这一技术时使用的代号。

计算机催生了许多技术语言——汇编语言、Pascal语言、C语言、C++语言、OLE语言、Lisp语言、Ada语言、Fortran语言、Cobol语言、Algol语言、Oberon语言，以及其他几乎没有数字的语言——而这些语言又制造了大量词汇。但对于着眼于语言兴奋感的外行人来说，计算机世界简直像一颗“死星”。

虽然计算机术语成千上万（大部分是过去20年里创造

的），但有一半以上仅仅是在阐述本就存在的词汇［port（接口）、format（格式）、file（文件）、copy（复制）、array（阵列）］，而这个领域里原创的词汇，又几乎总是沉闷而没精打采地自我描述其功能［microprocessor（微处理器）、random access memory（随机存储内存）、disk driver（磁盘驱动器）、database（数据库）］。稍微例外的是操作系统DOS。它最初出现时叫Q-DOS，是Quick and Dirty Operating System（快而乱操作系统）的大胆缩写。1981年，微软收购Q-DOS公司，并将系统改名为更保守的MS-DOS（Microsoft Disk Operating System，也即微软磁盘操作系统）。[29]这样已经是最生动好玩儿的计算机故事了。

渗透到大众领域的计算机词汇并不多，其中包括word processor（文字处理软件）和word processing（文字处理，两者都来自1970年，但1977年之前仅限于技术期刊使用），hacker（黑客，1975年，大概是来自人破解错综复杂密码的画面）、hardware和software（硬件和软件，20世纪60年代中期创造，70年代中期进入大众领域）、computer virus（计算机病毒，由美国研究员弗雷德·柯恩1984年创造）。

多亏了计算机和其他新技术，英语这门语言，每年新增两万个单词。[30]尽管这些新术语大多是科学的、技术性的，或有其他专门用途，但每年仍会有数百个新术语进入英语的主体。1992年出版的《美国传统词典》第三版收录了20年前完全没影的10 000个新单词（只占此类新出现单词的5%）。《兰登书屋词典》的第二版，出版于1987年，进行了更大范围的修改，在总计31.5万个词条中，有50 000个新单词、21万个词条经修改或更新。新单词出现的速度太快了，“为了跟进词汇量的增长，词典必须每6年到8年就更新一次，像原来那样每10年才出新版的做法行不通了”。《美国传统英语词典》的一位编辑接受采访时这样说。[31]

过去10年有数百个进入大众英语的单词，其中一个分外扎眼：AIDS（艾滋病）。它是Acquired Immune Deficiency Syndrome（获得性免疫缺陷综合征）的缩写，创造于1982年，但到1985年才进入大众意识。之前它名叫GRID，意思是Gay-Related Immune Deficiency（男同性恋相关免疫缺陷），但等人们发现它可经血液途径感染异性恋之后，它改了名字——必须说，这次改动终于吸引到了世界的关注。艾滋病的活跃因子——人类免疫缺陷病毒HIV（Human Immunodeficiency Virus）的名字，是一个病毒学家委员会在1986年5月创造的，此前的一年，它有两个名字：LAV和HTLV3。

在我们告别太空时代之前，有必要提到一件措辞上的小小怪事（很奇怪，当时它并未引起太多关注）。我指的是尼尔·阿姆斯特朗成为登月第一人时说的话。在数百万观众的注视下，阿姆斯特朗郑重宣布：“That's one small step for man, one giant leap for mankind.”*。第二天一早，这句话就登上了数千份报纸杂志的头

* 此处man和mankind都可以译为“人类”，故此，若是直译，应当是“这是人类的一小步，也是人类的一大步”。——译者注

条，但在大众为他所取得成就感到兴奋的时候，似乎没有人注意到这句话语义重复。根据历史学家理查德·汉瑟的说法，等阿姆斯特朗重返地球母亲时，既惊讶又沮丧地发现，到处都错误地引用了他的话。他原本说的是："That's one small step for a man, one giant leap for mankind."（这是我个人的一小步，却是人类的一大步。）不定冠词"a"在传输中丢失了。[32]

以近年来进步的眼光看，还出现了另一个更棘手的问题：他是否应该发表这种明显带有性别歧视的言论*。但这属于另一个章节的内容了。

---

* 此处"man"也有"男人"的意思，所以作者说了这句玩笑话。——译者注

第21章

今天的美式英语

I

近年来，在美国，没有哪个问题比教育水平之争更能吸引人们的关注、激起更多热情了。美国学生考试分数的下降、文化水平的明显退化、跟别国学生相比而言糟糕透顶的表现，全都让新闻记者们束手无策。

教育失败的种种可怕迹象并不难找到。有人曾比较了来自15个国家和地区的学生的数学熟练程度，美国在几何和微积分两科中排名第十二，在高等代数中排名第十四。（而在这3个科目中，中国均排名第一，日本排名第二。英格兰和威尔士，在这3个科目均排第三或第四位。）

在另一次类似的比较中，美国的13岁学童表现略好（但真的只能说是“略”好）。与来自其他19个国家的学生相比，美国学生的几何成绩排名第十六，代数第十二，算术第十。[1]人们由此普遍得出的结论是，教育水平低下和经济衰退密切相关。1992年，日本国会下议院发言人樱内义雄将美国糟糕的经济表现归咎于劳动力的文盲情况，引起了一番短暂但激烈的争论。樱内宣称，1/3的美国工人不具备阅读能力。许多美国人对他的言辞出离愤怒，但与其说是因为他说得不准确，不如说是因为一个日本人居然胆敢这么无礼地将之曝光出来。

事实上，没有人知道有多少美国人是文盲。定义读写能力是一个很复杂的问题。美国教育部将读写能力分为三大类——日常文章读写能力（如书籍和报纸）、文档读写能力（如订单和纳税申报表）和量化语言读写能力（就是那种能计算出15%的小费是多少的必要数学技能），又进一步将每个类别分为4个层次，故此给了美国人12种截然不同的判断文盲的方法。在最简单的日常文章读写层面上，按照教育部的标准，一个人应该能够写出一个简单的陈述句，描述他或她想要从事的工作类型。若从这一标准来看，96.1%的美国成年人是能读会写的——跟其他国家比起来，这样的表现就算不是特别突出，也值得称道了。但倘若稍微提高日常文章读写能力的要求，要求一个人能够阅读报纸上的一篇社论，简要总结其内容，这一下，美国人的读写能力就骤然降到了78.9%。换句话说，每5个美国人里，就有一个人不能真正看懂报纸。[2]

就算按最保守的估计，美国也至少有2000万成年人无法流利地阅读药瓶上的说明，或是顺当地用加减法计算出支票簿的总金额。[3]这个数字还可能更糟糕。记者乔纳森·马斯洛注意到，“美国上下日益流行起一种趋势，凡是能霸占书桌足够长时间的人，都能从学校毕业”。他引用密西西比州杰克逊地区一位妇女的话说：“我读完了12年义务教育，又读了2年社区大学，仍然没能学会阅读，但却都以优异的成绩完成了学业。”[4]

美国未能将学生培养至基本水平的迹象，也不难发现。在密西西比州，几乎一半的成年人没有高中文凭。肯塔基州25岁以上的人里，有1/3是半文盲。[5]在全国范围内，福特、摩托罗拉和IBM等大公司经常斥巨资教导员工一些学校里未能传授的基本技能。仅在私人企业中，阅读辅导课本的市场价值每年就高达7.5亿美元[6]——这对出版商来说是个好消息，但对其他任何人来说都不是什么值得骄傲的事情。

人们为这种全国性困窘局面找了不少代罪羔羊。一些人将之归咎于美国学生每天在校时间太短（平均6小时）和学年太短（每学年175天至180天，仅略短于英格兰和威尔士的190天）。[7]还有人指责各州忽视了教育的中心作用。与大多数其他国家相比，美国的公共教育不属于中央政府的管辖范围。学业要达到的标准和学校的资金水平，由各州规定；许多州，特别是南方腹地各州，对提高两者一贯表现得言不由衷。直到1982年，密西西比州的义务教育都不是强制性的。在此之前，密西西比州每年有多达6000名儿童从来没迈进过学校的大门。[8]

还有一些人把学习成绩下降归咎于家庭对孩子缺乏鼓励和

关注，家长们越来越多地因为工作或离婚而缺席孩子的教育。经济学家维克托·福克斯计算出，与1960年相比，白人家庭的父母平均每星期花在孩子身上的时间少了10个小时。黑人家庭减少得更多，达到了12小时。[9]

几乎所有人都认为电视是一个主要或次要的因素。毫无疑问，美国孩子看电视看得很多。两岁以上的儿童平均每天看4小时电视，约占其清醒时间的1/4。到他们长到18岁，已经接触了不少于35万则广告。[10]

国会对这些数字感到震惊，于是在1990年出台了《儿童电视法案》，要求电视台播放有一定教育价值的节目。可惜的是，电视台并未因此拿出更好的节目，而是更具创意地对节目进行描述。一家电视台将《特种部队》描述为“一套促进了社会意识的教育工具”，让孩子们熟悉了“大规模破坏的危险性”。另一家电视台对《奇奇与蒂蒂：救援突击队》的描述是，着重体现了“团队努力带来的回报”。与此同时，《摩登原始人》可促进主观能动性和家庭价值观。为数不多的电视台确实提供了一些更专门的教育节目，但一项调查发现，大部分节目都在上午7点之前播出。“在那之后，”《经济学人》杂志有些冷淡地指出，“电视台会着眼于学术性的节目。”[11]

虽然这些思考无疑有些地方说到了点子上，但也应该指出，对教育成绩产生歪曲印象太容易不过了。就说说那些在数学考试中表现糟糕的美国6年级学生吧。几乎所有的评论员都没有提及的一点是，无论好坏，美国的中小学教育与其他大多数国家有很大的不同。首先，美国的教育体系不鼓励（很多时候甚至不允许）6年级学生专攻一门核心学科，如科学、数学或语言。其次，美国高中对所有的年轻人开放，而不仅仅是那些在学业上表现出色的人。英格兰和威尔士在所有的数学测试中名列第三或第四，与其说证明了英国教育体系的远见卓识，不如说它证明了一些不怎么擅长学习的孩子被严格地排除在外了。然而，在几乎所有案例中，跟美国学生们进行比较的，都是这种经过筛选的优等生。

事实上，按大多数标准衡量，美国的教育制度一点也不糟。近90%的美国人完成了高中学业，1/4人获得了大学学位——这一比例足以让其他大多数国家脸红。少数族裔的情况，近年来也有了明显的改善。从1970年到1990年，高中毕业的黑人学生比例从68%增加到78%。[12]跟全世界几乎其他任何国家相比，美国为更多的年轻人提供了更高程度的教育。

当然，改进空间还很大。任何一个国家，如果有2000万人看不懂玉米片盒子背后的说明，或者有几乎一半的成年人相信人类创造自过去一万年的某个时候，[13]那么，很明显，它的教育工作成绩有待提高。但至少，关于美国教育正急剧下滑的结论并未得到证实。

II

1993年初，马里兰州发现自己碰到了问题：有人注意到它的州座右铭——“Fatti maschii, parole femine”（英语直译为“Manly deeds, womanly words”，也即“如男子般行动，如女子般言辞”）不仅又怪又蠢，还隐含着性别歧视的味道。麻烦的地方在于，它印制在许多昂贵的州政府专用信签上，铭刻在建筑物和纪念碑上，毕竟，它已经存在很久了。经过一番辩论，州议员们想出了一个有趣的折中办法。他们没有改变座右铭，而是决定改变译文。现在，马里兰州人看到“Fatti maschii, parole femine”时，心里想的是“Strong deeds, gentle words”（坚定的行动，温和的言辞）。[14]这一下，大家都开心地回家睡大觉了。

要是所有敏感的语言问题都能这么轻松地解决就好了。事实上，除了教育水平下降之外，近年来几乎没有什么比“政治正确”（political correctness）这一包罗万象的话题更能激起争论、唤起两极分化的观点了。

到1991年这个词似乎已经完全融入英语的时候，杂志和报纸已经秉持不同的态度花了大量篇幅加以报道，既有轻微的嘲笑者，也有公然的敌对者。有些人把它当作玩笑［1991年《新闻周刊》的一篇报道是个典型的例子，文章琢磨着餐厅是不是很快就会派服务员（waitron or waitperson）*送上一份菜单（womenu）**］，也有人认为这是件更严重的事情。许多刊物采用了《新严刑峻法》（出自《美国新闻与世界报道》）、《“政治正确的言论”是个矛盾说法》（出自《编辑与出版人》杂志）和《世界警察》（出自《图书馆杂志》）一类的大标题，对此事进行了怒忧参半的分析。

大部分争论可归结为两种信念：一是在语言上秉持狭隘观念的人劫持了英语，威胁了最受美国人重视的一条宪法自由；二是政治正确的口语创作，给这个国家增添了净化过的滑稽“新话”，让文明对话倍感尴尬。

两名作者，亨利·比尔德和克里斯托弗·瑟夫合著了一本

* 英语里常见的waitress，指的是女服务员，这里使用的是中性的waitron或waitperson。——译者注

** 英文里的菜谱是menu，前三个字母“men”是男人的意思，而womenu是个生造的词语，它在“menu”前加了“wo”，暗有讽刺菜谱也要讲究男女平等的意思。——译者注

讽刺畅销书《政治正确官方词典和手册》，靠着批判这种荒唐行径为自己赚到不少资本（方方面面的“资本”）。书里提供了数百个荒唐的委婉语例子，这些委婉语的设计用意，是不让英语受到哪怕最微不足道的偏见的玷污。他们引用的例子包括：用“发量不同”（differently hirsute）代替“秃头”（bald），用“拘留室”（custody suite）代替“牢房”（prison cell），用“化学不便利”（chemically inconvenienced）代替“醉酒”（intoxicated），用“义齿”（alternative dentation）代替“假牙”（false teeth），用“偷来的非人类动物运输工具”（stolen nonhuman animal carrier）代替“送奶工”（milkman）。只有当读者不怕麻烦地翻阅出处注释时才会发现，几乎所有这些过分谨慎的说法（包括上面列举的例子），都是作者们自己编造的。

他们的做法充其量算是有些滑稽，但没什么坏处，无伤大雅——只可惜，这些条目经常被其他人捡起来当成福音书般传播，比如1992年《国家》杂志上有一篇文章，提及政治正确运动中创造的“怪诞新词”，并收录了几个例子，如用“非自愿定居”（involuntarily domiciled）指代“无家可归者”（homeless），“发音受到挑战”（vocally challenged）指代“哑巴”（mute），但实际上，在比尔德和瑟夫编出来填充自己那本好玩的书之前，这些词语压根儿不存在。[15]

其实，在作者引用的人为新词当中，大多数确有其事的例子，要么的确很敏感，如以“智力发育受阻”（developmentally challenged）取代“智力障碍”（mentally retarded）；要么广为人们所接受，如约会强奸（date rape），选择优先支持堕胎权（pro-choice）；要么创作者本来就是在开玩笑，如以“术语不准确”（terminological inexactitude）指代“说谎”（lie）；要么来自社会学家或军队这类喜欢创造行话的机构，如用“临时休战”（temporary cessation of hostilities）指代“和平”（piece）；要么来自不太可靠的二手文献，如把操纵摆布（manipulate）改成“personipulate”，就引自另一本论述政治正确的书，未作验证；要么是只有在赋予了讽刺定义的情况下才显得荒唐，如暗示野生动物管理（wildlife management）是“杀害或允许猎杀动物”的常见委婉语。

如此一来，就只剩下几个只有极端人士才会使用的真正荒唐的例子了，它们主要来自女权运动，大多是把常见词里的“man”给换掉，比如将manhole（检修孔，井盖）变成femhole，把menstruate（月经）变成femstruate。

我并不否认，政治正确运动里有许多值得嘲笑的事情（但有什么样的人类活动领域没有这样的事呢），而且我现在也可以引用一些值得怀疑的用法，但依我看来，这是一个值得带着更多的思考进行辩论的话题，而不是对它一味轻蔑嘲笑，或是拿着waitrons和womenus一类的字眼开些孱弱的玩笑。

在对这个问题讨论的时候，人们常常忽略了这样一项事实——无偏见语言运动的根源在于一种值得称道的情绪：对那些因为性别、种族、身体状况或环境而容易受到言辞原始力量伤害的人，要让语言带来的伤害变得少一些，不那么戳人。没有哪个通情达理的人会支持社会普遍接受诸如spazz（胡喷）或queer（酷儿）等字眼。几乎每个人都认为这样的字眼粗鲁、麻木、伤人。但当争论上升到一个更微妙的层面，也即不宽容和轻视之意是隐含的、未直接说出的时候，共识就会瓦解。

1992年《美国新闻与世界报道》发表了一篇名为《政治正确性综述》的文章，指出“反政治正确的逆流正在酝酿当中，但仍有不少制度化愚蠢的案例”。在这些“愚蠢”案例中，杂志引述的是威斯康星-密尔沃基大学鼓励学生“到玩具店去，调查是否能买到种族多样化的洋娃娃”，还有一名律师因在法庭上称呼对手是“小女人”（a little lady）和“小老鼠”（little mouse）而遭到指责。[16]

在我看来，在一个种族多样化的社会里，大学鼓励学生去调查能否买到种族多样化的洋娃娃，一点也不愚蠢。律师必须向自己在法庭上的对手表现出一定的尊重，也并非毫无道理。［我很好奇，《美国新闻与世界报道》的记者们是否意识到，如果对方律师是一位男性，却被叫成了“小家伙”（bub）或者“笨蛋”（dick-head），说这话的当事人需不需要讲点礼貌。］当然，这不过是我的看法罢了。反过来，任何关于使用无歧视语言的讨论中，都存在一个棘手的问题：它纯属主观领域，充斥着不同人的不同看法。故此，以下的内容，不可避免地必然属于我的个人观点。

在我看来，英语中存在着微妙而普遍的性别歧视，这一点没什么好争辩的。很多词语都男女有别，master/mistress（男主人/情妇）、bachelor/spinster（单身汉/中老年未婚女人）、governor/governess（州长/家庭女教师）、courtier/courtesan（朝臣/高级妓女）。你立刻就能看出，形容男性的词汇一般表示权力和出众，而形容女性的对应单词，却一般表达了一种顺从或卑微的感觉。在英语的许多习惯用语里，在指所有人的时候会使用“mankind”，在诸如“to each his own”和“everyone has one’s own view on the matter”等结构中也会用男性代词来泛指，这些无疑都表现出对男性的倾斜。此类情况的严重程度不容低估。

罗莎莉·马吉欧在她考虑周全的《无偏见用法词典》中指出，明尼苏达州从其法律文书中删除性别针对用语的时候，从州法规中删掉了301个涉及女性的词汇，以及20 000处涉及男性的词汇。[17]毫无疑问，在历史上，英语是一种男性主导的语言。

麻烦的是（许多批评政治正确的人都曾指出），回避使用带有性别针对性的词汇或结构，扭曲了英语，蔑视了历史先例，还让我们少了许多历史悠久、实用性强的词组。几个世纪以来，人们一直在使用man（人）、mankind（人类）、forefathers（祖先）、founding fathers（国父）、a man’s home is his castle（一个人的家就是他的城堡）等表达方式。为什么我们现在就不能用了？

原因有二。首先，历史悠久不是借口。90年前，moron（低能）是一个无懈可击的术语——实际上，它是一个有着医学准确性的词语，指的是特定水平的心智敏锐度。但随着它的适用范围越发宽松，并最终变得有了残忍意味，文雅社会不再用它指代低能者。还有数十个一度无意识四处传播的词语，如piss（小便）、cretin（白痴），已不再符合体面标准。一个词语或一种表达方式有着悠久历史、曾被广泛使用，并不意味着它就享有特殊的豁免权。

其次，更换这些词大多很容易。people（人）、humanity（人性）、human beings（人类）、society（社会）、civilization（文明）和其他许多单词，都能表达跟“mankind”一样的意思，同时并不对一半的民众视而不见。自1987年以来，美国的罗马天主教会所使用的经书《修订版新美国圣经·新约》，就完全不带性别歧视的字眼。其中，它将马太福音第4章第4节原本说的“Not on bread alone is man to live”改为了“One does not live by bread alone”*。在马太福音第16章23节中，“You are not judging by God’s standards, but by man’s”改为了“You are thinking not as God does, but as human beings do”**。[18]这些改动跟原文天衣无缝地结合在了一起，我敢说，读过这一版《新约》的人，很少会注意到它一丝不苟地做到了不带性别歧视。而且，显而易见，《圣经》的文字之美和力量并未因此有丝毫的减损。

遗憾的是，英语里还有大量针对性别的词汇不太容易修

* 按中文固定译法，此句为“人活着，不单是靠食物”。——译者注
** 中文的固定译法为，“因为你不体贴神的意思，只体贴人的意思”。——译者注

改，比如gamesmanship（制胜绝招）、busman's holiday（日常工作假日）、manhole（检修孔）、freshman（新人）、fisherman（渔夫）、manslaughter（过失杀人）、manmade（人造的）、first baseman（一垒手）等，难以尽数。马吉欧注意到，这类带有“man”字样的单词，很多其实都无可非议，因为它们的词源跟泛指雄性的“男人”毫无关系。例如，manacle（束缚）、manicure（修剪）和manufacture（制造）都源于拉丁语里的“手”，跟性别歧视扯上联系纯属偶然。[19]同样道理，Tallboy（高脚柜）也通过了检验，因为“boy”来自法语里的木材“bois”，两者发音类似。但其他许多单词里的性别联系，是确凿而无可辩驳的。

这就提出了两个问题。首先，一些带有性别意味的单词已经改变了说法，如用mail carrier（邮递员）替换了mailman（邮差），用flight attendant（飞行服务员）替换了stewardess（空姐），但还有很多此类单词，建议的替代单词语焉不详、太过生僻或冗长，而且常常还3个毛病都有。不管你怎么精简，utility access hole和sewer hole都不像manhole那么方便好认。用gamestership替代gamesmanship不够舒服。提议用来代替freshman的frosh、posher、novice、newcomer、greenhorn、tenderfoot等诸多变体，要么过度晦涩，要么难于理解。[20]

这并不意味着情况将始终如此。20年前，大多数人都还觉得用chair代替chairman滑稽可笑。Ms（女士）即便算不上荒唐，也显然存在争议。大多数报纸都只断断续续地使用它，还得顶着匿名白发老男人们的抗议。如今，在整个英语世界，这两个单词成了出版物里的常见词，再没有谁指手画脚。没有理由认为gamestership、frosh和sewer hole就不能同样地成为英语里的中性词汇。但这些事要花时间。“Ms”一词早在1949年便已出现，但直到20年之后，大多数人都还从未听说过，更谈不上使用。

更中肯的问题是，说这些单词存在性别歧视，真的有道理吗？显然，在判断一个词能否获允使用之前必须先考察其词源的概念，本就是一种不甚恰当的方法。我会说（尽管我也承认，有时候，我感到脚下的冰层在晃动），一如manipulate或mandible里的“man”，manhole、Walkman或者gamesmanship里的“man”并没有任何性别歧视的意味。一个并不表达性别含义的单词（这并不是说，“看，这是个只适用于男性的词”），本来就是中性的。说到底，词语的意义，完全是我们赋予它的。在讲究礼貌的人群里，大呼小叫地要“piss”（撒尿）有失体面，但这不是因为字母这种排列方式本身存在令人震惊之处，而在于我们赋予了这个单词特定的联想。因为单词出于历史原因包含了一个音节就认为这个单词引发异议，这当然太过分了，倘若该单词并没有点燃大多数人脑海里的性别敏感突触，那就更是过分了。

让我们来看看我认为的无偏见语言使用运动最大的弱点，那就是，它往往不知道该在什么地方停下来。我希望，我的观点在此会显得更清晰一些。消除语言伤害能力这一令人钦佩的出发点，可能会导致近乎施恩般的热忱。比方说，马吉欧便提醒我们不要“比喻性地使用‘lefthanded’（左撇子）一词，对那些确实是左撇子的人来说，这个词里蕴含着微妙但负面的古老联想”。照我看来，一个左撇子人士（我得说我自己就是其中之一）必须敏感到神经症的程度，才会觉得left-handed compliment（言不由衷的恭维）这样的词是在贬低自己。同样地，她告诫人们不要使用一般意义上的black（黑色），如black humour（黑色幽默）、black eye（黑眼圈）、black mark（污点）、blacksmith（铁匠）——不过，很奇怪，blackout（灯火管制）却是个例外——理由是，大多数跟黑色相关的单词都有着负面含义，会微妙地强化偏见。又或者，就像她说的那样：“避免使用跟黑色相关、带有负面含义的词汇，并不能消除种族主义，但可以减轻这些表达带给读者的日常痛苦。”我不能假装代表黑人说话，但在我看来，知道给马戴脚掌的人叫blacksmith，大概不会让许多人经历“日常痛苦”吧。

甚至连“暴力的表达和比喻”也要排除在我们的言语之外——如to kill two birds with one stone（一石二鸟）、how does that strike you*、to knock someone dead（击倒某人）、smash hit（大热门、巨大的轰动，这里的“smash”和“hit”都有击打的意思）、one thing triggers another（由此及彼，trigger有引爆的意思）、to kick around an idea（可引申译作“抛砖引玉”，或是

* 意为“它怎么打动了你”，或“你意下如何”，其中“strike”有击打、攻击之意。——译者注

“围绕一个想法展开讨论”）——理由是它们助推了文化对暴力的共情。

我认为，这样的主张，不仅会过多地分散人们对主要问题的注意力，还会产生危险的反作用。它们会引来嘲笑，而且，正如我们所见，渴望放声嘲笑的人可一点也不少。

对无偏见语言运用的最后一项控诉，即它本身也在助长偏见，也并不太容易反驳。马吉欧反对许多类似a man’s home is his castle（一个人的家就是他的城堡）这样的表达（在我看来，这有道理），但却又为a woman’s work is never done（女人的家务事永远做不完）辩护，说“它说出了实情，而且往往比a man with a paid job and a family（一个有工作、有家室的男人）这样的说法更站得住脚”。一种情绪是真实的，并不意味着它就不隐含着性别歧视的意味（更何况它并不是真的）。还有些人在这条路上走得更远。夏威夷大学为学生和教职工提供了一套用语规范，法学教授松田玛丽表示赞同，但还补充了一种叫人目瞪口呆的观点：“（如果是）受害者对占主导地位的群体成员进行难听的言语攻击，（这种情况）应该网开一面。”[21]

恕我直言，我认为体贴、理性和公平感，是言语群体中所有成员都应具备的品质，而不仅仅是那些掌握了话语权的人应该具备的品质。

III

那么，美国及其独特的英语分支，将走向何方呢？有几件事，是美国未来必将要面对的。其中之一是，它将继续成为一个比其他任何发达国家都远为多元化的社会。到20世纪末，进入劳动力市场的美国人，只有一半是本土出生的欧洲后裔。到2020年，如果目前的趋势持续下去，非白人和西班牙裔美国人的比例将翻倍，而白人人口保持不变。到2050年，亚裔美国人的数量将是现在的5倍。

许多美国人视此为威胁。他们不安地注意到，洛杉矶最受欢迎的广播电台已经变成了一家西班牙语电台，大迈阿密地区200万居民中，大约一半的人以西班牙语为母语，11%的美国人在家不说英语。有些人甚至认为这是一种阴谋。1987年，已故参议员早川一会表达了他的信念，“一场非常真切的运动正在酝酿之中，要把美国分裂成一个双语和双文化的社会”[22]。尽管他从未解释这场运动背后有哪些邪恶的派系，或者说，这些恶人希望从中获得些什么，他的观点却得到了广泛的支持，并导致“美式英语”（US English）施压团体的组建，它以维持英语为美国唯一官方语言为己任。

事实上，较之一个世纪前，没有理由认为今天的美国受到的移民威胁更大。首先，只有6%的美国人在外国出生（移民），这一比例远低于英国、法国、德国或其他多数发达国家。移民主要集中在几个城市中心。

在一些城市，餐厅服务员、出租车司机并不总能像土生土长的美国人那样流畅地说英语，这或许会叫部分城市居民稍觉麻烦。但并非偶然，这些移民最多的城市（如迈阿密、西雅图、洛杉矶、旧金山），总是比底特律、圣路易斯和费城等没那么多移民的城市更活力四射。

在大量对美国持续繁荣至关重要的行业——制药、医学研究、娱乐和计算机行业中，移民占据了相当大的比例，这也并非偶然。例如，加州硅谷1/3的工程师出生在亚洲。正如一位观察家所说：“美国会赢，因为我们的亚裔将打败他们亚洲人。”[23]异国文化为美国生活的多样化引入了一种可喜的衡量指标，而除此以外，从来没有任何证据表明，今天的移民比过去的移民更倔强地坚守母语。1985年兰德调研公司的一项研究发现，在美国的墨西哥移民子女中，95%会说英语，而且，有一半人只会说英语。根据另一项调查，90%以上的拉美裔，无论是不是美国公民，都认为美国居民应该学习英语。[24]

如果历史可以作为参考的话，那么，关于美国移民有三件事，不光过去发生过，在今天也是确定无疑的：他们将学习英语，他们将成为美国人，美国将因此变得更加富裕。如果说，这都不算是好事，那我真不知道什么叫好事了。

参考文献

第1章 “五月花”号和之前

1 *American Heritage*, October 1962, pp. 48.

2 Flexner, *I Hear America Talking*, p. 271.

3 Heaton, *The Mayflower*, p. 80.

4 Wagenknecht, *Henry Wadsworth Longfellow*, p. 105.

5 Caffrey, *The Mayflower*, p. 141.

6 Blow (ed.), *Abroad in America*, p. 79.

7 Morison, *The Oxford History of the American People*, p. 19.

8 Enterline, *Viking America*, p. 10.

9 Morison, op. cit., p. 20.

10 *National Geographic*, November 1964, p. 721.

11 Enterline, op. cit., p. 136.

12 *The Economist*, 29 June 1991, p. 100.

13 *Sydney Morning Herald*, 16 September 1992, p. 8.

14 *The Economist*, 24 October 1991, p. 136.

15 *National Geographic*, June 1979, p. 744.

16 Stewart, *Names on the Land*, p. 23.

17 *American Heritage*, October 1962, p. 50.

18 Caffrey, op. cit., pp. 70–73.

第2章　成为美国人

1 Mencken, *The American Language*, 4th edn., p. 434.

2 Ibid., p. 431.

3 Vallins, *Spelling*, pp. 79–85.

4 Krapp, *The English Language in America*, vol. 1, p. 201.

5 Baugh and Cable, *A History of the English Language*, p. 248.

6 Dohan, *Our Own Words*, p. 69.

7 Mencken, op. cit., p. 288.

8 Holt, *Phrase and Word Origins*, p. 55.

9 Fischer, *Albion's Seed*, p. 261.

10 Flexner, *I Hear America Talking*, p. 63, and Mencken, op. cit., p.139.

11 *American Heritage*, February 1963, pp. 90–96.

12 Craigie, *The Growth of American English*, pp. 209–211.

13 Laird, *Language in America*, pp. 25–26.

14 R. Bailey, *Images of English*, pp. 68–69, and Mencken, op. cit., p.111.

15 Stewart, *Names on the Land*, p. 63.

16 Holt, op. cit., pp. 49–50.

17 Carver, *A History of English in Its Own Words*, p. 182.

18 R. Bailey, op. cit., p. 67.

19 Krapp, op. cit., p. 175.

20 Quoted in Marckwardt, *American English*, p. 28.

21 *American Heritage*, December 1983, p. 85.

22 Zinn, *A People's History of the United States*, p. 15.

23 *American Heritage*, April 1963, p. 69.

24 *National Geographic*, June 1979, p. 735.

25 Ibid., p. 764.

26 Morison, *The Oxford History of the American People*, p. 41.

27 Lacey, *Sir Walter Ralegh*, p. 90.

28 Jones, *American Immigration*, p. 18.

29 Ibid., p. 22.

30 Morison, op. cit., p. 82.

第3章　一场“民主狂热”：革命时代的美国

1 Morison, *The Oxford History of the American People*, p. 172.

2 Fischer, *Albion's Seed*, p. 30.

3 *American Heritage*, June 1970, pp. 54–59.

4 Stephen T. Olsen, 'Patrick Henry's "Liberty or Death" Speech: A Study in Disputed Authorship', in Benson (ed.), *American Rhetoric*, pp. 19–27.

5 Quoted in Cmiel, *Democratic Eloquence*, p. 56.

6 Boorstin, *The Americans: The National Experience*, p. 374.

7 *American Heritage,* December 1973, p. 37.

8 Quoted in Cmiel, op. cit., p. 54.

9 P. Smith, *A People's History of the United States*, vol. 1, p. 271.

10 Letter to William Randolph, June 1776, in Boy (ed.), *The Papers of Thomas Jefferson*, vol. 1, p. 409.

11 P. Srnith, op. cit., p. 223.

12 Wills, *Inventing America*, p. 45.

13 Ibid., p. 35.

14 Brodie, *Thomas Jefferson*, p. 103.

15 Fischer, op. cit., p. 6.

16 Ibid., p. 471.

17 Ibid., p. 259.

18 Dillard, *All-American English*, p. 55.

19 Wills, op. cit., p. 36.

20 Quoted in Krapp, *The English Language in America*, vol. 1, p. 46.

21 Flexner, *I Hear America Talking*, p. 7.

22 Cmiel, op. cit., p. 45.

23 Krapp, op. cit., p. 44.
24 Mencken, *The American Language*, 4th edn., p. 539.
25 Dillard, op. cit., p. 53.
26 Hibbert, *Redcoats and Rebels*, pp. 31–35.
27 Stephen E. Lucas, 'Justifying America: The Declaration of Independence as a Rhetorical Document', in Benson (ed.), op. cit., p. 71.
28 Letter to Henry Lee, 8 May 1825.
29 Wills, op. cit., p. xxi.
30 Cmiel, op. cit., p. 83.
31 Boyd (ed.), op. cit., vol. 1, p. 423.
32 Lucas, op. cit., pp. 67–119.
33 Hibbert, op. cit., p. 117.
34 Ibid., p. 117.
35 Safire, *Coming to Terms*, p. 140.
36 Simpson, *The Politics of American English*, p. 23.
37 Boyd (ed.), op. cit., vol. 1, p. 404.
38 Mencken, op. cit., p. 502.
39 Flexner, op. cit., p. 7.
40 Flexner, *Listening to America*, p. 328.
41 Boorstin, op. cit, p. 381.

第4章　创造一个国家

1 Mee, *The Genius of the People*, p. 30.
2 P. Smith, *A People's History of the United States*, vol. 3, p. ix.
3 Schwarz, *George Washington*, p. 47.
4 Mee, op. cit., p. 143.
5 Flexner, *Listening to America*, p. 281.
6 P. Smith, op. cit., vol. 1, p. 78.
7 Aldridge, *Benjamin Franklin and Nature's God*, p. 22.

8 P. Smith, op. cit., vol. 3, p. 397.

9 Seavey, *Becoming Benjamin Franklin*, p. 150.

10 E. Wright, *Franklin of Philadelphia*, p. 53.

11 Ibid., p. 54.

12 Granger, *Benjamin Franklin*, p. 66.

13 Willcox (ed.), *The Papers of Benjamin Franklin*, vol. 15, p. 174.

14 Carr, *The Oldest Delegate*, p. 16.

15 Boorstin, *The Americans: The National Experience*, p. 357.

16 Mee, op. cit., p. 90.

17 P. Smith, op. cit., vol. 6, p. 376.

18 Cooke, *Alistair Cooke's America*, p. 140.

19 Mee, op. cit., p. 120.

20 Ibid., p. 237.

21 Boorstin, *Hidden History*, p. 187.

22 Boorstin, *The Americans: The National Experience*, p. 402.

23 Ibid., p. 415.

24 Ernst and Schwartz, *Censorship*, p. 8.

25 Morison, op. cit., p. 311.

26 P. Smith, op. cit., vol. 3, pp. 122–123.

27 *American Heritage*, October 1969, pp. 84–85.

28 *Verbatim*, Summer 1991, p. 6.

29 Flexner, *I Hear America Talking*, p. 9.

30 Simpson, *The Politics of American English*, p. 41.

31 *American Heritage*, December 1963, p. 27.

32 *Journal of American History*, December 1992, pp. 939–940.

33 Quoted in Boorstin, *The Americans: The National Experience*, p. 344.

34 *National Geographic*, July 1976, pp. 92–93.

35 Ibid., p. 97.

36 Mee, op. cit., pp. 33–40.

第5章　曙光破晓：塑造国家认同

1　Holt, *Phrase and Word Origins*, p. 243.

2　O'Malley, *Keeping Watch*, p. 107.

3　*American Heritage*, October/November 1983, p. 104.

4　O'Malley, op. cit., p. 262.

5　P. Smith, *A People's History of the United States*, vol. 3, p. 757.

6　Flexner, *I Hear America Talking*, p. 124.

7　Morison, *The Oxford History of the American People*, pp. 283–284.

8　Craigie and Hulbert, *A Dictionary of American English on Historical Principles,* vol. 2, p. 397.

9　Carver, *A History of English in Its Own Words*, p. 9.

10　*New Yorker*, 4 September 1989, p. 11.

11　Boorstin, *The Americans: The National Experience*, p. 280.

12　Mencken, *The American Language*, 4th edn., p. 236.

13　Ibid., p. 135.

14　P. Smith, op. cit., vol. 4, p. 252.

15　Ibid., vol. 3, p. 47.

16　Commager, *The American Mind*, p. 16.

17　Cmiel, *Democratic Eloquence*, p. 159.

18　Dillard, *American Talk*, p. xiii.

19　Quoted in Mencken, op. cit., p. 29.

20　Ibid., p. 267.

21　Daniels, *Famous Last Words*, p. 43.

22　Mencken, op. cit., p. 77.

23　*Journal of American History*, December 1992, p. 913.

24　Quoted in Mencken, op. cit., p. 87.

25　Marckwardt, *American English*, p. 70.

26　*Journal of American History*, December 1992, p. 928.

27　Quoted in Wortham, *James Russell LowelL's 'The Biglow Papers'*,

p. xxii.
28 Dillard, *All-American English,* p. 73.
29 Quoted in Boorstin, *The Americans: The Democratic Experience*, p. 293.
30 Cmiel, op. cit., p. 66.
31 Letter to Lincoln, 25 November 1860, quoted in *Harper Book of American Quotations*, p. 121.
32 Wills, *Lincoln at Gettysburg*, p. 90.
33 Cmiel, op. cit., p. 137.
34 Ibid., p. 144.
35 Wills, *Inventing America*, p. xiv.

第6章　我们掉进钱坑啦：发明创造的时代

1 *American Heritage*, August 1964, p. 93.
2 Ibid., August/September 1984, p. 20.
3 Brogan, *The Penguin History of the United States of America*, p. 274.
4 Bursk, Clark and Hidy (eds.), *The World of Business*, vol. 2, p. 1251.
5 Commager, *The American Mind*, p. 5.
6 Daniels, *Famous Last Words*, p. 41.
7 Wylie, *The Self-Made Man in America*, p. 10.
8 Boorstin, *The Americans: The National Experience*, p. 115.
9 Flexner, *Listening to America*, pp. 365–366.
10 *American Heritage*, December 1989, p. 108.
11 Holt, *Phrase and Word Origins*, p. 5.
12 Flexner, op. cit., p. 364.
13 Root and de Rochement, *Eating in America*, p. 321.
14 Zinn, *A People's History of the United States*, p. 316.
15 *American Heritage*, October 1959, p. 38.
16 Zinn, op. cit., p. 327.

17 Flexner, op. cit., p. 452.

18 Burnam, *The Dictionary of Misinformation*, p. 37.

19 Ibid., p. 60.

20 Keeley, *Making Inventions Pay*, p. 10.

21 Gies and Gies, *The Ingenious Yankees*, pp. 208–210.

22 Barach, *Famous American Trademarks*, p. 75.

23 P. Smith, *A People's History of the United States*, vol. 4, pp.822–823.

24 Carver, *A History of English in Its Own Words*, p. 245.

25 P. Smith, op. cit., vol. 4, pp. 813–817.

26 *American Heritage*, September/October 1990, p. 58.

27 Ibid., April 1965, p. 95.

28 Ibid., p. 96.

29 Barnhart (ed.), *The Barnhart Dictionary of Etymology*, p. 1121.

30 *The Economist*, 13 April 1991, p. 83.

31 *American Heritage*, September/October 1990, p. 48.

32 Carver, op. cit., p. 242.

33 Gies and Gies, op. cit., p. 368.

34 Ibid., p. 311.

35 *American Heritage*, September/October 1990, pp. 48–59.

36 P. Smith, op. cit., vol. 7, p. 858.

37 Ibid.

38 Zinn, op. cit., p. 248.

39 Collins, *The Story of Kodak*, p. 72.

40 Flatow, *They All Laughed*, p. 31.

41 *American Heritage*, November 1979, p. 76.

42 P. Smith, op. cit., vol. 7, p. 858.

43 *American Heritage*, August/September 1978, p. 42.

44 Goldberger, *The Skyscraper*, p. 83.

第7章　姓与名

1 Boorstin, *The Americans: The National Experience*, p. 305.
2 Flexner, *I Hear America Talking*, p. 312.
3 Krapp, *The English Language in America*, vol. 1, p. 175.
4 Stewart, *Names on the Land*, p. 64.
5 Ibid., p. 33.
6 Ibid., p. 258.
7 Fischer, *Albion's Seed*, p. 420.
8 Stewart, op. cit., p. 58.
9 Ibid., p. 10.
10 *American Demographics*, February 1992, p. 21.
11 Stewart, op. cit., p. 70.
12 Ibid., p. 223.
13 *Atlantic Monthly*, November 1992, p. 149.
14 Mencken, *The American Language*, 4th edn., p. 649.
15 Dillard, *American Talk*, p. 59.
16 Mencken, *The American Language*, suppl. 2, p. 533.
17 Stewart, op. cit., p. 327.
18 P. Smith, *A People's History of the United States*, vol. 4, pp. 473–474.
19 Rodgers, *Chagrin... Whence the Name?*, pp. 1–13.
20 *New Republic*, 29 July 1991, p.8.
21 Mencken, *The American Language*, 4th edn., p. 656.
22 *Atlantic Monthly*, September 1990, p. 20.
23 Stewart, op. cit., p. 344.
24 Ibid., pp. 166–167.
25 Ibid., p. 189.
26 Mencken, *The American Language*, 4th edn., p. 686.
27 Lacey, *Sir Walter Ralegh*, p. 11.
28 Fischer, op. cit., p. 59.

29 Ibid., p. 94.

30 Ibid.

31 Levin, *Cotton Mather*, p. 1.

32 Mencken, *The American Language*, suppl. 2, pp. 577–578.

33 Forbes, *Paul Revere and the World He Lived In*, p. 5.

34 Mencken, *The American Language*, suppl. 2, pp. 579–581.

35 Ibid., p. 585.

36 Sullivan, *Our Times*, vol. 1, p. 250.

37 Mencken, *The American Language*, suppl. 2, p. 597.

第8章 “昭昭天命”：西进运动

1 Dillon, *Meriwether Lewis*, p. 336.

2 Hart, *The Story of American Roads*, p. 24.

3 Root and de Rochement, *Eating in America*, pp. 110–111.

4 P. Smith, *A People's History of the United States*, vol. 3, p. 534.

5 Moulton, *The Journals of the Lewis and Clark Expedition*, pp. 181–227.

6 Ibid., p. 141.

7 Cutright, *Lewis and Clark*, pp. viii-ix.

8 Brogan, *The Penguin History of the United States of America*, p. 263.

9 Tocqueville, *Journey to America*, p. 185.

10 Boorstin, *The Americans: The National Experience*, pp. 91–93.

11 Ibid., p. 93.

12 Boorstin, *Hidden History*, p. 200.

13 Boorstin, *The Americans: The National Experience*, p. 121.

14 Gies and Gies, *The Ingenious Yankees*, p. 255.

15 Zinn, *A People's History of the United States*, p. 149.

16 *American Heritage*, February 1962, p. 5.

17 *Atlantic Monthly*, November 1992, p. 152.

18 Dillard, *American Talk*, p. xix.

19 P. Smith, op. cit., vol. 3, p. 32.
20 Fischer, *Albion's Seed*, p. 62.
21 Boorstin, *The Americans: The Democratic Experience*, pp. 22–23.
22 Ibid., p. 24.
23 Weston, *The Real American Cowboy*, p. 136.
24 Dillard, op. cit., p. 114.
25 Weston, op. cit., p. 210.
26 Savage, *Cowboy Life*, p. 6.
27 *American Heritage*, February 1971, p. 68.
28 Boorstin, *The Americans: The National Experience*, p. 83.
29 Holt, *Phrase and Word Origins*, p. 80.
30 *Washington Post*, 8 December 1989, p. C5.
31 Boorstin, *Hidden History*, p. 288; and Flexner, *I Hear America Talking*, pp. 111–112.
32 Carver, *A History of English in Its Own Words*, p. 199.
33 Harris, *Good to Eat*, p. 117.
34 *The Economist*, 10 August 1991, p. 29.
35 Ibid., 8 June 1991, p. 49.
36 Quoted in *Atlanta Journal*, 17 March 1991, p. A12.

第9章　熔炉：美国的移民

1 Jones, *American Immigration*, pp. 104–105.
2 Ibid., pp. 114, 290.
3 Ibid., p. 107.
4 Ibid., p. 124.
5 Zinn, *A People's History of the United States*, p. 317.
6 Boorstin, *The Americans: The Democratic Experience*, p. 249.
7 P. Smith, *A People's History of the United States*, vol. 6, p. 344.
8 Grosvenor (ed.), *Those Inventive Americans*, p. 146.

9 *New Yorker*, 9 April 1990, p. 30.

10 *American Heritage*, April 1992, p. 58.

11 Ibid., p. 62.

12 P. Smith, op. cit., vol. 6, p. 366.

13 *New York Times*, 26 August 1990, p. 6E.

14 Zinn, op. cit., p. 341; and Brogan, *The Penguin History of the United States of America*, p. 413.

15 Jones, op. cit., pp. 140–141.

16 Dillard, *American Talk*, p. 30.

17 Mencken, *The American Language*, 4th edn., p. 90.

18 Dillard, op. cit., p. 82.

19 Marckwardt, *American English*, p. 57; and Boorstin, *The Americans: The National Experience*, p. 287.

20 Carver, *A History of English in Its Own Words*, p. 242.

21 Fischer, *Albion's Seed*, p. 431.

22 Jones, op. cit., pp. 270–271.

23 *American Heritage*, April 1992, p. 62.

24 Ibid., p. 62.

25 Mencken, op. cit., p. 251.

26 *Time*, 13 June 1927, p. 12.

27 Mencken, op. cit., p. 254.

28 *American Heritage*, April 1992, p. 70.

29 Jones, op. cit., p. 298.

30 Mencken, op. cit., p. 253.

31 Beam, *Abridged Pennsylvania German Dictionary*, p. iv.

32 Ibid., pp. viii-ix.

33 Beam, *Pennsylvania German Dictionary*, p. v.

34 Marckwardt, op. cit., p. 59.

35 P. Smith, op. cit., vol. 4, p. 741.

36 Jones, op. cit., pp. 264–265.

37 Quoted in *New York Times*, 14 October 1990, p. 4E.
38 Boorstin, *Hidden History*, pp. 214–215.
39 Jones, op. cit., p. 39.
40 Zinn, op. cit., p. 293.
41 Tannahill, *Sex in History*, p. 400.
42 Jones, op. cit., p. 133.
43 Ibid., p. 312.
44 Johnson, *Modern Times*, p. 204.
45 Quoted in Wills, *Inventing America*, p. xx.
46 *Time*, 13 June 1927, p. 12.
47 *National Geographic*, September 1991, pp. 66–67.
48 Jones, op. cit., pp. 32–35.
49 Fischer, op. cit., p. 305.
50 McPherson, *Battle Cry of Freedom*, p. 18.
51 Zinn, op. cit., pp. 174–175.
52 Ibid., p. 203.
53 P. Smith, op. cit., vol 4, p. 586.
54 Zinn, op. cit., pp. 183–184.
55 Quoted in McDavid, *Varieties of American English*, p. 78.
56 Krapp, *The English Language in America*, vol. 1, pp. 161–162.
57 Dohan, *Our Own Words*, p. 241.
58 Marckwardt, op. cit., p. 66.
59 Ibid., p. 65.
60 Dillard, op. cit., p. 22.
61 Mencken, op. cit., p. 743.

第10章　一路顺风：行在美国

1 Boorstin, *Hidden History*, p. 60.
2 Hibbert, *Redcoats and Rebels*, p. 335.

3 Root and de Rochement, *Eating in America*, p. 42.

4 Morison, *The Oxford History of the American People*, p. 141.

5 Carver, *A History of English in Its Own Words*, pp. 147–148.

6 Cooke, *Alistair Cooke's America*, p. 77.

7 Boorstin, *The Americans: The National Experience*, p. 394.

8 Boyd (ed.), *The Papers of Thomas Jefferson*, vol. 1, p. 408.

9 Wills, *Inventing America*, p. 43.

10 Rae, *The Road and the Car in American Life*, p. 15.

11 *American Heritage*, April 1967, p. 106.

12 *American Heritage*, December 1983, p. 91.

13 Davidson, *Life in America*, vol. 1, p. 199.

14 Flexner, *Listening to America*, p. 144.

15 Johnson, *The Birth of the Modern*, p. 171.

16 *American Heritage*, February 1977, p. 16.

17 McPherson, *Battle Cry of Freedom*, p. 12.

18 Patton, *Open Road*, p. 37.

19 Ciardi, *Good Words to You*, pp. 233–234.

20 Barnhart (ed.), *The Barnhart Dictionary of Etymology*, p. 1086.

21 K. Jackson, *Crabgrass Frontier*, pp. 106–107.

22 Ibid., p. 105.

23 *The Economist*, 16 October 1991.

24 Nye, *Electrifying America*, p. 93.

25 K. Jackson, op. cit., p. 158.

26 Carver, op. cit., p. 243.

27 P. Smith, *A People's History of the United States*, vol. 7, p. 865.

28 Ibid., p. 866.

29 Flexner, *I Hear America Talking*, p. 330.

30 Dohan, *Our Own Words*, p. 266.

31 Flexner, *I Hear America Talking*, p. 333.

32 Hokanson, *The Lincoln Highway*, pp. 6–10; and *American Heritage*,

June 1974, pp. 32–37 and p. 89.
33 Strasser, *Satisfaction Guaranteed*, p. 6.
34 P. Smith, op. cit., vol. 7, p. 868.
35 *American Heritage*, August 1973, p. 11.
36 Ibid., December 1975, p. 66.
37 Liebs, *Main Street to Miracle Mile*, p. 208.
38 Finch, *Highways to Heaven*, p. 162.
39 Liebs, op. cit., p. 177.
40 Barnhart, op. cit., p. 680.
41 Patton, op. cit., p. 199.
42 Rowsome, *The Verse by the Side of the Road*, p. 18.
43 K. Jackson, op. cit., p. 249.
44 *The Economist*, 10 August 1991, p. 28.
45 Patton, op. cit., p. 85.

第11章 煮点什么：吃在美国

1 Caffrey, *The Mayflower*, p. 166.
2 Root and de Rochement, *Eating in America*, p. 54.
3 Ibid., p. 19.
4 Ciardi, *A Browser's Dictionary*, p. 212.
5 Mee, *The Genius of the People*, p. 91.
6 Root and de Rochement, op. cit., pp. 94–95.
7 Ibid., p. 162.
8 Boorstin, *The Americans: The Democratic Experience*, p. 314.
9 Carver, *A History of English in Its Own Words*, p. 146.
10 Funk, *Word Origins and Their Romantic Stories*, p. 170.
11 *American Heritage*, December 1989, pp. 123–131.
12 Ibid.
13 Mencken, *The American Language*, 4th edn., p. 264.

14 Ibid., p. 225.

15 Liebs, *Main Street to Miracle Mile*, p. 196.

16 Levenstein, *Revolution at the Table*, p. 189.

17 Ibid., p. 92.

18 Bursk, Clark and Hidy, *The World of Business*, vol. 1, pp. 426–427.

19 Levenstein, op. cit., pp. 198–199.

20 Funk, op. cit., p. 186.

21 Barnhart, Steinmetz and Barnhart, *Third Barnhart Dictionary of New English*, p. 497.

22 Allen, *Only Yesterday*, p. 68.

23 Holt, *Phrase and Word Origins*, p. 59.

24 Boorstin, *The Americans: The National Experience*, p. 287.

25 Dillard, *American Talk*, p. 85.

26 Ibid., p. 84.

27 Ibid., p. 88.

28 Allen, op. cit., p. 205.

29 Root and de Rochement, op. cit., p. 389.

30 Allen, op. cit., p. 209.

31 Bursk, Clark and Hidy, op. cit., pp. 345–347.

32 Dohan, *Our Own Words*, p. 270.

第12章　奢侈品的民主化：购物在美国

1 Craigie and Hulbert, *A Dictionary of American English on Historical Principles*, vol. 1, p. 748.

2 Frieden and Sagalyn, *Downtown*, Inc., p. 8.

3 Goldberger, *The Skyscraper*, p. 42.

4 Strasser, *Satisfaction Guaranteed*, p. 213.

5 Boorstin, *The Americans: The Democratic Experience*, p. 126.

6 Ibid., p. 110.

7 Flexner, *Listening to America*, p. 494; and Liebs, *Main Street to Miracle Mile*, pp. 119–126.
8 Liebs, op. cit., p. 125.
9 *Atlantic Monthly*, June 1992, p. 31.
10 Schrank, Snap, *Crackle, and Popular Taste*, p. 111.
11 Strasser, *Never Done*, p. 276.
12 Kowinski, *The Mailing of America*, pp. 104–105.
13 *Business Week*, 17 November 1957, p. 137.
14 Gruen and Smit, *Shopping Town USA*, p. 20.
15 *Atlantic Monthly*, May 1993, p. 132.
16 Kowinski, op. cit., p. 112.
17 Frieden and Sagalyn, op. cit., p. 13.
18 Jackson, *Crabgrass Frontier*, p. 261.
19 *American Demographics*, April 1990, p. 38.
20 Schor, *The Overworked American*, p. 107.
21 *Atlantic Monthly*, May 1993, p. 102.
22 *The Economist*, 29 August 1992, p. 37.

第13章 家务事

1 Blow (ed.), *Abroad in America*, p. 149.
2 Ibid., p. 139.
3 Ibid., p. 215.
4 Garrett, *At Home*, p. 155.
5 Deetz, *In Small Things Forgotten*, p. 123.
6 Elias, *The History of Manners*, vol. 1, p. 127.
7 *American Heritage*, December 1989, p. 106.
8 Flexner, *I Hear America Talking*, p. 19.
9 Boorstin, *The Americans: The National Experience*, p. 135.
10 *American Heritage*, August/September 1978, p. 41.

11 Boorstin, op. cit., p. 141.

12 *American Heritage*, December 1989, p. 111.

13 Blow, op. cit., p. 159.

14 Rybczynski, Home, p. 139.

15 Ibid., p. 142.

16 Ibid., pp. 148–149.

17 Nye, *Electrifying America*, p. 242.

18 Strasser, Never Done, p. 76.

19 Nye, op. cit., p. 52.

20 *American Heritage*, November 1979, p. 78.

21 P. Smith, *A People's History of the United States*, vol. 7, p. 856.

22 Johnson, *Modern Times*, p. 224.

23 *American Heritage*, September/October 1990, p. 58.

24 R. Barnhart (ed.), *The Barnhart Dictionary of Etymology*, p. 902.

25 Boorstin, *The Americans: The Democratic Experience*, p. 330.

26 *New York Times*, 1–3 July 1921.

27 Allen, *Only Yesterday*, p. 137.

28 *The Economist*, 28 August 1993, p. 57.

29 Sterling and Kittross, *Stay Tuned*, pp. 61–63.

30 Ibid., p. 60.

31 Schiller, *Mass Communications and American Empire*, p. 25.

32 Udelson, *The Great Television Race*, p. 12.

33 *New York Times*, 8 April 1927.

34 Quoted in Schrank, *Snap, Crackle, and Popular Taste*, p. 17.

35 Castleman and Podrazik, *Watching TV*, p. 16.

36 Ibid., p. 45.

37 Safire, *Coming to Terms*, p. 47.

38 Castleman and Podrazik, op. cit., p. v.

39 *American Heritage*, August/September 1984, p. 25.

40 Flatow, *They All Laughed*, p. 61.

41 Strasser, *Never Done*, p. 289.
42 Schor, *The Overworked American*, p. 8.
43 Rybczynski, *Waiting for the Weekend*, pp. 142–143.
44 Schor, op. cit., p. 22.
45 *Utica* (NY) *Observer*, 4 March 1991.
46 Schor, op. cit., p. 29.
47 Ibid., p. 2.
48 Ibid.

第14章 使劲卖：美国的广告

1 Collins, *The Story of Kodak*, p. 49.
2 Boorstin, *The Americans: The Democratic Experience*, p. 374.
3 Collins, op. cit., pp. 54–55.
4 Ibid., p. 72.
5 Strasser, *Satisfaction Guaranteed*, pp. 46–47.
6 Flexner, *Listening to America*, p. 17.
7 Ibid., p. 22.
8 Strasser, op. cit., p. 97.
9 *Time*, 13 June 1927, p. 12.
10 *American Heritage*, October 1977, p. 67.
11 Mencken, *The American Language*, 4th edn., p. 218.
12 *American Heritage*, October 1977, pp. 64–69.
13 Ibid., September/October 1990, p. 56.
14 *The Economist*, 7 September 1991, p. 89.
15 Ibid., 14 August 1993, p. 7.
16 *New York Times magazine*, 7 July 1957, p. 14.
17 Diamond, *Trademark Problems and How to Avoid Them*, pp. 188–195.
18 Sterling and Kittross, *Stay Tuned*, p. 71.
19 Catleman and Podrazik, *Watching TV*, p. 70.

20 *New York Times magazine*, 30 September 1990, p. 76.

21 Schrank, *Snap, Crackle, and Popular Taste*, p. 101.

22 Lutz, *Doublespeak*, p. 82.

23 Ibid., pp. 16–17.

24 Hendon, *Classic Failures in Product Marketing*, p. 169.

25 Ibid., p. 168.

第15章　电影

1 Flexner, *Listening to America*, pp. 374–375.

2 Cook, *A History of Narrative Film*, p. 7.

3 Jowett, *Film*, p. 27.

4 Cook, op. cit., pp. 10–11.

5 Flexner, op. cit., p. 378.

6 Cook, op. cit., p. 12.

7 Ibid., p. 24.

8 Rybczynski, *Waiting for the Weekend*, p. 137.

9 Mencken, *The American Language*, 4th edn., p. 738.

10 Flexner, op. cit., pp. 382–383.

11 P. Smith, *A People's History of the United States*, vol. 7, p. 880.

12 *American Heritage*, December 1983, p. 24; and *New Republic*, 29 July 1991, p. 7.

13 Berg, *Goldwyn*, pp. 140, 214–219, 238, 248–255, 380.

14 *New York Times*, 28 March 1993, p. H15.

15 *The Economist*, 2 October 1993, p. 108.

16 Berg, op. cit., p. 262.

17 Jowett, op. cit., p. 357.

18 Ibid.

第16章　追求快乐：运动与嬉戏

1 Krout, *Annals of American Sport*, p.11.

2 Fischer, *Albion's Seed*, pp. 146–147.

3 Ibid., p. 6.

4 Ibid., p. 8.

5 Ibid., p. 16.

6 Flexner, *Listening to America*, pp. 504–506.

7 *American Heritage*, December 1967, p. 107.

8 Boorstin, *The Americans: The Democratic Experience*, p. 158.

9 Morison, *The Oxford History of the American People*, p. 88.

10 *American Heritage Dictionary*, 2nd edn., p. xxiii.

11 Fischer, op. cit., p. 737.

12 Dillard, *American Talk*, p. 65.

13 Adams, *Western Words*, p. 109.

14 Dillard, op. cit., pp. 65–71.

15 Holt, *Phrase and Word Origins*, p. 200.

16 Dillard, op. cit., p. 74.

17 Boorstin, op. cit., p. 73.

18 *American Heritage*, June 1972, p. 67.

19 Rae, *The Road and the Car in American Life*, p. 29.

20 Atwan, McQuade and Wright, *Edsels, Luckies and Frigidaires*, pp. 151–152.

21 Liebs, *Main Street to Miracle Mile*, pp. 138–142.

22 Allen, *Only Yesterday*, p. 68; and *American Heritage*, June 1972, p.68.

23 *American Heritage*, February/March 1983, pp. 24–27.

24 Dulles, *America Learns to Play*, p. 185.

25 Flexner, op. cit., p. 33.

26 Fischer, op. cit., p. 151.

27 *American Heritage*, June/July 1983, pp. 65–67.

28 Will, *Men at Work*, p. 102.
29 Voigt, *American Baseball*, p. 30.
30 Ibid, p. 135.
31 *American Heritage*, June/July 1983, p. 74.
32 Mencken, *The American Language*, suppl. 2, p. 737.
33 Krout, op. cit., p. 142.
34 Mencken, op. cit., p. 735; and Flexner, op. cit., p. 39.
35 *Time*, 23 September 1940.
36 P. Smith, *A People's History of the United States*, vol. 6, p. 848.
37 Safire, *On Language*, p. 289.
38 Flexner, op. cit., pp. 48–49.
39 Ibid., pp. 261–280.
40 Jackson, *Crabgrass Frontier*, p. 99.
41 Holt, op. cit, p. 154.
42 *Washington Post*, 21 January 1991, p. D5.
43 *New York Times*, 16 February 1992, p. 1.

第17章　炸弹和瞎话：政治与战争

1 Holt, *Phrase and Word Origins*, pp. 42 and 129.
2 Mencken, *The American Language*, suppl. 1, pp. 280–283.
3 Mencken, *The American Language*, 4th edn., p. 179.
4 Brogan, *The Penguin History of the United States of America*, p. 274.
5 Carver, *A History of English in Its Own Words*, p. 165.
6 McPherson, *Battle Cry of Freedom*, pp.111–115.
7 *American Heritage*, December 1975, p. 13.
8 Boorstin, *Hidden History*, p. 263.
9 Mee, *The Genius of the People*, p. 285.
10 P. Smith, *A People's History of the United States*, vol. 3, p. 145.
11 Ibid., vol. 4, p. 126.

12 Brogan, op. cit., p. 312.
13 Flexner, *I Hear America Talking*, p. 161.
14 Allen, *Only Yesterday*, p. 104.
15 Johnson, *Modern Times*, p. 214.
16 *American Heritage*, December 1991.
17 Mencken, *The American Language*, suppl. 2, p. 590.
18 Flexner, op. cit., p. 405.
19 McPherson, op. cit., pp. 323–325.
20 Flexner, op. cit., p. 450.
21 *American Heritage*, February 1964, pp. 23–96.
22 Ciardi, *A Browser's Dictionary*, p. 227.
23 Barfield, *History in English Words*, p. 76.
24 Holt, op. cit., p. 16.
25 Carver, op. cit., p. 252.
26 Flexner, *Listening to America*, p. 330.
27 Mencken, *The American Language*, 4th edn., p. 759.
28 Ibid., p. 508.
29 Lingeman, *Don't You Know There's a War On?*, pp. 219–221.
30 *The Economist*, 27 February 1993, p. 108.
31 *New York Times*, 2 February 1992, p. 17.
32 *American Speech*, Spring 1992, pp. 86–89.

第18章　性和其他消遣

1 *Life*, 8 October 1951, pp. 61–62.
2 *American Heritage*, December 1983, p. 86.
3 Flexner, *Listening to America*, p. 449.
4 Fischer, op. cit., p. 87.
5 P. Smith, *A People's History of the United States*, vol. 1, p. 69.
6 Hibbert, *Redcoats and Rebels*, p. 7.

7 Fischer, op. cit., p. 681.

8 Flexner, op. cit., p. 492.

9 Ciardi, *Good Words to You*, p. 42.

10 Cmiel, *Democratic Eloquence*, p. 117.

11 Garrett, *At Home*, p. 136.

12 P. Smith, op. cit., vol. 6, p. 264.

13 Tannahill, *Sex in History*, p. 336.

14 Ibid., p. 336.

15 *American Heritage*, October 1974, p. 74.

16 *Observer*, 14 November 1993, Books section, p. 20.

17 *American Heritage*, October 1974, p. 73.

18 Ibid., p. 94.

19 Zinn, *A People's History of the United States*, pp. 109–116.

20 Ibid., pp. 116–117.

21 *American Heritage*, October 1974, p. 43.

22 Cmiel, op. cit., p. 81.

23 Ibid., p. 162.

24 P. Smith, op. cit., vol. 6, p. 264.

25 Ibid., p. 271.

26 Ibid., p. 273.

27 Flexner, op. cit., pp. 452–455.

28 *American Heritage*, October 1973, p. 86.

29 *The Economist*, 14 March 1992, p. 51.

30 Barnett, *Sexual Freedom and the Constitution*, p. 33.

31 Allen, *Only Yesterday*, p. 77.

32 Flexner, op. cit., p. 62.

33 Schumach, *The Face on the Cutting Room Floor*, p. 18.

34 Allen, op. cit., p. 84.

35 *American Heritage*, February/March 1980, p. 17.

36 Mencken, *The American Language*, 4th edn., pp. 360–361.

37 Berg, *Goldwyn*, pp. 266–267.

38 Schumach, op. cit., p. 216.

39 Ibid., p.222.

40 *American Heritage*, February/March 1980, p. 20.

41 Mencken, *The American Language*, suppl. 1, p. 647.

42 Ibid., p. 646.

43 Castleman and Podrazik, *Watching TV*, p. 14.

44 Ibid., p. 71.

45 Ernst and Schwarz, *Censorship*, p. 95.

46 Sagarin, *The Anatomy of Dirty Words*, p. 167.

47 Safire, *Coming to Terms*, p. 51.

48 *The Economist*, 28 November 1992, p. 35.

49 Safire, op. cit., p. 100.

50 Letter from Allan M. Siegal, 23 July 1993.

51 Funk, *A Hog on Ice and Other Curious Expressions*, p. 88.

52 *Buffalo News*, 20 September 1992.

第19章　飞机与航空公司

1 *American Heritage*, June 1970, pp. 61–69.

2 Moolman, *The Road to Kitty Hawk*, p. 124.

3 *American Heritage*, June 1970, pp. 61–69.

4 Moolman, op. cit., p. 117.

5 Ibid., p. 158.

6 *American Heritage*, April 1975, pp. 94–95.

7 Milton, *Loss of Eden*, p. 42.

8 Ibid., p. 116; and *American Heritage*, April 1971, pp. 43–47, 81–84.

9 Milton, op. cit., p. 127.

10 *American Heritage*, December 1975, pp. 23–28.

11 Milton, op. cit., p. 166.

12 Johnson, *Modern Times*, p. 224.

13 *Condé Nast Traveler*, December 1989, pp. 135–178.

第20章　欢迎来到太空时代：20世纪50年代及其后

1 Lingeman, *Don't You Know There's a War On?*, p. 374.

2 *Atlantic Monthly*, January 1990, p. 48.

3 *The Economist*, 21 December 1991, p. 72.

4 Oakley, *God's Country*, p. 270.

5 Ibid., pp. 285–286.

6 Kroc, *Grinding It Out*, p. 162.

7 Love, *McDonald's*, p. 5.

8 *Guardian*, 10 May 1993.

9 Binford, *The First Suburbs*, p. 1.

10 *American Heritage*, February/March 1984, pp. 21–37.

11 Mencken, *The American Language*, 4th edn., p. 245.

12 *American Demographics*, May 1993, p. 44.

13 *Independent on Sunday*, 15 November 1992, p. 8.

14 Jackson, *Crabgrass Frontier*, p. 246.

15 Ibid., p. 247; and Schrank, *Snap, Crackle, and Popular Taste*, p. 65.

16 Brooks, *Business Adventures*, p. 35.

17 Lacey, *Ford*, p. 489.

18 Brooks, op. cit., p. 31.

19 Rae, *The Road and the Car in American Life*, p. 48.

20 Schrank, op. cit., p. 64.

21 *American Speech*, 66/1 (1991), pp. 105–106.

22 *The Economist*, 26 October 1991, America Survey, pp. 11–12.

23 Boorstin, *The Americans: The Democratic Experience*, pp. 591–592.

24 R. Bailey, *Images of English*, p. 221.

25 Tedlow, *New and Improved*, p. 348.

26 *Life*, 3 March 1961, pp. 109–117.

27 Flatow, *They All Laughed*, p. 181.

28 Carver, *A History of English in Its Own Words*, p. 263.

29 *The Economist*, 9 January 1993, p. 62.

30 *New York Times*, 3 April 1989, p. 1.

31 *Atlanta Journal and Constitution*, 2 August 1992, p. M1.

32 *American Heritage*, June 1970, p. 59.

第21章　今天的美式英语

1 *Atlantic Monthly*, November 1990, p. 84.

2 *New York Times*, 21 January 1992, p. C6.

3 *Atlantic Monthly*, August 1990, pp. 28–33.

4 Ibid., p. 28.

5 *The Economist*, 8 August 1992, p. 41.

6 Ibid., 18 January 1992, p. 80.

7 *Atlantic Monthly*, November 1990, p. 87.

8 Ibid., August 1990, p. 30.

9 Schor, *The Overworked American*, p. 13.

10 *American Heritage*, May/June 1988, p. 10.

11 *The Economist*, 10 October 1992, p. 63.

12 Ibid., 18 July 1992, p. 49.

13 *New York Times*, 26 July 1992, p. E5.

14 *Washington Post*, 28 March 1993, p. A15.

15 *Nation*, 12 October 1992, p. 405.

16 *US News & World Report*, 22 June 1992, pp. 29–31.

17 Maggio, *The Dictionary of Bias-Free Usage*, p. 17.

18 *New York Times*, 5 April 1987, p. 1.

19 Maggio, op. cit., p. 173.

20 Ibid., p.112.

21 *Editor & Publisher*, 6 March 1993, p. 48.

22 *Education Digest*, May 1987.

23 *The Economist*, 18 January 1992, p. 80.

24 Ibid., 16 December 1992, p. 58.

引申阅读

Adams, Ramon F., *Western Words: A Dictionary of the American West* (Norman: University of Oklahoma Press, 1968).

Aldridge, Alfred Owen, *Benjamin Franklin and Nature's God* (Durham, NC: Duke University Press, 1967).

Allen, Frederick Lewis, *Only Yesterday: An Informal History of the 1920s* (New York: Perennial/Harper & Row, 1964).

——*The Big Change: America Transforms Itself, 1900–1950* (New York: Harper & Brothers, 1950).

Amis, Kingsley, *The Amis Collection: Selected Non-Fiction, 1954–1990* (London: Penguin Books, 1991).

Atwan, Robert, Donald McQuade and John W. Wright, *Edsels, Luckies and Frigidaires: Advertising the American Way* (New York: Dell Publishing, 1979).

Bailey, Richard W., *Images of English: A Cultural History of the Language* (Ann Arbor: University of Michigan Press, 1991).

Bailey, Thomas A., *Voices of America: The Nation's Story in Slogans, Sayings and Songs* (New York: The Free Press, 1976).

Balio, Tino (ed.), *Hollywood in the Age of Television* (Boston: Unwin Hyman, 1990).

Barach, Arnold B., *Famous American Trademarks* (Washington, DC: Public Affairs Press, 1971).

Barbour, Philip L. (ed.), *The Complete Works of Captain John Smith (1580—1631)*, 3 vols. (Chapel Hill: University of North Carolina Press, 1986).

Barfield, Owen, *History in English Words*, (London: Faber and Faber, 1953).

Barnett, Walter, *Sexual Freedom and the Constitution: An Inquiry into the Constitutionality of Repressive Sex Laws* (Albuquerque: University of New Mexico Press, 1973).

Barnhart, David K., *New-Words: A Dictionary of the Newest and Most Unusual Words of Our Times* (New York: Collier Books/Macmillan Publishing Co., 1991).

Barnhart, Robert K. (ed.), *The Barnhart Dictionary of Etymology* (H. W. Wilson Co., 1988).

——Sol Steinmetz and Clarence L. Barnhart, *Third Barnhart Dictionary of New English* (H. W. Wilson Co., 1989).

Bartlett, John Russell, *Dictionary of Americanisms: A Glossary of Words and Phrases Usually Regarded as Peculiar to the United States* (Boston: Little, Brown and Co., 1859).

Baugh, Albert C., and Thomas Cable, *A History of the English Language*, 3rd edn. (London: Routledge & Kegan Paul, 1978).

Beam, C. Richard, *Abridged Pennsylvania German Dictionary* (Kaiserslautern, Ger.: Heimatstelle Pfalz, 1970).

——*Pennsylvania German Dictionary: English to Pennsylvania Dutch* (Lancaster, Pa.: Brookshire Publications, Inc., 1985).

Beard, Henry, and Christopher Cerf, *The Official Politically Correct Dictionary and Handbook* (New York: Villard Books, 1993).

Benson, Thomas W. (ed.), *American Rhetoric: Context and Criticism* (Carbondale: University of Southern Illinois University Press, 1989).

Berg, A. Scott, *Goldwyn: A Biography* (New York: Ballantine Books, 1989).

Binford, Henry C., *The First Suburbs: Residential Communities on the Boston Periphery, 1815—1860* (Chicago: University of Chicago Press, 1985).

Blow, Robert (ed.), *Abroad in America: Literary Discoverers of the New*

World from the Past 500 Years (Oxford: Lennard Publishing, 1989).
Boorstin, Daniel, *The Americans: The Colonial Experience* (New York: Vintage Books/Random House, 1974).
——*The Americans: The Democratic Experience* (New York: Vintage Books/ Random House, 1974).
——*The Americans: The National Experience* (New York: Vintage Books/ Random House, 1974).
——*Hidden History: Exploring Our Secret Past* (New York: Vintage Books/ Random House, 1989).
Boyd, Julian P. (ed.), *The Papers of Thomas Jefferson*, 26 vols. (Princeton, N. J.: Princeton University Press, 1950).
Brodie, Fawn M., *Thomas Jefferson: An Intimate History* (New York: W. W. Norton & Co., 1974).
Brogan, Hugh, *The Penguin History of the United States of America* (London: Penguin Books, 1990).
Brooks, John, *Business Adventures* (London: Penguin Books, 1959).
Burnam, Tom, *The Dictionary of Misinformation* (New York: Ballantine Books, 1975).
Bursk, Edward C., Donald T. Clark and Ralph W. Hidy (eds.), *The World of Business*, 2 vols. (New York: Simon and Schuster, 1962).
Caffrey, Kate, *The Mayflower* (London: André Deutsch, 1975).
Calder, Jenni, *There Must Be a Lone Ranger: The American West in Film and Reality* (New York: Taplinger Publishing Co., 1974).
Carr, William G., *The Oldest Delegate: Franklin in the Constitutional Convention* (Newark: University of Delaware Press, 1990).
Carruth, Gorton, and Eugene Ehrlich, *The Harper Book of American Quotations* (New York: Harper & Row, 1988).
Carver, Craig M., *A History of English in Its Own Words* (New York: HarperCollins Publishers, 1991).
Castleman, Harry, and Walter J. Podrazik, *Watching TV: Four Decades of*

American Television (New York: McGraw-Hill Book Company, 1982).

Chubb, Michael, and Holly R. Chubb, *One Third of Our Time?: An Introduction to Recreation Behavior and Resources* (New York: John Wiley & Sons, 1981).

Ciardi, John, *A Browser's Dictionary: A Compendium of Curious Expressions & Intriguing Facts* (New York: Harper & Row, 1980).

——*Good Words to You: An All-New Dictionary and Native's Guide to the Unknown American Language* (New York: Harper & Row, 1987).

Clark, Gregory R., *Words of the Vietnam War* (Jefferson, N. C.: McFarland & Co., 1990).

Clark, Ronald W., *Benjamin Franklin: A Biography* (New York: Random House, 1983).

Clark, Thomas D., *Frontier America* (New York: Charles Scribner's Sons, 1959).

Cleary, David Powers, *Great American Brands: The Success Formulas That Made Them Famous* (New York: Fairchild Publications, 1981).

Cmiel, Kenneth, *Democratic Eloquence: The Fight over Popular Speech in Nineteenth-Century America* (New York: William Morrow and Co., 1990).

Cobbett, William, *A Years [sic] Residence in the United States of America* (New York: Augustus M. Kelley, 1969).

Collins, Douglas, *The Story of Kodak* (New York: Harry N. Abrams, Inc., 1990).

Commager, Henry Steele, *The American Mind: An Interpretation of American Thought and Character Since the 1880's* (New Haven: Yale University Press, 1950).

Cook, David A., *A History of Narrative Film* (New York: W. W. Norton & Co., 1981).

Cooke, Alistair, *Alistair Cooke's America* (New York: Alfred A. Knopf, 1987).

Cottle, Basil, *Names* (London: Thames and Hudson, 1983).

Cowan, Ruth Schwartz, *More Work for Mother: The Ironies of Household*

Technology from the Open Hearth to the Microwave (New York: Basic Books, 1983).

Craigie, Sir William A., *The Growth of American English* (Oxford: Oxford University Press, 1940).

——and James R. Hulbert, *A Dictionary of American English on Historical Principles*, 4 vols. (Chicago: University of Chicago Press, 1940).

Crane, Verner W., *Benjamin Franklin and a Rising People* (Boston: Little, Brown and Co., 1954).

Cummings, Richard Osborn, *The American and His Food* (New York: Arno Press, 1974).

Cutright, Paul Russell, *Lewis and Clark: Pioneering Naturalists* (Urbana: University of Illinois Press, 1969).

Daniels, Harvey A., *Famous Last Words: The American Language Crisis Reconsidered* (Carbondale: Southern Illinois University Press, 1983).

Davidson, Marshall B., *Life in America*, 2 vols. (Boston: Houghton Mifflin Co., 1974).

Deetz, James, *In Small Things Forgotten: The Archaeology of Early American Life* (New York: Anchor Books/Doubleday, 1977).

Deighton, Lee C., *A Comparative Study of Spellings in Four Major Collegiate Dictionaries* (Pleasantville, NY: Hardscrabble Press, 1972).

Diamond, Sidney A., *Trademark Problems and How to Avoid Them* (Chicago: Crain Communications, Inc., 1973).

Dillard,J. L., *All-American English* (New York: Random House, 1975).

——*American Talk: Where Our Words Come From* (New York: Vintage Books/Random House, 1977).

Dillon, Richard, *Meriwether Lewis: A Biography* (New York: Coward McCann, Inc., 1965).

Dohan, Mary Helen, *Our Own Words* (Baltimore: Penguin Books, 1974).

Dulles, Foster Rhea, *America Learns to Play: A History of Popular Recreation 1607–1940* (New York: Peter Smith, 1952).

Elias, Norbert, *The History of Manners*, 2 vols. (New York: Pantheon Books, 1978).

Enterline, James Robert, *Viking America: The Norse Crossings and Their Legacy* (Garden City, NY: Doubleday & Co., 1972).

Erens, Patricia, *The Jew in American Cinema* (Bloomington: Indiana University Press, 1984).

Ernst, Morris L., and Alan U. Schwartz, *Censorship: The Search for the Obscene* (London: Collier-Macmillan Ltd., 1964).

Finch, Christopher, *Highways to Heaven: The Auto Biography of America* (New York: HarperCollins, 1992).

Fischer, David Hackett, *Albion's Seed: Four British Folkways in America* (New York: Oxford University Press, 1989).

Flatow, Ira, *They All Laughed...From Light Bulbs to Lasers: The Fascinating Stories Behind the Great Inventions That Have Changed Our Lives* (New York: HarperPerennial, 1992).

Flexner, Stuart Berg, *I Hear America Talking: An Illustrated Treasury of American Words and Phrases* (New York: Van Nostrand Rheinhold Co., 1976).

——*Listening to America: An Illustrated History of Words and Phrases from Our Lively and Splendid Past* (New York: Simon and Schuster, 1982).

Foner, Eric, *Tom Paine and Revolutionary America* (New York: Oxford University Press, 1982).

Forbes, Esther, *Paul Revere and the World He Lived In* (Boston: Houghton Mifflin, Co., 1942).

Friedel, Robert, and Paul Israel, *Edison's Electric Light: Biography of an Invention* (New Brunswick, NJ: Rutgers University Press, 1986).

Frieden, Bernard J., and Lynne B. Sagalyn, *Downtown, Inc.: How America Rebuilds Cities* (Cambridge, Mass.: MIT Press, 1989).

Funk, Charles Earle, *A Hog on Ice and Other Curious Expressions* (New York: Harper & Brothers, 1948).

Funk, Wilfred, *Word Origins and Their Romantic Stories* (New York: Grosset and Dunlap, 1950).

Garrett, Elisabeth Donaghy, *At Home: The American Family, 1750–1870* (New York: Harry N. Abrams, 1990).

Garrison, Webb B., *Why You Say It* (New York: Abingdon Press, 1955).

Gies, Joseph, and Frances Gies, *The Ingenious Yankees* (New York: Thomas Y. Crowell Co., 1976).

Glenn, Robert B., Stewart A. Kingsbury and Zacharias P. Thundyil, *Language and Culture: A Book of Readings* (Marquette: Northern Michigan University Press, 1974).

Goldberger, Paul, *The Skyscraper* (New York: Alfred A. Knopf, 1981).

Gould, Stephen Jay, *Bully for Brontosaurus: Reflections in Natural History* (London: Hutchinson Radius, 1991).

Granger, Bruce Ingham, *Benjamin Franklin: An American Man of Letters* (Norman: University of Oklahoma Press, 1976).

Griffin, Bulkley S. (ed.), *Offbeat History: A Compendium of Lively Americana* (Cleveland: World Publishing, 1967).

Grosvenor, Melville Bell (ed.), *Those Inventive Americans* (Washington: National Geographic Society, 1971).

Grover, Kathryn (ed.), *Dining in America: 1850–1900* (Amherst: University of Massachusetts Press, 1987).

Gruen, Victor, and Larry Smit, *Shopping Town USA: The Planning of Shopping Centers* (New York: Reinhold Publishing Corp., 1960).

Harder, Kelsie B. (ed.), *Illustrated Dictionary of Place Names: United States and Canada* (New York: Van Nostrand Reinhold Co., 1976).

Harris, Marvin, *Good to Eat: Riddles of Food and Culture* (New York: Simon and Schuster, 1985).

Hart, Val, *The Story of American Roads* (New York: William Sloane Associates, 1950).

Hawke, David Freeman, *Paine* (New York: Harper & Row, 1974).

Heaton, Vernon, *The Mayflower* (Exeter: Webb & Bower, 1980).

Hemans, Felicia, *The Poetical Works of Mrs. Felicia Hemans* (Boston:Phillips, Sampson and Co., 1857).

Hendon, Donald W., *Classic Failures in Product Marketing* (New York; Quorum Books, 1989).

Hendrickson, Robert, *The Facts on File Encyclopedia of Word and Phrase Origins* (New York: Facts on File Publications, 1980).

Hibbert, Christopher, *The Court at Windsor: A Domestic History* (London: Penguin Books, 1982).

—*Redcoats and Rebels: The War for America, 1770–1781* (London: Grafton Books, 1990).

Hokanson, Drake, *The Lincoln Highway: Main Street Across America* (Iowa City: University of Iowa Press, 1988).

Holt, Alfred H., *Phrase and Word Origins* (New York: Dover Publications, Inc., 1961).

Hume, Ivor Noël, *Here Lies Virginia: An Archaeologist's View of Colonial Life and History* (New York: Alfred A. Knopf, 1963).

Hynd, Noel, *The Giants of the Polo Grounds: The Glorious Times of BasebalL's New York Giants* (New York: Doubleday, 1988).

Ingstad, Helge, *The Norse Discovery of America*, 2 vols. (Oslo: Norwegian University Press, 1985).

Jackson, Donald, *Among the Sleeping Giants: Occasional Pieces on Lewis and Clark* (Urbana: University of Illinois Press, 1987).

Jackson, Kenneth T., *Crabgrass Frontier: The Suburbanization of the United States* (New York: Oxford University Press, 1985).

James, Sydney V., *Colonial Rhode Island: A History* (New York: Charles Scribner's Sons, 1975).

Johnson, Paul, *Modern Times: The World from the Twenties to the Eighties* (New York: Harper & Row, 1983).

——*The Birth of the Modern: World Society, 1815–1830* (New York:

HarperCollins,1991).
Jones, Maldwyn Allen, *American Immigration* (Chicago: University of Chicago Press, 1960).
Jordan, Philip D., *The National Road* (Indianapolis: Bobbs-Merrill Co., 1948).
Josephy, jun., Alvin M. (ed.), *The American Heritage Book of Indians* (Boston: American Heritage Publishing Co., 1961).
Jowett, Garth, *Film: The Democratic Art* (Boston: Little, Brown and Co., 1976).
Keeley, Joseph C., *Making Inventions Pay: A Practical Guide to Selling, Protecting, Manufacturing, and Marketing Your Inventions* (New York: McGraw-Hill Book Company, 1950).
Kowinski, William Severini, *The Mailing of America: An Inside Look at the Great Consumer Paradise* (New York: William Morrow & Co., 1985).
Krapp, George Philip, *The English Language in America*, 2 vols. (New York: The Century Co., 1925).
Kroc, Ray (with Robert Anderson), *Grinding It Out: The Making of McDonald's* (Chicago: Contemporary Books, 1977).
Krout, John Allen, *Annals of American Sport* (New Haven: Yale University Press, 1929).
Lacey, Robert, *Sir Walter Ralegh* (London: Weidenfeld & Nicolson, 1973).
——*Ford: The Men and the Machines* (Boston: Little, Brown and Co., 1986).
Laird, Charlton, *Language in America* (New York: The World Publishing Co., 1970).
Levenstein, Harvey A., *Revolution at the Table: The Transformation of the American Diet* (New York: Oxford University Press, 1988).
Levin, David, *Cotton Mather: The Young Life of the Lord's Remembrancer, 1663–1703* (Cambridge, Mass.: Harvard University Press, 1978).
Liebs, Chester H., *Main Street to Miracle Mile: American Roadside Architecture* (Boston: New York Graphic Society/Little, Brown and Co., 1985).

Lingeman, Richard R., *Don't You Know There's a War On?: The American Home Front, 1941–1945* (New York: G. P. Putnam's Sons, 1970).

Love, John F., *McDonald's: Behind the Arches* (Toronto: Bantam Books, 1986).

Lowance, jun., Mason I., *Increase Mather* (New York: Twayne Publishers, 1974).

Lutz, William, *Doublespeak* (New York: Harper & Row, 1989).

Luxenberg, Stan, *Roadside Empires: How the Chains Franchised America* (New York: Viking Books, 1985).

McAlister, Lyle N., *Spain and Portugal in the New World, 1492–1700* (Minneapolis: University of Minnesota Press, 1984).

McDavid, jun., Raven I., *Varieties of American English* (Stanford: Stanford University Press, 1980).

McPherson, James M., *Battle Cry of Freedom: The American Civil War* (London: Penguin Books/Oxford University Press, 1990).

Madison, James, Alexander Hamilton and John Jay (ed. Isaac Kramnick), *The Federalist Papers* (London: Penguin Books, 1987).

Maggio, Rosalie, *The Dictionary of Bias-Free Usage: A Guide to Nondiscriminatory Language* (Phoenix, Ariz.: Oryx Press, 1991).

Marckwardt, Albeit H. (rev. J. L. Dillard), *American English*, 2nd edn. (New York: Oxford University Press, 1980).

Martineau, Harriet, *Society in America*, 3 vols. (London: Saunders and Otley,1837).

Mathews, Mitford M. (ed.), *A Dictionary of Americanisms on Historical Principles*, 4 vols. (Chicago: University of Chicago Press, 1951).

Mee, jun., Charles L., *The Genius of the People* (New York: Perennial Library/ Harper & Row, 1988).

Mencken, H. L., *The American Language: An Inquiry into the Development of English in the United States*, 4th edn. (New York: Alfred A. Knopf, 1937).

——*The American Language: An Inquiry into the Development of English in*

the United States, suppl. 1 (New York: Alfred A. Knopf, 1945).
——*The American Language: An Inquiry into the Development of English in the United States*, suppl. 2 (New York: Alfred A. Knopf, 1948).
——(with new material by Raven I. McDavid, jun.), *The American Language: An Inquiry into the Development of English in the United States*, abridged 4th edn. (New York: Alfred A. Knopf, 1989).
Meyer, Jerome S., *World Book of Great Inventions* (Cleveland OH: The World Publishing Co., 1956).
Milton, Joyce, *Loss of Eden: A Biography of Charles and Anne Morrow Lindbergh* (New York: HarperCollins, 1993).
Moolman, Valerie, *The Road to Kitty Hawk* (Alexandria, Va.: Time Life Books, 1980).
Morison, Samuel Eliot, *The Oxford History of the American People* (New York: Oxford University Press, 1965).
——*The European Discovery of America*, 2 vols. (New York: Oxford University Press, 1971).
Moulton, Gary E. (ed.), *Atlas of the Lewis and Clark Expedition* (Lincoln: University of Nebraska Press, 1983).
——(ed.), *The Journals of the Lewis and Clark Expedition: August 30, 1803–August 24, 1804* (Lincoln: University of Nebraska Press, 1986).
Nye, David E., *Electrifying America: Social Meanings of a New Technology, 1880–1940* (Cambridge, Mass.: MIT Press, 1990).
Oakley, J. Ronald, *God's Country: America in the Fifties* (New York: Dembner Books, 1986).
O'Malley, Michael, *Keeping Watch: A History of American Time* (New York: Viking Penguin, 1990).
Opie, Iona, and Peter Opie, *The Oxford Dictionary of Nursery Rhymes* (Oxford: Clarendon Press, 1951).
Partridge, Eric, and John W. Clark, *British and American English Since 1900* (London: Andrew Dakers Ltd., 1951).

Patton, Phil, *Open Road: A Celebration of the American Highway* (New York: Simon and Schuster, 1986).

Peirce, Neal R., *The New England States* (New York: W. W. Norton & Co., 1976).

Pyles, Thomas, *Words and Ways of American English* (New York: Random House, 1952).

——*Selected Essays on English Usage* (Gainesville: University Presses of Florida, 1979).

Quinn, David Beers, *Set Fair for Roanoke: Voyages and Colonies, 1584–1606* (Chapel Hill: University of North Carolina Press, 1984).

——*North America from Earliest Discovery to First Settlements* (New York: Harper & Row, 1985).

Rae, John B., *The Road and the Car in American Life* (Cambridge, Mass.: MIT Press, 1971).

Rodgers, Elizabeth G., *Chagrin... Whence the Name?* (Chagrin Falls, OH: pub. privately, 1988).

Root, Waverley, and Richard de Rochement, *Eating in America: A History* (New York: William Morrow & Co., 1976).

Rosenberg, Bernard, and David Manning White (eds.), *Mass Culture: The Popular Arts in America* (Glencoe, Ill.: The Free Press, 1957).

Rowsome, jun., Frank, *The Verse by the Side of the Road: The Story of the Burma-Shave Signs* (Brattleboro, Vt.: Stephen Greene Press, 1965).

Rybczynski, Witold, Home: *A Short History of an Idea* (New York: Penguin Books, 1987).

——*Waiting for the Weekend* (New York: Viking Books, 1991).

Safire, William, *On Language* (New York: Avon Books, 1980).

——*What's the Good Word* (New York: Times Books, 1982).

——*Take My Word for It* (New York: Times Books, 1986).

——*Coming to Terms* (New York: Doubleday, 1991).

Sagarin, Edward, *The Anatomy of Dirty Words* (New York: Lyle Stuart, 1968).

Savage, jun., William W. (ed.), *Cowboy Life: Reconstructing an American Myth* (Norman: University of Oklahoma Press, 1975).

Schiller, Herbert I., *Mass Communications and American Empire* (New York: Augustus M. Kelley, 1969).

Schor, Juliet B., *The Overworked American: The Unexpected Decline of Leisure* (New York: Basic Books, 1991).

Schrank, Jeffrey, *Snap, Crackle, and Popular Taste: The Illusion of Free Choice in America* (New York: Delacorte Press, 1977).

Schumach, Murray, *The Face on the Cutting Room Floor: The Story of Movie and Television Censorship* (New York: William Morrow & Co., 1964).

Schwarz, Barry, *George Washington: The Making of an American Symbol* (Ithaca: Cornell University Press, 1987).

Seavey, Ormond, *Becoming Benjamin Franklin: The Autobiography and the Life* (University Park: Pennsylvania State University Press, 1988).

Shearer, Benjamin F., and Barbara S. Shearer, *State Names, Seals, Flags, and Symbols: A Historical Guide* (New York: Greenwood Press, 1987).

Simpson, David, *The Politics of American English, 1776–1850* (New York: Oxford University Press, 1986).

Small, Herbert, *The Library of Congress: Its Architecture and Decoration* (New York: Arthur Ross/W. W. Norton, 1982).

Smith, Elsdon C., *The Story of Our Names* (New York: Harper & Brothers, 1950).

Smith, Page, *A People's History of the United States*, 8 vols. (New York: McGraw-Hill Book Company, 1984).

Stedman, Raymond William, *Shadows of the Indian: Stereotypes in American Culture* (Norman: University of Oklahoma Press, 1982).

Sterling, Christopher H., and Jon M. Kittross, *Stay Tuned: A Concise History of American Broadcasting* (Belmont, Calif.: Wadsworth Publishing Company, 1978).

Stewart, George R., *Names on the Land: A Historical Account of Place*

Naming in the United States (New York: Random House, 1945).

——*American Place Names: A Concise and Selective Dictionary for the Continental United States of America* (New York: Oxford University Press, 1970).

Story, G. M., W.J. Kirwin and J. D. A. Widdowson (eds.), *Dictionary of Newfoundland English*, 2nd edn. (Toronto: University of Toronto Press, 1990).

Strasser, Susan, *Never Done: A History of American Housework* (New York: Pantheon Books, 1982).

——*Satisfaction Guaranteed: The Making of the American Mass Market* (New York: Pantheon Books, 1989).

Sullivan, Mark, *Our Times: The United States, 1900–1925*, 2 vols. (New York: Charles Scribner's Sons, 1926).

Tannahill, Reay, *Sex in History* (London: Abacus/Sphere, 1981).

Tedlow, Richard S., *New and Improved: The Story of Mass Marketing in America* (New York: Basic Books, 1990).

Terrace, Vincent, *The Complete Encyclopedia of Television Programs, 1947–1976*, 2 vols. (South Brunswick, NJ: A. S. Barnes and Company, 1976).

Thomas, Benjamin P., *Abraham Lincoln: A Biography* (New York: The Modern Library, 1968).

Thomas, Charles Kenneth, *An Introduction to the Phonetics of American English* (New York: The Ronald Press Co., 1947).

Thornton, Willis, *History: Fact and Fable* (New York: Barnes & Noble Books, 1993).

Tocqueville, Alexis de (trans. George Lawrence), *Journey to America* (Garden City, NY: Anchor Books/Doubleday, 1971).

Trollope, Frances, *Domestic Manners of the Americans* (New York: Alfred A. Knopf, 1949).

Tulloch, Sarah, *The Oxford Dictionary of New Words: A Popular Guide to Words in the News* (Oxford: Oxford University Press, 1991).

Udelson, Joseph H., *The Great Television Race: A History of the American Television Industry, 1925–1941* (Birmingham, Alabama: University of Alabama Press, 1982).

Vallins, G. H., *Spelling* (London: André Deutsch, 1954).

Van Doren, Carl, *Benjamin Franklin* (New York: The Viking Press, 1938).

——*The Great Rehearsal: The Story of the Making and Ratifying of the Constitution of the United States* (New York: Viking Press, 1948).

Vieyra, Daniel I., *Fill'er Up: An Architectural History of America's Gas Stations* (New York: Macmillan Publishing Co., 1979).

Voigt, David Quentin, *American Baseball: From Gentleman's Sport to the Commissioner System* (University Park: Pennsylvania State University Press, 1983).

Wagenknecht, Edward, *Henry Wadsworth Longfellow: His Poetry and Prose* (New York: Ungar, 1986).

Ward, Sir A. W. (ed.), *The Cambridge History of English Literature*, vol. xiv (New York: Macmillan Publishing Co., 1931).

Warren, Louis A., *Lincoln's Gettysburg Declaration* (Fort Wayne, Ind.: Lincoln National Life Foundation, 1964).

Watson, Alice E., *Experimental Studies in the Psychology and Pedagogy of Spelling* (New York: Teachers College/Columbia University, 1935).

Wells, J. C., *Accents of English: Beyond the British Isles* (Cambridge: Cambridge University Press, 1982).

Weston, Jack, *The Real American Cowboy* (New York: Schocken Books, 1985).

Will, George F., *Men at Work: The Craft of Baseball* (New York: HarperPerennial,1991).

Wilcox, William B. (ed.), *The Papers of Benjamin Franklin* (New Haven: Yale University Press, 1972).

Wills, Garry, *Inventing America: Jefferson's Declaration of Independence* (Garden City, NY: Doubleday, 1978).

—*Lincoln at Gettysburg: The Words That Remade America* (New York: Touchstone/Simon & Schuster, 1992).

Wortham, Thomas, *James Russell Lowell's 'The Biglow Papers': A Critical Edition* (DeKalb: Northern Illinois University Press, 1977).

Wright, Esmond, *Franklin of Philadelphia* (Cambridge, Mass.: Belknap Press/ Harvard University Press, 1986).

Wright, Frances, *Views of Society and Manners in America* (Cambridge, Mass.: Belknap Press/Harvard University Press, 1963).

Wyllie Irvin G., *The Self-Made Man in America: The Myth of Rags to Riches* (New York: The Free Press, 1954).

Zinn, Howard, *A People's History of the United States* (New York: HarperPerennial,1990).